ÖZS-Sonderband 5
Soziologische und historische Analysen der Sozialwissenschaften

CHRISTIAN FLECK (HRSG.)

Soziologische und historische Analysen der Sozialwissenschaften

Österreichische Zeitschrift für Soziologie
Sonderband 5
Westdeutscher Verlag

Die Deutsche Bibliothek – CIP-Einheitsaufnahme

Die Drucklegung wurde gefördert durch
Bundesministerium für Wissenschaft und Verkehr
Magistrat der Stadt Wien
Steiermärkische Landesregierung

Alle Rechte vorbehalten
© Westdeutscher Verlag GmbH, Opladen/Wiesbaden, 2000

Der Westdeutsche Verlag ist ein Unternehmen der
Fachverlagsgruppe BertelsmannSpringer.

Das Werk einschließlich aller seiner Teile ist urheberrechtlich geschützt. Jede Verwertung außerhalb der engen Grenzen des Urheberrechtsgesetzes ist ohne Zustimmung des Verlags unzulässig und strafbar. Das gilt insbesondere für Vervielfältigungen, Übersetzungen, Mikroverfilmungen und die Einspeicherung und Verarbeitung in elektronischen Systemen.

www.westdeutschervlg.de

Höchste inhaltliche und technische Qualität unserer Produkte ist unser Ziel. Bei der Produktion und Verbreitung unserer Bücher wollen wir die Umwelt schonen: Dieses Buch ist auf säurefreiem und chlorfrei gebleichtem Papier gedruckt. Die Einschweißfolie besteht aus Polyäthylen und damit aus organischen Grundstoffen, die weder bei der Herstellung noch bei der Verbrennung Schadstoffe freisetzen.

Satz: Laudenbach, Sigmundgasse 14, A-1070 Wien
Umschlaggestaltung: Horst Dieter Bürkle, Darmstadt
Druck und buchbinderische Verarbeitung: Rosch-Buch, Scheßlitz

ISBN-13:978-3-531-13509-0   e-ISBN-13:978-3-322-83352-5
DOI: 10.1007/978-3-322-83352-5

Inhaltsverzeichnis

Vorwort 7

1. Perspektiven

Christian Fleck
Auf der Suche nach Anomalien, Devianz und Anomie
in der Soziologie 13

Karl H. Müller
Der dritte Weg einer Wissenssoziologie 55

2. Konzepte

Hans-Joachim Dahms
Schulenbildung in der deutschsprachigen Philosophie
des 20. Jahrhunderts 119

Ulrike Felt
Die „unsichtbaren" Sozialwissenschaften 177

Klaus Fischer
Scientometrische Verfahren als Instrumente der
Emigrationsforschung 213

3. Fallstudien

Heine Andersen
Political Attitudes and Cognitive Convictions
Among Danish Social Researchers 247

Charles Crothers
Austrian Sociology: A Case Study in the Production
of Social Knowledge 267

Albert Müller
Grenzziehungen in der Geschichtswissenschaft:
Habilitationsverfahren 1900–1950 287

Klaus Taschwer
„Rendezvous mit Tier und Mensch" 309

Verzeichnis der Autorinnen und Autoren 343

Vorwort

Die Wissenschaftssoziologie und ihr rebellisches Kind, die Wissenschaftsforschung (social studies of science), beschäftigen sich mit den „harten" (Natur-)Wissenschaften. Analysen, die für das Wissenschaftssystem als Organisation und alle Wissenschaftler Geltung beanspruchen (z. B. über die normative Struktur der Wissenschaften), ergänzten von Beginn an diese Perspektive und stießen auf zum Teil heftige Kritik. Im Zentrum der Analysen stand in dieser ersten Phase der Ausdifferenzierung als neue soziologische Teildisziplin das Bemühen zu zeigen, dass eine Wissenschaftsanalyse, die sich damit begnügt, den internen Erkenntnisfortschritt darzustellen und diesen als rationalen Prozess der Verbesserung der Theorien, Methoden und Verfahren zu rekonstruieren, die soziale Seite der Wissenschaftsentwicklung zu ihrem eigenen Nachteil außer Acht lässt. Die „externalistische" Wissenschaftsauffassung, die den Wandel von Forschungsinteressen mit sozialen Faktoren in Verbindung brachte, fand Unterstützung durch Wissenschaftsphilosophie (Popper, Lakatos, Feyerabend, Michael Polanyi) und Wissenschaftsgeschichte (Kuhn und Fleck).

Während Mertons (funktionalistische) Wissenschaftssoziologie, die von Otto Neurath zeitgleich konzipierte, aber material nicht ausgeführte „Wissenschaftlerbehavioristik" und Edgar Zilsels Soziologie der Entstehung der neuzeitlichen Naturwissenschaften metatheoretisch und methodologisch sehr stark dem Modell der Einheit der Wissenschaften verpflichtet waren, wurden in der Wissenschaftssoziologie später prononciert sozial- oder humanwissenschaftliche Theorien und Methoden prominenter (Feldforschung, Diskursanalyse etc.). Zugleich blieb der bevorzugte Objektbereich der Wissenschaftssoziologie die Naturwissenschaften, deren Analyse aber in zunehmenden Maße mikrosozial erfolgte (Laboruntersuchung). Auch allgemeine und auf universal geltende Strukturen zielende Untersuchungen, wie etwa kollektivbiographisch-prosopographische Studien, Zitations- und Co-Zitationsanalysen, erwiesen sich wiederum für die Naturwissenschaften als besonders erfolgreich.

Eine den spezifischen Besonderheiten dieser Disziplinen Rechnung tragende wissenschaftssoziologische Analyse der Sozialwissenschaften, ihres Personals und ihrer Organisation ist ein Desiderat der Wissenschaftsforschung. Geschichte und Soziologie der Sozialwissenschaften sind bislang über weite Strecken als konventionelle Institutionenanalyse und bzw. oder Geistesgeschichte geschrieben worden; spezifische wissenschaftssoziologische Konzepte wurden in diesem Feld entweder noch nicht verwendet oder stellten sich als nur beschränkt tragfähig heraus. Versuche zu einer Sozialgeschichte der Akademiker (Ringer) erwiesen sich hingegen beispielsweise als fruchtbar.

Dieser Sonderband der Österreichischen Zeitschrift für Soziologie ist dem „Anregungspotential" der Wissenschaftssoziologie für die Geschichte und Soziologie der Sozialwissenschaften gewidmet, wobei ein Blick auf die Themen der Beiträge zeigt, dass die disziplinäre Grenzziehung zutreffender – aber eben auch holpriger – als die zwischen den Naturwissenschaften und den Nicht-Naturwissenschaften zu benennen wäre. Problemstellungen, die im Zusammenhang mit laufenden oder geplanten Untersuchungen zur Geschichte der Sozialwissenschaften (nicht nur in Österreich) entstanden, werden mit Theorien, Modellen, Konzepten und Forschungspraktiken der Wissenschaftssoziologie und Wissenschaftsforschung und Sozialgeschichte der Wissenschaftler konfrontiert, um diese Zugänge fruchtbar zu machen.

Die Beiträge dieses Bandes, die zum Teil zuerst während eines Workshops am Institut für höhere Studien in Wien, das eine für österreichische Verhältnisse fast schon überraschende Tradition der wissenschaftssoziologischen Forschung repräsentiert, vorgetragen und diskutiert wurden, decken nicht das ganze Spektrum möglicher Forschungsansätze ab. Nach zwei Texten, die sich darum bemühen, neue Forschungsperspektiven zu skizzieren (Christian Fleck und Karl H. Müller), findet man drei Arbeiten, die mehr oder weniger etablierte Forschungskonzepte auf neue Gegenstände anwenden (Hans Joachim Dahms diskutiert die Schulenbildung, Ulrike Felt thematisiert das sozialwissenschaftliche Wissen im öffentlichen Raum und Klaus Fischer demonstriert die Möglichkeiten scientometrischer Verfahren am Beispiel der Emigrationsforschung). Im dritten und abschließenden Teil untersuchen die Autoren Fälle: Neben den politischen Einstellungen dänischer Sozialwissenschaftler (Heine Andersen) steht eine Sicht auf die österreichische Soziologie aus der Ferne unter Zuhilfenahme von Datenbankinformationen (Charles Crothers), und den

Schluss bilden zwei Texte, die österreichische Gegebenheiten aus naher Perspektive analysieren (Albert Müller berichtet über eine Auswertung von Habilitationsakten, und Klaus Taschwer schildert die Karriere der Ethologie).

Neben dem Dank an die Geduld der Autoren, deren Beiträge zum Teil schon lange vorliegen, schulde ich Dirk Raith und Reinhard Müller Dank für ihre Hilfe bei der Organisation und Redaktion dieses Sonderbandes. Dem Bundesministerium für Wissenschaft und Verkehr, dem Magistrat der Stadt Wien und der Steiermärkischen Landesregierung ist für die finanzielle Förderung der Drucklegung zu danken.

Christian Fleck

1. Perspektiven

CHRISTIAN FLECK

Auf der Suche nach Anomalien, Devianz und Anomie in der Soziologie*

Wer sich ein wenig intensiver mit dem Gang seiner Disziplin beschäftigt, landet über kurz oder lang bei einer historisch-vergleichenden Betrachtungsweise, auch wenn das von ihm vielleicht gar nicht bewusst wahrgenommen wird. Als Soziologe stößt man bei der Inspektion der Geschichte des Faches auf Entwicklungen, die gut etablierten Annahmen widersprechen, mit einem Wort: Man bemerkt Anomalien. In allen drei Dimensionen, die einem bekannten und einflussreichen Sammelband zur Geschichte der Soziologie als Untertitel beigegeben wurden: der sozialen, kognitiven und historischen Identität, weicht die Geschichte bei näherer Untersuchung von vertrauten Mutmaßungen über sie ab (Lepenies 1981).

Einige dieser Brüche meint man, relativ einfach erklären zu können (ich beschränke mich auf Beispiele, die mit der österreichischen Soziologie zu tun haben, unschwer könnte man Ähnliches aus anderen Ländern und jüngeren Zeiten anführen):
● Die nicht stattgefundene Weiterführung des Ansatzes von Ludwig Gumplowicz wird verständlich, wenn man seine Isolation, das Fehlen von Schülern und die zu Missverständnissen und Fehlinterpretationen einladende Terminologie – „Der Rassenkampf" – ins Kalkül zieht.
● Das abrupte Ende des um die letzte Jahrhundertwende bestehenden trans-nationalen Netzwerkes europäischer Sozialwissenschafter im „Institut International de Sociologie" erklärt man unter Hinweis auf den

---

* Vorarbeiten zu diesem Aufsatz entstanden im Rahmen des FWF-Projekts P-10061-Soz, die Fertigstellung wurde durch einen Forschungsaufenthalt an der London School of Economics im Rahmen des European Union Social Science Information Research Facility (EUSSIRF) Programms ermöglicht.

wachsenden Nationalismus, der sich rund um den Ersten Weltkrieg unter Wissenschaftlern ausbreitete.
• Die unterbliebene Fortsetzung der wissenssoziologischen Bemühungen von Wilhelm Jerusalem wird plausibel, wenn man dessen marginale Position im Universitätssystem und den frühen Tod seines vielversprechendsten Schülers, Ernst Grünwald, bedenkt.
• Die Diskontinuitäten, die im Gefolge der Machtübernahme durch den Faschismus in Italien, die Zerstörung der parlamentarischen Demokratie durch den Ständestaat in Österreich und die Machtergreifung der Nazis und deren zeitweilige Eroberung Kontinentaleuropas ausgelöst wurden, scheinen hinsichtlich der Ursachen leicht, hinsichtlich der Folgen im Bereich des Wissenstransfers, der erzwungenen Migration relevanter Teile des wissenschaftlichen Personal und deren Akkulturation schwieriger, aber im Einzelfall mit ausreichender Plausibilität erklärt werden zu können. Warum allerdings so viele emigrierte Österreicher, vor allem in den USA, glänzende Karrieren machten, kann man mit dem Faktor Vertreibung nicht mehr erklären.

Wissenschaftshistorische Episoden und Epochenbrüche, wie die eben zitierten, lassen sich verstehen, wenn man die wissenschaftslogischen Ansprüche an Erklärung nicht allzu rigoros interpretiert. Vertraute Muster aus der Physiologie, der Ideologiekritik, der Kulturgeschichte und natürlich auch der Soziologie selbst zieht man heran, um sich Klarheit zu verschaffen: Der Tod, die Macht der Ideen, kulturelle Milieus und soziale Strukturen gehen in Erklärungen ein oder bilden diese. Vor allem aber lässt sich die Abfolge der Ereignisse in traditionell historiographischer Manier erzählen. Mit einer Mixtur aus Versatzstücken systematischer Theorien und breitflächiger Erzählung begnügten sich die meisten Autoren bisheriger Geschichten der Soziologie.

Abweichende Fälle

Weitaus größere explanatorische Schwierigkeiten werfen hingegen Phänomene wie die folgenden auf:
• Warum können wir ohne langes Nachdenken eine recht stattliche Zahl von auch noch heute lesenswerten Veröffentlichungen anführen, die in Österreichs Erster Republik entstanden sind,[1] obwohl deren Verfasser

durchwegs keine Positionen im universitären Wissenschaftssystem innehatten, durchaus über keine befriedigende materielle Ausstattung verfügen konnten und deren formelle Qualifikation nicht nur nach heutigen Standards defizitär war?

• Warum waren unter den exilierten deutschsprachigen Soziologen der damals mittleren Generation die aus Österreich stammenden in den Niederlassungsländern erfolgreicher als ihre „reichsdeutschen" Kollegen?

• Warum findet man – mit Ausnahme der KZ-Häftlinge Benedikt Kautsky und Eugen Kogon – keine Veröffentlichungen „dagebliebener" Soziologen über das Nazi-System, während gerade Emigranten zu den Wegbereitern der Totalitarismusanalyse zählten?

• Wie lassen sich Konjunkturen von Forschungsthemen – z. B. die Masse und ihre Aktionen, die Armut und ihre Wurzeln, die Gruppe und die in ihr wirkenden Kräfte – und das Gegenstück zur Konjunktur, die zeitweilige Ignoranz von Sozialwissenschaftlern gegenüber Themen, die im breiteren Publikum als Problem wahrgenommen wurden, erklären – z. B. Juden und Antisemitismus, das Überleben in Diktaturen oder die Emanzipation der Frauen?

• Warum waren österreichische Sozialwissenschaftler nach 1945 fast ausnahmslos unfähig, die von der Rockefeller Foundation und der Ford Foundation angebotenen Forschungszuschüssen entgegenzunehmen und damit die brach liegende Forschung aufzumöbeln, während ihre westdeutschen Kollegen bei der Akquisition von Stiftungsgeldern keine Probleme hatten?

Das sind mehr Fragen als im Folgenden im Detail behandelt werden können. Einige der angeführten Beispiele lassen sich mittels genuin soziologischer Begriffe, Hypothesen und Theorien behandeln: Themenwahl und Wandel von Forschungsinteressen; innerwissenschaftliche Ressourcenverteilung, Prestigeordnung und Statuszuweisungssystem; Entdeckung, Mehrfachentdeckungen und Wiederentdeckung; Interdependenz zwischen dem Subsystem Wissenschaft und anderen sozialen Teilsystemen. Wie man unschwer erkennen kann, sind das Konzepte, die Robert K. Merton eingeführt hat.

Sich heute auf Merton und seine Beiträge zur Wissenschaftssoziologie affirmativ zu beziehen, ist hilflos altmodisch. Figuriert er doch nur noch als (einer der) Begründer der Wissenschaftssoziologie, dessen Werk heute in Lehrbüchern und Literaturreferaten im Präteritum referiert zu werden pflegt, falls er überhaupt noch erwähnt wird (Knorr-Cetina 1991, Serres 1994, Felt, Nowotny und Taschwer 1995, Jasanoff 1995, Nowotny and Taschwer 1996). Beim Verschwinden Mertons handelt es sich – zumindest im deutschen Sprachraum – allerdings nicht um das von ihm selbst identifizierte Muster *obliteration by incorporation* (Tilgung durch Aneignung, Merton 1988, vgl. Merton 1987b, Sica 1998). Als *OBI* bezeichnet Merton die Veralltäglichung der kognitiven Beiträge älterer Autoren, deren Leistungen so selbstverständlich geworden sind, dass sie nicht mehr zitiert zu werden brauchen, ja dass man häufig gar nicht mehr weiß, wer ursprünglich der Autor einer These, Forschungsmethode oder eines Begriffs war. Der Prozess, der dazu führt, dass aufgrund angesammelten, aufeinander aufbauenden und wohl integrierten Wissens heute „kleine Lichter ... Probleme lösen können, die große Geister früher nicht zu lösen vermochten" (Merton 1981, 47), finde sich häufiger in den Naturwissenschaften, in der Soziologie sei er „immer noch selten" (Merton 1981, 57).

Während also auf eine explizite Bezugnahme auf Merton innerhalb der deutschsprachigen wissenschaftssoziologischen Literatur weitgehend verzichtet wird – und das heißt zugleich, dass seinem Werk die Qualität, Anregungspotential zu sein, abgesprochen wird –, diffundierten von Merton kreierte Begriffe und Forschungstechniken in die gehobene Alltagssprache und in angrenzende Wissenschaften. In einer unter Zuhilfenahme von Datenbanken durchgeführten Inhaltsanalyse US-amerikanischer Tageszeitungen haben Merton und Wolfe (Merton and Wolfe 1995) zeigen können, welche soziologischen bzw. sozialwissenschaftlichen Ausdrücke veralltäglicht wurden. Zu den am häufigsten verwendeten ursprünglich in einem sozialwissenschaftlichen Kontext formulierten Termini zählen lifestyle (Alfred Adler), role model (Merton), standard of living, dysfunctional (Merton), underclass, peer group, self-fulfilling prophecy (Merton). Einen analogen Fall von OBI findet man in der Diffusion der Befragungstechnik *focussed interview* zu den heute im englischsprachigen Raum weit verbreiteten *focus-group*-Techniken (Merton et al. 1990, Merton 1987a, Morrison 1998).

Die Nichtwahrnehmung – oder soll man sagen Verdrängung? – des mertonschen Werkes durch die folgende Generation von Wissenschaftssoziologen – symbolisiert im Wechsel des Namens der Spezialdisziplin Wissenschaftssoziologie/sociology of science zu Wissenschaftsforschung/social studies of science – lädt geradezu dazu ein, zwanzig Jahre nach der Fallstudie von Cole und Zuckerman, „The Emergence of a Scientific Speciality: The Self-Exemplifying Case of the Sociology of Science" (Cole and Zuckerman 1975), eine Fortsetzung unter dem Titel „The Disappearance of Merton: An Exemplifying Case Study of Competition as a Cultural Phenomenon" zu schreiben; das muss einer anderer Gelegenheit vorbehalten bleiben. Nur so viel vorweg: Mitte der 70er Jahre schrieben die beiden Schüler Mertons eine Geschichte der Wissenschaftssoziologie unter der stillschweigenden Annahme, es handle sich (auch) bei ihr um eine (Teil-)Disziplin, die dem Muster kumulativen Wissenszuwachs folgen würde; heute müsste man die weitere Geschichte der Wissenschaftssoziologie wohl stärker unter dem Gesichtspunkt der Diskontinuität schreiben und hervorheben, wie und warum Forschungsprogramme, deren Fruchtbarkeit noch keineswegs erschöpft war, beiseite geschoben und durch Applikationen modischer Versatzstücke aus anderen Sozialwissenschaften ersetzt wurden.[2]

Ein wichtiger Grund, der einer genaueren Untersuchung wahrscheinlich stand halten würde, ist, dass ein willkommenes Nebenprodukt einer revolutionären Attitüde darin zu sehen ist, dass man sich mit der pauschalen Verdammung einer ganzen Richtung auch erspart, sich deren kognitiven Gehalt en detail anzueignen. Die Bankrotterklärung von geistigen Konkurrenten hat gegenüber dem realen Bankrott von ökonomischen Kontrahenten nämlich den unleugbaren Vorteil, dass sie ausgerufen werden kann, ohne dass der Gang zum unabhängigen Konkursrichter nötig ist. Gegnerische Unternehmen im Feld der Wissensproduktion müssen nicht niederkonkurriert werden, man kann ihr Ende einfach verkünden und darauf hoffen, dass einem Glauben geschenkt wird. Das Fehlen eines für beide Seiten gültigen Tauschmediums macht es ideellen Unternehmern um vieles leichter zu reüssieren: Sie müssen nur Anhänger finden, keineswegs Käufer vom höheren Gebrauchswert ihres Gutes überzeugen.

Die eingangs erwähnten Beispiele weisen jenseits aller idiographischen Besonderheiten die Gemeinsamkeit auf, dass sie zum Stellen von Fragen einladen, weil der besondere Fall gewissermaßen als Anomalie, als Abweichung von einem stillschweigend zugrunde gelegten Normalfall der Entwicklung betrachtet wird. Im Umfeld von Paul Lazarsfeld wurde dafür die Dateninterpretationstechnik der „deviant case analysis" entwickelt (Lazarsfeld and Rosenberg 1955). Dabei ist der Interpret angehalten, jene Fälle, die aus dem sich bei einem ersten analysierenden Durchgang aufdrängendem Muster hinausfallen, genauer zu betrachten und sie nicht hinweg zu erklären. Zusätzliche erklärende Faktoren, die vorher nicht in Betracht gezogen worden wären, könnten so gefunden werden; die Messinstrumente zur Identifizierung abweichender Fälle könnten verfeinert werden. Die genauere Analyse der Abweichungen würde mehr über die Standardentwicklung zu sagen versprechen. Die Verwandtschaft zu Barney Glasers und Anselm Strauss' „theoretical sampling" (Glaser and Strauss 1967) liegt auf der Hand; die Differenz liegt darin, dass Lazarsfelds Methodologie zuerst eine große Zahl von Fällen erfasst und danach die *deviant cases* identifiziert, während Strauss sukzessive kontrastierende Fälle sucht, um so (rasch) zu einer Sättigung der Stichprobe zu gelangen. Während jener also erst nach Abschluss der Datenerhebung zu sagen in der Lage ist, welche Fälle als abweichend gelten, muss dieser schon über hinreichende Vor-Erfahrung mit dem zu untersuchenden Feld verfügen, um ein Gefühl für die jeweils real möglichen (und nicht nur die denkmöglichen) Kontrastfälle entwickeln zu können.

Neben den Anomalien, die bestimmte historische Verläufe aufweisen, besteht eine allgemeinere Anomalie der Soziologie darin, dass in ihr bislang die Problematik des abweichenden Verhaltens von Wissenschaftlern nicht zum Thema wurde. Seit Durkheim nehmen Soziologen an, dass Abweichung ein normales Phänomen ist, dass es kein intrinsisch Böses gibt, dass die Strafe vor allem auf die anständigen Menschen wirken soll und deren Solidarität verstärken hilft, dass als kriminell gilt, was wir missbilligen, und nicht umgekehrt. So generell formuliert spricht nichts für die Annahme, dass es, obwohl es Abweichung in der Gesellschaft gibt, kein abweichendes Verhalten in einem Teil derselben gäbe. Wenn Devianz ein ubiquitäres Phänomen ist, dann sollte es sich auch in den ausdifferenzierten Teilbereichen einer Gesellschaft, beispielsweise den (Sozial-)Wissenschaften, finden lassen.

Polemiker als Abweichler

Die eingangs erwähnten Abweichungen von einer angenommenen Normalentwicklung des Faches eignen sich nicht, um dem Phänomen Devianz in der Soziologie auf die Spur zu kommen, weil die Annahme, „Sonderwege" seien als solche von nonkonformistischen Akteuren beabsichtigt gewesen, keinen Sinn macht. Eine Abweichung, die nur der

Post-hoc-Betrachter festzustellen vermag, weicht von unseren impliziten Annahmen über das Wesen der Abweichung in charakteristischer Weise ab. Im normalen sozialen Leben wissen wir im Augenblick, in dem etwas als abweichend klassifiziert wurde, dass es sich um Abweichung handelt; wir brauchen nicht auf einen Historiker zu warten, der uns im Nachhinein erklärt, dass der tatsächlich eingeschlagene Weg als *deviant case* anzusehen sei. Das ist nicht zuletzt deswegen so, weil die *deviant case analysis* seltene Fälle behandelt.

Es sträubt sich etwas dagegen, beispielsweise den Mainstream als abweichend zu bezeichnen: Die Vorherrschaft des so genannten Strukturfunktionalismus in den 50er und 60er Jahren wurde von verschiedenen Autoren heftig attackiert; keiner von ihnen wäre aber wohl auf die Idee verfallen, sie als deviant zu klassifizieren. Allerdings sind Kritiken, die dem jeweiligen Mainstream vorhalten, die Idee der Soziologie verraten zu haben oder die wahre Aufgabe der Soziologie verfehlt zu haben, nicht sehr weit davon entfernt. Sie tragen allerdings schwer an der selbst auferlegten Bürde – zu wissen, was die eigentliche Mission der Soziologie sei. In den Fällen, in denen diese Außenseiter Gehör finden, treffen sie offenbar einen blank liegenden Nerv. Interessanterweise nehmen die Mitglieder der Zunft ja nur dann solche Fundamentalkritiken wahr, wenn sie entweder von Autoren mit einer nicht bezweifelbaren Reputation oder von Mächtigen stammen, die der Disziplin und ihrem Wohlergehen Schaden zufügen könnten, seien es nun Premierminister wie Frau Thatcher, die erklärt, das Objekt der Soziologie, die Gesellschaft, gebe es nicht, sie kenne nur Individuen und Familien, oder seien es Journalisten, die an prominenter Stelle das Existenzrecht der Soziologie in Frage stellen.

Lassen wir die Zurufe von außen beiseite, dann bleiben die Außenseiter-Kritiker als Kandidaten für Abweichende. Die deutschsprachige Soziologie des ersten Drittels des 20. Jahrhunderts liefert eine große Zahl solcher Apostel des wahren soziologischen Glaubens: Sombarts Noo-Soziologie, von Wieses Beziehungslehre, Spanns Gesellschaftslehre und Rothackers Volks-Soziologie mögen als Hinweis auf letztlich gescheiterte Neubegründungen des Faches genügen. Aber auch später wurden von Autoren mit weniger vergänglicher Reputation Fundamentalkritiken vorgetragen. C. Wright Mills' Rundumschlag aus 1959, George C. Homans' „Bringing men back in" und Alvin W. Gouldners Plädoyer für eine andere Soziologie können hier ebenso angeführt werden wie die von der Ortsbestimmung zur Anti-Soziologie weiterentwickelte Abrechnung Schelskys mit seinem (früheren) Fach oder Tenbrucks Verdikt, das man in Anlehnung an Karl Kraus wohl dahingehend charakterisieren kann, dass er die Soziologie für das Übel hält, als dessen Lösung sie sich ausgebe. Jeder der hier Angeführten hatte zumindest zeitweilig in der Soziologie einen Status inne, der es anderen Mitgliedern geraten erscheinen ließ, diese Kritiken nicht als völlig irrelevant abzutun; einige dieser Kritiker findet man ja immer noch in Lehrbüchern und anderen profanen Predigtbüchern breit behandelt.

Bei aller Unterschiedlichkeit der Personen und Thesen wird man nicht so weit gehen, diese Außenseiter als Deviante zu klassifizieren. So lange sie ihrem eigenen Anspruch nach noch zur Disziplin sprachen, wurden sie – zumindest von den Gütigeren unter ihresgleichen – als Peers akzeptiert. Kann man diese Fälle mit dem auf die Psychologie gemünzten Wort Karl Bühlers charakterisieren, dass viele Schulen im großen Haus der Soziologie Platz fänden? (Bühler 1927) Solange die soziologischen Bezugspersonen den Eindruck haben, es handle sich bei dem, was diese Außenseiter schreiben, um ernsthafte Bemühungen der Suche nach der richtigen Gestalt der Soziologie, scheint ihnen der Platz im gemeinsamen Haus jedenfalls nicht streitig gemacht und ihr Tun zumindest hingenommen zu werden.

Für die Identifizierung soziologischer Devianz hätten wird damit ein erstes Kriterium gewonnen: Solange jemandem der Platz in der Disziplin nicht bestritten wird, kann es sich zwar um einen Außenseiter handeln, nicht aber um einen Devianten. Als Korollar, als Nebenprodukt dieser Ableitung, ließe sich formulieren, dass solange ein Autor sich selbst als zur Disziplin Soziologie gehörig betrachtet, wird ihm in Grenzen Gehör geschenkt, er wird höchstens marginalisiert, aber nicht ausgestoßen.

Wenn sich in Pamphleten, wie den zitierten, gelegentlich die Behauptung findet, dieser oder jener Autor liege falsch, führe die Disziplin in die Irre oder vertrete eine unrichtige Ansicht, dann wird man das nicht für bare Münze nehmen dürfen. Die Polemiken der Außenseiter gewinnen ja nur dadurch Resonanz, dass sie eine radikale Sprache führen und diese bei anderen herausfordern, ihre Verdikte sind nicht die eines Gerichtshofes oder einer Ethikkommission.

Kommissare etikettieren Abweichung nicht

Während Kontroversen der Art essentiell daran gebunden sind, in aller Öffentlichkeit geführt zu werden – der Angreifer hat ein Interesse an einer möglichst großen Leserschaft, und die Verteidiger kommen ihm entgegen, indem sie auf ihn reagieren und ihm so Prestige zukommen lassen, zumindest das eines ernst genommenen Diskussionspartners –, finden andere Beurteilungen in exklusiveren Zirkeln statt. Regelmäßig befinden Kollegen über die Arbeiten anderer, oft künftiger Kollegen. Prüfungs- und Habilitationskommissionen, Gutachtertätigkeit für Fonds, Zeitschriften und Verlage, Berufungs- und Findungskommissionen sind formelle Foren, auf denen verhandelt und entschieden wird, ob und wer Förderung erfahren soll und aus welchen Gründen.³

Das Ausmaß, in dem diese vertraulichen Gremien über die soziale Gestalt der Soziologie entscheiden, steht verkehrt proportional zu ihrer Transparenz. Berechtigung und Grenzen der Blind- oder Doppelblindurteile wurden und werden diskutiert (Clemens et al. 1995), gelegentlich wird sogar die Institution der Privatsphäre zu ihrer Verteidigung ins Treffen geführt oder die Sicherung eines als nötig erachteten Vertrauensklimas zur Rechtfertigung herangezogen. Insofern die Urteile solcher Kommissare von lokalistischen Rücksichtnahmen gekennzeichnet sind, interessieren sie hier nicht, obwohl man bezweifeln wird können, ob Kommissare diese Distinktion immer im ausreichenden Maße beachten. Die oft beklagte Austauschbarkeit von Begründungen, die schiere Kraft des rhetorischen Urteils eines Statushohen müssten im Einzelfall studiert werden. Für den vorliegenden Argumentationszusammenhang nehmen wir an, dass es möglich sei und dass eine ausreichende Zahl von Kommissaren gewillt sei, von ihren lokalistischen Bindungen abzusehen und ein Urteil zu fällen, das universalistischen Kriterien genügt. Dann stellt sich die Frage, welche Kriterien denn benutzt werden, um beispielsweise zwischen Konkurrenten um – nehmen wir simple Beispiele – einen Förderungspreis zu entscheiden oder die Publikations*un*würdigkeit eines eingereichten Aufsatzes zu beurteilen. Die Frage richtet sich nicht darauf, wer den Preis oder Platz bekommt, sondern wie jene ausgeschieden werden, die als unwürdig angesehen werden. Obwohl valide Daten hier Mangelware sind, wird man argumentieren können, dass in solchen Wettbewerben den Schlechtesten am wenigsten Aufmerksamkeit zuteil wird. Mangelnde Forschungserfahrung, eine spärliche Liste von Veröffentlichungen, ein unoriginelles Design, eine Affiliation mit niedrigem Prestige – in aller Regel scheinen Urteile relativ zum Pool aller Bewerber ausreichend zu sein, um jemanden auszuschließen. Kaum nötig ist es dagegen, die Leistung eines unwürdigen Kandidaten dadurch zu qualifizieren, dass man sich als Kommissar der Anstrengung unterzieht, ihm Fehler vorzurechnen. Sieger solcher Wettbewerbe sind meist Personen, deren bisherige Leistungen künftigen Erkenntniszuwachs zu versprechen scheinen. „Viel versprechend" ist das in Kommissionen vermutlich am häufigsten verwendete, lobende Vokabel. Den Verlierern muss man hingegen nicht zum Schaden auch noch den Spott detaillierter Kritik nachwerfen. Ein Gedankenexperiment kann diesen Punkt illustrieren: In einer nur für diesen Zusammenhang wünschenswerten Welt vollständiger Transparenz der Arbeit aller Kommissionen sollten sich einige Bewerber identifizieren lassen, die immer und überall durchgefallen sind. Es bliebe empirisch festzustellen, ob es sich bei diesem Personenkreis um soziologische Querulanten, wirklich Unwürdige oder um jene Überproduktionsmenge handelt, die einer unzureichenden Zahl von Positionen gegenübersteht. Nichts spricht jedoch dafür, dass sich der „Bodensatz" erfolgloser Bewerber aus den der Devianz Überführten zusammensetzt.

Wenn kritisierende Außenseiter als Kandidaten für Devianz in der Soziologie nicht in Frage kommen und in Urteilen von Kommissaren die Feststellung von Devianz keine Rolle spielt, wo dann kann man deviante Soziologen finden? Oder gibt es gar keinen sozialen Ort, an dem in der Soziologie über Deviante befunden wird?

Drei Orte scheinen geeignet zu sein, daraufhin untersucht zu werden. Da ist einmal der amorphe Ort, an dem informelle Gespräche stattfinden; Kongresse stehen im Geruch, dass dort Verabredungen stattfinden und außerhalb des formellen Programms die eigentliche Bühne der Meinungsbildung zu suchen sei, Zugfahrten, und neuerdings natürlich Flüge, dauern lange genug, um ins Gespräch zu kommen, und der notorische Gasthaustisch hat schon über manche Person Gericht gehalten. Der informelle Charakter all dieser Begegnungen eignet sich hervorragend zum Austausch von Gerüchten und Tratsch. Zu den konstitutiven Bedingungen des Tratsches gehört die Anprangerung der Schwächen und Nachlässigkeiten anderer. Doch Devianz wird dort höchstens als unterhaltsame Anekdote wiedergegeben, wenn berichtet wird, wie dieser oder jener es sich wieder einmal einfach gemacht habe oder gerichtet hätte. Selbst wenn es richtig wäre, dass der überwiegende Teil der Devianz thematisierenden Kommunikation an solchen Orten stattfindet, und wenn es auch zutreffend sein dürfte, dass massierter Tratsch über Einzelne deren Berufschancen tangiert, eignen sich diese flüchtigen Gespräche aus einem systematischen Grund nicht dafür, abweichendes Verhalten festzuschreiben. Sie ermangeln eines Sanktionsmechanismus, der über den der informellen Ausschließung jemandes aus dem Kreis derer, mit denen man tratscht, hinausreicht. Informeller Gedankenaustausch über Zunftmitglieder dient der Bildung von *in-groups* und *out-groups*, aber nicht der Feststellung von Devianten. Getratscht wird über vermutete primäre Devianz, und alle Beteiligten wissen darum (oder sollten darum wissen), dass erst das Auftreten einer institutionalisierten Instanz, die ein Urteil zu sprechen legitimiert ist, aus Devianzvermutung Devianzzuschreibung macht.

Ein traditioneller Ort, an dem solche Urteile in institutionalisierter Form gefällt werden, sind Rezensionen. Kompetente Fachgenossen urteilen auf knappem Raum über die Leistungen anderer. Neben die ursprüngliche Funktion der kollegialen Kritik trat in den letzten Jahrzehnten immer deutlicher eine andere: Wegen der kaum mehr überschaubaren Menge an Veröffentlichungen wuchs der Rezension immer stärker die Aufgabe der Information zu. Die Redaktionen der mittlerweile in vielen Disziplinen vorhandenen, ausschließlich Besprechungen von Neuerscheinungen gewidmeten Zeitschriften treffen eine Vorauswahl darüber, was der Kollegenschaft als wahrnehmenswert empfohlen werden soll, die Rezensionen dienen dann der Leserschaft als Orientierungshilfe, ganz wie die „Abstracts" verschiedener Disziplinen nicht der kritischen Beurteilung, sondern der Informationsreduktion gewidmet sind. Dadurch verlor die Rezension zum Teil die Funktion der kritischen Diskussion und damit zugleich die Möglichkeit, steuernd auf die weitere Entwicklung des Faches zu wirken. Die wenigen empirischen Untersuchungen über diese Institution, die es gibt, sind in ihren Urteilen ambivalent (Merton 1973, Kap. 21, Hartmann und Dübbers 1984, vgl. Clemens et al. 1995). Weil ich mich auf keine systematische Analyse stützen kann, kann ich nur Eindrücke jahrelangen Lesens von soziologischen und anderen Rezensionen wiedergeben. Mir scheint, dass der Anteil der Besprechungen, in denen die Evidenz der Argumentation des zu besprechenden Autors untersucht wird, im Abnehmen ist, falls es sie in irgendeiner goldenen Zeit der Soziologie denn überhaupt gegeben hat. Jedenfalls gilt dieses Urteil im Vergleich mit anderen Disziplinen. Die verschiedenen, sozusagen nationalen Organe der Soziologie, wie die *Österreichische*, die *Schweizer Zeit-*

schrift, Acta Sociologica u. a., drucken derart wenige Rezensionen, dass allein schon die geringe Zahl als Indikator für die Schwäche der Institution Rezension genommen werden kann. Vergleicht man den Anteil, den der Rezensionsteil heute in einer der genannten Zeitschriften einnimmt, beispielsweise mit älteren Zeitschriften, wie dem *Archiv für Sozialwissenschaft und Sozialpolitik* oder der *Zeitschrift für Sozialforschung*, wird augenscheinlich, dass früher ein größerer Anteil der Neuerscheinungen in Form von Rezensionen beurteilt wurde.

Für die Suche nach der Devianz können wir als zweites Kriterium festhalten, dass die institutionalisierten Foren der Beurteilung von Kollegen und deren Arbeiten durch lokalistische Rücksichten geschwächt (im Fall von Karriereentscheidungen), wegen des informellen Charakters irrelevant (im Fall des Tratsches) oder durch abnehmende Zentralität (Rezensionen) gekennzeichnet sind. Sie sind daher nicht geeignet, als Medien für die Zuschreibung von Devianz zu fungieren.

Unethisches Handeln von Wissenschaftlern

Anfang der 90er Jahre musste man als deutschsprachiger Soziologe den Eindruck gewinnen, dass es um die Moral der Kollegenschaft schlecht bestellt sein müsse, erließen doch innerhalb kurzer Zeit Berufsverbände von Soziologen so genannte Ethik-Kodizes (1992 bzw. 1994). Entgegen einer nahe liegenden Vermutung handelte es sich in beiden Fällen jedoch keinesfalls um eine Art Anlassgesetzgebung, sondern um den wissenssoziologisch aufschlussreichen Fall einer interkulturellen Diffusion von Normen – und um kollektives Flagellantentum, mit der dabei immer auch auftretenden moralischen Überhöhung der Eigengruppe.

Der historische Ausgangspunkt dürfte im Umfeld der Rebellion der späten 60er Jahre zu suchen sein, als das soziologische Establishment – das gerade seine eigene Nützlichkeit zelebrierte (Lazarsfeld et al. 1967) – bezichtigt wurde, seine Forschung in den Dienst dunkler Mächte gestellt zu haben. In Ermangelung realer Bösewichte mussten Popanze in Dienst genommen werden. Der berühmteste und langlebigste war das so genannte *Project Camelot*, ein letztlich nicht realisierter Versuch des US-Verteidigungsministeriums, Sozialwissenschaftler für die Erforschung von Aufstandspotentialen in Südamerika zu gewinnen.[4] Es dient für lange Jahre

Lehrbüchern der Soziologie und empirischen Sozialforschung als Illustration der „Anfälligkeit der Sozialwissenschaften" (Amann 1987, Friedrichs 1973). Ins soziologische Kollektivbewusstsein abgesunken überlebte die Idee der potentiellen Gefährlichkeit sozialwissenschaftlichen Forschens die Jahre und erlebte Ende der 80er Jahre in der *American Sociological Association* eine Art Wiedergeburt in Form eines Code of Ethics (vgl. Greenwald 1992), der wenig später in Deutschland und Österreich Nachahmer fand. Nun standen aber nicht mehr übel beleumundete Auftraggeber, die blauäugigen Sozialwissenschaftlern überhöhte Honorare für böse Zwecke offerierten, im Zentrum der Normierungsbemühungen, sondern recht abstrakt „discovery, creation, transmission, and accumulation of knowledge and the practice of sociology", die „ethical considerations and behavior at every stage" erforderlich machten (ASA Code of Ethics, 1989, Preamble).

Die Proponenten der Ethik-Kodizes und -Kommissionen scheinen darauf verzichtet zu haben, vor der Erlassung von Vorschriften das Ausmaß an Normbruch in der Soziologie festgestellt zu haben. Während in den Naturwissenschaften und vor allem der Medizin der Stellenwert derartiger Normierungen leicht einzusehen ist – vor allem die in den soziologischen Kodizes an zentraler Stelle platzierten Rechte der Untersuchten sind dort fraglos von Bedeutung –, unterblieb in der Soziologie der Nachweis einer Regelungsnotwendigkeit.[5] Auch die bisher veröffentlichten Stellungnahmen der deutschen und der österreichischen Soziologie-Ethikkommissionen lassen Zweifel aufkommen, ob die Bedeutung, die den Ethik-Kodizes zugeschrieben wurde, wenigstens von den Zunftgenossen geteilt wird. Oder es gibt so wenig Devianz, dass sich die dafür eigens errichtete Kommission mangels Delinquenten mit Belanglosigkeiten herumschlagen muss, um nicht unbemerkt wieder von der Bildfläche zu verschwinden?

Mit Blick auf die Wissenschaften insgesamt fällt es kompetenten Autoren (Zuckerman 1984; Zuckerman 1988) relativ leicht anzugeben, was als harter Fall von abweichendem Verhalten zu klassifizieren sei: *Betrug* verstanden als Präsentation von Forschungsergebnissen, die nicht gefunden, sondern erfunden wurden. An historischen und aktuellen Illustrationen dazu besteht kein Mangel (Grafton 1991, Corino 1996, Gould 1988, Gould 1991, Broad and Wade 1982, Trocchio 1994, Dewdney 1998). Gelegentlich wird die Frage gestellt, wie häufig bzw. wie typisch derartige Fälle von Fälschungen sind (so auch von Merton 1942, wieder in: Merton

1973, Kap. 14). Sie kann hier unerörtert bleiben, weil es ja nur darum geht, plausibel zu machen, dass es eine Klasse von Handlungen gibt, die Wissenschaftler setzen (könnten) und die als Betrug klassifiziert werden müssten. In unmittelbarer Nähe zum Betrug wäre das *Plagiat* zu sehen, also die Präsentation fremder Texte als eigene. Die in der Literatur angeführten wenigen Fälle von Betrug in den Sozialwissenschaften im weitesten Sinne stammen aus den Disziplinen, in denen materielle Überreste eine große Rolle spielen („Piltdown", vgl. dazu: Gould 1991) oder aus der Intelligenzforschung an Zwillingen, wo Cyril Burt mit seinen Fälschungen traurige Berühmtheit erlangte. Sozialwissenschaftliche Plagiatsfälle sind hingegen bislang kaum dokumentiert, sieht man von den gelegentlich entdeckten abgeschriebenen Dissertationen hier ab. Die geringe Zahl an sozialwissenschaftlichen Plagiaten dürfte auch damit zusammenhängen, dass in den Sozialwissenschaften ständig Ideen anderer – unter Angabe der Quelle oder auch ohne solche – wiedergegeben werden und daher die Demarkationslinie zwischen Referat und Plagiat verschwommen ist. Bedenkt man dann noch, dass es durchaus im Interesse einiger Autoren liegt, ihre Ideen distribuiert zu sehen, auch wenn der Name des „Erstformulierers" nicht angegeben wird, weil sie zu Recht annehmen dürfen, dass der „Matthäus Effekt" (Merton 1973 Kap. 20, Merton 1988, Merton 1995) ihnen letztlich zur Hilfe kommt, hätte man einen systematischen Grund identifiziert, der die geringe Zahl von Plagiatsvorwürfen in den Sozialwissenschaften erklären helfen könnte.

 Es ist offensichtlich, dass in den Fällen von Betrug und Plagiat Analogieschlüsse aus dem Bereich der Wirtschaft und des Rechtssystems auf das Feld der geistigen Arbeit gezogen werden. Vorausgesetzt wird dabei, dass es individuelle Akteure mit verbrieften Rechten auf die von ihnen produzierten (oder legitim angeeigneten) Güter und einen institutionalisierten Markt gibt, auf welchem diese getauscht werden. Im Fall der Wissenschaften mutiert der Besitz an Gütern zum Besitz an Erstentdeckungsrechten (Merton 1973, Kap. 14). Natürlich gäbe es in einer Gesellschaft mit Kollektiveigentum aus begrifflichen Gründen kein Plagiat, wohl aber könnte es in einer derartigen utopischen Gemeinschaft Betrug geben, weil zwar alles allen gehört, dennoch jeder, der einen Teil zum Gemeineigentum beiträgt, diesen gemäß der gültigen Regeln produziert haben sollte.

 Insoweit kein Weg daran vorbei führt, dass wir in einer Gesellschaft leben, die Eigentumstitel kennt, und das auch noch auf absehbare Zeit so bleiben wird, spricht nichts dafür, dass sich das Subsystem, in dem Wissenschaftler handeln, von dieser normativen Rahmung frei machen könnte. Sie können sie bestenfalls transformieren. Tatsächlich existiert ja eine den Bedingungen der Wissenschaften angepasste Eigentumsordnung, über die u. a. Merton ausführlich geschrieben hat (z. B. Merton 1973, Kap. 19).

Eine schwächere, aber zugleich raffiniertere Formen der Devianz besteht im partiellen Fälschen. Das *Frisieren* von Daten lässt sich zweifellos schwerer nachweisen als die Verbreitung vollständiger Falsifikate. Für die Sozialwissenschaften lässt sich vermutlich sogar argumentieren, dass partielle Fälschungen gar nicht entdeckt werden können, weil zwei Bedingungen den „Frisören" zugute kommen: Zum einen fehlt ein funktionales Äquivalent zum Laborbuch der Naturwissenschaftler, in dem bekanntlich jeder Schritt eines Experiments dokumentiert werden sollte, damit der Forschungsprozess von anderen überprüft und nachvollzogen werden kann. Es ist völlig unklar, woraus ein sozialwissenschaftliches Laborbuch bestehen sollte, wenn es denn eingeführt werden würde. Zweitens würde es das Frisieren von Daten nicht aufdecken können, weil die Forderung nach strikter Replikation jedes einzelnen Schritts sozialwissenschaftlicher Forschung wegen der Besonderheit des Gegenstandsbereichs nicht erhoben werden kann. Während man im Fall von Befragungen die tatsächlich nicht Befragten fragen könnte, ob sie jemand befragt hat – allerdings setzt das wiederum die Kooperationswilligkeit und ein Interesse daran voraus, sich an eine so belanglose Episode wie den Besuch eines Interviewers oder ein Telefonat zu erinnern –, sind Beobachtungsprotokolle als völlig fiktiver Text nicht dekodierbar.

Ein instruktives Beispiel aus jüngster Zeit stellt die vermutlich fiktive Autobiografie eines Holocaust-Überlebenden dar, das zeigt, dass Historiker sobald sie das traditionelle Verwaltungsarchiv mit seinen unabhängig von Forschern gesammelten Aktenstücken hinter sich lassen, mit eben jenen Problemen konfrontiert sind, die Sozialwissenschaftlern vertrauter sind: die Fabrikationsmöglichkeit von „own storys" in Form von traurigen Geschichten (Goffman 1962).

Man kann annehmen, dass die moralische Schwelle, die überwunden werden muss, um Daten zu frisieren, niedriger ist – und folglich öfter übersprungen wird. Die Anthropologie hält jedoch ein instruktives Beispiel bereit, das zeigt, dass der Versuch, jemandem Fehlinterpretationen nachzuweisen, sogar dann scheitern kann, wenn der Nachweis fast gelungen zu sein scheint. Derek Freemans (Freeman 1983, Freeman 1999)

Versuch, die Validität der Samoa-Studie von Margaret Mead in Zweifel zu ziehen, hat jedenfalls die Reputation ihres Werkes nicht zerstören können, sondern nur die Leserschaft in Anhänger Meads und solche Freemans geteilt. Ein vergleichbarer soziologischer Fall ist die Kritik an Whytes Klassiker *Street Corner Society* (Whyte 1996). Der Versuch, Whyte sorglosen Umgang mit den Befragten und Frisieren seiner Daten vorzuwerfen, muss wohl als gescheitert betrachtet werden (vgl. dazu Fleck und Müller 1997, Lindner 1998). In Termini des gesatzten Rechts entspräche dem Frisieren der Daten die Missachtung von Vorschriften über die Zusammensetzung bestimmter Konsumgüter – und der Hinweis auf den oft jahrelangen Streit über Markenartikel zeigt, dass auch in der Welt der einfachen Güter die rechte Mischung der Ingredienzien umstritten sein kann. Konsumentenschützerische Ambitionen innerhalb der Sozialwissenschaften scheinen von vorneherein zum Scheitern verurteilt zu sein, zumindest wenn man postmodernen Autoren wie Norman Denzin Gehör schenkt, für den im Streit um Whyte schlicht nur verschiedene Storys und ihre je eigene Wahrheit zur Debatte standen. (Boelen et al. 1992)

Eine weitere Form von deviantem Verhalten ist mit der Wahrnehmung der Berufsrolle verbunden und den Versuchen, die relative Position gegenüber Kollegen durch unlautere Mittel zu verbessern: Denunziation, Intrige, Verleumdung, Ehrabschneidung, Diffamierung, Diskriminierung und andere Techniken des Mobbing, die Ratgeber für die gehobenen Schichten jüngst aufgelistet haben, die wir aber auch im Überfluss in der Belletristik, nicht zuletzt in der florierenden Produktion der so genannten Universitätsromane beschrieben finden.[6] In der Welt der gewöhnlichen Ökonomie entspächen dem die Preisabsprache, die verbotene Kartellbildung, Bestechung und Korruption.

Eine letzte Facette des Mosaiks der Devianz von Wissenschaftlern betrifft den *Missbrauch von Untersuchungspersonen*. Ihn findet man im Bereich der bio-medizinischen Forschung und aller anderen Disziplinen mit Humanexperimenten debattiert. Seit einiger Zeit richten die Berufsorganisationen der Sozialwissenschaftler ihr Augenmerk auch auf die informierte Zustimmung der Forschungsobjekte. Dieses Beispiel scheint von besonderem Interesse zu sein, weil eine naheliegenderweise sinnvolle Idee der mit und an Menschen experimentierenden Disziplinen der Soziologie als normatives Vorbild angedient wird und weil sich daran zugleich zeigen lässt, dass der Schaden, den Sozialwissenschaftler ihren Untersuchungsobjekten zufügen können, unvergleichlich harmloser ist (anders sieht das: Diamond 1988). Es ist eine grandiose Überschätzung sozialwissenschaftlicher Forschung überhaupt auf die Idee zu verfallen, dass ihre forscherischen Interventionen einen nachweisbaren Schaden hervorrufen könnten. Ein wenig erinnert das ganze Bemühen an die regelmäßig durch die Massenmedien geisternden sagenhaften Geschichten exorbitanter Schadenersatzleistungen, die jemandem im fernen Amerika zugesprochen worden sein sollen. Ähnlich wie in diesen einem Baron Münchhausen zur Ehre gereichenden Märchen die vermeintlich Geschädigten, gerieren sich Soziologen in einer Rolle, die ihnen nicht wirklich zusteht: Sie meinen, ihre Disziplin könne, werde sie unsachgemäß praktiziert, bei Untersuchungspersonen bleibenden Schaden hervorrufen. Ich spreche nicht von singulärer Schädigung, die beispielsweise eintreten kann, wenn ein Soziologe vergisst, Namen zu anonymisieren, sondern von dem sozialen Schaden, den eine aus experimentellen Gründen erbetene Unterschrift unter einen ausländerfeindlichen Appell hervorrufen soll. Die geplante Studie wurde als unethisch und sozial gefährlich eingestuft und unterblieb (van den Daele 1998). Bezeichnenderweise haben dieselben Kollegen meines Wissens nicht gegen *Texte* von Sozialwissenschaftlern protestiert, die beispielsweise als willkommene Argumentationshilfe für die Einschränkung sozialstaatlicher Leistungen benutzt werden konnten, weil in ihnen von der „abnehmenden Zentralität der Erwerbsorientierung" oder dem angeblichen endemischen Missbrauch von Leistungen der Arbeitslosenversicherung zu lesen war (vgl. dazu Zilian 1999). Die von Ethikkommissaren angestrebte Moralisierung der soziologischen Forschungsroutinen zielt auf die Verbannung anrüchiger Praktiken. Dabei wird wieder einmal die sinnvolle Trennung von Entstehungs- und Verwertungskontext ignoriert, weil erst gezeigt werden müsste, dass bei der Datenerhebung bleibender Schaden entstehen kann. Die bedeutsamere Seite der sozialwissenschaftlichen Texte, die einen Beitrag zu einem Meinungsklima zu leisten in der Lage sind und daher – wenn man zu einer dramatischen Sicht der eigenen Welt neigt – jemandem schaden können, wird hingegen routinemäßig ausgeblendet.

Das soziale Leben hält zweifellos die eine oder andere vermeidbare Stigmatisierung sozialer Außenseiter bereit, die zu oft durch gedankenlose Meinungsäußerungen von Sozialwissenschaftlern noch verstärkt werden – dass *sozialwissenschaftliche Datenerhebungsverfahren* zu diesen Diskreditierungen essentiell beitragen könnten, gehört hingegen mit ziemlicher Sicherheit in die Welt der fiktiven Anmaßung einer Gefährlichkeit einer Disziplin, die sich selbst zu wichtig nimmt.[7] Ich will nicht so weit gehen zu behaupten, die Soziologie als die Wissenschaft von dem, was sich zwischen Personen abspielt,[8] könne Einzelne deswegen nie schädigen, aber die flagellantischen Übungen mancher Ethik-Kommissare sollte man als Objekt der Disziplin behandeln. Der Kodex taugt nicht als Knigge und die Kommissare haben nicht die Autorität von Richtern.

Bezeichnenderweise finden sich in den Ethikkodizes gleich neben der informierten Zustimmung der Untersuchungsobjekte Hinweise auf die Rechte von subalternen Mitarbeitern. In der Wirtschaft entsprächen die dort formulierten Normen Phänomenen wie nicht- oder unter-tarifliche Entlohnung. In offenen Wirtschaften wehren sich die so Behandelten üblicherweise durch Gründungen von Gewerkschaften. Deren Inexistenz in den Sozialwissenschaften sagt etwas über die transitorische Rolle der Ausgebeuteten und wenig über die Devianz, die hier zur Debatte steht.

Auf der Suche nach der Devianz können wir als drittes Kriterium festhalten, dass die Ethikkommissionen zwar den Versuch darstellen, unethisches Verhalten zu normieren und zu sanktionieren, dass aber die Breite der in Ethik-Kodizes gesatzten Normen deren Anwendung erschwert.

Das Gemeinsame aller bisher besprochenen Varianten möglicher Devianz in den Sozialwissenschaften besteht in der Verletzung eines gesatzten oder auch nur stillschweigend geteilten normativen Musters konformen Verhaltens. Lassen wir die gewöhnliche Bürointrige als unspezifisches Phänomen beiseite, dann haben wir es mit folgendem Fall zu tun: Jemand teilt die institutionalisierten Ziele des wissenschaftlichen Unternehmens – nennen wir hier, der Kürze wegen, nur das Streben nach neuer Erkenntnis und deren durch andere nachvollziehbare Rechtfertigung[9] –, will sie aber nicht unter Verwendung der als legitim erachteten Mittel erreichen. Das ist der Fall der Innovation in Mertons Typologie der Anpassung. Der Hinweis auf Mertons Interpretation der Anomie führt uns insofern über die bisherige Argumentation hinaus, als in seiner Typologie auch Ritualismus, Rückzug und Rebellion als nonkonforme Fälle angeführt werden. Die wenigen Arbeiten, die sich mit der Frage des abweichenden Verhaltens von Wissenschaftlern beschäftigen, gehen jedoch allesamt von der stillschweigenden Annahme aus, dass die möglichen Formen der Devianz von Wissenschaftlern dem Muster des Betrugs entsprechen – und definitionsgemäß will der Betrüger mit unlauteren Mitteln legitime Ziele erreichen (siehe als Literaturüberblick Stern and Elliott 1997). Eine Erweiterung der Perspektive auf andere anomische Anpassungsreaktionen kann uns vielleicht der Devianz von Soziologen näher bringen. Davor ist es aber angebracht, das bekannteste Beispiel einer Festschreibung der normativen Struktur der Wissenschaft ein wenig eingehender zu diskutieren.

Welche Adressaten hat das Ethos der Wissenschaften?

In der wissenschaftssoziologischen Literatur wurde bislang selten die Frage nach Formen und Umfang von deviantem Handeln von Wissenschaftlern gestellt, noch seltener wurde sie kontroversiell debattiert.[10] Ausgiebig thematisiert und diskutiert wurde hingegen die Frage, ob es eine „normative Struktur der Wissenschaft" gäbe, worin sie bestünde, ob Wissenschaftler ihr Handeln danach orientieren und in welcher Weise sie zum Erkenntnisfortschritt beitrüge. Der Streit darum begann erst in den 70er Jahren als Teil der Opposition gegen die Mertonsche Wissenschaftssoziologie; die erste Formulierung des Ethos der Wissenschaften bzw. einer normativen Struktur der Wissenschaften (diese beiden Ausdrücke werden meist synonym verwendet) reicht aber zurück in die Zeit des Zweiten Weltkriegs und findet sich zuerst in zwei Aufsätzen von Merton: „Science and the Social Order" (1938b) und „A Note on Science and Democracy" (1942)[11], beide wiederabgedruckt in den drei Auflagen (1949, 1957, 1968) von *Social Theory and Social Structure*.

Der zeitgeschichtliche *Kontext* wird in beiden Aufsätzen ausdrücklich angesprochen: die Propagierung einer deutschen, i. e. arischen Wissenschaft und der Ausschluss von jüdischen Wissenschaftlern nach 1933. Der Ort, an dem der später berühmtere der beiden Aufsätze erschien, legt nahe, ihn als Teil des „war effort" amerikanischer Intellektueller zu betrachten, als Beitrag eines US-Soziologen zu einer Debatte, die vor allem die vor den Nazis geflohenen Wissenschaftler bewegte, die aber jemanden, der an Europa mehr als nur interessiert war, um eine euphemistische Formulierung zu verwenden, natürlich auch über ein rein theoretisches Interesse hinaus beschäftigte.[12] Der Aufsatz erschien im ersten Heft des von George Gurvitch herausgegebenen *Journal of Legal and Political Sociology*, das ganz Fragen der Demokratie gewidmet war.[13]

An *Subtext* sind diese beiden frühen Aufsätze Mertons so reich wie die meisten seiner Texte; in den Originalen von 1938 und 1942 finden sich vor allem in den Fußnoten zahllose Belege dafür, dass der Nazismus und dessen antiwissenschaftliche und antijüdische Kampagnen den Ausgangspunkt bildeten, die Autonomie des wissenschaftlichen Unternehmens gegen Einflüsse von außen zu begründen (vgl. Merton 1990, 339). Gegen die in Nazi-Deutschland staatlicherseits verordnete und betriebene Ausgrenzung jüdischer Wissenschaftler und deren Forschungen als zugleich undeutsch und unwissenschaftlich richtet sich Mertons Argumentation, die zeigen will, dass es einen Zusammenhang zwischen der für den Erkenntniszuwachs notwendigen Autonomie des Wissenschaftssystems und einer demokratischen Verfassung gibt. Nur demokratisch verfasste Gesellschaften böten hinreichend Platz für freie Forschung. Wenn Wissenschaftlern qua staatlich legitimierter Ideologie verboten wird, die Beiträge bestimmter Kollegen zu rezipieren, füge das politische System dem Wissenschaftssystem dauernden Schaden zu. Insoweit Wissenschaftler selbst diesen partikularistischen Normen folgen, verletzten sie innerwissenschaftlich relevante und notwendige Regeln.

Der manifeste *Inhalt* rief, wie erwähnt, dreißig Jahre später die intensivsten Reaktionen hervor (Barnes und Dolby 1973, Stehr 1978, Mulkay 1980, als umfassender Überblick: Zuckerman 1988). Findet sich 1938 das Ethos der Wissenschaft zwar genannt, wird aber nur in einer Fußnote als „the emotionally toned complex of rules, prescriptions, mores, beliefs, values and presuppositions which are held to be binding upon scientists" näher charakterisiert,[14] identifiziert Merton vier Jahr danach die seither berühmten „institutionellen Imperative" – Universalismus, Kommunismus, Uneigennützigkeit und organisierter Skeptizismus –, die zusammen das Ethos der Wissenschaft ausmachten. Merton selbst hat bei der Wiederveröffentlichung einen Teil der Kontextinformationen getilgt und sie durch eine generalisierende Deutung der normativen Struktur der Wissenschaften ersetzt, was wohl mit den zu dieser Zeit von ihm favorisierten Theorien mittlerer Reichweite, besser wohl: mittlerer Abstraktionshöhe, zusammenhängen dürfte. Diese Dekontextualisierung hat – in Verbindung mit einem unter späteren Soziologengenerationen weit verbreiteten Mangel an historischem Wissen – Fehldeutungen des ursprünglich Gemeinten gefördert.[15] Hier sollen jedoch nicht die Normen oder die daran geübte Kritik analysiert werden, sondern eine Schwäche in Mertons Begründung identifiziert werden.

Die vier institutionalisierten Normen, die Merton aus dem „moralischen Konsens der Wissenschaftler" erschlossen hat, der „im täglichen

Umgang, in den zahllosen Schriften über den Geist der Wissenschaft oder in der moralischen Empörung angesichts von Verstößen gegen dieses Ethos zum Ausdruck kommt" (Merton 1985, 88), lassen eine Frage unerörtert, die für gewöhnlich bei Diskussionen über Normen Beachtung findet: Wer sind die Normadressaten? Reformuliert man nämlich die Normen in Form von Maximen, wird deutlich, dass es einige Unklarheiten gibt. Beispielsweise müsste die Universalismusnorm ohne Bedeutungsverlust in die Aussage transformiert werden können: „Schließe niemandes wissenschaftlichen Erkenntnisbeitrag wegen dessen Rasse, Nationalität, Religion, Klasse, persönlichen Eigenschaften etc. aus!" oder noch allgemeiner: „Schließe niemanden aus dem Wissenschaftssystem aus!" Wenn sich diese Norm an jeden einzelnen Wissenschaftler richtet, setzt sie etwas voraus, das der Annahme vollständiger Information ähnelt. Sie ist so abstrakt wie die Basisannahme der neoklassischen Ökonomie, weil diese Norm natürlich nicht implizieren kann, dass jeder die Verpflichtung habe, alles wahrzunehmen oder niemanden auszuschließen. Sobald aber faktische Beschränkungen der Menge der rezipierbaren Beiträge zugelassen würden, ist es um die Chance geschehen, empirisch feststellen zu können, ob jemand aus rassistischen oder anderen unlauteren Gründen etwas nicht wahrgenommen hat. Da eine universelle Wahrnehmungspflicht nicht statuiert werden kann, wird die Prüfung der Konformität faktisch unmöglich, weil jeder Diskriminierende immer Unzulänglichkeiten der Informationsaufnahme und -verarbeitung ins Treffen führen kann. Die Universalismusnorm kann sich daher nur an die *scientific community*, an die Gesamtheit der Wissenschaftler, richten: Als Kollektiv hätten die Wissenschaftler die Pflicht, alles von allen Erforschte wahrzunehmen. Auch diese Reformulierung droht an den realen Beschränkungen der Übersehbarkeit[16] eines immer mehr Personen und Nationen umfassenden globalen Wissenschaftssystems zu scheitern. Möglicherweise konnten die Normen zu Zeiten einer übersehbaren *scientific community* – sagen wir im 17. Jahrhundert – diese zum Normempfänger haben, in der Gegenwart ist diese Interpretation nur bei Spezifikation einschränkender Randbedingungen sinnvoll.

Von zwei der vier von Merton herausgearbeiteten Normen lässt sich behaupten, dass sie Individuen als Normadressaten haben: Kommunismus und Uneigennützigkeit. Man kann sinnvollerweise von Einzelnen fordern, ihre Erkenntnisbeiträge anderen nicht vorzuenthalten, und man kann an sie die Forderung adressieren, um der Wahrheit willen zu forschen und nicht wegen der damit auch erzielbaren materiellen und immateriellen Belohnungen.[17] Beiden normativen Erwartungen können Wissenschaftler entsprechen und insofern sie es nicht tun, können sie sich nicht darauf ausreden, es würde von ihnen ein Verhalten verlangt, das realiter nicht erbracht werden könne. Im weiteren Verlauf der Argumentation wird eine anomietheoretische Interpretation zeigen, dass es sich bei diesen Verhaltensweisen jedenfalls nicht um solche des Innovationstyps handelt.

Die beiden anderen Mertonschen Normen: Universalismus und organisierter Skeptizismus, können sich hingegen sinnvollerweise *nur* an die *scientific community* richten, weil, wie oben argumentiert wurde, niemand individuell verpflichtet werden kann, alles wahrzunehmen und Kritik zu üben (wohl aber: Kritik zu ertragen). Richten sich die beiden Normen – i. e. generalisierte Verhaltenserwartungen – an Kollektive, lässt sich empirisch das Ausmaß (oder die Rate) aberranten Verhaltens[18] feststellen. Beispielsweise könnte gezeigt werden, dass bestimmte nationalstaatliche Wissenschaftlergemeinschaften systematisch die Beiträge aus anderen Nationen ignorieren. Ebenso könnte nachgewiesen werden, dass das Ausmaß an wechselseitiger kritischer Kommentierung im Zeitverlauf abnimmt. Feministische Historikerinnen haben eine Menge an Evidenzen zusammengetragen, die überzeugend belegen, dass ihre männlichen Kollegen die Universalismusnorm verletzt haben (vgl. z. B. Lerner und Müller 1995) – und andere „Minderheiten" folgen ihnen auf diesem Weg mit unterschiedlichem Erfolg. Gelegentlich gemachte Versuche (Clark 1998), einzelnen Wissenschaftlern die Verletzung dieser beiden Normen vorzuwerfen, sind hingegen unangebracht.

Eine historische Soziologie der Wissenschaftssoziologie kann darauf aufmerksam machen, dass die Berufung auf Normen des wissenschaftlichen Handelns und Rechtfertigungen der Autonomie des wissenschaftlichen Feldes zu verschiedenen Zeiten unterschiedliche Gestalt annehmen. Erinnert sei an den später oft ignorierten Kontext von Webers Wertfreiheitspostulat (Rammstedt 1988), an die sich über Jahrzehnte im deutschsprachigen Raum hinziehende Debatte um die Parteilichkeit, die auf die Herausforderungen durch marxistische Autoren reagierte, und die gegenwärtigen Debatten um den Relativismus unter dem martialischen Stichwort „science wars". Aus diesen knappen Hinweisen lässt sich der Schluss ziehen, dass offenkundig immer jene Normen besondere Betonung erfahren oder kontroversiell diskutiert werden, die aktuell bedroht erscheinen.

Die Suche nach einer überzeitlichen normativen Struktur der Wissenschaften, die von Merton anlässlich der Wiederabdrucke nahe gelegt wurde, war nicht der Rahmen, in dem 1938 bzw. 1942 argumentiert wurde: „We are here concerned ... with the *cultural structure* of science."[19] Insofern sich Kulturen weiterentwickeln, zu verschiedenen Zeiten unterschiedliche Faktoren jeweils im Vordergrund stehen, sind Bemühungen, das Ethos zu identifizieren, selbst kulturell determiniert – womit einer der am häufigsten gegen Merton ins Treffen geführten Einwände, er beschreibe mit seinen vier Normen die Institution Wissenschaft zu statisch und lasse sozialen Wandel des und im Wissenschaftssystem nicht zu, hinfällig ist.

Das Ethos der Wissenschaftler lässt sich auf niedrigerem Abstraktionsniveau überzeugender nachweisen. Konzentriert man die Analyse auf die faktischen Normen und Sanktionen, sollten jedenfalls empirisch identifizierbare Muster gefunden werden können. Welche Verhaltensregelmäßigkeiten sind unter Wissenschaftlern nachweisbar, welche davon werden normativ fixiert und so zu Standards, die nicht sanktionsfrei verletzt werden können? Eine auch nur flüchtige Beobachtung der disziplinierenden Unterweisungen, denen beispielsweise Studenten ausgesetzt werden, kann vor Augen führen, dass das Lehren einer wissenschaftlichen Disziplin immer auch die Vermittlung eines Bewusstsein für die Regeln, Normen und Schicklichkeitsvorschriften an die Lehrlinge umfasst und dass deren Missachtung und Verletzung geahndet zu werden drohen (weswegen nahezu alle Studenten entgegen anfänglicher Absicht ihre Abschlussarbeiten doch nicht abschreiben, sondern selbst verfassen[20]). Die Normen sind sowohl solche, die als technische bezeichnet wurden, als auch so genannte soziale; letztere werden eher implizit tradiert, während die erstgenannten explizit gelehrt werden. In der Soziologie finden wir vor allem im Bereich der statistischen Datenauswertung zahlreiche technische Regeln, einschließlich solcher, die nicht begründet, sondern konventionell gesetzt werden: Signifikanztests, kritische Grenzen zur Beurteilung von Zusammenhangsmaßen etc. (vgl. Kriz 1981).

Neben der an Novizen weitergegebenen spezifischen Berufsmoral findet man unter den Arrivierten ein feinmaschigeres Netz von Verhaltensstandards, Routinen und Sanktionen. Beide Varianten von normativer Struktur wirken unabhängig von der ausdrücklichen Fixierung in gesatzter Form, sondern gewinnen ihre normative Kraft aus der kollektiven Beachtung von Gewohnheiten, was ja nichts anderes ist als die wörtliche Übersetzung von Ethos. Betrachtet man das alltägliche Handeln von Wissenschaftlern etwas genauer, dann ist die Wahrnehmung von Verhaltensregelmäßigkeiten unabweisbar. Die lebensweltlichen Idealisierungen des schützschen „Und So Weiter" und „Ich Kann Immer Wieder" (Schütz und Luckmann 1979, 65) bedeutet hier, dass zukünftiges Verhalten auch von anderen erwartet werden kann, dass also in gleichgesetzten Situationen ähnliches Verhalten auftritt. Über die individuellen Verhaltensregelmäßigkeiten informieren uns die Biographien und Autobiographien mit all ihren Schilderungen der Idiosynkrasien, Ticks, Vorlieben. Die bedeutsameren sozialen Verhaltensregelmäßigkeiten sind Gewohnheiten, die in angebbaren Mikro-Umwelten als routinisiertes Alltagshandeln auftreten, und Verhaltenszumutungen, die im engeren Sinn normiert sind, deren Geltungsbereich über diese Mikro-Umwelten hinausreicht und deren Beachtung durch Sanktionen sichergestellt wird.

Anomie in den Wissenschaften

Die bisherigen Ausführungen sollten gezeigt haben, dass es durchaus sinnvoll ist, davon zu sprechen, dass das Handeln von Wissenschaftlern normgeleitet ist, auch wenn sich diese Normen im historischen Verlauf ändern mögen. Um bei der Suche nach der Devianz in den Sozialwissenschaften voran zu kommen, scheint es mir nötig, zwei weitere Aspekte in die Analyse einzuführen: das Phänomen sozialer Schichtung von Wissenschaftlern und das der Bezugsgruppen unter Wissenschaftlern. Die klassische Wissenschaftssoziologie mertonschen Zuschnitts beschäftigt sich fast ausschließlich mit Angehörigen der wissenschaftlichen Elite.[21] Prioritätenstreitigkeiten können per definitionem nur unter den Besten einer Disziplin stattfinden – auch die meisten anderen von Merton ebenso wie von den Post-Mertonians behandelten Phänomene spielen unter Spitzenwissenschaftlern. Tatsächlich besteht aber zu jedem Zeitpunkt die Gesamtheit des wissenschaftlichen Personals vor allem aus jenen, deren Namen nie mit einer Entdeckung in Verbindung gebracht werden wird, die nicht einmal davon träumen können, den „41. Sitz" zu erklimmen, und die nur als namenlose Opfer des Matthäus-Effekts in die Wissenschaftsgeschichte eingehen werden. Richtet man die Aufmerksamkeit auf die Masse der wissenschaftlich Arbeitenden, muss die Frage nach der Normkonformität und den Formen der Abweichung davon anders gestellt werden: Wie und wodurch werden jene veranlasst, sich um die konforme Ausgestaltung ihrer Wissenschaftlerrolle zu bemühen, die wegen ihrer Positionierung im globalen Wissenschaftssystem von Anbeginn an wissen (könnten), dass ihr Beitrag zur Wahrheitssuche höchstwahrscheinlich unbeachtet bleiben wird? Merton hat in „Social Structure and Anomie" (Merton 1957) am Beispiel des „American Dream" Hinweise gegeben, die für die Beantwortung dieser Frage fruchtbar gemacht werden können. Dort analysierte er das Auseinanderdriften der übermächtigen Ideologie des Strebens nach materiellem Erfolg und der beschränkten legitimen, institutionellen Mittel zur Erreichung dieses Ziels als Ursache anomischer Anpassung. Weiters argumentiert er, dass bestimmte anomische Anpassungsreaktionen in verschiedenen sozialen Schichten wahrscheinlicher sind: Die Unterschichten seien, ihre Bindung an das gemeinsame Ziel materiellen Reichtums vorausgesetzt, anfälliger für Reaktionen des Typs Innovation.

Wendet man die Anomieperspektive auf Wissenschaftler an, kann man die Annahme für begründet halten, dass auch die verschiedenen Statusgruppen von Wissenschaftlern unterschiedliche anomische Reaktionen zeigen werden. Der in der Literatur zum devianten Verhalten von Wissenschaftlern im Zentrum stehende Betrug kann anomietheoretisch als Innovation gedeutet werden. Die normative Bindung an die kollektiv geteilten Zielvorgaben – hier also die Entdeckung neuen Wissens – wäre begleitet von einer Abweichung von den institutionalisierten Mitteln, die als legitim für die Zielerreichung gelten. Träfen die Thesen aus „Social Structure and Anomie" auch auf Wissenschaftler zu, wäre die Unterschicht der Wissenschaftler für diese Reaktionsweise prädestiniert. Spricht etwas dafür, dass die in der Sozialstruktur des Wissenschaftssystems Benachteiligten besonders häufig illegitime innovative Reaktionen zeigen? Da wir weder über das Ausmaß an primärer Devianz bei Wissenschaftlern noch über das Dunkelfeld genügend empirische Informationen besitzen, kann diese Frage direkt nicht mit hinreichender Sicherheit beantwortet werden. Wohl aber finden wir indirekt Hinweise darauf, dass diese Vermutung nicht zutreffend sein dürfte: Die öffentliche Anprangerung Devianter dient – zumindest wenn man in diesem Punkt Durkheim folgen will – der Bekräftigung der Moral der Gesetzestreuen. Nun spricht aber wenig dafür, dass die oberen Zehntausend der Wissenschaft durch demonstrative Hinweise auf die Devianz marginalisierter Zunftgenossen ihre normative Integration erhöhen. Mit Blick auf die real existierenden Wissenschaften scheint es plausibler anzunehmen, dass die knapp unter der Elite Angesiedelten, diejenigen, die eine Chance sehen, hinaufzukommen, dafür anfällig sind, sich illegitimer Mittel zu bedienen. Neben den Universitätsromanen[22], die diese Sicht stützen, kann man auch auf die Tätigkeit des *US Office of Research Integrity* verweisen, das sich bislang vor allem mit Fällen beschäftigte, die an Forschungsstätten der ersten und zweiten Garnitur spielen.[23] Die unteren zwei Drittel der Schichtungshierarchie der Wissenschaftler spielten bei den Versuchen, den Missbrauch aufzudecken, selten eine Rolle.

Falls die Vermutung zutreffend ist, dass deviante Anpassungen an die Diskrepanz von institutionalisierten Zielvorgaben und beschränkten legitimen Mitteln in den Schichten knapp unterhalb der Elite angesiedelt sind, läge es nahe, einige weitere Parameter zu berücksichtigen: das Ausmaß an Konkurrenz in einer gegebenen Disziplin und in bestimmten Staaten, den Grad an materieller Abhängigkeit der beschäftigten Wissenschaftler von Forschungserfolgen, die disziplinär unterschiedlichen Möglichkeiten, den Betrug zu verschleiern usw. Diese für eine empirische Erforschung nötigen Spezifikationen müssen hier nicht weiter detailliert werden.

Bei der Betrachtung der sozialen Schichtung der Wissenschaftler muss allerdings ein anderer Gesichtspunkt systematisch berücksichtigt werden, der vor allem in den Sozialwissenschaften bedeutsam ist: die Größe der *scientific community*, innerhalb derer jemand versuchen kann, Erfolg zu haben. Im Unterschied zu den meisten Naturwissenschaften, die aus Spezialgebieten mit einer vergleichsweise geringen Zahl von daran beteiligten Wissenschaftlern bestehen, umfasst die horizontale Differenzierung der Soziologie Wissenschaftlergruppen sehr unterschiedlicher Größe. Die größte Population findet man in jenem Sektor, der unzulänglich als „Basisforschung" bezeichnet werden könnte und zumeist mit „Theorie" gleichgesetzt wird. Dort findet man auch die Verfasser der meist zitierten soziologischen Veröffentlichungen, die Autoren der wichtigsten Bücher des Jahrzehnts oder Jahrhunderts.[24]

Die *International Sociological Association* führte 1998 eine Umfrage unter ihren Mitgliedern durch, um die „Books of the Century" wählen zu lassen.[25] Nimmt man diese Liste zur Hand, um die internationale Elite der Soziologen zu identifizieren, gewinnt man zugleich eine gute Illustration des Feldes der „Basisforschung." 23 der ersten 50 Bücher stammen von lebenden Autoren. Die 11 wichtigsten Bücher lebender Autoren stammen (in Klammer ihr Rangplatz in der Gesamtliste) von Merton (3), Peter L. Berger & Thomas Luckmann (5), Pierre Bourdieu (6), Jürgen Habermas (8), Anthony Giddens (14), Immanuel Wallerstein (15), Ulrich Beck (19), Jürgen Habermas (24), Barrington Moore (25), Peter M. Blau & Otis Duncan (27) und Howard S. Becker (31). Jedes dieser Werke erwarb seine Reputation wegen des „theoretischen" Gehalts und sicherlich nicht wegen seiner empirischen Befunde. Höchstens zwei Bücher (Blau & Duncan und Becker) können einer der Spezialdisziplinen der Soziologie zugerechnet werden und das obwohl das „Elektorat", die ISA-Mitglieder, einer oder mehrerer der höchst spezialisierten Research Committees angehört. Zwei Folgerungen können aus dieser Liste gezogen werden. Jemand, der seine Arbeit und seine Veröffentlichungen einer Spezialdisziplin widmet, kann nicht damit rechnen, zur Weltspitze der Soziologen aufzusteigen. (Noch weniger jene, deren Beitrag zur Entwicklung der Disziplin in der Kreation oder Verfeinerung von Forschungstechniken oder Methoden liegt – das erste Methodenbuch, Lazarsfeld und Rosenbergs „Language of Social Research", findet sich auf Platz 63 obiger Bestenliste!) Die Prämie der Anerkennung durch die Kollegenschaft wird an „Theoriebücher" ausgezahlt. (Eine ganz andere Frage, die hier nicht behandelt werden kann, bezieht sich darauf, zu evaluieren, um welche Art soziologischer Theorie es sich bei den Beiträgen handelt.) Es wäre zutiefst unsoziologisch, den Gedanken zu teilen, diese Struktur des Belohnungssystems habe keine Auswirkungen auf das Verhalten der Soziologen. Die Wahl von Bezugsgruppen durch Soziologen ist, so weit ich sehen kann, bislang kaum diskutiert worden, weswegen es nahezu unmöglich ist, hier valide empirische Befunde zu zitieren. Für den vorliegenden argumentativen Zusammenhang kann eine Skizze genügen. Zuerst einmal weist das Gesagte darauf hin, dass Soziologen – wie alle Wissenschaftler – ein Spezialgebiet zu wählen haben. Die Spezialgebiete der Soziologie lassen sich auf einer Dimension abnehmender numerischer Bezugsgruppengröße auftragen. Hier wie anderswo spielt die numerische Größe der Gruppe eine bedeutsame Rolle, nicht zuletzt die, dass je größer die Bezugsgruppe desto stärker ihre innere Differenzierung, was zur differentiellen Ausgestaltung der Verhaltenserwartungen – und damit der Normen, die man gegebenenfalls verletzt – wesentlich beiträgt.

Den oberster Rang nehmen die Verfasser von *Zeitdiagnosen* ein, also jene Autoren, die auch von einem Laienpublikum rezipiert werden. Im Feld der Produktion von Zeitdiagnosen spielen innerwissenschaftliche

Qualitätskriterien eine geringe Rolle; an die Stelle organisierten Skeptizismus tritt die Aufnahme durch die Gatekeeper der öffentlichen Meinung, die Rezensenten weit verbreiteter Intellektuellenzeitschriften und die Feuilletonredakteure überregionaler Tages- und Wochenzeitungen, die Kommentierung durch Zeitgenossen, die sich an eben jenem Diskurs beteiligen, zu dem beileibe nicht alle zeitdiagnostisch gemeinten soziologischen Werke Zutritt erhalten. Die Professionskollegen reagieren auf solche Erfolge mit einem „Naserümpfen über den Applaus vom falschen Publikum". Die Soziologen, die sich teilweise oder manchmal ausschließlich an ein breiteres Publikum wenden, werden parallel dazu innerhalb der *community* zunehmend mit Missachtung gestraft, ihre innerwissenschaftliche Reputation sinkt proportional zur Zunahme des öffentlichen Zuspruchs. Dazu gesellen sich in der Folge abwertende Urteile über die Seriosität des Betreffenden als Wissenschaftler. Ihm wird abgesprochen, sich noch am wissenschaftlichen Diskurs zu beteiligen und zu diesem beitragen zu wollen. Beispiele dafür sind die Urteile von Soziologen über Daniel Bell, Amitai Etzioni, Ralf Dahrendorf, Ulrich Beck.

Den nächsten Rang nehmen die Verfasser von Beiträge ein, die sich nur an ein Fachpublikum richten und auf generalisierende Aussagen zielen, also jene, die *„Basisforschung"* oder „Theorie" betreiben. Ihr systematischer, jedenfalls aber auf Allgemeinaussagen beruhender Inhalt erlaubt es den Verfassern, die ganze Disziplin anzusprechen. Die Bewertungskriterien, denen diese Arbeiten unterworfen werden, sind in jeder historischen Etappe annähernd dieselben, der Unterschied zwischen einem Applaus spendenden Laienpublikum und naserümpfenden Peers tritt hier nicht auf. Wohl aber spielt die Reaktionszeit, also die Zeit, die zwischen der Publikation eines neuartigen, generalisierenden Beitrags und seiner Würdigung durch die Zunftgenossen verfließt, eine enorme Rolle. Die Reaktionen auf „große" Würfe, neue Deutungsangebote und bahnbrechende Publikationen – mit diesen Kennzeichnungen versuche ich zu umschreiben, was in den harten Wissenschaften als Entdeckungen und Hypothesen bezeichnet wird – folgen in der Soziologie einem eigenen Muster. Ich glaube, dass sich der empirische Beweis erbringen lässt, dass diese Texte – zumeist handelt es sich wohl um Bücher – von Statusgleichen oder -höheren zuerst gar nicht wahrgenommen werden, sondern der diffundierenden Ausbreitung bedürfen: Attraktion von Anhängern und Schülern. Erst wenn die Gruppe der Schüler und/oder Anhänger groß genug ist, dass sie von

Etablierten als Konkurrenz wahrgenommen werden muss, reagieren statushohe Gralshüter darauf.

Da die Behauptung vielleicht verwegen klingt, will ich ein Beispiel anführen. Niklas Luhmanns Erstlingswerk „Funktionen und Folgen formaler Organisationen" erschien 1964. Luhmann wurde aber in der soziologischen *scientific community* erst ab 1971 als Opponent von Habermas wahrgenommen[26] und es dauerte weitere Jahre, bis er als soziologischer Theoretiker eigenen Profils Anerkennung fand. Der Fall Luhmann kann dazu dienen, die Behauptung zu stützen, dass es in der Soziologie nichts gibt, was der bahnbrechenden Entdeckung entspricht, die – zumindest unter modernen Bedingungen organisierter Forschung und Kommunikation über Forschungsergebnisse – innerhalb von Tagen oder Wochen rezipiert zu werden pflegt.[27]

Eine Ähnlichkeit zwischen Entwicklungen in der Soziologie und zirkulären Geschichtsinterpretationen drängt sich einem auf, wenn man die Urteile über Autoren in Erinnerung ruft, die am absteigenden Ast sind: Hoffnungslos veraltet, von gestern, vorgestern, tiefes 19. Jahrhundert und ähnlich lauten die nicht nur informell geäußerten Urteile. Meiner Beobachtung nach besteht eine deutliche Differenz in den Urteilen über solche Texte bzw. Autoren, die man für veraltet hält, im Vergleich zu zeitgenössischen Konkurrenten. Erstere werden verächtlich gemacht, während letzteren – sind sie erst einmal als Statusgleiche wahrgenommen – zumindest eine Nische im großen Haus der Sozialwissenschaften zugewiesen wird. Das Verächtlichmachen der Altvorderen und derer, die man in ihre Nähe rücken will, ist in einer Disziplin, die der Idee kumulativen Wissenszuwachs verpflichtet ist, undenkbar. Für eine Disziplin, die Modeerscheinungen oder nobler formuliert: Phänomenen der Elitenzirkulation unterworfen ist, scheint das hingegen charakteristisch zu sein. Zumindest in diesem Punkt teilen die Autoren, die sich den Zeitdiagnosen verschrieben haben, das Schicksal jener, die im Feld der „Theorie" publizieren: Aufstieg und Niedergang.

Den dritten Rang nehmen die Beiträge zur Entwicklung von *Forschungstechniken* ein, weil methodisch-technische Innovationen zumeist in mehr als einem speziellen Forschungsfeld Anwendung finden, ja gelegentlich in benachbarte Disziplinen exportiert werden können, was jedoch nicht mit diskrepanten Erwartungen von bzw. an Bezugsgruppen verbunden sein muss. Mertons OBI(obliteration by incorporation)-Muster findet man vor allem hier. Die Namen der „Erfinder" soziologischer Datenerhebungs- oder Auswertungstechniken geraten schneller in Vergessenheit als ihre Produkte. In der Soziologie ist es – anders als in der Statistik (Stigler 1986) – auch nie dazu gekommen, derartige Techniken mit dem Namen eines ihrer Erfinder zu versehen.

Den vierten und alle folgenden Ränge nehmen die *Spezialgebiete* der Soziologie ein. Darüber müssen nicht viele Worte verloren werden. Nützlich ist vielleicht der Hinweis darauf, dass zu unterschiedlichen Zeiten jeweils verschiedene Spezialitäten außerhalb der Wissenschaftlerpopulation, die daran aktiv Anteil nimmt, Anerkennung finden. Dies gilt auch für die Wahrnehmung der Beiträge der empirischen Resultate durch das breitere Publikum.[28] Die horizontale Schichtung der soziologischen Forschungsfelder ist im vorliegenden Zusammenhang von Interesse, weil die verschiedenen Bezugsgruppen (Laienpublikum, an Theorie interessierte Soziologen, methodisch-technische Innovationen rezipierende Kollegen, Mitglieder von empirischen Spezialforschungsgebieten) unterschiedliche Erwartungen an die Autoren herantragen und institutionalisiert werden und daher auch verschiedene Normabweichungen und -verletzungen zu erwarten sind.

Innerhalb der verschiedenen Sektoren soziologischen Arbeitens lässt sich nun auch die Existenz einer vertikalen Schichtung zeigen, an deren Spitzen jeweils die zu verschiedenen Zeitpunkten unterschiedlich zusammengesetzte *internationale Elite* zu finden ist. Man muss keine Namen anführen, um klar zu machen, dass unter jenen, die Zeitdiagnosen verfassen, und denen, die im Feld der innersoziologischen Basisforschung oder „Theorie" tätig sind, eine derartige Personengruppe tatsächlich existiert. Es sind jene Autoren, deren Werke in mehrere Sprachen übersetzt werden, die von verschiedenen Universitäten unterschiedlicher Länder eingeladen oder geehrt werden und die – nur im Fall der Zeitdiagnosen – von mehr als einem nationalen TV-Sender interviewt, von mehr als einer, von breiteren Intellektuellenschichten gelesenen Zeitung oder Zeitschrift rezensiert, kommentiert und diskutiert werden. Auf der Ebene darunter findet man die *nationale Elite*, also jene Autoren, deren Reputation im Land, in dem sie arbeiten, unbestritten ist, die aber in anderen Sprachgemeinschaften wenig oder gar nicht bekannt sind. Darunter oder möglicherweise auf gleichem Niveau finden sich Soziologen, die hier *internationale Komparsen* genannt werden sollen. Dazu gehören jene, die internationale Kontakte pflegen, ins Ausland reisen, aber eher selten übersetzt oder eingeladen werden. Man wird annehmen dürfen, dass diese Population aufstiegsorientiert ist: entweder durch „Kapitalisierung" ihrer internationalen Investitionen im eigenen Land oder – Krone der Karriere – durch Kooptierung in die internationale Elite. Unterhalb der internationalen Komparsen würde ich jene *Nischenpopulationen* ansiedeln, die international zusammengesetzt sind, aber nach dem Modell wissenschaftlicher Schulen organisiert sind und deshalb hohe Binnenkommunikation, aber geringe Interaktionsdichte nach außen aufweisen. Die meisten der Fälle, die man dafür als Illustration wählen könnte, befinden sich an der disziplinären Grenze oder sind disziplinäre Zwitter. Im Bereich der Zeitdiagnosen könnte man an die gar nicht lose Gruppierung katholischer Sozialkritiker denken, im Bereich der Theorie wären bis vor kurzem die Schule von Elias, bis Mitte der 1980er Jahre die Rational-Choice-/Public-Choice-Gruppe oder die feministischen Soziologinnen vortreffliche Exempel. Vergleichbares ließe sich auch über Gruppen von Empirikern sagen, die schulenähnlich organisiert und international vernetzt sind: Ingleharts Wertwandelforschung, die Gay and Lesbian Studies oder die Sozialindikatoren„bewegung". Weiter unter findet man die Populationen der *nationalen Komparsen* und die *nationalen Nischen*. Beide funktionieren auf nationalstaatlicher Ebene wie ihre internationalen Pendants. Nationale Nischen haben üblicherweise exakt die Größe eines Universitätsinstituts.

Dieses Modell einer vertikalen Schichtung und horizontalen Gliederung der Soziologen und die quantitativ variierende Größe lassen sich im Rahmen einer anomietheoretischen Perspektive nun dazu verwenden, zu zeigen, dass es jedem Soziologen gleichsam frei steht, sich auf beiden Dimensionen eine Bezugsgruppe zu suchen, an deren Standards orientiert er seine Wissenschaftlerrolle interpretiert. Die weiter oben aufgeworfene Frage, wie es dazu kommt, dass im globalen Wissenschaftssystem Marginalisierte daran festhalten, rollenkonform zu handeln (i. e. z. B. zu forschen), findet nun eine Antwort: Die Randständigen können das und tun das, weil sie unter mehr als einer Bezugsgruppe gewählt haben und sie die Normen ihrer kleinen Bezugsgruppe beachten und diejenigen der weltweiten *scientific community*, wenn schon nicht verletzen, so doch ignorieren können (im Falle, dass die kleine Bezugsgruppe die gleichen Standards hochhält wie z. B. die internationale Elite, erscheint es so, als beachtete der Randständige die normativen Erwartungen der global *players*!). Solange innerhalb einer der vertikalen Säulen – Zeitdiagnose, Basisforschung, Techniken, Spezialgebiete – die Schichtung einigermaßen stabil bleibt, können Eleven sozusagen das Niveau bestimmen, bis zu dem hin sie aufsteigen wollen und Ältere sich im biografischen Verlauf von einer Höhe, die sie schon erreicht haben, auch wieder zurückziehen. Wenn die vertikalen Schichtungskriterien während des Lebens eines Soziologen einen drastischen Wandel erfahren, kann er sich in eine internationale oder nationale Nische zurückziehen, etwas was man vorzüglich im Feld der Basisforschung beobachten kann, wenn man beispielsweise an die versprengten Getreuen einer marxistischen Soziologie denkt. Die Mobilitätsforschung kennt eine große Zahl von Mechanismen, die sinnvoll auf die Analyse der Schichtung von Soziologen angewandt werden können. Auch die Unterscheidung von *cosmopolitans* und *locals* (Merton 1957, Merton 1972–1973) ließe sich hier fruchtbar machen.

Man kann diese Skizze nun noch erweitern, wenn man die verschiedenen Rollen von Wissenschaftlern und Soziologen insbesondere systematisch zu berücksichtigen versucht. Sprach ich bisher vor allem vom Forscher, so könnte man auch noch den Politikberater, den akademischen und volksbildnerischen Lehrer erwähnen und sollte der *organizational man* nicht vergessen (Lazarsfeld 1969). Die Vervielfältigung der Bezugsgruppen fügt dem analytischen Modell nichts Neues hinzu; für eine empirische Analyse wäre es allerdings unerlässlich, diese Differenzierungen zu berücksichtigen. Wenn die Frage nach der Devianz als die nach der Nonkonformität gestellt wird und diese als Rollen-Nonkonformität gedeutet wird, spricht nichts dagegen, beispielsweise im Bereich der soziologischen Beratung, des soziologischen Unternehmers oder auch des soziologischen Lehrers danach zu suchen, wie es dort um anomische Reaktionen auf die Diskrepanz von bezugsgruppenspezifischen normativen Zielvorstellungen und den legitimen Mitteln zu ihrer Realisierung bestellt ist.

Das abweichende Handeln kann in den verschiedenen, von Bezugsgruppen geformten Mikro-Umwelten einer Disziplin unterschiedliche Gestalt annehmen. Sucht man die Normen, von denen abgewichen wird, dann wird man, wenn man einen empirischen Zugang bei der Identifikation der normativen Struktur der Wissenschaften präferiert, dem systematisch Rechnung tragen müssen. Im Rückgriff auf Mertons Anomietheorie erweitert sich der Horizont möglicher nonkonformer Anpassung an die Diskrepanz von Desiderata und Consumata (so die begriffliche Reformulierung der Anomietheorie durch Bunge 1998). Betrachtet man die bekannte Typologie der Anpassung, wird klar, dass bei der Diskussion über deviante Wissenschaftler immer nur ein Typ im Aufmerksamkeitsfeld stand: die Innovation. Mertons bahnbrechender Gestaltwechsel, dass auch Verbrecher Innovatoren sind und sich in einer Strukturbetrachtung nicht von moralisch gebilligten Erneuerern unterscheiden, hat den drei anderen Anpassungsformen ein wenig die Aufmerksamkeit entzogen.

Für die Wissenschaftsanalyse dürften allerdings die Ritualisten und diejenigen, die sich zurückgezogen haben, die aufschlussreicheren Fälle sein. Jene, die nicht mehr an die hehren Ziele der Wissenschaft glauben (oder die vageren Interpretationen derselben durch ihre Bezugsgruppe), aber weiterhin lehren, publizieren und zumindest so tun, als würden sie forschen, sind ebenso wie Wissenschaftler, die sich vom Unternehmen, dem sie eine Zeit ihres Lebens gewidmet haben, zurückgezogen haben, jedem Besucher akademischer Elfenbeintürme vertraute Bewohner. Und Rebellen gehören offenkundig zur Wissenschaft wie die Taschendiebe zum Warenhaus – so wie dort Gelegenheit Diebe macht, macht es die flüchtige Welt der Ideen jedermann leicht, seine eigenen zur wissenschaftlichen Revolution zu erklären.

Bei der Suche nach der Devianz im Verhalten der Soziologen landen wir also am Ende einer langen Wanderung bei alltäglich höchst vertrauten Typen – dem abgestumpften Wissenschaftler, der seine Ideale und sein Streben nach Anerkennung durch Peers längst über Bord geworfen hat, der in Wohlfahrtsstaaten verbeamtet und in anderen System meist auch nicht materiell bedroht ist, der all das weiterhin tut, was ihm einst Lebensziel war, aber heute nicht mehr Lebensinhalt ist, der nicht mehr darauf hofft, berühmt zu werden oder einen Ruf zu bekommen. Und jenem Typ, der nicht einmal mehr seine Vorlesung oder Sprechstunde hält, statt der Wissenschaft sich irgendeinem Hobby widmet und sich selbst als ehemaligen Wissenschaftler sehen müsste, würde er einmal gezwungen werden zu bilanzieren. Diese Charaktere findet man viel detaillierter und beredter in Universitätsromanen geschildert. Die soziologische Analyse erweist sich diesen Sittengemälden insofern überlegen, als sie nicht genötigt ist, restaurativ die gute alte Zeit herbeizusehnen, wie das beispielsweise der sich selbst aus dem akademischen Markt zurückgezogene Dietrich Schwanitz in „Der Campus" tut. Soziologie beginnt bei einem Bild (Becker 1998) und sucht dann Variationen über Zeiten und Nationen, Disziplinen und Subdisziplinen, mit dem Ziel Antworten auf das Wie und Warum zu finden. Das Klagen und Anklagen können wir ruhig anderen überlassen.

Christian Fleck

Anmerkungen

1 Man denke an Alfred Schütz „Sinnhaften Aufbau", Lazarsfeld, Jahoda, Zeisels „Die Arbeitslosen von Marienthal", Edgar Zilsels „Geniebegriff", Karl R. Poppers „Logik der Forschung".
2 Vgl. die instruktiven, wenn auch knappen Hinweise bei Ben-David 1991.
3 Die wissenschaftssoziologische Literatur zur Rolle der Peer Review konzentriert sich vornehmlich auf Zeitschriften, vgl. die Arbeit von Merton & Zuckerman, „Institutionalized patterns of evaluation in science" (1971), wieder abgedruckt in: Merton 1973, Kap. 21, und zur jüngeren Literatur die entsprechenden Passagen in: Zuckerman 1988.
4 Knapp informierend: Davison 1967.
5 Der jüngst in Deutschland virulent gewordene Fall, der dort zu einer Wiederbelebung von forschungsethischen Diskussionen führte, spielt in einem Feld hoch subventionierter Grundlagenforschung, von der bislang angenommen wurde, sie werde durch Peer Review gut kontrolliert. S. Heft 2 der von der Berlin-Brandenburgischen Akademie der Wissenschaften herausgegebenen Zeitschrift „Gegenworte. Zeitschrift für den Disput über Wissen" Herbst 1998.
6 Lurie 1962; Bradbury 1975; Lodge 1975; Lodge 1984; Lurie 1986; Lodge 1988; Lurie 1988a; Lurie 1988b; Lurie 1991; Bradbury 1993; Djerassi 1994; Schwanitz 1995; Djerassi 1998b.
7 Wiederum etwas anders verhält es sich mit den Skrupeln, die einen Feldforscher während der Teilnahme im Feld überkommen können. Ein instruktives Beispiel findet man in Whytes autobiographischen Texten, wo er noch Jahrzehnte später darüber grübelt, ob es rechtens war, bei einer Wahl ein zweites Mal abstimmen zu gehen, nur weil die beforschten Jugendlichen das auch taten und er um seine Reputation im Feld besorgt war. (Whyte 1994; Whyte 1996, Anhang A)
8 Es ist bekannt und doch bemerkenswert, dass die Antworten darauf, was Soziologie sei, je nach Publikum verschieden ausfallen: Studienanfängern erklärt man das Fach anders als wissenschaftlichen Kollegen. So heißt es etwa in einem Merkblatt, das am Department of Sociology in Harvard aufliegt: „What is sociology? Sociology [not to be confused with Social Work, which is a professional offshot of clinical psychology, or Socialism, which is a political doctrine. Sociologists try to understand people, not reform them. Reformers and future reformers, however, might well begin by trying to understand those whom they seek to reform] is the academic discipline that studies groups . . . since sociologists also study individuals (how groups influence them) and the other social sciences study groups, this logical definition doesn't narrow things much." Die hier angesprochene Differenz von Reform und Verstehen, findet man auch bei Goffman 1980. Eine instruktive Diskussion der Konsequenzen eines Verständnisses von Soziologie als Perspektive („So it is not what we see but the way we see that gives the field its distinction") findet man bei Erikson 1997 (Zitat auf S. 3). Ähnlich auch Lepsius 1998, 209: „Soziologie soll das Leben, das wir führen, unter der Annahme analysieren, es werde von Faktoren bestimmt, die in der Vergesellschaftung des Menschen ihren Ursprung haben. Dieser umständliche Satz soll meine Vorstellung von Soziologie ausdrücken."

9   „Sociologists are committed to the pursuit of accurate and precise knowledge" (ASA Code of Ethics, 1989, Preamble), der deutsche und der österreichische Kodex enthält keine Angabe darüber, was Soziologen in ihrer Arbeit anstreben. Für den österreichischen Fall könnte man auf die Bestimmungen über die Habilitation hinweisen, wo es bekanntlich heißt: „Im . . . Habilitationsverfahren ist zu prüfen, ob die Habilitationsschrift . . .: a) methodisch einwandfrei durchgeführt (ist), b) neue wissenschaftliche Ergebnisse enth(ält) und c) die wissenschaftliche Beherrschung des Habilitationsfaches und die Fähigkeit zu seiner Förderung beweis(t)." (UOG 1975 § 36 Abs. 3, BGBl. Nr. 258/1975, zuletzt geändert durch BGBl. I Nr. 109/1997)

10 Die einzige Ausnahme sind die Arbeiten von Zuckerman (Zuckerman 1984, Zuckerman 1988) und knappe Hinweise von Merton im Rahmen seiner Studien über das Belohnungssystem, die Mehrfachentdeckung, den Prioritätenstreit (gesammelt in: Merton 1973, dt. tw. abgedruckt in: Merton 1985).

11 Im Inhaltsverzeichnis wurde der Aufsatz mit einem anderen Titel angekündigt: „A Note on Science and Technology in a Democratic Order".

12 Zum biographischen Kontext s. über die familiäre Herkunft Merton 1994. und knapp über eine Reise nach Mitteleuropa in den 30er Jahren: Merton 1998.

13 Parsons schrieb über „Democracy and Social Structure in pre-Hitler Germany"; weitere Autoren des ersten Heftes waren Robert MacIver, David Riesman, Kingsley Davis und Claude Levi-Strauss.

14 Merton 1938a, 326, n. 16, wo sich natürlich auch der für den Autor charakteristische Hinweis findet, dass er hier nicht genug Platz habe, um die nötige ausführliche Diskussion über diesen Punkt zu führen.

15 Vgl. Ben-David 1991, 451–500, Hollinger 1996, Bunge 1998, 233 ff., jüngst hat Merton selbst ausführlich zum Kontext Stellung genommen: Merton 1990, 338.

16 Vgl. zu Mertons generalisierender Interpretation einer knappen Bemerkung von Simmel über die Sozialorganisation des Adels: Jaworski 1990 und demnächst R. L. Coser 1999.

17 Bourdieus Versuch, die Norm der Uneigennützigkeit unter Hinweis auf reale Eitelkeiten zu diskreditieren, verwechselt den normativen Diskurs, in dem es um begründete Rechtfertigungen normativer Muster handelt, mit dem empirischen Nachweis der Abweichung davon (Bourdieu 1998).

18 Vgl. Merton and Nisbet 1971, wo es ohne Bezug auf wissenschaftssoziologische Fragen über aberrant behavior heißt: „Aberrants are generally regarded as deviating from the norms in order to serve their own interests" (30).

19 Merton 1942, 116, (meine Hervorhebung, C. F.) Schon in Merton 1938a, 83 heißt es dazu: „Institutionalized values are conceived as self-evident and require no vindication. But all this is changed in periods of sharp transition . . . A new social order presupposes a new scheme of values." Vgl. Merton 1990, 338.

20 In Österreich müssen Diplomanden ehrenwörtlich bestätigen, dass sie ihre Arbeit selbständig und ohne fremde Hilfe verfasst haben – eine Versicherung, die bei späteren Qualifikationsarbeiten bezeichnenderweise nicht mehr abverlangt wird. Dass Einzelne mit dem Sinn dieser Bestimmung durchaus Schwierigkeiten haben,

demonstriert der Fall einer „ehrenamtlich" abgegebenen Versicherung, die Diplomarbeit selbst verfasst zu haben!
21 Als gewichtige Ausnahme aus seiner Schule: Cole and Cole 1973.
22 Djerassis Romane, für die er als Genrebezeichnung science-in-fiction (für eine hochschuldidaktische Anwendung: Djerassi 1998a) populär machen will, sind für die Debatte um das Ethos der Wissenschaften besonders instruktiv. Djerassi beschreibt darin detailliert die Arbeit von Naturwissenschaftlern. Seine Romane gehören daher sozusagen in die Kategorie der Laborstudien. Zentrale Bedeutung nimmt in „Cantors Dilemma" das mertonsche Ethos ein. Dessen Berücksichtigung erfolgte ohne Bezugnahme auf die Veröffentlichungen von Merton (Persönliche Mitteilung von Carl Djerassi per E-Mail, 5. 6. 1988). Bradbury, Lurie und Lodge schildern hingegen vornehmlich das Privatleben von Wissenschaftlern und deren ritualisierten Interaktionen bei Sitzungen von Universitätsgremien und auf Kongressen: Geforscht haben Lodges Protagonisten schon lange nicht mehr, Bradburys Soziologe in „History Man" unterrichtet und nur in Luries „Varna" werden Soziologen bei der teilnehmenden Feldforschung porträtiert. Für eine Analyse der Rolle normativer Orientierungen forschender Wissenschaftler liefern diese Romane wenig.
23 Die reichhaltige Homepage des ORI liefert nicht nur Überblicksberichte und Fallmaterial, sondern bietet sich auch als virtuelle Anlaufstelle für Informanten an, denen sogar eine eigene „Verfassung" angetragen wird: Siehe: APPENDIX A Responsible Whistleblowing: A Whistleblower's Bill of Rights, http://ori.dhhs.gov/.
24 Auch Soziologen scheinen jüngst von einer millenarischen Endzeitstimmung erfasst worden zu sein, jedenfalls häufen sich die Veröffentlichungen von „Listen", vgl. Contemporary Sociology, vol. 25, 1996, no. 3 (May) mit einer Liste der zehn einflussreichsten soziologischen Veröffentlichungen der letzten 25 Jahre und der daran anschließenden Diskussion in ASA Footnotes July/August 1996, 7, Gans 1997a und die Leserbriefe, sowie Gans' Replik (Gans 1997b), weiters die unten zitierte ISA-Umfrage.
25 Siehe http://www.ucm.es/info/isa/books/.
26 Aufschlussreiche Details gerade zu dieser oktroyierten Opponentenrolle jetzt bei Rammstedt 1999.
27 Andere Beispiele wären Norbert Elias und Alfred Schütz, der in den deutschen Sprachraum erst Einzug hielt, lang nachdem sein Erstlingswerk aus 1932 „Der sinnhafte Aufbau der soziale Welt" bei Springer in Wien 1960 in zweiter Auflage herauskam.
28 Illustratives Material dazu findet man in der von Herbert Gans zusammengestellten Liste amerikanischer soziologischer Bestseller, die – sehr im Gegensatz zu den „Books of the Century" der ISA – vor allem empirische oder auf empirischem Material beruhende Titel enthält: Riesmans „Lonely Crowd", Liebows „Tally's Corner" führen diese Liste an, in der sich als einziges Theoriebuch Lewis A. Cosers „Functions of Social Conflict" findet. (Gans 1997a; Gans 1997b)

Literaturverzeichnis

Amann, Anton (1987) *Soziologie. Ein Leitfaden zu Theorien, Geschichte und Denkweisen*, 2. erweiterte Auflage, Wien: Böhlau.

Barnes, S. B. & R. G. A. Dolby (1973) „Das wissenschaftliche Ethos: Ein abweichender Standpunkt", in: Peter Weingart, Hrsg., *Wissenschaftssoziologie I. Wissenschaftliche Entwicklung als sozialer Prozeß*, Frankfurt: Athenäum, 263–86.

Becker, Howard S. (1998) *Tricks of the Trade: How to Think About Your Research While You're Doing It*, Chicago: University of Chicago Press.

Ben-David, Joseph (1991) *Scientific Growth: Essays on the Social Organization and Ethos of Science*, ed. Gad Freudenthal, Berkeley: University of California Press.

Boelen, W. A. M., William F. Whyte, Angelo R. Orlandella, Arthur J. Vidich, Laurel Richardson, Norman K. Denzin, Patricia A. Adler, Peter Adler & John M. Johnson (1992) „Street Corner Society Revisited", *Journal of Contemporary Ethnography* 21(1): 3–132.

Bourdieu, Pierre (1998) *Vom Gebrauch der Wissenschaft. Für eine klinische Soziologie des wissenschaftlichen Feldes*. Übersetzt von Stephan Egger, Konstanz: Universitätsverlag Konstanz.

Bradbury, Malcolm (1975) *The History Man*, London: Secker & Warburg.

– (1993) *Doctor Criminale*, London: Penguin.

Broad, William J. & Nicholas Wade (1982) *Betrayers of the Truth: Fraud and Deceit in the Halls of Science*, New York: Simon & Schuster.

Bühler, Karl (1927) *Die Krise der Psychologie*, Jena: G. Fischer.

Bunge, Mario A. (1998) *Social Science Under Debate: A Philosophical Perspective*, Toronto: University of Toronto Press.

Clark, Terry N. (1998) „Paul Lazarsfeld and the Columbia Sociology Machine", in: *Paul Lazarsfeld (1901–1976). La sociologie de Vienne à New York*, eds. Jacques Lautman & Bernard-Pierre Lécuyer, Paris: L'Harmattan, 289–360.

Clemens, Elisabeth S., Walter W. Powell, Kris McIlwaine & Dina Okamoto (1995) „Careers in Print: Books, Journals, and Scholarly Reputations", *American Journal of Sociology* 101(2): 433–94.

Cole, Jonathan R. & Stephen Cole (1973) *Social Stratification in Science*, Chicago: University of Chicago Press.

Cole, Jonathan R. & Harriet Zuckerman (1975) „The Emergence of a Scientific Speciality: The Self-Exemplifying Case of the Sociology of Science," in: *The Idea of Social Structure: Papers in Honor of Robert K. Merton*, ed. Lewis A. Coser, New York: Harcourt, Brace, Jovanovich, 139–74.

Corino, Karl, Hrsg. (1996) *Gefälscht!: Betrug in Politik, Literatur, Wissenschaft, Kunst und Musik*, durchgesehene Neuauflage, Nördlingen: Greno.

Coser, Rose Laub (1999) *Soziale Rollen und soziale Strukturen*, ed. Lewis A. Coser, Graz: Nausner & Nausner.

Davison, W. P. (1967) „Foreign Policy", in: *The Uses of Sociology,* eds. Paul F. Lazarsfeld, William H. Sewell, & Harold L. Wilensky, New York: Basic Books, 391–417.

Dewdney, Alexander K. (1998) *Alles fauler Zauber? IQ-Tests, Psychoanalyse und andere umstrittene Theorien.* Übersetzt von Claudia Kubitza, Basel: Birkhäuser.

Diamond, Sigmund (1988) „Informed Consent and Survey Research: The FBI and the University of Michigan Survey Research Center", in: *Surveying Social Life: Papers in Honor of Herbert H. Hyman,* ed. Hubert J. O'Gorman, Middletown, CT: Wesleyan University Press, 72–99.

Djerassi, Carl (1994) *Cantors Dilemma.* Übersetzt von Ursula-Maria Mössner, München: Heyne.

– (1998a) „Ethical Discourse by Science-in-Fiction". *Nature* 393 (June 11): 511.

– (1998b) *NO.* Übersetzt von Ursula-Maria Mössner, Zürich: Haffmans.

Erikson, Kai (1997) „Sociology As a Perspective", in: *Sociological Visions,* ed. Kai Erikson, Lanham, Maryland: Rowman & Littlefield, 3–16.

Felt, Ulrike, Helga Nowotny & Klaus Taschwer (1995) *Wissenschaftsforschung. Eine Einführung,* Frankfurt: Campus.

Fleck, Christian & Albert Müller (1997) „Daten und Quellen", *Österreichische Zeitschrift für Geschichtswissenschaften* 8: 101–26.

Freeman, Derek (1983) *Margaret Mead and Samoa: The Making and Unmaking of an Anthropological Myth,* Cambridge, Mass.: Harvard University Press.

– (1999) *The Fateful Hoaxing of Margaret Mead: A Historical Analysis of Her Samoan Research,* Boulder, CO: Westview Press.

Friedrichs, Jürgen (1973) *Methoden empirischer Sozialforschung,* Reinbek: Rowohlt.

Gans, Herbert (1997a) „Best Sellers by Sociologists: An Exploratory Study", *Contemporary Sociology* 26(2): 131–35.

Gans, Herbert et. al. (1997b) „To the Editor [und] Reply", *Contemporary Sociology* 26 (6): 788–91.

Glaser, Barney G. & Anselm L. Strauss (1967) *The Discovery of Grounded Theory: Strategies for Qualitative Research,* New York: Aldine.

Goffman, Erving (1962) *Asylums: Essays on the Social Situation of Mental Patients and Other Inmates,* Chicago: Aldine.

– (1980) *Rahmen-Analyse. Ein Versuch über die Organisation von Alltagserfahrungen.* Übersetzt von Hermann Vetter, Frankfurt: Suhrkamp.

Gould, Stephen J. (1988) *Der falsch vermessene Mensch.* Übersetzt von Günter Seib, Frankfurt: Suhrkamp.

– (1991) *Wie das Zebra zu seinen Streifen kommt: Essays zur Naturgeschichte.* Übersetzt von Stephen Cappellari, Frankfurt: Suhrkamp.

Grafton, Anthony (1991) *Fälscher und Kritiker: Der Betrug in der Wissenschaft.* Übersetzt von Ebba D. Drolshagen, Berlin: Wagenbach.

Greenwald, Howard P. (1992) „Ethics in Social Research", in: *Encyclopedia of Sociology,* eds. Edgar F. Borgatta & Marie L. Borgatta, New York: Macmillan, vol. 2, 584–88.

Hartmann, Heinz & Eva Dübbers (1984) *Kritik in der Wissenschaftspraxis. Buchbesprechungen und ihr Echo,* Frankfurt: Campus.

Hollinger, David A. (1996) „The Defense of Democracy and Robert K. Merton's Formulation of the Scientific Ethos", in: David A. Hollinger, *Science, Jews, and Secular Culture: Studies in Mid-Twentieth-Century American Intellectual History,* Princeton: Princeton University Press, 80–96.

Jasanoff, Sheila, ed. (1995) *Handbook of Science and Technology Studies,* Thousand Oaks, CA: Sage.

Jaworski, Gary D (1990) „Robert K. Merton's Extension of Simmel's Übersehbar", *Sociological Theory* 8: 99–105.

Knorr-Cetina, Karin (1991) *Die Fabrikation von Erkenntnis. Zur Anthropologie der Naturwissenschaft,* Frankfurt: Suhrkamp.

Kriz, Jürgen (1981) *Methodenkritik empirischer Sozialforschung. Eine Problemanalyse sozialwissenschaftlicher Forschungspraxis,* Stuttgart: Teubner.

Lazarsfeld, Paul F. (1969) „An Episode in the History of Social Research", in: *The Intellectual Migration. Europe and America, 1930–1960,* eds. Donald Fleming & Bernard Bailyn, Cambridge, Mass.: Belknap Press, 270–337.

Lazarsfeld, Paul F. & Morris Rosenberg, eds. (1955) *The Language of Social Research: A Reader in the Methodology of Social Research,* Glencoe, Ill.: Free Press.

Lazarsfeld, Paul F., William H. Sewell & Harold L. Wilensky, eds. (1967) *The Uses of Sociology,* New York: Basic Books.

Lepenies, Wolf, Hg. (1981) *Geschichte der Soziologie. Studien zur kognitiven, sozialen und historischen Identität einer Disziplin,* Frankfurt: Suhrkamp.

Lepsius, M. Rainer (1998) „Vorstellungen von Soziologie", in: *Soziologie als Beruf. Erinnerungen westdeutscher Hochschulprofessoren der Nachkriegsgeneration,* hrsg. Karl M. Bolte & Friedhelm Neidhardt, Baden-Baden: Nomos, 209–31.

Lerner, Gerda & Albert Müller (1995) „Frauengeschichte, ‚lange Geschichte' und ein paar andere Probleme", *Österreichische Zeitschrift für Geschichtswissenschaften* 6(2): 286–94.

Lindner, Rolf (1998) „Dreieinhalb Arten, ‚Street Corner Society' zu lesen", *Berliner Journal für Soziologie* (2): 278–83.

Lodge, David (1975) *Changing Places: A Tale of Two Campuses,* London: Secker & Warburg.

– (1984) *Small World: An Academic Romance,* London: Secker & Warburg.

– (1988) *Nice Work,* London: Secker & Warburg.

Lurie, Alison (1962) *Love and Friendship,* New York: Macmillan.

– (1986) *Affären. Eine transatlantische Liebesgeschichte.* Übersetzt von Otto Bayer, Zürich: Diogenes.

– (1988a) *Ein ganz privater kleiner Krieg.* Übersetzt von Hermann Stiehl, Zürich: Diogenes.
– (1988b) *Varna oder imaginäre Freunde.* Übersetzt von Otto Bayer, Zürich: Diogenes.
– (1990) *Die Wahrheit über Lorin Jones.* Übersetzt von Otto Bayer, Zürich: Diogenes.
– (1991) *Nowhere City.* Übersetzt von Otto Bayer, Zürich: Diogenes.
Merton, Robert K. (1938a) *Science, Technology and Society in Seventeenth Century England*, Bruges: Saint Catherine Press.
– (1938b) „Science and the Social Order", *Philosophy of Science* 5: 321–337; wieder abgedruckt in: Merton 1957, 537–49.
– (1942) „A Note on Science and Democracy", *Journal of Legal and Political Sociology* 1(1–2): 115–26; unter dem Titel „Science and Democratic Social Structure" wieder abgedruckt in: Merton 1957, 550–61.
– (1957) *Social Theory and Social Structure.* 2nd, revised and enlarged edition, Glencoe, Ill.: Free Press.
– (1972–1973) „Insiders and Outsiders: A Chapter in the Sociology of Knowledge", *American Journal of Sociology* 78(1–3): 9–47.
– (1973) *The Sociology of Science: Theoretical and Empirical Investigations.* Edited and with an introduction by Norman W. Storer, Chicago: University of Chicago Press.
– (1981) „Zur Geschichte und Systematik der soziologischen Theorie", in: *Geschichte der Soziologie. Studien zur kognitiven, sozialen und historischen Dimension einer Disziplin*, hrsg. Wolf Lepenies, Frankfurt: Suhrkamp, Bd. 1, 15–74.
– (1985) *Entwicklung und Wandel von Forschungsinteressen. Aufsätze zur Wissenschaftssoziologie.* Übersetzt von Reinhard Kaiser, Frankfurt: Suhrkamp.
– (1987a) „The Focussed Interview and Focus Groups: Continuities and Discontinuities", *Public Opinion Quarterly* 51: 550–566.
– (1987b) „Three Fragments From a Sociologist's Notebooks: Establishing the Phenomenon, Specified Ignorance, and Strategic Research Materials", *Annual Review of Sociology* 13: 1–28.
– (1988) „The Matthew Effect in Science II: Cumulative Advantage and the Symbolism of Intellectual Property," *ISIS* 79: 606–23.
– (1990) „STS: Foreshadowings of an Evolving Research Program in the Sociology of Science", in: *Puritanism and the Rise of Modern Science: The Merton Thesis*, ed. I. B. Cohen, with the assistance of K. Duffin & Stuart Strickland, New Brunswick, NJ: Rutgers University Press, 334–71.
– (1994) *A Life of Learning (Charles Homer Haskins Lecture)*, New York: American Council of Learned Societies Occasion Paper, no. 25.
– (1995) „The Thomas Theorem and the Matthew Effect", *Social Forces* 74(2): 379–424.
– (1998) „Working With Lazarsfeld: Notes and Contexts", in: *Paul Lazarsfeld (1901–1976). La sociologie de Vienne à New York*, eds. Jacques Lautman & Bernard-Pierre Lécuyer, Paris: L'Harmattan, 163–211.
Merton, Robert K., Marjorie Fiske & Patricia L. Kendall (1990) *The Focused Interview: A Manual of Problems and Procedures*, 2nd ed., New York: Free Press.

Merton, Robert K. & Robert A. Nisbet, eds. (1971) *Contemporary Social Problems,* New York: Harcourt, Brace, Jovanovich.

Merton, Robert K. & Alan Wolfe (1995) „The Cultural and Social Incorporation of Sociological Knowledge", *The American Sociologist* 26(3): 15-39.

Morrison, David E. (1998) *The Search for a Method: Focus Groups and the Development of Mass Communication Research,* Luton: University of Luton Press.

Mulkay, Michael (1980) „Interpretation an the Use of Roles: The Case of the Norms of Science", in: *Science and Social Structure: A Festschrift for Robert K. Merton,* ed. Thomas F. Gieryn, New York: Transaction of the New York Academy of Sciences, series ii, vol. 39, 111-25.

Nowotny, Helga & Klaus Taschwer, eds. (1996) *The Sociology of the Sciences,* Cheltenham, Glos: Elgar.

Rammstedt, Otthein (1988) „Wertfreiheit und die Konstitution der Soziologie in Deutschland", *Zeitschrift für Soziologie* 17: 264-71.

– (1999) „Niklas Luhmann – eine persönliche Erinnerung", *Soziologie* (2): 110-114.

Schütz, Alfred & Thomas Luckmann (1979) *Strukturen der Lebenswelt,* Band 1, Frankfurt: Suhrkamp.

Schwanitz, Dietrich (1995) *Der Campus,* Frankfurt: Eichborn.

Serres, Michel, Hg. (1994) *Elemente einer Geschichte der Wissenschaften*. Übersetzt von Horst Brühmann, Frankfurt: Suhrkamp.

Sica, Alan (1998) „Robert K. Merton", in: *Key Sociological Thinkers,* ed. Rob Stones, New York: New York University Press, 111-23.

Stehr, Nico (1978) „The Ethos of Science Revisited: Social and Cognitive Norms", *Sociological Inquiry* 48(3-4): 172-96.

Stern, Judy E. & Deni Elliott (1997) *The Ethics of Scientific Research: A Guidebook for Course Development,* Hanover, NH: University Press of New England.

Stigler, Stephen M. (1986) *The History of Statistics: The Measurement of Uncertainty Before 1900,* Cambridge, Mass.: Harvard University Press.

Trocchio, Federico de (1994) *Der Große Schwindel. Betrug und Fälschung in der Wissenschaft*. Übersetzt von Andreas Simon, Frankfurt: Campus.

van den Daele, Wolfgang et. al. (1998) „Diskussionen über politische Moral in Forschungsvorhaben", *Soziologie* (4): 67-85.

Whyte, William F (1994) *Participant Observer: An Autobiography,* Ithaca, NY: ILR Press.

– (1996) *Die Street Corner Society: Die Sozialstruktur eines Italienerviertels*. Übersetzt von Reinhard Blomert & Joachim Kalka, Berlin: de Gruyter.

Zilian, H. G. (1999) *Die Zeit der Grille? – Eine Phänomenologie der Arbeit,* Amsterdam: G+B Fakultas.

Zuckerman, Harriet (1984) „Norms and Deviant Behavior in Science," *Science, Technology, and Human Values* 9: 7-13.

– (1988) „The Sociology of Science", in: *Handbook of Sociology,* ed. Neil L. Smelser, Beverly Hills: Sage, 511-76.

KARL H. MÜLLER

Der dritte Weg einer Wissenssoziologie jenseits der Sozial- und Naturwissenschaften

Einleitung

Metaphern eines „dritten Weges" sind in der Regel in zweifacher Hinsicht gefährdet: einerseits deswegen, weil sie sich zumeist nicht äquidistant zu den beiden verworfenen Hauptalternativen verhalten, und andererseits darum, weil sich die beiden großen Pfade als hinreichend verästelt erweisen und zumeist den gesuchten „dritten Weg" näherungsweise immer schon enthalten. Bezogen auf das vorliegende Thema scheinen diese Gefahren nicht nur evident, sie sollten eigentlich jedwede weitere Befassung mit dem Thema verstellen. Für den Anfang seien lediglich zwei Paradoxien, als Fragen verkleidet, herausgestellt:
• Worin besteht der kognitive Kern einer „Wissens-Soziologie", die sich mit den Verbindungen zwischen Wissen und Gesellschaft auseinander setzt, *jenseits* der Sozialwissenschaften?
• Und wo wäre der thematische Ort einer „Wissens-Soziologie" angesiedelt, wenn er sich dies- oder jenseits von Natur- *und* sozialwissenschaftlichen Problemfeldern ausbreitet?

In der ersten Paradoxie begibt man sich, so scheint es, auf die Suche nach einem unmöglichen *Objekt* und in der zweiten Paradoxie nach einem unmöglichen *Ort*. Und weil beide Paradoxien sich auf den ersten Blick als hinreichend unüberwindlich gestalten, werden die weiteren Ausführungen entlang des postulierten „dritten Weges" sehr sorgfältig und stringent vorzunehmen sein.

Ein „Caveat lector" sei allerdings ebenfalls vorangestellt: Was die weiteren Ausführungen bezwecken, liegt nicht – oder höchst indirekt – in der Frage nach Nutzen und Nachteilen einer an den Naturwissenschaften erprobten Wissenschaftsforschung für die Analyse der Sozialwissenschaften; sondern das Thema wird eine Stufe genereller abgehandelt: Lassen sich – und hier wird die Metapher vom „dritten Weg" richtungweisend – Konturen einer neuartigen Form der „Wissens-Wissenschaft" angeben, welche die herkömmlichen Asymmetrien im wissenssoziologischen Themen-, Methoden- und Begriffsspektrum vermeidet? Und vor allem: Kann ein solches Forschungsprogramm so anwendungsnah spezifiziert werden, dass daraus tatsächlich *gleichermaßen* interessante *empirische* Analysen für die Genese und die Diffusion von Forschungsprogrammen im Bereich der Natur- *und* der Sozialwissenschaften resultieren?

Am Ende dieses Artikels sollte sich daher eine Reihe an substantiellen Heuristiken für ein neues „wissens-soziologisches Forschungsprogramm" finden, welches die an sich offensichtlichen Paradoxien vermeidet – und welches, in der besten aller möglichen Konstellationen, mit einer Reihe an konkreten Anwendungen, Durchführungen und vor allem: *Ergebnissen* aufwartet.

1. Asymmetrien in der gegenwärtigen Wissenschaftsforschung

Bislang war schon von „Asymmetrien" in der überkommenen Wissenschafts- und Wissenssoziologie[1] die Rede, ohne sie allerdings näher zu bestimmen. Im Wesentlichen lassen sich vier solche Bereiche festlegen, in denen sich gegenwärtig stark ungleichgewichtige Analyse- und Ergebnisfelder ausgebreitet haben:

Asymmetrische Selektionen von Objektbereichen – der naturwissenschaftliche Bias: Die Wissenschafts- und Wissenssoziologie als sozialwissenschaftliches Teilgebiet befasst sich primär mit der Geschichte und der Organisation im Bereich von Naturwissenschaften und Technik – und eher marginal mit den Genesen und den gesellschaftlichen Bezügen im Bereich der Sozialwissenschaften selbst. (Vgl. Merton 1985) Dieser „blinde Fleck" in eigener Sache kann zwar durchaus als Beispiel eines generelleren Phänomens angesehen werden, wonach sich „Selbstreferenzen" im Forschungsbereich bestenfalls *nach* einer Phase hinreichend dichter *Fremd*bezüge ausbreiten *können* – für den gegenwärtigen Status der Wissenssoziologie ist damit jedenfalls eine gravierende Ungleichverteilung gegeben.

Asymmetrische Selektionen von Objektbereichen – der non-kognitive Schwerpunkt: Darüber hinaus wurde – in enger Kopplung mit dem ersten Punkt – die Entwicklung von Technik und Naturwissenschaften schon aus Gründen angestammter und akquirierter Forschungskompetenzen über lange Jahrzehnte als organisatorisch-gesellschaftliches Phänomen im Zusammenhang mit der Ausbreitung von Märkten und industriellen Revolutionen untersucht. Selbst tendenziell kognitive Fragestellungen wie die mertonsche nach dem Wandel von Forschungsinteressen im England des 17. Jahrhunderts (Merton 1985: 100 ff.) berühren zwar höchst verdienstvoll die empirisch rekonstruierbaren Diffusionsmuster von verschiedensten naturwissenschaftlichen Disziplinen, aber nicht deren innere kognitive Kerne.

Asymmetrische Selektionen von kognitiven Analysen – der Reiz des *allzu* Fremden: Mit der Hinwendung zu stärker kognitiven wissenssoziologischen Studien – Stichwort: „Laboranalysen" (vgl. nur Knorr-Cetina 1984, Latour 1987) – wurde zwar eine markante Gegenmobilisierung eingeleitet, die allerdings nur die erste Asymmetrie reproduzieren sollte. Zwar wurde eine Vielzahl faszinierender Produktions-Kontexte im Bereich der gegenwärtigen Naturwissenschaften über ein qualitativ mikrosoziologisches Instrumentarium – Ethnomethodologie, Gesprächsanalysen etc. – ein Stück zugänglicher und transparenter, allein die Strukturen wie die Strukturveränderungen von Theorien und Forschungsprogrammen, welche in den alltäglich rekonstruierten Interaktionen und Dialogen ausverhandelt werden, bleiben weiterhin wissenssoziologisch unberührt. Aus diesem Grunde *müssen* denn auch die Ergebnisse solcher Untersuchungen für den „Erkenntnisfortschritt" in den betreffenden Naturwissenschaften marginal ausfallen.

Asymmetrische Selektionen von kognitiven Analysen – der Schrecken vor der eigenen Lehre: Als eines der bemerkenswertesten Phänomene in diesem Zusammenhang muss festgehalten werden, dass wissenssoziologische Analysen, die sich kompetent ihrer nächstgelegenen Forschungsfelder – der alltäglichen Genese wie der Diffusion von Konzepten, „hard facts" oder von theoretischen Deutungsmustern im sozialwissenschaftlichen Feld – annehmen, kaum oder gar nicht zugegen sind. Und daraus entsteht – als letzte und wahrscheinlich wissenssoziologisch bedeutsamste Asymmetrie – die unbesetzte Position von kognitiv orientierten wissenssoziologischen Analysen, die den zu untersuchenden Gegenstand im *Rahmen* ihrer Rekonstruktionen nochmals reproduzieren – und auf diese Weise den „Erkenntnisfortschritt" in diesem Bereich *im Kern* mitbestimmen.[2]

Damit wäre ein erster Überblick zu vier wichtigen derzeit bestehenden wissenssoziologischen Asymmetrien gegeben. Um den gesuchten „dritten Weg" überhaupt in Angriff nehmen zu können, wird ein weiterer Vorbereich zu klären sein. Und der betrifft den mittlerweile schillernden Ausdruck des „Wissens", der sich mittlerweile von schulischen Kontexten bis hin zu den Standortvorteilen von Städten, Regionen und Staaten diversifiziert hat. (Vgl. dazu speziell Drucker 1993, Thurow 1996)

2. Das obskure Objekt, das „Wissen schafft"

Ziel dieses kurzen Zwischenabschnitts ist es, nicht nur die multiplen Kontexte eines Wissensbegriffs zu verdeutlichen, sondern sie vor allem mit zwei weiteren semantischen Feldern zu verbinden, die sich zumeist in großer Nähe zum Wissenskonzept etabliert haben, nämlich die Begriffe von „Information" und „wissenschaftlicher Produktion". Blickt man beispielsweise in ein Glossar in einem an sich richtungweisenden Buch über unterschiedliche „Moden" traditioneller und zukünftiger Wissensproduktion, tritt ein tendenziell „reifizierter" Wissensbegriff zu Tage:

> Codified knowledge: Knowledge which need not be exclusively theoretical but needs to be systematic enough to be written down and stored. As such, it is available to anyone who knows where to look.
> Embedded knowledge: Knowledge which cannot move easily across organizational boundaries, its movement is constrained in a given network or set of social relations.
> Knowledge industries: Industries in which knowledge itself is the commodity traded.
> Migratory knowledge: Knowledge which is mobile and can move rapidly across organizational boundaries.
> Tacit knowledge: Knowledge not available as a text and which may conveniently be regarded as residing in the heads of those working on a particular transformation process, or to be embodied in a particular organizational context.
> Technology transfer: The transmission of knowledge from universities to industries. (Gibbons et al. 1994: 167 f.)

Von den vielen Fragen, die sich angesichts eines solchen glossarischen „Wissensbegriffs" aufdrängen, seien lediglich einige kurz gestellt: Soll *alles*, das niedergeschrieben und aufbewahrt ist, als „Wissen" klassifiziert werden unabhängig von Fragen der Bestätigung, der Relevanz oder auch des „Glaubens" der „Textproduzenten"? Und wie soll der Bereich des „impliziten Wissens" begrenzt werden, wenn er nicht nur negativ als „knowledge (!) not (!) available as text", sondern auch „kopflastig" – „residing in the heads" – definiert wird?

Die weiteren „wissens"-, aber auch „informations"- wie „wissenschaftsproduktions"-soziologischen Bemerkungen sollen primär dazu dienen, einerseits einen multiplen Raum an Kontexten zu entwerfen, in denen gegenwärtig legitimerweise von „Wissen", „Information" oder „wissenschaftlicher Produktion" die Rede ist, und andererseits die besondere Tatsache herauszustreichen, dass sich viele dieser Kontexte „unmittelbar zu sich" oder weniger metaphorisch: als strikt *unabhängig* voneinander verhalten – die Entwicklungsdynamik in *einem* speziellen Wissens-, Informations- oder Wissenschaftsproduktionsbereich kann gänzlich gegenläufig zu dem langfristigen Muster in einem *anderen* Gebiet ausfallen. Im Bereich „Wissen" lassen sich die folgenden semantischen Umgebungen festlegen.

Wissen als Evolution von „Wissens-Gebieten": Im ersten Fall wird Wissen im Kontext spezieller Feldern thematisiert, deren Zusammenstellung sich zu „Wissens-Landschaften" oder „Wissens-Bäumen" (vgl. etwa Gaudin 1995) verdichten kann. „Wissen" bedeutet diesfalls die Evolution solcher Wissenslandschaften, ihre relativen Verschiebungen, den Aufbau neuer Felder oder die Marginalisierung traditioneller Gebiete. Unter diesem Kontext versammeln sich mittlerweile vielfältige methodisch durchaus interessante Analysen, welche über Delphi-Techniken und Experteninterviews eine nach Popper an sich unmögliche Aufgabe, nämlich die gegenwärtige Antizipation zukünftigen Wissens zwar nicht vollständig, aber in hinreichend vielfältigen Teilaspekten zu lösen imstande sind.

Wissen als szientifischer „state of the art": Im zweiten Fall wird Wissen als jener Kernbereich in einem beliebigen disziplinären Feld identifiziert, welcher den Status von internationalen „best practice"- und „best theory"-Standards besitzt. Solche Referenzdarstellungen werden in vielfältigen Formen präsentiert, als Sammlung grundlegender Artikel und Beiträge über die letzten Jahrzehnte, als gegenwartsbezogene Übersicht zu einzelnen Teilgebieten oder auch als Exploration zukünftig wichtiger Analysepfade – in allen diesen Arrangements wird der Versuch unternommen, einen gebietsspezifischen Referenzpunkt zu schaffen.

Wissen als „Erkenntnisfortschritt": Ein drittes Bedeutungsfeld von Wissen stellt eine enge Beziehung zu Begriffen wie „Erkenntnisfortschritt" oder „Wachstum des theoretischen Gehalts" her und tritt sehr deutlich bei Karl R. Popper in Erscheinung:

> Scientific ... progress consisted in moving towards theories which tell us more and more – theories of ever greater content ... This consideration led to a theory in which scientific progress turned out not to consist in the accumulation of observations but in the overthrow of less good theories and their replacement by better ones, in particular by theories of greater content. Thus there was competition between theories – a kind of Darwinian struggle for survival. (Popper 1974: 62p.)

„Wissen" besitzt zudem im popperschen Verständnis ein überaus langfristiges Entwicklungsmuster, das als „graduelle Annäherung an Wahrheit" zu umschreiben wäre –

> We can explain the method of science, and much of the history of science, as the rational procedure for getting nearer to the truth. (Popper 1975: 58)

Wissen als „gerechtfertigter wahrer Glaube": In einem klassisch-philosophischen Sinne wird Wissen als jener Glaubenskorpus eingefasst, der sich durch spezielle Rechtfertigungsattribute wie Wahrheit oder Bestätigung auszeichnet. Aber selbst für einen Ordinary-Language-Kontext und ohne Rückgriff auf letzte oder vorletzte Gewissheiten kann eine Wissens-Umschreibung in nachstehender Manier offeriert werden:

> Wenn von Anatomie die Rede wäre, würde ich sagen: ‚Ich weiß, dass vom Gehirn 12 Nervenpaare ausgehen.' Ich habe diese Nerven nie gesehen, und auch ein Fachmann hat sie nur an wenigen Specimina beobachtet. – So wird eben hier das Wort ‚ich weiß' richtig gebraucht. (Wittgenstein 1971b, ÜG 621)

Und konstruktivistischer betrachtet kann dieses Bedeutungsfeld dahingehend zugespitzt werden, unter Wissen *jede* Art der „Welterzeugung" zu verstehen, welche mit besonderen Akteur-Eigenschaften wie „Überzeugung", „für wahr halten" gekoppelt ist.

Wissen als Lern- und Adaptionsprozess: In einem vierten semantischen Umfeld kann „Wissen" als die Durchführung von Lern- und Adaptionsprozessen verstanden werden:

> What we commonly understand by the word ‚knowledge' is closely related to what evolutionary biologists call adaptations. All adaptations are forms of knowledge. (Plotkin 1994: 181)

In diesem Kontext bedeutet Wissen die Fähigkeit der Ersetzung bestehender Praktiken durch neue, welche, folgt man gegenwärtigen Theorien der Adaption und des Lernens (Holland 1992, Holland et al. 1989, Koza 1992), durch operationalisierbare komparative Vorteile in Gestalt von „Stärkeparametern" dargestellt werden können.

Wissen als Zuschreibung: Ein recht interessanter Wissenskontext lässt sich aufbauen, wenn man die folgende Erzählung bei Ross Ashby über eine tendenziell irreführende Sichtweise des Gedächtnisses auch auf den Bereich des Wissens transferiert:[3]

> Suppose, for instance, that I am at a friend's house and, as a car goes past outside, the friend says to me, without looking out of the window, that his neighbor is heading for town. To me the assertion is inexplicable. Then my friend says ‚He always drives into town around this time. Besides, his engine has a combustion problem'. The behavior is now accounted for by my taking account of what my friend knows about cars and neighbors. The psychologist would say I was appealing to the concept of ‚knowledge', as shown by my friend. What we can now see is that the concept of ‚knowledge' arises most naturally in the Investigator's mind when not all of the system is accessible to observation, so that he must use information of what the system ‚knows' to take the place of what he cannot observe now. ‚Knowledge', from this point of view, is not an objective and intrinsic property of a system, but a reflection of the Investigator's limited powers of observation.

Wissen als zyklischer Prozess: Ein faszinierender Wissenskontext wurde speziell durch Nicholas Rescher entworfen, der im langfristigen Zeitablauf die relativen Nähen oder die relativen Distanzen zu einem Zustand „abgeschlossenen Wissens" identifizierte. Gemäß der Rescher-Periodisierung lassen sich relativ große Nähen für die Zeit um Kant, Hume oder Diderot (um 1750) sowie im Fin de Siècle festlegen, wogegen große Entfernungen – ein hohes Ausmaß an wahrgenommenem Nicht-Wissen – im letzten Viertel des 17. Jahrhunderts, in der Periode um 1850 sowie um 1950 festzustellen wären. (Rescher 1982: 31) Der faszinierende Aspekt dieser Periodisierungen liegt vor allem darin, dass dieser zyklische Aspekt der Annäherung und Entfernung sich trotz einer stark steigenden Produktion an wissenschaftlichen Publikationen zu reproduzieren vermag.

Wissen als stabiler Endzustand: Ein letztes Bedeutungsumfeld von Wissen ergibt sich durch die Vision von Wissen als einem stabilen, theoretisch unveränderten Endzustand, in dem sich keine grundlegend neuen Adaptionen, lediglich Modifikationen in den Daten oder in den Applikationen mehr vollziehen. Immerhin ist es bemerkenswert, dass auch gegenwärtig immer wieder Visionen eines solchen „großen Wissensattraktors" zirkulieren und beispielsweise, wie das nachstehende Zitat verdeutlicht, für einen speziellen naturwissenschaftlichen Wissenskorpus als nahes Zukunftsergebnis unterstellt werden –

> Zu Beginn unseres Jahrhunderts glaubte man, alles könne im Sinne der Kontinuumsmechanik interpretiert werden. Damals meinte man, es genüge, eine gewisse Anzahl von Koeffizienten wie Elastizität, Viskosität, Leitfähigkeit usw. zu messen. Diese Hoffnung wurde jedoch durch die Entdeckung der atomaren Struktur und der Quantenmechanik erschüttert. Ende der zwanziger Jahre verkündete Max Born dann wieder einer Gruppe von Wissenschaftlern in Göttingen: ‚Die Physik, so wie wir sie kennen, wird in sechs Monaten nicht mehr existieren.' Dies war kurz nachdem Paul Dirac . . . die Dirac-Gleichung formulierte, welche das Verhalten des Elektrons beschreibt . . .(Ich) möchte die Möglichkeit diskutieren, daß das Ziel der theoretischen Physik in nicht allzu ferner Zukunft erreicht sein könnte, ungefähr zum Ende dieses Jahrhunderts. Damit meine ich, daß wir zu diesem Zeitpunkt eine vollständige, zusammenhängende vereinheitlichte Theorie der physikalischen Zusammenhänge haben könnten, die alle möglichen Beobachtungen beschreiben würde. (Hawking 1991: 9p.)

Aber nicht nur „Wissen" besitzt, wie die letzten Ausführungen zeigten, seine vielfältigsten Gebrauchsformen. In ähnlicher Weise lassen sich die folgenden etablierten Kontexte für die Verwendung eines überaus schillernden Informationsbegriffs[4] identifizieren:

Information als Maß der Verteilung: Im ersten Fall bedeutet Information ein Maß für die Wahrscheinlichkeit einer speziellen Konfiguration eines Systems, das sich in der Regel aus vielen Elementen aufbaut.

$$I_c = \log_2 (1/p) = - \log_2 p$$

Hier bezeichnet I_c den Informationsgehalt eines Code-Elements c, worin $\log_2$ den Logarithmus mit der Basis 2 bezeichnet und p die Wahrscheinlichkeit für das Auftreten von c. Somit erhält der Informationswert für ein einzelnes Code-Element aus einem Code-System mit insgesamt acht Elementen den Wert 3, für eine einzelne Ziffer den Wert 3,322 etc.

Information als Inhaltsmaß: In einem zweiten semantischen Umfeld wird Information als Anzahl von Entscheidungsschritten aufgebaut, um ein bestimmtes Element in einer unter Umständen langen Sequenz von Elementen zu identifizieren. Gegeben eine Anfangskonfiguration –

$$H = p_1 I_1 + p_2 I_2 + p_3 I_3 + \ldots + p_n I_n$$

wird durch eine Summation über alle i: (i = 1, 2, ..., n) und wegen der Beziehung $I = \log_2 (1/p)$ die folgende berühmte Formel erreicht –

$$H = - \Sigma\, p_i \log_2 p_i$$

H ist auch direkt mit dem Entropiebegriff in der Physik gekoppelt, wenn auch in genau umgekehrter Form. Der maximale Ordnungsgrad – Gewissheit – trägt den Wert 1, wogegen völliges Unwissen den Wert Null erhält. Im Gegensatz dazu besitzt höchstmögliche thermodynamische Unordnung den Wert 1 – und ein entropischer Nullwert perfekte Ordnung.

Information als Übertragungsrate: Ein dritter Informations-Kontext resultiert aus der Gebrauchsweise als Übertragungsrate von kleinsten Informationseinheiten zwischen einem Sender- und Empfängersystem, ausgedrückt als –

$$c = I/t$$

wobei c in bits/Sekunde gemessen wird. Beispielsweise lässt sich für ein Schwarz-Weiß-Fernsehgerät mit einer Oberfläche von 625 × 800 Punkten, 15 Graustufen und 25 Bildern pro Sekunde ein c-Wert im Bereich von 5×10^7 bits/Sekunde festlegen, was einen sehr hohen Wert im Vergleich zu jenen rund 50 bits/Sekunde darstellt, mit der Sie den gegenwärtigen Text lesen ...

Und schließlich wird auch der Bereich der „wissenschaftlichen Produktion" über mehr als ein semantisches Umfeld repräsentiert und kennt zumindest die beiden nachstehenden hauptsächlichen Gebrauchsweisen, die allerdings, was leicht möglich gewesen wäre, nicht weiter unterteilt werden sollen.

Wissenschaftliche Produktion als Text: Die eine Perspektive analysiert Wissenschaft unter dem Aspekt ihrer Verschriftlichungen und Textproduktionen – und untersucht diese Produktionsseite dergestalt, dass produktionsbezogene Elemente – Artikel, Zitationen, Theorien, Theoriestrukturen, Forschungsprogramme etc. – zu den Grundbausteinen der Untersuchungen avancieren.

Wissenschaftliche Produktion als Praxis: In einer zweiten Bedeutungsweise wird unter dem Titel der wissenschaftlichen Produktion stärker auf rekurrente Routinen, Dialoge und Interaktionen im wissenschaftlichen Alltagsgefüge abgezielt. Diesfalls bilden Handlungselemente und -sequenzen oder die raum-zeitlichen Umgebungen – das Labor oder wissenschaftliche „Settings" – die Grundbausteine der Analysen.

Diese vielfältigen Kontexte von „Wissen", „Information" oder „wissenschaftlicher Produktion" – und damit auch: von „Wissens- und Informationsgesellschaften" – legen es nahe, stärker unter einheitlichere Grundbegrifflichkeiten – und unter verschiedenartige Anwendungskontexte subsumiert zu werden.

3. Paradoxiefreie Startbedingungen

Bevor solche begriffliche Vereinheitlichungen unternommen werden, muss allerdings eine Bedingung der Möglichkeit weiterführender Explorationen, der Ausgangs- oder Nullpunkt dieses „dritten Weges" möglichst paradoxiefrei bestimmt werden – und das heißt zunächst, den Kern einer Wissenssoziologie, mithin einer sozialwissenschaftlichen *Sub*-Disziplin, *jenseits* der Sozialwissenschaften zu finden sowie den thematischen Ort einer „Wissenssoziologie" dies- oder jenseits von Natur- *und* sozialwissenschaftlichen Feldern zu identifizieren.

Das erste Suchproblem soll zunächst über ein konkretes Beispiel von einer scheinbar unlösbaren in eine gestaltungsfähige Aufgabe transformiert werden.

Die Geschichte der „Spieltheorie" nahm ursprünglich einen klaren Ausgangspunkt im Grenzbereich von Wirtschafts- und Formalwissenschaften (v. Neumann/Morgenstern 1944) und wurde speziell seit den Achtzigerjahren um evolutionäre Überlegungen für den sozialwissenschaftlichen Kontext (Axelrod 1984) erweitert – und von der theoretischen Biologie mittlerweile höchst erfolgreich als Modellinstrument für die Erklärung biologischer Prozesse eingesetzt (Hofbauer/Sigmund 1984, Maynard Smith 1985). Der gegenwärtige Status der „evolutionären Spieltheorie" kann mit guten Gründen als „trans-disziplinär", *jenseits* des alten Gegensatzes von Natur- und Sozialwissenschaften angesiedelt werden, weil hier ein spezielles Analyserepertoire sich *gleichermaßen* in natur- wie in sozialwissenschaftlichen Feldern anwenden lässt. (Vgl. auch die aktuelle Übersicht bei Leinfellner/Köhler 1998)

Leicht generalisiert kann der *kognitive* Kern von einer „Wissenssoziologie des dritten Weges" dahingehend bestimmt werden, dass sie sich in ihrem Modellrepertoire genau solcher Modelle und Formalismen bedienen sollte, welche über etablierte und erfolgreiche Applikationen in beiden „Königreichen" verfügen, jenem der Naturwissenschaften *und* jenem der Sozialwissenschaften. Wie zudem die Tabelle 4 im vierten Abschnitt demonstriert, haben sich mittlerweile vielfältige Forschungsprogramme und Modellfamilien gebildet, welche über solche transdisziplinären Anwendungspotentiale verfügen.

Und auch die zweite Paradoxie lässt sich mit dem Präfix „trans" erfolgreich auflösen, kann doch auf eine Vielfalt an *transdisziplinären* Themen hingewiesen werden, die sich *quer* zum etablierten sozial- wie naturwissenschaftlichen Themenpark stellen und Fragestellungen inkludieren wie –

> theoretical neurophysics; the modeling of evolution, including the evolution of behavior; strategies to troublesome states of minds and associated higher brain functions; nonlinear systems dynamics, pattern recognition and human thought; fundamental physics, astronomy, and mathematics; archaeology, archaeometry, and forces leading to extinction of flourishing cultures; an integrated approach to information science; (or) the heterogeneity of genetic inventories of individuals. (Cowan 1988: 236)

Vor diesem Hintergrund sollte sich auch eine „Wissenssoziologie des dritten Weges" vorrangig solcher Fragestellungen annehmen, die sich innerhalb der *disziplinären* Themenlandschaften nicht oder kaum auffinden lassen. Beispiele dazu umfassen

- eine transdisziplinäre „Inventionsforschung", welche sich von der erstmaligen Ausformulierung eines wissenschaftlichen Paradigmas, der Erfindung einer technischen Neuerung bis hin zur „Entstehung des Neuen" im Bereich von tierischen Kommunikations- und Verhaltensweisen erstreckt (vgl. dazu u. a. Bijker/law 1992, Bijker et al. 1994),
- eine transdisziplinäre Lern- und Adaptionsforschung auf Mikro-Niveaus, welche unter dem Schlagwort von „komplexen adaptiven Agenten" (Agre/Rosenschein 1996, Holland 1995) die Evolution von „Verhaltenslandschaften" simuliert,
- eine transdisziplinäre Erforschung von Adaptions- und speziell: von

ko-evolutiven Prozessen auf Makro- und Mesoniveaus, welche grundlegende Beziehungen von Prozessgeschwindigkeiten, Reversibilitäten oder Irreversibilitäten bei wissensbasierten Prozessen in ökologischen oder gesellschaftlichen Domänen zum Inhalt haben.

Auch die Begründung für eine solche Themenverlagerung kann relativ einfach gegeben werden: Eine „Wissenssoziologie" des dritten Weges wird sich zunehmend solcher Fragestellungen bedienen, in denen transdisziplinär die Ähnlichkeiten, aber auch die Eigenheiten von Entwicklungsmustern in sozialwissenschaftlichen, technologischen, naturwissenschaftlichen oder in anders gelagerten wissensbasierten Bereichen in den Vordergrund rücken. Und damit wäre vollends der Anfangspunkt für die weiteren Explorationen entlang eines „dritten Weges" erreicht. Im nächsten Abschnitt soll, so der selbst verschuldete Anspruch, ein Forschungsprogramm entfaltet werden, welches diese mannigfaltigen Gebrauchsweisen von Wissen, wissenschaftlicher Produktion oder Information unter eine homogene Terminologie mit vergleichsweise wenigen Grundbegriffen zu bringen vermag.

4. Module des „epigenetischen Programms"

Bislang folgte die Abfolge dieses Artikels einer nicht unüblichen „folgenlosen Wunschproduktion", nämlich der Festlegung auf Desiderata, die nicht nur seit Jahrzehnten zu den „Evergreens" wissenssoziologischer Zunft- und Zukunftsperspektiven gehören, sondern deren Einlösung bis heute nachhaltig auf sich warten ließ – und lässt. An dieser Stelle soll daher der mittlerweile paradoxiefrei hergestellte „Nullpunkt" verlassen – und die Expedition entlang eines neuartigen dritten Weges für eine transdisziplinäre „Wissens-Wissenschaft" tatsächlich unternommen werden – der Ausdruck „Wissenssoziologie" soll im weiteren nur mehr als Äquivalent zu einem solchen transdisziplinären Forschungs- und Analyseensemble verstanden werden.

Solche neuen „Wissenssoziologien" eines dritten Weges benötigen ein komplett spezifiziertes Forschungsprogramm, das sich – wie bei Forschungsprogrammen generell üblich (vgl. dazu u. a. Laudan 1977, Donovan/Laudan/Laudan 1988, Sneed 1984) – aus den folgenden fünf Komponenten zusammensetzt:

$$RP = < \{TC\}, \{SpM\}, \{IA\}, \{TM\}, \{M\} >$$

Forschungsprogramme bestehen demnach aus einem „theoretischen Kern" {TC}, verfügen über ein Set an speziellen Modellen {SpM}, spezifizieren einen Bereich der „intendierten Anwendungen" {IA} – *generelle* Heuristiken zur Applikation eines Forschungsprogramms –, setzen sich aus Transfermodulen {TM} zusammen, welche *spezielle* Regeln und Transformationen für die Anwendungen in konkreten Gebieten bereithalten, und disponieren schließlich über ein dichtes Set {M} an Messungen – Daten qualitativer, quantitativer Provenienz, Beobachtungen, Messergebnisse etc.

Gemäß dieser Aufzählung soll im Weiteren ein speziellen Forschungsprogramms ausgebreitet werden, das in den letzten drei Jahren unter dem Namen „epigenetisch" aufgebaut und in einer Reihe von Forschungsanwendungen konkretisiert worden ist. Aus Gründen besserer Übersichtlichkeit sollen die einzelnen Module knappestmöglich präsentiert werden.

4.1 Der „Theoretische Kern" (TC) des „epigenetischen Programms"

Sieht man im „Theoretischen Kern" die wichtigsten Grundbegriffe und deren strukturelle Verbindungen eines Programms verankert, dann können für die epigenetische Richtung die folgenden sieben Punkte ausgebreitet werden.

Duale Analyse-Niveaus: Relativ einfach gestaltet sich die erste Heuristik, verlangt sie doch nur, dass „wissensbasierte Prozesse" in einer Dualität von Niveaus analysiert werden sollen, die auf höchst allgemeiner Stufe als *code-bezogen* und *netzwerk-bezogen* zu klassifizieren sind.[5] *Plakativ* lassen sich hierfür die folgenden Zuordnungen treffen.

Erweiterte Code-Niveaus: die *Gesamtheit* codierter „Programme" (genetischer Code, aber *auch*: Alphabete, Zahlen, musikalische Notationen, der lerntheoretisch so zentrale Bereich des „impliziten Wissens" in seiner *neuronalen* Verankerung, Maschinen-Codes u. v. a.)

Erweiterte Netzwerk-Niveaus: **beobachtbare** Erscheinungsformen

(Praktiken, Interaktionen, Kommunikationen oder die „implizit gewussten" Routinen von Personen, Gruppen, Institutionen [einschließlich sozio-technischer Systeme], gesellschaftlichen Systemen, Nationen u. v. a.)

Das „epigenetische Quadrat": Der Upshot aus der vorgenommenen Dualisierung von Niveaus findet seinen grafischen Ausdruck im so genannten „epigenetischen Quadrat", das auf *allgemeinste* Form die Grunddimensionen beliebiger „wissensbasierter Analysen" für Gesellschaften, Organisationen, aber auch: Gruppen, Haushalte oder Individuen, *past, present and future* wiedergibt. In dieser kleinen Figur spiegelt sich quasi die „Essenz" des „epigenetischen Blicks" auf die „wissensbasierten" natürlichen *oder* sozialen Umwelten.

Tabelle 1: Das „epigenetische Quadrat"
Fünf Grunddimensionen für eine transdisziplinäre Wissensanalyse

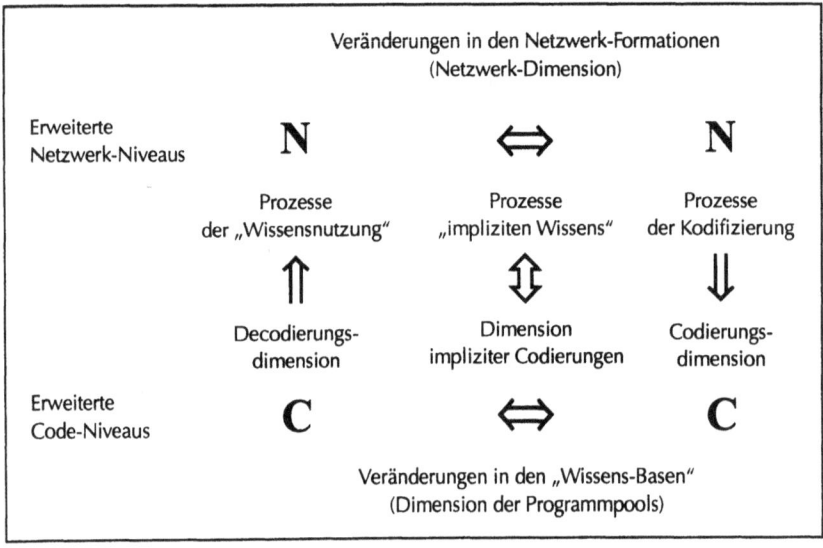

Einer der distinkten heuristischen Vorteile des „epigenetischen Zugangs" ist im Übrigen darin zu sehen, dass der innovationstheoretisch gegenwärtig stark thematisierte Bereich des „tacit knowledge" explizit als eine eigenständige epigenetische Dimension integriert werden konnte.

Zwei Grundbegriffe – Eingebettete Code-Systeme (ECS) und Akteur-Netzwerke (AN): Mittlerweile war bereits hinreichend oft von „eingebetteten Code-Systemen" die Rede, die im Rahmen der epigenetischen

Perspektive als „Grundbausteine" gerade der „sozialen Welt$_{C,N}$" figurieren. Wichtig wird in diesem Zusammenhang vor allem der Hinweis, dass solche ECS-Ensembles in Gestalt von Schriften, Zahlensystemen, Partituren u. a. m. speziell in den letzten Jahrtausenden eine schnelle und rasche Verdichtung erfahren haben.

Beide „Grundbausteine" – Netzwerke$N$ und „eingebettete Code-Systeme$_C$" wurden darüber hinaus hinreichend klar eingegrenzt (Müller 1996-a, 1998a), um sie als *drittes* inhaltliches Charakteristikum des epigenetischen Zugangs einzuführen.

Generalisierte Inventionstheorien: Eines der zentralen inhaltlichen Charakteristika im epigenetischen Programm kann darin erblickt werden, dass Prozesse, die mit den Begriffsfeldern „Invention", „Kreativität", „Spontaneität" oder „Neuheit" zu tun haben, über ein Instrumentarium untersucht werden sollen, das sich auf den Code- wie auf den Netzwerkniveaus über eine begrenzte Anzahl an rekombinativen Operatoren zusammensetzt, die in der nachfolgenden Aufzählung der Tabelle 2 versammelt worden sind (vgl. dazu speziell auch Hofstadter et al. 1995)

Tabelle 2: Rekombinative Operatoren zur „Entstehung des Neuen"

Adding: die Integration neuer „Bausteine$_{N,C}$" in ein bestehendes Schema ...

Breaking: die Differenzierung eines oder mehrerer Schemata$_{N,C}$ in zwei disjunktive Bausteine$_{N,C}$ ...

Crossing-over: das Aufbrechen zumindest zweier Schemen$_{N,C}$ und ihre Rekombination in ein neues Ensemble ...

Deletion: die Zerstörung eines speziellen Bausteins$_{N,C}$ von einem bestehenden größeren Schema ...

Duplication: die wiederholte Einführung von zumindest einem identischen Baustein$_{N,C}$ in ein bestehendes Schema ...

Inverting: die Erstellung eines Schemas$_{N,C}$ als eine gegenläufigen Sequenz an Bausteinen$_{N,C}$ von einem bestehenden Schema ...

Merging: die Integration wenigstens zweier Bausteine$_{N,C}$ oder Schemen in ein neues ...

Moving: die Verschiebung von Bausteinen$_{N,C}$ oder von Grenzziehungen ...

Karl H. Müller

Replacing: die Ersetzung von einem Baustein$_{N,C}$ innerhalb eines Schemas durch einen anderen Baustein$_{N,C}$ ...
Swapping$_{N,C}$: die Bewegung von einem Level L_i zu einem davon verschiedenen Level L_j ...

Eine der bemerkenswertesten Eigenschaften des epigenetischen Zugangs liegt in der *Generalisierbarkeit* der zuletzt spezifizierten rekombinativen Operatoren von der „Entstehung des Neuen" im Kontext des genetischen Codes über die vielfältigsten menschlich etablierten Code-Systeme – bis hin zu den Rekombinationen im Bereich von Netzwerken selbst ...

Generalisierte Diffusionstheorien: Darüber hinaus lässt sich *fünftens* den „Rekombinationsoperatoren" eine dazu stimmige „evolutionäre Diffusionstheorie" zur Seite stellen, die den Begriff des „Evaluationsmaßes" – ein unterschiedlich skalierbares (nominal, ordinal, kardinal) Maß zwischen 0 und 1 oder –1 und +1 – in das Zentrum rückt, worin die Ausbreitung von Prozessen auf den verschiedenen Code- oder den Netzwerkniveaus auch durch ein solches Maß *mitbestimmt* wird.[6] (Für Details vgl. speziell Müller 1996a, 1998d)

Die multiplen Mikro-, Meso- und Makro-Architekturen: Ein *sechstes* inhaltliches Merkmal des epigenetischen Zugangs gibt sich als eine besondere Variation eines generellen „Toleranzprinzips", wonach die Grundbegrifflichkeiten im epigenetischen Approach vielfältige und vor allem auch: legitime Designoptionen offen lassen und nicht a priori spezielle „evolutionäre Einheiten" festlegen. Konkret wird dieser Punkt in einem anderen Kontext systematischer und detaillierter ausgebreitet (Müller 1998 a, b, d), sodass hier nur ein einzelnes, wissenssoziologisch belangvolles Beispiel eingeschoben werden soll. Und dieses betrifft die Möglichkeiten und Optionen, ein Phänomen wie die Entwicklung eines Wissenschaftssystems zu untersuchen. Wenigstens vier unterschiedliche Grundbausteine stehen dafür zur Auswahl:

So lässt sich zunächst an *Disziplinen* denken, die eine lang etablierte Tradition innerhalb der wissenschaftssoziologischen Analysen besitzen. Und tatsächlich können solche disziplinären „Bausteine" hinsichtlich ihres Lebenszyklus, ihrer Vernetzungsdichten oder hinsichtlich ihrer Mobilitätsprozesse spezifiziert und datenmäßig erfasst werden. Zudem sind solche disziplinären „Bausteine" zum Gegenstand einer reichhaltigen wissenschaftshistorischen Literatur avanciert, in der das Auftauchen moderner Disziplinen und deren Ausbreitung und Verzweigung zum zentralen Untersuchungsgegenstand avanciert. (Vgl. beispielsweise Stichweh 1991) Aber damit erschöpfen sich ja die zuhandenen Alternativen nicht, im Gegenteil!

Wissenschaftliche Schulen wurden innerhalb des letzten Jahrzehnts immer wieder als „Baustein"-Alternative eingeführt, mit denen spezielle „Wachstumspole" innerhalb der wissenschaftlichen Makrolandschaften hervorgehoben werden sollen. Solche „wissenschaftliche Schulen" liefern ebenfalls eine auch historisch prinzipiell instanzierbare Klasse von Komponenten, die zudem von ihrer Dynamik her durch vergleichsweise schnelle Prozesse der Agglomeration charakterisiert sein sollten.

Forschungseinheiten stellen eine dritte Möglichkeit dar, „Bausteine" für ein dynamisches Netzwerkmodell im Wissenschaftsbereich zu gewinnen, zumal sich gerade auch Wissenschaftsnetzwerke durch die Emergenz immer neuer Einheiten speziell in heißen Themen- und Problemfeldern auszeichnen und einem ständigen Prozess der kreativen Entstehung und Zerstörung unterworfen sind. Zusätzlich besitzen auch Forschungseinheiten im Prinzip alle relevanten Eigenschaften wie beispielsweise Möglichkeiten für evolutionär stabile Klassifikationen, Lebenszyklen und Ähnliches mehr.

Schließlich wären noch individuelle *Wissenschaftler* anzuführen, deren Beziehungen zueinander auch zum „Basisbaustein" einer wissenschaftsrelevanten Netzwerkanalyse avancieren könnten. Und auch hiefür wären prinzipiell die benötigten Eigenschaften zuhanden, um eine dynamische Netzwerkdarstellung über die Austausch- und Transferprozesse zwischen unterschiedlichen Wissenschaftlern in Gang zu bringen ...

Second-Order-Explorationen: Ein letzter Punkt ergibt sich aus den vorangegangenen Ausführungen wie von selbst, da er als „intendierte" Konsequenz der epigenetischen Kernheuristiken I bis VI firmiert – die Grundbegrifflichkeiten sind so gehalten, dass sie selbstreferentielle Analysen vornehmen können. Damit führt dieser nicht zufällig *abschließende* Punkt in erweiterte Möglichkeiten der Selbstbezüglichkeiten in Gestalt von „Second-Order-Explorationen", worin sich selbstreferentielle Untersuchungen – Code-Systeme von Code-Systemen, Diffusionen von Diffusionen, Dynamiken von Dynamiken, Eigenschaften von Eigenschaften, Einbettungen von Einbettungen, die Emergenz der Emergenz, die Evolution der Evolution, Funktionen von Funktionen, Modelle von Modellen, Netzwerke von Akteur-Netzwerken, die Rekombination der Rekombination, die Selbstorganisation der Selbstorganisation etc. – über die bisher aufgebauten Grundkonzeptionen und Heuristiken vergleichsweise *leicht* und transparent aufbauen lassen. Mehr noch, der epigenetische Approach ist so strukturiert, dass er sich selbst und seine faktischen wie potentiellen Inventions- wie Diffusionsgeschichten als *echte* Anwendungsmenge enthält . . .

Damit wäre die wichtige Staffel an Kern-Heuristiken des epigenetischen Forschungsprogramms abgeschlossen.

4.2 Die vier weiteren Module des „epigenetischen Programms"

Neben dem theoretischen Kern verfügt das epigenetische Programm auch über vier weitere Module, welche ebenfalls sehr knapp und überblicksartig zusammengefasst werden sollen. Der erste Bereich – die intendierten Anwendungen (IA) – fasst jene generellen Merkmale und Organisationsprinzipien zusammen, die für eine epigenetische Applikation wichtig werden. Im vorliegenden Fall lassen sich diese intendierten Anwendungen zu sieben Heuristiken komprimieren, die ohne weitere Spezifizierungen nur in der folgenden Tabelle zusammengefasst werden sollen. (Für Details, vgl. Müller 1998 b, d)

Tabelle 3:
Intendierte Anwendungsbestimmungen (IA)
für das epigenetische Programm
Deskriptive Anforderungsprofile für ERP-Darstellungen
Erfordernisse für ERP-Erklärungen
Modellspezifisch „Anschlussfähigkeiten" des ERP-Ansatzes
Inhaltliche „Anschlussfähigkeiten" des ERP-Approaches
Methodologische „Anschlussfähigkeiten" von ERP
Modus II-Organisation
„Empirische" wie „möglichweltliche" Anwendungsfelder

Die Klasse spezieller Modelle wird im ERP-Ansatz mit jenem Set gleichgesetzt, das in den letzten Jahrzehnten im Bereich der „Komplexitätswissenschaften" aufgebaut worden ist und das überblicksartig wie taxativ in der nachstehenden Tabelle 4 präsentiert wird. ERP-Applikationen erklärender

Natur sollten oder müssen, so die dazugehörige Anwendungsbestimmung, mit einem Element aus dieser speziellen Klasse komplexer Modelle durchgeführt werden.

An vierter Stelle sind die so genannten Transfermodule (TM) zu nennen, welche besondere Heuristiken in der Anwendung auf spezifische Bereiche zum Inhalt haben und im ERP-Kontext bereits für Organisationen, Nationale Innovationssysteme oder auch für betriebliche Netzwerke entwickelt worden sind.

M – das Set an verfügbaren Daten und Messungen – fasst schließlich fünftens die ERP-relevante Datenbasis zusammen, welche sich im Kontext oftmaliger Anwendungen aufbaut und erweitert.

Und da der ERP-Kernbereich (TC) – zusammen mit den „intendierten Anwendungen" (IA), mit den speziellen Modellklassen (SpM) oder mit geeigneten Transfermodulen (TM) – bereits in mehrfacher Weise im Kontext empirischer Problemlagen in Anwendung *kam*, soll an dieser Stelle nur noch ein deutlicher Hinweis angebracht sein, dass sich über das ERP-Programm *sämtliche* im Abschnitt zwei erläuterten Kontexte von Wissen, Information oder wissenschaftlicher Produktion erfassen lassen. Die Tabelle 5 führt vor Augen, dass zumindest ein Begriffsapparat gefunden wurde, welcher diese Trias von Wissen, Information und wissenschaftlicher Produktion in einer *einheitlichen* Weise darzustellen vermag.

Tabelle 4:
Eine taxative Übersicht zu gegenwärtigen komplexen Modellklassen

Gruppen-Bezeichnungen	Kerndomänen	Heuristiken
Adaptive Systeme und Kontrolltheorie	*Biologie*, Engineering, Ökonomie, Soziologie *u. a.*	Antizipatorische Systeme; M-R-Systeme (Metabolismus-Repair) *u. a.*
Autopoiesis	*Biologie*, Artificial Intelligence, Handlungstheorien *u. a.*	Organisation/Struktur; Geschlossenheit, Autonomie; Rekursivität *u. a.*
Chaostheorie	*Dimensionentheorie*, Meteorologie *u. a.*	*Strange Attractors*; MandelbrotMenge; Julia-Menge *u. a.*
ClassifierSysteme und *evolutionäres Programmieren*	*Engineering*, Psychologie, Wissenschaftstheorie *u. a.*	*Bucket Brigade Algorithms*; *Crossover u. a.*
Dissipative Strukturen	Nichtgleichgewichtsthermodynamik, *Chemie u. a.*	Störungsparameter; *Brüsselator u. a.*
Gruppentheorie	*Mathematik*, Quantentheorie, Chemie, Psychologie Soziologie *u. a.*	Operationen, Symmetrieoperationen Symmetriegruppen *u. a.*

Karl H. Müller

Hyperzyklen	Bio-Chemie, Chemie *u. a.*	Eine Familie von nichtlinearen Gleichungstypen *u. a.*
Katastrophentheorie	*Differentialtopologie*, Biologie, Soziologie *u. a.*	Eine Familie charakteristischer Gleichungen; Bifurkationstypologie *u. a.*
Komplexitätstheorie	*Computer-Architektur*, Künstliche Intelligenz, Linguistik, Biologie, Soziologie, *u. a.*	Deterministische Turing Maschine, NP-Probleme *u. a.*
Neuronale Netzwerke	*Computer-Architektur*, Gehirnforschung, Künstliche Intelligenz *u. a.*	Backpropagation; *Delta Rule u. a.*
Populationsdynamiken	*Biologie*, Verhaltensforschung, Demografie, Soziologie *u. a.*	Selektionsmodell, *Räuber-Beute-Modelle u. a.*
Rational Choice und *Spieltheorie*	*Ökonomie*, Soziologie, Biologie, Neuro-, physiologie *u. a.*	Nutzenfunktionen, Strategien, evolutionär stabile *Strategien (ESS) u. a.*
Synergetik	*Laserforschung*, Physik, Pattern Recognition, Ökonomie, Demografie, Soziologie *u. a.*	*Mastergleichung*; Fokker-PlanckGleichung; Versklavungsprinzip und Kontrollparameter *u. a.*
Zellulare Automaten	*Engineering*, Physik, Biologie Demografie, Soziologie praktische Philosophie *u. a.*	Von Neumann-Nachbarschaft, Moore Nachbarschaft *u. a.*

Tabelle 5:
Wissens-, Informations- und Wissenschaftskontexte und der ERP-Approach

Kontexte von Wissen, Information und wissenschaftlicher Produktion	Verwendungs-Kontexte	Korrespondierende ERP-Kontexte
WISSEN	Wissen als Entwicklung von „Wissens-Gebieten"	Entwicklung von wissenschaftlichen Schwerpunkten; Code-bezogene Analysen von Journalen, Artikeln, Zitationen
	Wissen als szientifischer „state of the art"	Analyse repräsentativer Übersichtsbände; Analyse von Textbüchern; hauptsächlich code-bezogen
	Wissen als „Erkenntnisfortschritt"	Entwicklung von Bewertungsmaßen für wissenschaftliche Hypothesen, Theorien oder Forschungsprogramme
	Wissen als „gerechtfertigter wahrer Glaube"	Entwicklung von Kriterien oder auch Bewertungs-Maßen; codebezogen oder akteurbezogen
	Wissen als „Lern- und Adaptionsprozeß"	Entwicklung von Lern-Algorithmen und von Bewertungsmaßen; codebezogen oder akteurbezogen
	Wissen als „Zuschreibung"	Darstellungsstrategie für Akteur-Netzwerke und deren Operationen

	Wissen als zyklischer Prozeß	Entwicklung von Bewertungsmaßen der kognitiven Offenheit und der kognitiven Schließung; code- oder akteurbezogen
	Wissen als stabiler Endzustand	Entwicklung von Kriterien eines kognitiven Endzustandes; codebezogen
INFORMATION	Information als Maß der Verteilung	Analyse von Code-Systemen hinsichtlich ihrer Distributionsmerkmale
	Information als Inhaltsmaß	Analyse von Code-Systemen hinsichtlich eines „Inhaltsmaßes"
	Information als Übertragungsrate	Analyse von Code-Systemen hinsichtlich ihrer Transfergeschwindigkeiten
WISSENSCHAFTLICHE PRODUKTION	Wissenschaft als Text, Wissenschaft als Praxis	Analysen des codierten wissenschaftlichen Outputs; Analysen des wissenschaftlichen Produktionsprozesses innerhalb der szientifischen Akteur-Netzwerke

5. Wissenssoziologische Analysen entlang „dritter Wege"

Was das bislang skizzierte Programm einer epigenetischen Wissenssoziologie vor allem auszeichnet, das liegt in der überraschenden Leichtigkeit der Anwendungen für wissensbasierte Prozesse generell – und für die Entwicklungsgänge in den Sozialwissenschaften im Speziellen.[7] Aus der bisherigen, mittlerweile reichhaltigen Anwendungspraxis des epigenetischen Zugangs seien exemplarisch fünf Analysefelder benannt, in denen dieses epigenetische Programm Neuland in der Analyse der Sozialwissenschaften beschreiten *kann* oder *könnte*. Diese fünf Applikationen sind teilweise beschreibend-typologisierender Natur, teilweise explanatorischer Provenienz, werden teilweise mit empirischen Materialien und Daten durchgeführt – und tragen allesamt der Minimalbedingung Rechnung, dass sie sich bei entsprechenden Daten- oder Personalressourcen auch durchführen *lassen*. Zur besseren Einstimmung von Lesererwartungen, *worin* der Neuigkeitswert der weiteren Analysen *genau* besteht, seien die folgenden näheren Erläuterungen getroffen.

Im *ersten* Fall geht es um den Aufweis, dass die Verwendung von Rekombinationsoperatoren eine vergleichsweise *systematische Beschrei*-

bung darüber erlaubt, *wie* neuartige sozialwissenschaftliche Programme in die Welt gesetzt werden.

Das *zweite* Beispiel möchte demonstrieren, dass sich die ERP-Grundbegrifflichkeiten sowie die Dimensionen des epigenetischen Quadrats gut dafür eignen, angesichts eines reichhaltigen empirischen Datensatzes eine *übersichtliche* Darstellung eines konkreten sozialwissenschaftlichen Netzwerks zu liefern.

Im *dritten* Bereich geht es prinzipiell um die *Durchführbarkeit* einer *Erklärung* für sozialwissenschaftliche Netzwerke, indem der Datensatz aus dem Beispiel II mit einem speziellen komplexen Modell, nämlich mit Neuronalen Netzwerken verbunden wird.[8]

Das *vierte* Anwendungsfeld präsentiert einen *potentiellen* Erklärungsrahmen für die *Dynamik* sozialwissenschaftlicher Netzwerke, der unter der kontrafaktischen Voraussetzung einer mehrmaligen Replikation des Datensatzes aus dem Beispiel II auf den Plan treten kann.[9]

Und das *fünfte* Gebiet liefert einen typologischen Rahmen für den langfristigen Entwicklungszusammenhang von „Wissen und Gesellschaft" in der Moderne, der sich als nützliche Strukturierung für wissenschaftshistorische Analysen bewähren sollte.

Die nachstehende Tabelle 6 vermittelt einen zusammenfassenden Überblick zu den weiteren Applikationen.

Tabelle 6:
ERP-Applikationen für die Analyse der Sozialwissenschaften

Beispiel	Gegenstand	Verwendete ERP-Module	Darstellungsart
Beispiel I	Invention$_C$ in der Sozialwissenschaft	Rekombinationsoperatoren	deskriptiv
Beispiel II	Zustand eines sozialwissen. Netzwerks$_{C,N}$	Epigenetisches Quadrat, ERP-Grundbegriffe	deskriptiv
Beispiel III	Erklärung eines sozialwissen. Netzwerks	wie (II) plus Verwendung eines komplexen Modells (Neuronale Netzwerke)	erklärend (potentiell)
Beispiel IV	Dynamik eines sozialwissen. Netzwerks	wie (II) plus Verwendung eines komplexen Modells (Mastergleichungen/Synergetik)	erklärend (potentiell)
Beispiel V	Wissenschaft und Gesellschaft	ERP-Grundbegriffe, epigenetische Kernheuristiken	typologisch

5.1. Inventions-Geschichten in den Sozialwissenschaften

Die erste Anwendung beinhaltet eine epigenetische Beschreibungsform für die Entstehungsprozesse neuer Inhalte innerhalb von sozialwissenschaftlichen Feldern, die gemäß der theoretischen Kernheuristiken *strikt vom Problem ihrer weiteren Diffusion getrennt* werden sollten. Einfach gefragt – wie lässt sich die „Erfindung" neuer sozialwissenschaftlicher Forschungsprogramme – beispielsweise der Ethnomethodologie, des Funktionalismus, des symbolischen Interaktionismus etc. – auf der Basis einer speziellen Themen- und Wissensbasis auf epigenetische Weise darstellen? Als leicht selbstreflexives Beispiel soll ein frühes wissenschaftssoziologisches Programm herangezogen werden, welches von Otto Neurath unter dem Titel „Gelehrtenbehavioristik" seit den Dreißigerjahren aufgebaut und das 1944 in den „Grundlagen der Sozialwissenschaften" seinen Kulminationspunkt erreichte – und das nach 1945, nach dem Tod Otto Neuraths, im Wesentlichen nicht weiter rezipiert und fortentwickelt wurde.

Als erster Punkt in der Rekonstruktion der *Invention* einer „Gelehrtenbehavioristik" sei zunächst auf das Minimalprogramm des Wiener Kreises verwiesen, wie es sich seit den frühen Dreißigerjahren operativ aus der seinerzeitigen „Wissensbasis" her rekonstruieren lässt. Aus dieser Perspektive scheint es sinnvoll, die neuen Positionierungen des Wiener Kreises zunächst auf zwei generelle Ziele festzulegen –

Exploration in cognitive space: die Ausdehnung der Anwendungsmöglichkeiten einer neuen logischen Sprache in die Wissenschaftsanalyse ...

Ordering of cognitive space: einheitliche operative Grundprinzipien für sehr heterogen gewordene Disziplinen, speziell angesichts gängiger Dichotomien wie „idiografische" und „nomothetische" Wissenschaften ...

Und von den operativen Bewegungen her sollten die folgenden Hinweise genügen, um das gesuchte Minimalprogramm zu erreichen:

Merging: die Zusammenführung von Natur- *und* Geisteswissenschaften unter *eine* homogene Perspektive ...

Adding: die Spezifizierung von *empirischen* Satzklassen unter dem Primat ihrer raum-zeitlichen Indexikalisierung und Spezifizierung („Protokollsätze") ...

Moving: das Verschieben einer solchen *natur*wissenschaftlich leicht realisierbaren Sprachform in die *geistes*wissenschaftlichen Domänen hinein, speziell in die Psychologie ...

Breaking: die Partitionierung in empirisch sinnvolle Aussagen und ihre Widerparts, in denen weite Teile der damaligen *Metaphysik,* speziell des Rechtshegelianismus oder von Heideggers *Sein und Zeit* verortet wurden und in denen sich gerade die „Gustostücke" aus der seinerzeitigen geisteswissenschaftlichen Psychologie und aus der Historiografie der deutsch-österreichischen Eigentlichkeiten aufhielten.

Vor dem Hintergrund des *allgemeinen* einheitswissenschaftlichen Minimalprogramms für den Wissenschaftshaushalt insgesamt wird der neurathsche Weg zunächst als zweifache Grundoperation von „Moving" und „Duplication" zu qualifizieren sein, die einmal das einheitswissenschaftliche Programm detailliert in den Sozialwissenschaften *insgesamt* verankert – und ein zweites Mal diese einheitswissenschaftliche Perspektive für die gesamten Sozialwissenschaften adaptiert. Für diese doppelte Rekombination in Richtung eines konsistenten Programms für die Sozialwissenschaften wird man zunächst wiederum die folgende Zielmenge –

Exploration in cognitive space: die Ausdehnung der Anwendungsmöglichkeiten des neuen „physikalistisch/einheitswissenschaftlichen Programms" auf die Sozialwissenschaften . . .

Ordering of cognitive space: einheitliche operative Grundprinzipien für sehr heterogen gewordene sozialwissenschaftliche Disziplinen wie Geschichte, Nationalökonomie, Pädagogik etc. . . . –

und in weiterer Folge die folgenden operativen Annäherungen unterstellen können:

Merging: die Zusammenführung von Nationalökonomie, Soziologie, Geschichte, Sozialpsychologie, Anthropologie, Pädagogik etc. unter *eine* homogene physikalistisch/einheitswissenschaftliche Perspektive . . .

Adding: die Spezifizierung von *empirischen* Satzklassen unter dem Primat ihrer raum-zeitlichen Indexikalisierung und Spezifizierung („Protokollsätze") . . .

Moving: das Verschieben einer solchen *physikalistischen* oder *raum-zeitlichen* Sprachform in sämtliche Domänen der Sozialwissenschaften . . .

Adding: die Auszeichnung von sozialwissenschaftlichen Prognosen als wichtiges Güte- und Testkriterium für sozialwissenschaftliche Theorien . . .

Adding: die Skizzierung einer einheitlichen sozialwissenschaftlichen Problempalette, die sich von speziellen Längsschnittanalysen („Extrapolationen") über besondere Formen von Zusammenhangsuntersuchungen

(„Kohärenzanalysen") bis hin zu gesellschaftsstrukturellen Arbeiten ausdehnt ...
Adding: das Hinzufügen wichtiger sozialwissenschaftlicher Darstellungsinstrumente für die Gesellschaftsstrukturanalysen („Lebenslagen", „Lebensordnungen", „Lebenslagenreliefs", etc.) ...
Adding: die Entwicklung spezieller einheitswissenschaftlicher Aggregationsheuristiken („kosmische Aggregierungen", „holistische Aggregierungsregeln" etc.), welche die sozialwissenschaftliche Aussagenmenge mit anderen Aussagensets (Naturwissenschaft, Technik etc.) verknüpft ...
Breaking: die Partitionierung in sozialwissenschaftlich gehaltvolle Aussagen und ihre Gegenteile, in denen breite Teile einer „bürgerlichen Wissenschaft" (Othmar Spann, Max Scheler, aber auch Max Weber u. a.) verortet werden ...

Ein Vergleich mit den Kapiteln und Inhalten der „Empirischen Soziologie" führt rasch zum Ergebnis, dass mit den vorangegangenen operativen Veränderungen die *Grundstruktur* der neurathschen „Empirischen Soziologie" in ihren Hauptbereichen reproduziert werden konnte. Nach einer allgemeinen historischen Einleitung werden zunächst in den Kapiteln zwei bis vier die notwendigen „Merge-Schritte" gesetzt, Kapitel fünf setzt sich unter der Primäroperation des „Breaking" mit „metaphysischen Gegenströmungen" auseinander – und die Kapitel sechs bis zehn bringen unter vielfältigen „Adding-Operationen" das Darstellungsrepertoire einer einheitswissenschaftlichen „Soziologie" zum Vorschein. Der Inventionspfad von den *allgemeinen* Programmen im Wiener Kreis hin zu einer konkreten Ausformung lässt sich damit operativ vollständig markieren. In analoger Weise können an dieser Stelle auch jene operativen Rekombinationen benannt werden, welche von der „Empirischen Soziologie" hin zu jener seinerzeit originellen Form einer „Gelehrtenbehavioristik" führen. Wiederum lässt sich ein doppeltes Zielset –
Exploration in cognitive space: die Ausdehnung der Anwendungsmöglichkeiten des neuen „physikalistisch/einheitswissenschaftlichen Programms in den Sozialwissenschaften" auf die Wissenschaftssoziologie ...
Ordering of cognitive space: einheitliche operative Grundprinzipien für ein seinerzeit neuartiges Untersuchungsfeld, nämlich eine empirisch basierte Analyse des Wissenschaftsbetriebs ... –
sowie potentiell reichhaltige operative Adaptionen unterstellen:
Merging: die Zusammenführung einer empirischen Wissenschaftsfor-

schung für sehr unterschiedliche wissenschaftliche Disziplinen, einschließlich technischer Felder . . .

Adding: die Auszeichnung von *empirischen* Satzklassen im Bereich der Wissenschaftsforschung unter dem Primat ihrer raum-zeitlichen Indexikalisierung und Spezifizierung („Protokollsätze") . . .

Moving: das Verschieben einer solchen *physikalistischen* Sprachform in sämtliche Domänen der Wissenschaftsforschung (u. a. mit teilweise interessanten, teilweise sehr missverständlichen Aussagen für die Gebiete der Logik und Mathematik) . . .

Adding: die Auszeichnung von wissenschaftssoziologischen Prognosen als wichtiges Güte- und Testkriterium für Theorien im Bereich der Wissenschaftsforschung . . .

Adding: die Skizzierung einer einheitlichen wissenschaftssoziologischen Problempalette, die sich von speziellen Längsschnittanalysen („Extrapolationen") über besondere Formen von Zusammenhangsuntersuchungen („Kohärenzanalysen") bis hin zu wissenschaftsstrukturellen Arbeiten ausdehnt . . .

Adding: das Hinzufügen wichtiger wissenschaftssoziologischer Darstellungsinstrumente für die Wissenschaftsstrukturanalysen („Wissenschaftslagen", „-ordnungen", „-reliefs", etc.) . . .

Adding: die Entwicklung spezieller einheitswissenschaftlicher Aggregationsheuristiken („kosmische Aggregierungen", „holistische Aggregierungsregeln" etc.), welche die wissenschaftssoziologische Aussagenmenge mit anderen Aussagensets (Sozialwissenschaft, Naturwissenschaft, Technik etc.) verknüpft . . .

Breaking: die Partitionierung in wissenssoziologisch gehaltvolle Aussagen und ihre Gegenteile, zu denen beispielsweise weite Teile der damaligen *Erkenntnistheorie* gerechnet werden . . .

Über die soeben skizzierten Schritte wird der Inventionsweg – und das heißt die Rekombinationsschritte – zu einer damals neuartigen Form der Wissenschaftssoziologie vollends transparent. Aber nicht bloß dies! Die nur sehr fragmentarischen und kurzen Ausführungen bei Otto Neurath zum Status seiner „Gelehrtenbehavioristik" bringen sehr viele *potentiell* neuartige Analysewege zum Vorschein, die von Neurath gar nicht im Einzelnen ausgeführt worden sind. So *ließe* sich konsistent die gesamte Bandbreite an Darstellungen zu den „Lebenslagen" – das Set an Instrumentarien mit „Lebensstimmungen", „Lebenslagenphysiognomien", „Lebenslagenkataster" (Neurath 1937) – in die neue wissenssoziologische Disziplin transferieren und zu neuen Darstellungsweisen für Wissenschaftsdisziplinen oder Wissenschaftsnetzwerke gestalten. Diese Form der operativen Rekonstruktion offeriert zwar keine voll ausgebildete „Logik der Entdeckung", sie vermag aber, wie das neurathsche Beispiel zeigt, durch ihre rekombinative Logik *spezieller* Entdeckungen Leerstellen und noch unausgeführte Programmschritte in der Generierung neuer Forschungsperspektiven zu benennen.

5.2. Netzwerk-Darstellungen sozialwissenschaftlicher Disziplinen

Brachte der erste Weg einige neue Darstellungsoptionen ins Spiel, um Prozesse der „Entstehung des *sozial*wissenschaftlich Neuen" auf eine *operative* Weise darzustellen, wird sich der zweite Weg darum bemühen, einige wichtige Eigenschaften von sozialwissenschaftlichen Akteur-Netzwerken auf eine tendenziell neuartige Weise zu präsentieren, indem die epigenetischen Grundbegriffe und die Dimensionen des epigenetischen Quadrats zur Strukturierung des Datenmaterials herangezogen werden. Als empirische Basis dient ein Datensatz zu den Beziehungsmustern innerhalb der österreichischen Sozialwissenschaften, worin in einer repräsentativen Telefonbefragung (N = 200) von wissenschaftlichen Instituten in Österreich (ASIT, Austrian Survey of Innovation and Transfer, vgl. dazu Müller 1996a) neben einigen organisationsrelevanten Größen vor allem die Bereiche Personalmobilität und Rekrutierung, Publikationsleistungen, innerwissenschaftliche wie außerwissenschaftliche Kooperationen, Technologietransfer und Selbsteinschätzungen hinsichtlich der eigenen Stärke- und Schwächeprofile abgefragt worden sind. (Vgl. dazu detailliert Müller 1996a) Das Ziel der weiteren Darstellung besteht in der Identifizierung einiger wichtiger Merkmale, wodurch sich das sozialwissenschaftliche Netzwerk in Österreich, das in der Stichprobe durch insgesamt 58 Institute repräsentiert wird, von zwei anderen Wissenschaftsnetzwerken, dem naturwissenschaftlichen (N = 55) und dem medizinisch-technischen (N = 90)[10], primär unterscheidet.[11]

5.2.1 Signifikante Differenzen auf der Netzwerk-Dimension

Auf der Netzwerkdimension selbst fallen die folgenden gravierenden Unterschiede ins Auge:

Ein klares und sehr unterschiedliches Profil ergibt sich schon bei der Institutsgröße (gemessen an den Gesamtbeschäftigten), da das sozialwissenschaftliche Netzwerk durch eine vergleichsweise hohe Konzentration an kleinen Units gekennzeichnet ist, wogegen im medizinisch-technischen Komplex die relativ höchsten Anteile im Bereich der Großinstitute ab zwanzig Beschäftigten auftreten. Die nachstehende Tabelle vermittelt ein klares Bild deutlich segmentierter Größenproportionen.

Tabelle 7: Wissenschaftliche Netzwerke nach Institutsgrößen

	NW*	MT**	SW***
Bis 9 Beschäftigte	30.9%	33.3%	55.2%
10–19 Beschäftigte	40.0%	30.0%	27.6%
Ab 20 Beschäftigte	29.1%	36.7%	17.2%

* Naturwissenschaften
** Medizin-technischer Komplex
*** Sozialwissenschaften
Diese Abkürzungen werden auch in den folgenden Tabellen verwendet.

Dasselbe Profil ergibt sich, wenn die Anzahl der Akademiker pro Institut als Indikator herangezogen wird – auch hier erfolgt im naturwissenschaftlichen Netzwerk eine Konzentration im mittleren Bereich (43.6%) und im sozialwissenschaftlichen Ensemble im Kleinbereich (44.8%), wogegen der medizinisch-technische Komplex in der mittleren und in der Großkategorie mit jeweils 35.6% gleichmäßig vertreten ist.

Tabelle 8: Anzahl von beschäftigten Nicht-Akademikern

	NW	MT	SW
Bis 2 Beschäftigte	21.8%	27.8%	60.3%
3–5 Beschäftigte	29.1%	25.6%	24.1%
Ab 6 Beschäftigte	49.1%	46.7%	15.5%

Allein aus diesen stark divergierenden Größenverhältnissen wird ersichtlich, dass die Arbeits- und Produktionsprozesse innerhalb des sozialwissenschaftlichen Netzwerks in deutlichen Unterschieden zu anderen großen Wissenschaftsbereichen vor sich gehen. Anders formuliert *müssen* die infrastrukturellen und personellen „Barrieren" hinsichtlich der Neugründung von Instituten im Bereich der Sozialwissenschaften deutlich geringer ausfallen als in den naturwissenschaftlichen oder den medizinisch-technischen Segmenten.

Eine andere Form von Eintritts- und Austrittsbarrieren lässt sich im Bereich der Personalmobilität feststellen, wo sich eine deutliche Differenz zwischen dem medizinisch-technischen Bereich und dem sozial-, aber auch dem naturwissenschaftlichen Netzwerk offenbart. Nahezu drei Viertel (72.2%) der medizinisch-technischen Institute verzeichneten einen Personalzugang, wogegen die Prozentsätze beim sozialwissenschaftlichen Ensemble bei 56.9% und im naturwissenschaftlichen Komplex bei 54.5% lagen. Von der Anzahl der neu eingestellten Wissenschaftler lassen sich deutliche Größeneffekte erkennen, da 63.6% der sozialwissenschaftlichen Institute nur eine Person engagierten, wogegen 63,5% im medizinisch-technischen Bereich zwei oder mehr Einstellungen zu verzeichnen hatten.

Wie stark die Binnendifferenzierungen innerhalb von großen wissenschaftlichen Netzwerken ausfallen, lässt sich an einem zentralen Netzwerkindikator, nämlich der Kooperationsintensität zwischen den einzelnen Instituten ablesen. 73.3% der medizinisch-technischen Institute gaben an, oft oder ständig mit anderen Universitätsinstituten zusammenzuarbeiten, wogegen dies nur für 46.6% der sozialwissenschaftlichen Institute gilt – naturwissenschaftliche Institute okkupieren mit 63.7% eine Mittelposition. Auch diese Perspektive legt es nahe, von deutlich unterschiedlichen Vernetzungsdichten zu sprechen, die interessanterweise im sozialwissenschaftlichen Ensemble am geringsten ausfällt.

Stand bislang die interne Vernetzungsdichte am Programm, so lässt sich ein ähnlicher Befund auch für die *externen* Linkages – Verbindungen mit außerwissenschaftlichen Akteuren – feststellen, die nur an wenigen Beispielen demonstriert werden sollen. So gehen 30% der medizinisch-technischen Institute von einer oftmaligen oder permanenten Kooperation mit Großbetrieben aus, wogegen nur 17.2% der sozialwissenschaftlichen und gar nur 14.7% der naturwissenschaftlichen Institute dauerhafte Verbindungen etabliert haben. Eines der Spezifika der externen Verbindungen in den österreichischen Wissenschaftsnetzwerken scheint darin zu liegen, dass die Links zwischen naturwissenschaftlichen Instituten und dem Segment der Klein- und Mittelbetriebe (KMU) deutlich intensiver ausfallen als zu den Großunternehmen – immerhin geben 27.3% der naturwissenschaftlichen Institute dauerhafte Verbindungen mit dem KMU-Bereich an, wogegen das sozialwissenschaftliche Netzwerk mit 19.3% schwächer vernetzt ist. Um den Problemkreis der externen Unternehmens-Linkages abzuschließen, soll summarisch darauf verwiesen werden, dass sich das sozialwissenschaftliche Netzwerk in sehr vielen Feldern als unterdurchschnittlich vernetzt erweist, aber speziell in zwei Positionen: mit Unternehmen im Bereich der unternehmensbezogenen Dienstleistungen oder der Infrastrukturen signifikant starke Linkages etabliert hat.

Aber nicht nur die Wissenschafts-Wirtschafts-Verbindungen weisen deutlich unterschiedliche Vernetzungszüge auf. Auch hinsichtlich der externen Links zur staatlichen Verwaltung und Interessenvertretungen lassen sich erstaunliche Binnendifferenzierungen konstatieren, die zunächst in einer Tabelle festgehalten werden sollen:

Tabelle 9: Externe Netzwerkverbindungen mit staatlicher Verwaltung

	NW	MT	SW
ständig (1)	23.5%	20.2%	13.8%
oft (2)	27.3%	23.6%	25.9%
Summe (1) und (2)	50.8%	43.8%	39.7%

Der enge Konnex von Sozialwissenschaften und Staat, der für die Entwicklung dieser Disziplinen postuliert wird (vgl. beispielsweise Wagner 1990), er lässt sich auf Netzwerkebene jedenfalls nicht in den faktisch bestehenden Verbindungen zu staatlichen Stellen nachweisen, da die beiden anderen Netzwerkensembles teilweise deutlich höhere Linkages unterhalten. Eine andere externe Verbindung lässt sich allerdings identifizieren, in der tatsächlich die Sozialwissenschaften deutlich stärker positioniert sind, nämlich der Bereich der Interessenvertretungen, wo sich zunächst tabellarisch die folgenden Größenordnungen finden lassen (Tabelle 10).

Derselbe Befund eines klar unterschiedlich positionierten sozialwissenschaftlichen Netzwerks lässt sich auch hinsichtlich der Finanzierung von sozialwissenschaftlichen Instituten vorbringen, da sich zunächst die in Tabelle 11 dargestellten Binnendifferenzierungen finden.

Tabelle 10:
Externe Netzwerkverbindungen mit Interessenverbänden

	NW	MT	SW
ständig (1)	9.1%	2.2%	10.5%
oft (2)	9.1%	22.2%	24.6%
Summe (1) und (2)	18.2%	24.4%	35.1%

Tabelle 11: Anteile von Drittmittelfinanzierungen

	NW	MT	SW
Keine Drittmittel	46.2%	40.2%	64.2%
Drittmittel bis 50%	34.6%	28.0%	24.5%
Drittmittel über 50%	19.2%	31.7%	11.3%

Das sozialwissenschaftliche Netzwerk ist wesentlich stärker an Grund- und Fixsubventionen gebunden als die übrigen beiden Ensembles, da nur ein Drittel der Institute überhaupt Drittmittel für sich reklamieren kann – und lediglich knapp mehr als 10% der Institute auf einen hohen Drittmittelanteil von über 50% verweisen. Diese Situation sollte im Übrigen in den nächsten Jahren noch andauern, denn mehr als 50% der medizinisch-technischen Institute gehen in den nächsten Jahren von stärkeren Steigerungen im Bereich der Auftragsforschung aus, wogegen diese Erwartung nur bei knapp mehr als einem Drittel im sozialwissenschaftlichen Netzwerk anzutreffen ist.

Wie sehr die bisherigen Merkmale – geringere interne und externe Vernetzungsdichten, Kleinheit und geringere Mobilität der sozialwissenschaftlichen Netzwerkakteure oder auch eine deutlich geringere Drittmittelförderung – auch in den Selbsteinschätzungen der Institute ihren Niederschlag finden, das soll im Weiteren an Hand besonders signifikanter Beispiele aufgezeigt werden.

Tabelle 12: Zukunftseinschätzungen für die nächsten drei Jahre

	NW	MT	SW
Sehr verbessern (1)	3.7%	14.9%	5.2%
Eher verbessern (2)	53.7%	55.2%	36.2%
Summe aus (1) und (2)	57.4%	70.1%	41.4%

Mehr als zwei Drittel der Institute im medizinisch-technischen Komplex gehen von einer Verbesserung ihrer derzeitigen Position aus, wogegen dies nur für rund 40% der sozialwissenschaftlichen Institute gilt. Dieser Befund ist deshalb so aufschlussreich, weil er sich zusammen mit der nachstehenden Tabelle sowie den bisherigen Ergebnissen zu einem kohärenten Muster der wissenschaftlichen Netzwerke in Österreich verdichtet.

Tabelle 13:
Selbsteinschätzung der Institutsposition im internationalen Umfeld gegenwärtig und in den letzten drei Jahren

	NW	MT	SW
Gegenwärtig sehr gut	14.5%	23.6%	10.3%
Sehr verbessert (1)	5.6%	13.6%	5.2%
Eher verbessert (2)	48.1%	38.6%	39.7%
Summe aus (1) und (2)	53.7%	52.2%	44.9%

Mit den letzten Zahlenwerten kann eine deutliche Musterbildung im Bereich der wissenschaftlichen Netzwerke in Österreich konstatiert werden, wonach die Sozialwissenschaften auf der Ebene der Netzwerkdimensionen selbst deutliche Defizite ausweisen.

5.2.2 Signifikante Differenzen auf der Codierungs-Dimension

Auf der Dimension von Publikationen lassen sich vielfältige Differenzen feststellen, welche sehr unterschiedliche „Publikationskulturen" innerhalb der drei Netzwerke zum Ausdruck bringen. Den wohl sinnfälligsten Niederschlag finden diese Unterschiede im Stellenwert von *deutschsprachigen* Büchern und Monografien, da das sozialwissenschaftliche Netzwerk in Österreich sich deutlich als „buchzentriert" für den deutschen Sprachraum ausweist, wogegen deutschsprachige Bücher in den beiden anderen Netzwerken einen signifikant geringeren Stellenwert okkupieren.

Tabelle 14:
Anzahl von publizierten Büchern und Monografien in deutscher Sprache pro Jahr

	NW	MT	SW
Keine Bücher	62.7%	54.0%	24.6%
Ein Buch	17.6%	17.2%	17.5%
Ab zwei Bücher	19.7%	28.8%	57.9%

Wie stark allerdings diese Buchkonzentration innerhalb des sozialwissenschaftlichen Netzwerks eine für die deutschsprachige Community darstellt, veranschaulicht die nächste Tabelle, welche die Verteilungen bei den englischsprachigen Büchern zum Inhalt hat.

Tabelle 15:
Anzahl von publizierten Büchern und Monografien in einer Fremdsprache

	NW	MT	SW
Keine Bücher	70.6%	70.1%	74.1%
Ein Buch	21.6%	11.5%	15.5%
Ab zwei Bücher	7.8%	18.4%	10.4%

Und wie sinnfällig das Faktum unterschiedlicher „Publikationskulturen" sich auch in den Daten niederschlägt, das soll der Verweis auf fremdsprachige Zeitschriftenartikel zeigen, die für große Teile im naturwissenschaftlichen, aber auch im medizinisch-technischen Komplex, zum Referenzpunkt der Darstellung aufgestiegen sind.

Tabelle 16:
Anzahl von publizierten Artikeln in fremdsprachigen Fachzeitschriften

	NW	MT	SW
Kein Artikel	16.0%	18.6%	29.8%
Ein bis drei Artikel	8.0%	22.1%	38.6%
Ab vier Artikel	76.0%	59.3%	31.4%

Damit wären einige wichtige Kennzahlen für das sozialwissenschaftliche Netzwerk entlang seiner Publikations- und Codierungsachse präsentiert worden.

5.2.3 Signifikante Differenzen auf der Dimension der Wissensbasen

Überaus interessant gestaltet sich die Dimension der „Wissensbasis" selbst, da ja im vorliegenden Fall die Aussagen und Einschätzungen von Wissenschaftlern als Basis für die Indikatorenbildung herangezogen werden. Doch lassen sich die Bewertungen von Seiten kompetenter Wissenschaftler hinsichtlich ihrer subjektiv wahrgenommenen Grundstrukturen von Wissensbasen *auch* zu *einer* von vielen Operationalisierungen der Wissensbasis benützen, zumindest solange keine klar verfügbaren vorteilhafteren Alternativen offen stehen.

Den Ausgangspunkt bildet zunächst die Beobachtung, dass drei Grundtypen von Forschung – Grundlagenforschung, angewandte Forschung sowie experimentelle Forschung – innerhalb der wissenschaftlichen Netzwerke deutlich unterschiedliche Prioritäten besitzen. Hohe oder geringe Prioritäten für bestimmte Forschungstypen lassen sich aber auch als Indikatoren für prädominante oder marginale Produktionsweisen heranziehen und damit *auch* als Indiz für das Vorhandensein von speziellen Wissensbereichen verwenden. Demgemäß ist es aufschlussreich zu vermerken, dass für 67.3% der naturwissenschaftlichen Institute, aber nur für 49.1% der sozialwissenschaftlichen Akteure die Grundlagenforschung einen hohen oder sehr hohen Stellenwert besitzt, wogegen 80.9% der medizinisch-technischen Institute, aber vergleichsweise reduzierte 63.2% der sozialwissenschaftlichen Institute der angewandten Forschung einen hohen oder sehr hohen Stellenwert einräumen – naturwissenschaftliche Institute erweisen sich demgegenüber mit nur 41.6% überhaupt als stark grundlagenlastig.

Überaus deutlich fallen die Binnendifferenzierungen schließlich im Feld der experimentellen Forschung aus, das für 50.9% der naturwissenschaftlichen und für 45.3% der medizinisch-technischen Institute einen hohen oder sehr hohen Stellenwert besitzt, aber nur von 6.9% der sozialwissenschaftlichen Institute mit einem zumindest hohen Stellenwert bedacht wurde.

Noch deutlichere Indikatoren für die „Wissensbasen" geben allerdings die Angaben über die subjektiv wahrgenommenen Verflechtungsgrade zwischen Grundlagenforschung und angewandter Forschung sowie zum Stellenwert des Faktors Interdisziplinarität ab, da sich damit immerhin „derivativ" zwei Aussagen zur Grundstruktur wissenschaftlicher Wissensbasen verknüpfen lassen:

Der dritte Weg einer Wissenssoziologie

- Im einen Extremfall mit hohen Verbindungen zwischen Grundlagenforschung und angewandter Forschung sowie mit einem hohen Stellenwert an interdisziplinärer Forschung *kann* von einer dicht gekoppelten Wissensbasis gesprochen werden, deren einzelne „Regionen" sich durch vielfältige kognitive Linkages auszeichnen.
- Im anderen Extremfall, bei marginalen Verbindungen zwischen Grundlagenforschung und angewandter Forschung sowie bei einem geringfügigen Stellenwert an interdisziplinärer Forschung, kann demgemäß von einer isolierten Wissensbasis gesprochen werden, deren einzelne „Gebiete" durch nur sehr wenige kognitive Linkages charakterisiert werden.

Und da zudem medizinisch-technische oder naturwissenschaftliche Felder eher als „spezialisten- und disziplinorientiert" gelten als die an sich viel stärker gekoppelten sozialwissenschaftlichen Territorien, werden die beiden nachfolgenden Tabellen wahrscheinlich ein leichtes Erstaunen hervorrufen:

Tabelle 17:
Verflechtungsgrade zwischen Grundlagenforschung
und angewandter Forschung

	NW	MT	SW
Sehr viel Verbindung (1)	29.1%	30.3%	24.1%
Viel Verbindung (2)	29.1%	34.8%	27.6%
Summe (1) und (2)	58.2%	65.1%	51.7%

Tabelle 18:
Die Bedeutung der Interdisziplinarität

	NW	MT	SW
Sehr gross (1)	24.1%	33.7%	15.5%
Gross (2)	22.2%	22.5%	20.7%
Summe (1) und (2)	46.3%	56.2%	36.2%

Aus beiden Tabellen tritt konsistent hervor, dass die Verknüpfungslinien im Bereich des medizinisch-technischen Wissens vergleichsweise dichter geknüpft sein sollten als im sozialwissenschaftlichen Areal, das von allen drei wissenschaftlichen Netzwerktypen überhaupt die am wenigsten verkoppelte Wissensbasis unterhält. Anders ausgedrückt, korrespondiert im sozialwissenschaftlichen Netzwerk ein relativ betrachtet geringerer Vernetzungsgrad im Bereich der Netzwerkdimension auch mit deutlich tiefer angesetzten kognitiven Linkages, eine „Doppelbewegung", welche sich doch konträr zu den angestammten Erwartungen und Intuitionen stellt.

5.2.4 Signifikante Differenzen im Performanzbereich

Eine letzte Besonderheit im sozialwissenschaftlichen Netzwerk sei schließlich hinsichtlich seiner Performanz insgesamt hervorgehoben, die zunächst mit einer mittlerweile bekannten Dichotomie zur Forschungsorganisation und Wissensgenerierung eingeleitet werden soll, nämlich mit der Differenzierung in Modus-I- und Modus-II-Produktionen (Gibbons et al. 1994), deren jeweilige Hauptcharakteristika auch in der nachstehenden Tabelle 19 zusammengefasst werden.

Man kann über diese Tabelle einige wichtige Indikatoren aus der ASIT-Befragung dem Modus-I- oder dem Modus-II-Bereich zuordnen, demgemäß sich eine Modus-II-Organisation durch eine *simultane* Wichtigkeit von Grundlagenforschung und angewandter Forschung auszeichnet, durch einen hohen Stellenwert interdisziplinärer Forschung u. a. m. charakterisiert wird etc. Die aus solchen Indikatoren vorgenommenen Zuordnungen und Gruppenbildungen ergeben bezogen auf die drei wissenschaftlichen Netzwerke ein deutliches Bild:

Tabelle 19: Zwei Typen von Wissensproduktion

Attribute	Modus I	**Modus II**
Wissens-Produktion	Separierung zwischen Entdeckung und Anwendung	Entdeckungen im *Kontext* von Anwendungen
Forschungsprogramme	„Geschlossen"	„Offen"
Organisation	Homogene Forschungsteams; Stabile räumliche Orte, langfristige Perioden	Heterogene Forschungsteams; auf verschiedene Orte und über temporal begrenzte kürzere Perioden distribuiert
Ausserwissenschaftliche Bereiche	Irrelevant	Nachhaltige Verantwortlichkeit und Reflexivität
Qualitätskontrolle	„Peer Review", internal	Weites Set an Kriterien, welche auch Faktoren wie „außerwissenschaftliche Akzeptanz" (Politik, Kultur, Gesellschaft etc.) einschließt

Tabelle 20: Modus-I- und Modus-II-Organisation

	NW	MT	SW
Modus II	87.3%	78.9%	93.1%
Modus I	12.7%	21.1%	6.9%

Modus II als *neue* Form der Wissensproduktion ist, so scheint es die Tabelle zu indizieren, bis zum gegenwärtigen Zeitpunkt deutlich stärker im medizinisch-technischen oder auch im naturwissenschaftlichen Netzwerk diffundiert – in den Sozialwissenschaften okkupiert er derzeit noch eine marginale Rolle. Nimmt man schließlich hinzu, dass sich Modus-I- oder Modus-II-Institute durch sehr unterschiedliche nationale wie internationale Selbstpositionierungen auszeichnen, welche deutlich höhere Werte für das Modus-II-Segment vorsehen, kann ein gewichtiges Stück an Strukturdefiziten im derzeitigen sozialwissenschaftlichen Netzwerk, aber auch ein derzeit noch weitestgehend unerobertes sozialwissenschaftliches Hoffnungsgebiet in Gestalt neuer Produktions- und Kooperationsformen zum Abschluss gebracht werden.

5.3. Komplexe Erklärungen für sozialwissenschaftliche Outputs

Der nächste Bereich an tatsächlich durchführbaren wissenssoziologischen Analysen entlang eines dritten Weges im Bereich der Sozialwissenschaften führt von den bisherigen deskriptiven und eher typologisierenden Darstellungen weg und in den *erklärenden* Bereich hinein. Der Datenbereich bleibt unverändert – wiederum steht der repräsentative Datensatz mit den rund 200 Instituten im Zentrum, nur werden an diese Daten typische Erklärungsfragen gestellt: Welche Faktorenkonstellation erweist sich für ein hohes Leistungsniveau innerhalb der wissenschaftlichen Netzwerke insgesamt als besonders relevant? Und welche Besonderheiten sind hinsichtlich der Erklärung einer hohen Performanz im Bereich der Sozialwissenschaften zu verzeichnen? Gemäß den ERP-Modulen wird dazu zunächst eine spezielle komplexe Modellklasse benötigt, die im konkreten Fall die Klasse „Neuronaler Netzwerke" (vgl. dazu auch Ritter/ Martinetz/Schulten 1991, Rojas 1993, Schöneburg 1993) umfasst, die auch in einem ersten Schritt näher in ihrer gebräuchlichsten Form, nämlich den so genannten „Feed-forward"-Netzen, vorgestellt werden soll.

5.3.1 Neuronale Netzwerke als Erklärungsrahmen

Schematisch offeriert zunächst das Schaubild 1 einige wichtige Hinweise auf die Konstitution und die Grundarchitekturen solcher neuronalen Netzwerke. Von diesem Schaubild tritt klar hervor, dass sich neuronale Netzwerke einerseits aus einem Outputbereich, der obersten Netzwerkschicht, aus Zwischenschichten oder „hidden units" sowie schließlich aus einer distinkten Menge an „input-units" zusammensetzen und sich andererseits durch adaptive Netzwerkverbindungen zwischen diesen drei Schichten konstituieren. Wegen der Dichte der Netzwerkverbindungen – *jede* der Inputeinheiten ist mit *jedem* Faktor aus der Zwischenschicht, *jeder* Zwischenschichtknoten ist mit *jedem* der Outputgrößen junktimiert – besteht eine entfernte Ähnlichkeit zum parallelen Prozessieren in der neuronalen Organisation von Menschen oder höher organisierten Lebewesen. Adaptiv ist diese Netzwerkorganisation deshalb, weil sich die Netzwerkverbindungen im Laufe eines „Netzwerktrainings" anpassen und die Verbindungsgewichte die Differenzen zwischen dem berechneten Outputzustand und den erforderlichen Outputwerten, beispielsweise den empirisch erhobenen Größen, minimieren. Der Lernalgorithmus besteht somit darin, die Verbindungsgewichte Input – Zwischenschicht beziehungsweise Zwischenschicht – Output so zu verändern, dass sich eine permanente Anpassung in Richtung einer möglichst vollständigen „Mustererkennung" der sequentiell abgearbeiteten Einzelfälle ergibt.

Schaubild 1: Grundstrukturen von Neuronalen Netzwerken

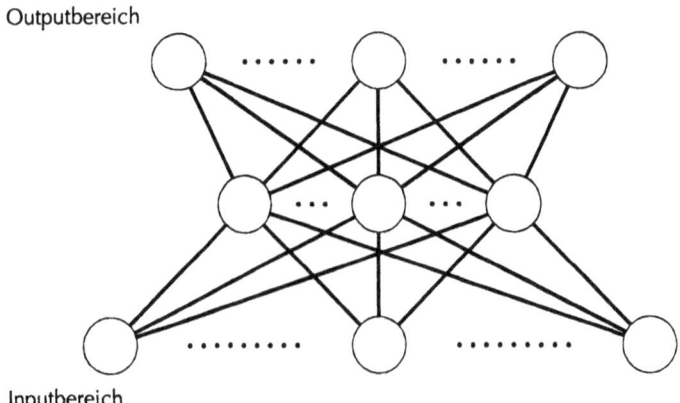

Die für die Fragestellung nach der Erklärung von unterschiedlichen sozialwissenschaftlichen Leistungsniveaus relevante Modellierung kann sich derartiger „Feed-forward"-Netze bedienen und die allgemeine Delta-Regel (Rumelhart/Hinton/Williams 1986) – die Adjustierung von Gewichten als Minimierung zwischen den errechneten Outputwerten und den Soll-Outputs – als Lernalgorithmus verwenden. Auf diese Weise kann ein internes Modell – „gespeichert" in den internen Gewichtungen – aufgebaut werden, das – wegen der Dichte und der Nichtlinearität der Verbindungen – auf eine *nicht-*triviale Weise die Verbindungen zwischen den Inputgrößen und den Outputvariablen herstellt. Haben sich solche Gewichtungen zwischen Inputbereich, Zwischenschichtfaktoren und Outputdomänen über ein Trainingsset etabliert, dann kann die Anpassung des neuronalen Netzwerkes auf zweifache Weise getestet werden: einmal mit Hilfe eines Testdatensatzes mit neuen Fällen, die aus dem ursprünglichen Datensatz stammen und nicht bereits in den Übungsdatensatz inkludiert worden sind; und einmal mit Hilfe neuer Kombinationen von Inputvektoren, die auch nicht im bestehenden Testdatensatz enthalten sind – und die hinsichtlich der *Plausibilität* ihrer Outputverteilungen untersucht werden können.[12]

Die Anwendungsbereiche und die Lernpotentiale sind zwischen den zahlreichen neuronalen Netzwerkfamilien durchaus verschieden ausgebildet – einige Netzwerke sind speziell für Prozesse der Mustererkennung geeignet, andere Netzwerktypen hingegen besonders gut für Optimierungsprobleme . . . Eine der Grundfragen der Netzwerkmodellierungen besteht daher gerade darin, nach den problemspezifisch geeigneten Modellen und Spezifikationen zu suchen . . .

Der Grundformalismus von neuronalen Netzwerken zur explanatorischen Analyse des sozialwissenschaftlichen Leistungsspektrums soll jetzt an Hand von Netzwerken mit „Backpropagation" durchgeführt. Solche Netze benützen Paare von realwertigen Input-Output-Vektoren, um die internen Netzwerkgewichte zu trainieren. Eine Fehlerminimierungsmethode wie der Gradientenabstieg wird verwendet, um den Outputfehler durch die Adjustierung der Netzwerkgewichte zu reduzieren.

Eine spezielle Eigenschaft der meisten neuronalen Netzwerke besteht darin, dass sie speziell skalierte Daten zumeist im Bereich von 0 bis 1 benötigen. Deshalb müssen für viele ordinale Größen spezielle lineare oder nicht-lineare Konversionsprozeduren durchgeführt werden. Deshalb besteht das Trainingsdatenset für neuronales Lernen aus P Input/Output-Paa-

ren $\{\xi_k^\mu, \xi_i^\mu\}$ $\mu = 1, \ldots, P$ aus realzahligen Vektoren ($k = 1, \ldots, N$; $i = 1, \ldots, M$), wobei N/M die Anzahl der Input/Output-Einheiten angibt. Das Grundmodell (Schaubild 1) besteht aus
- (I): einer Menge an N Input-Einheiten, welche vielfältige potentiell wichtige Faktorengruppen darstellen,
- (H): einer intermediären Struktur, welche die Inputs auf eine nicht-lineare Weise transformiert,
- (O): einer Klasse von M Outputs, wobei der Output die „Reaktion" des Netzwerkes auf die jeweilige Inputkonfiguration darstellt.

Damit wäre die allgemeine Architektur solcher Netzwerke sehr kursorisch und überblicksartig dargestellt worden. Der sozialwissenschaftlich besonders relevante Aspekt solcher neuronaler Algorithmen liegt darin, dass damit ein Problemfeld behandelt werden kann, das sich im herkömmlichen Repertoire von Cluster-, Faktoren- oder Regressionsanalysen seiner analytischen Behandlung entzieht, nämlich der *simultane* Zusammenhang zwischen *mehreren* Outputgrößen und *sehr vielen* Inputfaktoren.

5.3.2 Spezifizierungen für Wissenschaftsnetzwerke

Und genau eine solche Konstellation liegt auch im vorliegenden Fall der Erklärung des wissenschaftlichen Leistungs- und Performanzspektrums (Output) durch vielfältige Netzwerkgrößen (Inputs) vor. Zunächst können die folgenden beiden Sets an Input- wie Outputgrößen auseinander gehalten werden.

Das Inputdatenset ζ_k^μ, ($\mu = 1, \ldots, P, k = 1, \ldots, N$) enthält die relevante Mikroinformation zur Organisation wissenschaftlicher Einheiten, zur Mobilität und Rekrutierung, zu innerwissenschaftlichen Kooperationen, zu außerwissenschaftlichen Kooperationen, zu Vorteilen und Nachteilen interner wie externer Kooperationen, zu Barrieren für Kooperationen etc. In Summe kann man von rund zweihundert Faktoren ausgehen, welche das Inputdatenset bilden und denen eine *potentiell* hohe Erklärungsrelevanz für die Performance von wissenschaftlichen Instituten zukommt.

Das Outputdatenset ζ_i^μ, ($\mu = 1, \ldots, P, i = 1, \ldots, M$) besteht aus Einschätzung der eigenen Institutsposition (national/international), aus Publikationsoutput pro Kopf (in nationalen und internationalen Kontexten) und aus speziellen institutsspezifischen Stärke- und Schwächeprofilen. Insgesamt lassen sich aus dem vorhandenen Datensatz sinnvollerweise rund zehn bis zwölf Faktoren identifizieren, welche die Performanz wie auch das Leistungsspektrum eines wissenschaftlichen Instituts zum Ausdruck bringen.

In einer derzeit laufenden Applikation wird ein spezieller Netzwerkformalismus bemüht, der unter dem Namen „Pruning-Verfahren" oder „Optimal Brain Damage" (vgl. dazu nur Reed 1993) läuft und in dem sequentiell zwei Arten von Gewichten für die Inputfaktoren ermittelt werden sollen:

Erstens wird die Lernphase des Netzwerks dazu benutzt, um irrelevante Verbindungslinien auszudünnen, sodass nach der Trainingsphase die Inputfaktoren nach ihrer Verbindungsdichte geordnet werden können. Als wichtigste Faktoren gelten diesfalls jene, in denen der Quotient aus den tatsächlichen Input-Zwischenschichtverbindungen dividiert durch die möglichen Input-Zwischenschichtlinkages Werte nahe Eins oder sogar den Wert Eins erreicht.

Und *zweitens* können Inputfaktoren nach ihren durchschnittlichen positiven oder negativen Gewichtungsgrößen differenziert und eine Reihenordnung nach stark gewichteten positiven Faktoren bis hin zu stark gewichteten negativen Größen vorgenommen werden.

Über eine solche neuronale Netzwerkspezifizierung, die im Übrigen mit einem ähnlichen Datensatz und mit einer leicht akzentverschobenen Fragestellung bereits vollständig durchgeführt worden ist (Felderer/Hanisch/Müller/Turnheim 1997), lassen sich die folgenden erwartbaren Ergebnisse erzielen, mit denen zudem wichtige erklärungsrelevante Aufschlüsse zum sozialwissenschaftliche Netzwerk in Österreich zu gewinnen sind:

- Welche der mannigfaltigen Inputbereiche erweisen sich für die Performanz der österreichischer Institutslandschaft von besonderer Wichtigkeit?
- Wie stark gestaltet sich die Relevanz der disziplinspezifischen wie auch der organisatorischen Faktoren?
- Welcher Zusammenhang – stark/schwach, positiv/negativ – besteht zwischen der internen Vernetzungsdichte und der Performance von Instituten?
- Welcher Konnex lässt sich zwischen der externen Vernetzungsstärke und dem institutsspezifischen Leistungsspektrum konstatieren?

Karl H. Müller

- Welche signifikanten Differenzen lassen sich gemäß der neuronalen Analyse für die drei Hauptnetzwerke – das naturwissenschaftliche, das medizinisch-technische wie das sozialwissenschaftliche – treffen?

Es bedarf wenig an Zusatzerläuterungen, dass über solche Fragen derzeit allzu wenig gewusst wird – und wie relevant gerade solche Antworten für eine grundlegende Kenntnis der innerösterreichischen Institutslandschaften wären.

5.4. Entwicklungsdynamiken von sozialwissenschaftlichen Netzwerken

Nach diesen Explorationen in die Erklärung des Leistungsspektrums innerhalb der sozialwissenschaftlichen Netzwerke soll eine vierte, wiederum deutlich erklärende Applikation im Zentrum stehen, die auf den bisherigen Analysen aufbaut – und sich die Frage nach der Entwicklungs*dynamik* von solchen Netzwerken insgesamt stellt. Von den Daten her wäre dazu lediglich eine mehrmalige Replikation des ASIT-Fragenprogramms mit denselben Instituten erforderlich.[13] Gegeben – kontrafaktisch – das Vorhandensein eines solchen Datensets mit mehreren Zeitpunkten, welche komplexen Forschungsdesigns entlang eines dritten Weges könnten damit erschlossen werden? Und die Antwort darauf lautet ebenso einfach wie eindeutig, dass damit unter anderem langfristige Entwicklungsprozesse und langfristige Musterformationen dieser drei zentralen wissenschaftlichen Netzwerktypen modelliert und erklärt werden können. Die weiteren Ausführungen werden primär darum zentriert sein, die wichtigsten Spezifizierungsschritte darzulegen, die bei ähnlich gelagerten Applikationen bereits vollständig und erfolgreich in Anwendung gebracht worden sind. (Vgl. dazu Weidlich/Haag 1983, 1987, 1988, Haag 1989, Müller/Haag 1994)

Der erste Schritt liegt in der Auswahl eines entsprechenden dynamischen Modellformalismus aus dem Set komplexer Modellfamilien. Die Wahl fällt diesfalls auf die so genannten Mastergleichungen aus der Synergetikgruppe, weil dieser Algorithmus über die robusteste und am leichtesten zu erfüllende Palette an modellrelevanten Annahmen – einschließlich wichtiger Verhaltensannahmen – verfügt. Der Schematismus für solche dynamischen Netzwerke ergibt sich aus dem Schaubild 2, in dem einerseits sechs „Zustände" oder „Knoten" gegeben sind, zwischen denen ein wechselseitiger Austausch stattfinden kann, und andererseits jeder der sechs „Knoten" mit seiner Umwelt interagiert.

Der *zweite* Schritt besteht darin, ein entsprechendes Gruppenarrangement für diese Knoten auszuwählen, in dem das sozialwissenschaftliche Netzwerk einen gewichtigen Teil okkupiert. Die nachstehende Tabelle verschafft einen ersten Einblick, wie die im Laufe des bisherigen Artikels thematisierten Bereiche sich zu einer interessanten Gruppenkomposition zusammenführen lassen.

Tabelle 21:
Gruppenkomposition für ein dynamisches Wissenschafts-Netzwerk

Produktionstypus	Netzwerktypus		
	NW	MT	SW
Modus I	Gruppe I	Gruppe II	Gruppe III
Modus II	Gruppe IV	Gruppe V	Gruppe VI

Gemäß der obigen Tabelle setzt sich das dynamische Netzwerk aus dem Schaubild 2 aus insgesamt sechs „Knoten" zusammen, in denen einzelne Bausteine – Institute – verweilen *können*. Demnach werden einzelne In-

Schaubild 2:
Grundkonfiguration für die Anwendung von Mastergleichungen

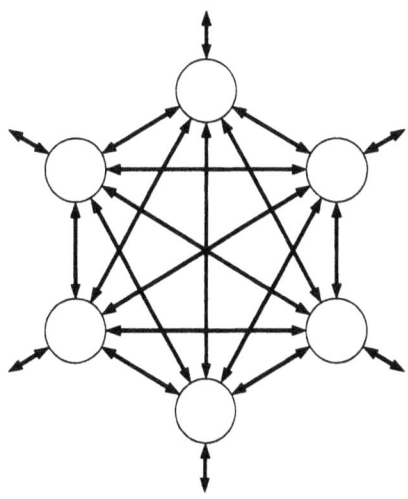

stitute nach ihren disziplinären Zugehörigkeiten einem der drei bislang analysierten Ensembles (naturwissenschaftlich, technisch-medizinisch sowie sozialwissenschaftlicher Komplex) und nach der Art ihrer Organisation und Wissensproduktion einem von zwei Arrangements (Modus I oder Modus II) zugeordnet.[14] Derartige Attributionen müssen im Übrigen nicht als binäre 0/1-Entscheidung erfolgen, sondern können auch offener und gradueller vorgenommen werden. Das Schaubild 2 bedeutet dann konkret dreierlei: Jedem der sechs „Netzwerkknoten" entspricht eine der sechs Gruppen aus der Tabelle 21, einige der Institute wechseln über einen längeren Zeitraum zwischen diesen sechs Zustandsformen – beispielsweise zwischen einem sozialwissenschaftlichen Modus-I- und einem sozialwissenschaftlichen Modus-II-Institut, neue Institute werden gegründet und verstärken eine der bisherigen sechs Zustandsformen – und einige wenige Institute scheiden aus diesem Netzwerkverbund für immer aus.

Die zweite Etappe gilt dann als abgeschlossen, wenn für jedes der Institute eine entsprechende Zuordnung vorgenommen worden ist – und die zuhandenen Datensätze zumindest für einige Perioden auch Angaben über Veränderungen innerhalb des Netzwerks sowie zu den Veränderungen nach außen hin (Zuzüge aus und Abzüge in die Netzwerkumgebung pro Knoten) erlauben und eine hinreichende empirische Plattform für die Erklärung der Netzwerkdynamik bereitstellen.

Von der grundlegenden Netzwerkdynamik her geht es *drittens* zentral um die Frage, ob sich längerfristig betrachtet bestimmte Muster – beispielsweise zyklische Verlaufsformen zwischen Modus-I- und Modus-II-Phasen, langfristige Substitutionsprozesse zwischen dem naturwissenschaftlichen und dem medizinisch-technischen Netzwerk oder auch eine komplette Räumung – Modus II ersetzt langfristig Modus I – identifizieren lassen. Gemäß einer allgemeinen Anwendungsheuristik muss zunächst für jeden der Netzwerkbausteine – wissenschaftliche Institute – die Spezifizierungsleistungen gemäß dem Profil der Tabelle 22 erbracht werden.

Der Grundformalismus für Mastergleichungen wird in der Gleichung (5.4.1) niedergelegt – die Nettoveränderung in einer der sechs „Knoten" resultiert aus der Summe an Zuwanderungen aus anderen Knoten minus der Summe der Abwanderungen in andere Knoten plus einem Saldoterm, der sich aus der Differenz von Neugründungen und Schließungen ergibt.

Tabelle 22:
Bausteine für eine dynamische Netzwerkmodellierung im Wissenschaftsbereich

	SYSTEMKOMPONENTEN			UMWELTGRÖSSEN		SYSTEM-UMWELT-BEZIEHUNGEN	
	EINHEITEN	ÄNDERUNGEN		EINHEITEN	STRUKTUR	STÖRUNG	
TYPUS	ART DER REPRODUKTION	ART DER DIVERSIFIZIERUNG	ARTEN KOMPARATIVER VORTEILE		INT. EXT.	INT. EXT.	
Research-units in einer von sechs Zustandsformen	Durch-schnittl. Wachstum	Vertikale u. horizontale Differenzierung	Attraktivität eines Forschungstyps	Forschungseinheiten im Ausland; nichtwissenschaftliche Organisationen u.a.m.	Selbstorganisation; Wechsel zw. Zustandsformen des Netzwerks	Neuzugänge oder Abgänge von Forschungseinheiten; veränderte Finanzierungsströme u.a.m.	

$$\frac{dr_i}{dt} \quad r_j v_0 \ t \ f_{ij} \ t \ \exp a_i \ t \quad a_j \ t$$

$$r_i v_0 \ t \ f_{ji} \ t \ \exp a_j \ t \quad a_i \ t \quad _i \ t \ r_i \tag{5.4.1}$$

Die beiden zentralen Erklärungsgrößen für Mastergleichungsnetzwerke liegen gemäß der Gleichung (5.4.1) in den netzwerkspezifischen Barrieren – den f_{ij} – sowie den zustandsspezifischen Attraktivitäten, welche sich in den verschiedenen a_i bzw. a_j versammelt finden. Generell lautet der allgemeine Erklärungsrahmen so, dass Netzwerkbewegungen mit einer höheren Wahrscheinlichkeit zu attraktiveren Zuständen („Knoten") erfolgen, sofern keine netzwerkspezifischen Barrieren solche Bewegungen behindern. Gemäß dieser Suchrichtung müssen im Weiteren Faktoren für Attraktivitäten und Barrieren spezifiziert werden.

Ein einfaches Distanz- oder Barrierenmaß mag über die unterschiedlichen Gruppengrößen gewonnen werden, da gerade im Abschnitt 5.2 auf die sehr unterschiedlichen Größenordnungen zwischen naturwissenschaftlichen, medizinisch-technischen und sozialwissenschaftlichen Instituten hingewiesen worden ist. Ein starkes Barrieremaß wird durch die disziplinären Affiliationen gewonnen, demgemäß ein Wechsel *zwischen* den Hauptnetzwerktypen den Wert Null, ein Wechsel zwischen Modus-I- und Modus-II-Konfiguration innerhalb desselben Netzwerktyps jedoch den Wert Eins erhält.

$$f_{ij} \quad r_i r_j \quad \exp^{d_{ij}} \qquad (5.4.2)$$

An Attraktivitätsmaßen stehen die bekannten Selbstverstärkungs- beziehungsweise Sättigungseffekte µ und σ zur Verfügung, welche zusammen mit einem oder zwei weiteren Attraktivitätsfaktoren – beispielsweise den bekanntermaßen sehr unterschiedlichen Selbsteinschätzungen von Instituten in ihrem nationalen oder internationalen Umfeld – hinreichen sollten, um ein vollständig spezifiziertes Modell zu generieren.

$$a_i\, t \quad \mu\, \frac{r_i\, t \quad r^*\, t}{r^*\, t} \quad \sigma\, \frac{r_i^2\, t \quad r^{*2}\, t}{r^{*2}\, t} \quad {}_i\, t \qquad (5.4.3.)$$

Auf diese oder ähnliche Weisen kann ein Mastergleichungsmodell für die Entwicklungsdynamik und für Szenarien innerhalb der österreichischen Wissenschaftslandschaft aufgebaut werden. Es braucht wenig an Vorstellungsvermögen, dass solche Modellbildungen und vor allem: derartige Simulationen und Szenarienentwürfe für eine grundlegende Kenntnis der Wissenschaftsdynamik von überragender Bedeutung wären, weil über die empirischen Konturen solcher Prozesse – außer vielfältiger großer Vermutungen, „Ahnungen" und Trendmurmeleien – so gut wie *nichts* gewusst wird.

An dieser Stelle wäre noch auf einen systematischen Punkt hinzuweisen, nämlich auf die enge Verschränkung der Bereiche 5.2–5.4. Erst über eine detaillierte empirische Darstellung (5.2), über mannigfaltige einfache statistische Analysen (Cluster-, Faktoren-, Regressionsanalysen), über neuronale Netzwerkapplikationen (5.3) lassen sich gut begründbare dynamische Netzwerke (5.4) spezifizieren, welche über empirisch abgesicherte Barrieren- oder Attraktivitätsfaktoren verfügen. In diesem Sinne besitzt das ERP-Programm seine stark akkumulativen Seiten, deren komparative Vorteile erst nach vielfachen Anwendungen *voll* zu Buche schlagen *können* . . .

5.5. Typologien und Ko-Evolutionen im Bereich von „Wissen und Gesellschaft"

Als letzter Punkt einer „Wissenssoziologie des dritten Weges" soll auf einige grundlegende Typologien und Perspektiven eingeschwenkt werden, welche die bisherigen stark auf sozialwissenschaftliche Netzwerke bezogenen Darstellungen hinein in den gesellschaftstheoretischen Bereich tragen. Denn einer der genuinen Vorteile einer transdisziplinär verankerten „Wissenssoziologie" eines dritten Weges liegt auch darin, dass mit ihr „wissensbasierte Prozesse" auf unterschiedlichsten Bereichen und Aggregationsniveaus deskriptiv, typologisch und auch explanatorisch erfasst werden *können*. Und demgemäß soll hier nur ein weiterer zentraler Begriff, jener der „Doppelbewegungen" oder der „Ko-Evolutionen" herangezogen werden, der speziell für wissenssoziologische Analysen der Entwicklung von Gesellschaftsformationen von vordringlicher Relevanz wird. Solche „Doppelbewegungen" lassen sich im Prinzip auf drei Ebenen verorten, nämlich

- *erstens* als Doppelbewegungen zwischen Code- und Netzwerkniveaus,
- *zweitens* als Ko-Evolution *innerhalb* der Netzwerklevels
- und *drittens* als Doppelbewegung *innerhalb* der Code-Niveaus.

Die Tabellen 23 und 24 verdeutlichen zunächst, dass in der ersten Doppelbewegung ein derzeit weitestgehend noch unerschlossenes Darstellungspotential steckt, da zwar über die Entwicklung eines „kapitalistischen Weltsystems" eine reiche Literatur besteht (vgl. nur Wallerstein 1974, 1979, 1980, 1984, 1991), die zweite ko-evolutive Ebene, nämlich jene eines kapitalistischen Welt*wissens*systems – nur sehr wenig thematisiert worden ist.

Hinsichtlich der zweiten großen Doppelbewegung auf den Netzwerk-Niveaus lässt sich in erster Näherung eine Ko-Evolution zwischen einer unternehmenszentrierten Marktentfaltung und einem organisatorisch-institutionellen Schutzaufbau als *kompensatorischer Mechanismus* vor den Auswirkungen des Marktwachstums und seiner Ausbreitungen unterstellen. Selbstorganisierende Märkte, für sich alleine belassen, *können* auch zur Selbstzerstörung und in evolutionäre Sackgassen führen, weil sie die Voraussetzungen und Vorbedingungen der Möglichkeit von Marktentfaltungen zerstören. Nach Karl Polanyi (1978/1979) *war* langfristig auch ein mit den Erweiterungen des Marktes koevolutiver *Schutzverbund* entstan-

Karl H. Müller

Tabelle 23:
Hauptetappen in den netzwerkbezogenen „Great Transformations"
Gesellschaftliche Netzwerkformationen

GESELLSCHAFTLICHE NETZWERK-FORMATIONEN

Reziproke Formationen	Redistributive Formationen	⇒	Kapitalistische Formationen
Gesellschaften unter der Dominanz persönlicher Austauschbeziehungen	Gesellschaften unter der Dominanz des politischen Systems	⇒ ⇒ ⇒ ⇒ ⇒	Gesellschaften unter der Dominanz von Märkten

⇓⇓⇓⇓⇓⇓

KAPITALISTISCHE TRANSFORMATIONEN

Initialphase I: 1450 - 1600:	Irreversible Expansion
Initialphase II: 1600 - 1760:	Konsolidierung

DIE GLOBALE ENTWICKLUNGS-GESCHICHTE

Graduelle Integration von reziproken wie auch von redistributiven Gesellschaftsformationen; Globale Differenzierung in drei distinkte Regionen: Kernregionen, Semiperipherien und Peripherien. Spezifische Entwicklungsmuster in jeder der drei Globalregionen, die sich von Differenzen in den Welthandelsbeziehungen bis hin zu signifikant unterschiedlichen Rollen und Interventionen nationaler Regierungen oder zu verschiedenen Zusammensetzungen bezüglich sozio-ökonomischer Schichten und Klassen erstrecken: Herausbildung globaler Instrumente für die Koordination und das "Ausbalancieren" des Weltsystems, das sehr langfristig betrachtet zur Formation globaler Institutionen geführt hat; Emergenz neuer Formen von Informationsgesellschaften, die sich über intensive Formen lokaler Netzwerkbildungen manifestieren; Steigerung in den lokalen Zugriffsmöglichkeiten für global distribuierte Wissensbasen, etc.etc.

Globale Diffusion
(1760 - 1920)

Industrielle Revolution: 1760 - 1820
Prosperität 1780/90 - 1820

Globale Diffusion: 1820 - 1913/20
Depression   1820 - 1842/50
Prosperität   1850 - 1870/73
Depression   1873 - 1893/96
Prosperität   1896 - 1913/20

Transnationale Evolution
(1920 - ???)

Depression   1920 - 1938/48
Prosperität   1948 - 1966/73
Depression   1973 - 1993/97
Prosperität   1997 - ???

den, welcher nicht nur als Restriktion und *Constraint* für Marktentfaltungen, sondern gleichzeitig auch als Bedingung der *Möglichkeit* weiterer Marktexpansion firmiert. Derartige *eingebettete* Schutz-Netzwerke[15] sind auf vielfältigsten Gebieten zu verorten und reichen, zentriert nur auf den Faktor *Arbeit*, von Gewerkschaftsbildungen oder Konsumgenossenschaften über die Arbeitslosen- oder Unfallversicherung bis hin zu gesetzli-

Tabelle 24:
Hauptetappen in den code-bezogenen „Großen Transformationen"

GESELLSCHAFTLICHE GENOTYP - BILDUNGEN

Verteilte Wissens-Produktion	Zentralisierte Wissens-Produktion	⇒	Disziplinäre Wissens-Produktion
Wissens-Basen unter keiner dominanten Institution	Wissens-Basen unter der Dominanz eines <u>speziellen</u> Wissens- und Informations<u>systems</u>	⇒ ⇒ ⇒ ⇒	Wissensproduktion unter der Dominanz spezieller Wissensdisziplinen <u>und</u> deren Selbstorganisation

⇓⇓⇓⇓⇓⇓

WISSENSTRANSFORMATIONEN

DIE GLOBALE ENTWICKLUNGS-GESCHICHTE		
	<u>Initialphase</u>: 1450 - 1760:	<u>Irreversible Expansion und Konsolidierung einer modernen wissenschaftlichen Produktionsweise</u>
Graduelle Integration von verteilten wie auch von zentralisierten Basen der Wissensproduktion; Globale Differenzierung in drei unterschiedliche Orte bezüglich des Zugangs und der Produktion von globalen bzw. des Status von lokalen Wissensbasen: <u>Zentren, Semiperipherien</u> und <u>Peripherien.</u> Spezifische Entwicklungsmuster von F&E in jeder der drei globalen Regionen in der Formation von "Wissensbasen", die sich von Differenzen von lokalen Wissenstraditionen bis hin zu verschiedenen Rollen und Kapazitäten für "Wissensproduktion" auf dem Niveau von Firmen und Märkten erstrecken; unterschiedliche Zugänge zu Wissensbasen in kognitiven Kernbereichen; Entwicklung von begrenzten lokalen Wissenstraditionen und "subversiven Gegenbewegungen" gegen die etablierten Formen der <u>zentralen</u> Wissensbasen; Emergenz von global verbundenen "Wissensbasen" ("Internet"-Komplex); Neue Verhältnisse zwischen lokalen und globalen Wissensbasen, Forschungstraditionen und Partizipationsweisen, etc.	**Globale Verbreitung** (1760 - 1920) <u>Staatsintegration (1760 - 1850)</u> Die Evolution von modernen wissenschaftlichen Disziplinen; Transformationen in Richtung von Universitäten mit der Doppelfunktion von Forschung und Lehre <u>Marktintegration</u> (1850 - 1950) Graduelle Rekombination von F&E mit Firmen durch die Etablierung firmeneigener Forschungslaboratorien **Transdisziplinäre Evolution** (1950 - ???) Phasenübergang von "Little Science" zu "Big Science"-Ensembles Global vernetzte IuK-Infrastrukturen und "Wisensbasen" Neuer Modus der Wissensproduktion: Modus II (transdisziplinär orientiert); Neues "episgenetisches Regime", gekoppelt mit der Integration des genetischen Codes in die wissenschaftlichen Codierungsroutinen	

chen Verboten der Kinderarbeit oder zu den staatlichen Transferleistungen. Eine Übersicht zu diesem vielgestaltigen Geflecht an *Schutz-Netzwerken* moderner Gesellschaften und ihrer Doppelrolle: Schutz *vor* und Schutz *des* Marktsystems sollte sich über die folgende tabellarische Übersicht erschließen. Der Vorteil an einer solchen ko-evolutiven Schematisierung von Haushalten, dem Staatssektor oder dem Versicherungswesen liegt in erster Linie darin, dass die Evolution dieser Protektions-Netze immer im *Kontext* von Marktentwicklungen konzeptualisiert wird.

Tabelle 25: Die Evolution von Protektions-Netzwerken

EINZELNE MARKTFAKTOREN	SCHUTZ-NETZE	MARKTLEISTUNG	SCHUTZLEISTUNG
KAPITAL	Forschung & Entwicklung Unternehmensbezogene Interessensgruppen u. a.[17]	Verfügbarkeit *neuer* Marktnischen Organisation bestehender Marktnischen	Sicherung des Kapitals[16] bzw. d. *Gesamt*systems Sicherung nicht-intendierter Wettbewerbskonsequenzen
ARBEIT	Haushalte Arbeitsbezogene Interessensgruppen u. a.	Verfügbarkeit und Organisation menschlicher Arbeit	Sicherung des *sozialen* Zusammenhalts
BODEN	Umweltbezogene Interessensgruppen u. a.	Verfügbarkeit und Organisation natürlicher Ressourcen	Sicherung der natürlichen Umwelt
GESAMTSYSTEM	Korporatistische Systeme Versicherungssysteme Politisches System Rechtssystem Staatliche Verwaltung u. a.	Organisation des Interessensausgleichs Schadensminimierung Administrative und politische Gesamtkoordination	Sicherung von einzelnen Marktelementen sowie die Absicherung des Marktsystems insgesamt

Interessant und vielschichtig gerät die *besondere* interaktive Doppelbewegungsskizze aber besonders dadurch, dass der basale Interaktionsmodus zwischen diesen beiden Netzwerksegmenten *Markt* und *Protektion* nicht als Nullsummenspiel oder als Modus wechselseitiger Verstärkung, sondern in allen *möglichen* Interaktionsweisen, von der koevolutiven *Verstärkung* bis hin zur koevolutionären *Vernichtung*, konzeptualisiert wird, etwas, das sich in die nachstehende Übersicht (Tabelle 26) transferieren lässt.

Gemäß dieser Tabelle lassen sich in der *langen* Evolution der Doppelbewegung$_N$ von *Markt* und *Schutz* vier grundsätzliche Typen verorten, wofür zunächst allerdings die beiden zentralen Kategorien der *kompatiblen* und *inkompatiblen Entwicklungspotentiale* näher festgelegt werden müssen. Im Sinne der netzwerkspezifischen *Doppelbewegungen* soll von *kompatiblen Entwicklungspotentialen* in einem der Bereiche *Markt* oder

Tabelle 26: Interaktion zwischen Markt und Protektion

	PROTEKTION	
	kompatible Entwicklungspotentiale	inkompatible Entwicklungspotentiale
MARKT kompatible Entwicklungspotentiale	Typus I	Typus II
MARKT inkompatible Entwicklungspotentiale	Typus III	Typus IV

Protektion dann die Rede sein, wenn sich innerhalb der betreffenden Hauptkomponente ein – gemessen an *Performanzindikatoren* wie Personenanzahl, Gesamtoutput oder Komplexitätsgrade – *expandierender* Entwicklungsprozeß konstatieren lässt; andernfalls, im Falle von *Rückgängen* und *Involutionen* – wieder gemessen an System- oder Performanzindikatoren – soll hingegen die Bezeichnung der *inkompatiblen Entwicklungspotentiale* Platz greifen. Dann lassen sich die vier Interaktionstypen von Markt und Protektion auf die nachstehende Weise umschreiben.

• *Typus I* steht für jene welthistorisch vergleichsweise glücklichen Konstellationen, in denen eine längerfristige Expansion der Marktseite mit einer Erweiterung der Schutznetze gekoppelt ist, etwas, das paradigmatisch während des langen Traums von der immer währenden Prosperität nach 1945 im OECD-Raum Wirklichkeit geworden ist.

• *Typus II* umfasst solche Entwicklungsmuster, welche die *Markt*komponenten dominant in den Vordergrund rücken und eine Peripherisierung der *Schutznetze* bedingen, wofür beispielsartig – zentriert auf den Aufstieg und Fall des britischen *Empire* – einzelne Etappen aus der Protoindustrialisierung oder pointiert wirtschafts*liberale* Phasen, *past and present*, herhalten mögen.

• *Typus III* beinhaltet im Wesentlichen jene Formen von Protektions-Markt-Interaktionen, wie sie sich exemplarisch in vielen Phasen der osteuropäischen Entwicklungen seit 1945 herausgebildet haben – und in denen die Organisation und die Entwicklung der Schutz-Netze zu *Involutionen* auf der Marktseite und zu deren *Marginalisierung* geführt haben.

• *Typus IV* schließlich fasst jene welthistorisch seltenen Perioden zusammen, in denen sich Markt und Schutzsystem *wechselseitig* annihilieren,

Karl H. Müller

etwas, das beispielsweise Karl Polanyi im Fall der europäischen Faschismen vollzogen sieht (Polanyi 1978: 182) und das, *mutatis mutandis,* für die *osteuropäische* Geschichte der Achtzigerjahre Geltung beanspruchen kann.

Aus einem solchen reichhaltigen möglichen Interaktionsverbund$_N$, wird er auch als elementarer *Phasenraum* unterstellt, innerhalb dessen sich nationalstaatliche oder regionale Trajektorien im Zeitablauf bewegen *können,* wird dann ein weitaus differenzierteres Bild auf die notorische Debatte um die „Großen Transformationen" von regionalen, nationalen oder globalen Entwicklungsprozessen möglich.

Schaubild 3: Ein Phasenraum für nationalstaatliche Entwicklungswege$_N$

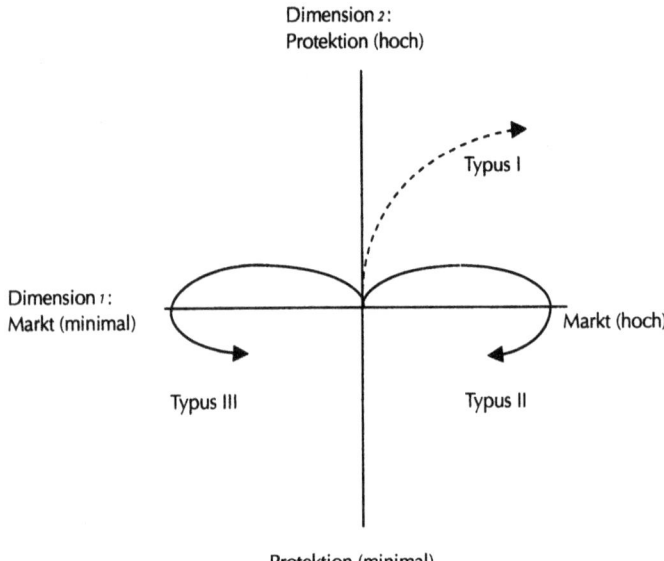

Es gehört zu den faszinierendsten Problemen einer transdisziplinären Wissens-Soziologie eines „dritten Weges", die genaueren Konturen solcher U-Turns und Kehrtwendungen nachzuzeichnen beziehungsweise zu identifizieren. Gerade das Beispiel mit den Doppelbewegungen von Markt und Schutzorganisationen verdeutlicht zudem, wie vielfältige gesellschaftstheoretische Resultate über einen wissensbasierten Rahmen überhaupt erst in das Blickfeld rücken *können.*

Nicht unerwähnt soll es schließlich bleiben, dass auch auf den code-bezogenen Niveaus interessante Doppelbewegungen oder Ko-Evolutionen spezifiziert werden können, von denen eine der aufschlussreichsten in der Ko-Evolution von disziplinären Ausdifferenzierungen und Integrationen besteht, ein Prozess, der speziell seit dem 19. Jahrhundert voll in Gang gekommen ist. (Für Details vgl. auch Müller 1994, Nowotny 1997)

6. Ausblicke

Mit diesen generellen Perspektiven sollen die Explorationen entlang eines „dritten Weges" für die Wissenssoziologie oder, alternativ, für eine transdisziplinär angelegte Wissenswissenschaft abgeschlossen werden. Angesichts der transdisziplinären Strukturen des „epigenetischen Programms" sollten die anfänglich konstatierten Asymmetrien eine interessante Aspektverschiebung erfahren: Eine *dritte* Perspektive, die von ihren theoretischen Grundarchitekturen wie auch von ihren Modellbildungen *sowohl* im natur- *als auch* im sozialwissenschaftlichen Bereich beheimatet ist, vermag nicht nur die bisherigen „einseitigen Diäten" (Ludwig Wittgenstein) oder die verunglückten Transfer- und Analogiebildungen im Bereich der Wissenssoziologie zu vermeiden, sie kann auch sukzessive die Basis für etwas bereitstellen, das für eine Wissenswissenschaft gegenwärtigen Zuschnitts vordringlich sein müsste: eine sehr ausgedehnte Plattform, von der aus einerseits die Entwicklungsmuster in einzelnen kognitiven Feldern oder in speziellen Netzwerkformationen innerhalb der Natur- oder der Sozialwissenschaften *komparativ* dargestellt und unter Umständen auch evaluiert werden können; und von der aus andererseits der Zusammenhang von „Wissen und Gesellschaft" auf vielfältige neue Wege dargestellt, typologisiert und vor allem: erklärt werden kann. Der vorliegende Artikel sollte mit seinen Applikationen und seinen Anwendungsskizzen beides: die Chancen und Potentiale eines solchen „dritten Weges", aber auch die noch zu erledigenden und durchzuführenden Leerstellen und Explorationen *deutlich* vor Augen geführt haben.

Karl H. Müller

Anmerkungen

1. Als terminologische Konvention soll im Weiteren der Ausdruck „Wissenschafts-Soziologie" als spezielles Gebiet einer „Wissens-Soziologie" verstanden werden, wo die kognitiven wie die nicht-kognitiven (organisatorischen, finanziellen etc.) Aspekte des Wissenschaftsbereichs im Zentrum stehen. „Wissens-Soziologie" soll hingegen darüber hinaus für alle jene Bereiche reserviert sein, wo als einfache Spitzenformel gilt: „Knowledge matters".

2. Als fiktives Beispiel sei folgende Konstellation unterbreitet: Ein Wissenssoziologe – oder eine Wissenssoziologin – analysiert die Genese und Ausbreitung eines gängigen sozialwissenschaftlichen Konzepts – Beispiele: „Risikogesellschaft", „Individualisierung", „Politikverdrossenheit" etc. – und die dafür angeführten empirischen Befunde auf die folgende Weise:
   1. Rekonstruktion der ins Treffen geführten Empirie (Sekundäranalyse bzw. Primärdatenerhebung),
   2. „Tiefeninterviews" mit den an diesem Konzept zentral beteiligten Sozialwissenschaftlern,
   3. Anwendung alternativer sozialwissenschaftlicher Methoden zur Analyse des betreffenden Phänomens,
   4. Darstellung einer „triangulisierten" wissenssoziologischen „Begriffs-Analyse" (Punkte eins und drei) und einer „Begriffs-Geschichte" (Punkt zwei).
   Es ist klar, dass wissenssoziologisch die Resultate aus einem solchen Procedere, speziell wenn sich zwischen den kognitiven Untersuchungen und den Diffusionsgeschichten hinreichend starke Diskrepanzen eröffnen – Musterbeispiel: sehr hinterfragungswürdiger empirischer Support bei einer rasant erfolgreichen Verbreitung –, den weiteren Fortgang des betreffenden Konzepts *im Kern* tangieren können. (Vgl. als Beispiel in diese Richtung Link 1997)

3. Das Ashby-Original liest sich wie folgt:
   Suppose, for instance, that I am at a friend's house and, as a car goes past outside, his dog runs to a corner of the room and cringes. To me the behavior is causeless and inexplicable. Then my friend says ‚He was run over by a car a month ago'. The behavior is now accounted for by my taking account of what happened earlier. The psychologist would say I was appealing to the concept of ‚memory', as shown by the dog. What we can now see is that the concept of ‚memory' arises most naturally in the Investigator's mind when not all of the system is accessible to observation, so that he must use information of what happened earlier to take the place of what he cannot observe now. ‚Memory', from this point of view, is not an objective and intrinsic property of a system, but a reflection of the Investigator's limited powers of observation (Ashby 1981: 228).

4. Wie vielschichtig sich gerade der Grundbegriff „Information" darstellt, vermag auch das nachstehende kleine Potpourri zu verdeutlichen:
   Information kann in vieler Hinsicht als Ergebnis der Interpretation einer Nachricht aufgefasst werden. (Bauer/Goos 1973: 2)
   Information ... bedeutet in der Alltagssprache Wissensgewinn. Die Informationstheorie versteht unter Information ... ein rein technisches Maß, das der Zeichen-

folge einer Nachricht zugeordnet werden kann. (Breuer 1995: 33)
Eine gewisse Sequenz aus Symbolen trägt Information. In der Informationstheorie versuchen wir, ein Maß für die Größe der Information aufzufinden (Haken 1982: 47)
Information (Informationsgehalt): Maßgröße für die Ungewissheit des Eintretens von Ereignissen im Sinne der Wahrscheinlichkeitsrechnung (Klaus/Liebscher 1979: 278)
Information ist alles, was nicht Stoff oder Energie ist. (Völz 1994: 4)

5 Aus dem Bereich der Biologie wären die entsprechenden Grundkategorien schnell identifiziert – denn dort lauten sie „Genotypus" und „Phänotypus". Im Kontext einer transdisziplinär angelegten „Wissenssoziologie" erhalten hingegen die ursprünglichen evolutionstheoretischen Ausdrücke wie „Phänotyp" oder „Genotyp" *stark* erweiterte Bedeutungsfelder, indem von verschiedenen code-bezogenen (unter anderem auch solchen des genetischen Codes) wie netzwerk-bezogenen Niveaus mit jeweils unterschiedlichen Ensembles die Rede sein wird.

6 Es versteht sich beinahe von selbst, dass die generalisierte Inventions- und die verallgemeinerte Diffusionsheuristik zusammengenommen die stimmigen Ausprägungen für jene beiden evolutionär operativen „Bestimmungsgrößen" bilden, nämlich für die beiden Bestimmungsstücke called „Mutation" (Invention) und „Selektion" (Diffusion).

7 Genauer wurden bislang aus epigenetischer Perspektive die folgenden empirischen Arbeiten abgeschlossen:
Das österreichische Innovationssystem: Erstellung einer reichhaltigen Datenbasis (ASIT-Daten, Austrian Survey of Innovation and Transfer, 500 Unternehmen, 200 Institute) im Bereich Firmeninnovationen und Forschungstätigkeiten; Arrangement der Daten nach einem epigenetischen Klassifikationssystem; Skizzierung von möglichen komplexen Forschungsdesigns für diesen Datensatz; Entwicklung eines eigenen epigenetischen Policy-Rahmens für Wissenschafts- und Technologiekoordination. (Müller 1996a,b, 1998a)
Innovationstätigkeiten von in- und ausländischen Unternehmen in Österreich: Verwendung neuronaler Netzwerke für den ASIT-Datensatz; Erstellung einer Rangliste von innovationsrelevanten Faktoren; Einschätzung der Bedeutsamkeit von Eigentümergrößen für das Innovationsverhalten. (Felderer, Hanisch, Müller, Turnheim 1997)
Innovationspotentiale und -hemmnisse von kleinen und mittleren Unternehmen (KMU): Verwendung der epigenetischen Architektur zur Beschreibung von verschiedenen Netzwerktypen im KMU-Bereich. (Müller, Schörner 1998)
Evaluationsstudie „Das österreichische Rote Kreuz": Ausweitung des epigenetischen Programms auf „wissensbasierte Organisationen"; Datenerhebung mit Hilfe eines umfangreichen Fragebogens; Verwendung der epigenetischen Architektur und einiger Typologien zur Analyse der ÖRK-Dienststellen; Adaption des Policy-Rahmens für den Managementbereich von Organisationen. (Colangelo, Felderer, Hofmarcher, Müller 1998)
Schülerentwicklung 1998–2020: Modellorientierte Anwendung des epigenetischen Zugangs mit Hilfe von „Mastergleichungen"; Beschreibung des Schulsys-

tems mit Hilfe der epigenetischen Grundarchitektur; Verwendung dynamischer komplexer Modellierungen für langfristige Entwicklungsmuster im Bereich der Schülerströme. (Müller, Haag 1998)

8   Hinzugefügt sei allerdings noch, dass *dieses* Forschungsdesign mit einem sehr verwandten Datensatz – das Innovationsverhalten von 500 Firmen – bereits *komplett* durchgeführt worden ist – und dass der vorliegende *potentielle* Erklärungsrahmen in den nächsten Monaten normalwissenschaftlich komplettiert wird.

9   Wiederum sei der Hinweis angebracht, dass diesfalls die spezifizierten Modelle – Mastergleichungen – bereits mehrmals in anderen Domänen – Bildung, Beschäftigung, Migration – erfolgreich in normalwissenschaftlicher Manier umgesetzt worden sind. (Vgl. überblicksartig Müller/Haag 1994) Auch hier geht der Erklärungsrahmen über eine folgenlose Wunschproduktion hinaus und ist lediglich an die mehrmalige Replikation eines bestehenden Frageprogramms gekoppelt.

10 Zur besseren Orientierung umfasst das naturwissenschaftliche Netzwerk das Disziplinenspektrum von Physik, Biologie, Chemie, Geologie, Hydrologie u. a. Felder, das medizinisch-technische Ensemble Elektrotechnik, Technische Chemie, Verkehrswesen, Anatomie, Pharmazie, Klinische Medizin, Chirurgie u. a. Gebiete sowie das sozialwissenschaftliche Netz Bereiche wie Rechtswissenschaften, Wirtschaftswissenschaften, Soziologie, Pädagogik u. ä. m. Für eine vollständige Übersicht vgl. Müller 1996a, Bd. VII.

11 Kursorisch sei erwähnt, dass bei diesem Datensatz eine Reihe von „Qualitätskontrollen" durchgeführt worden ist, welche die Plausibilität und Zuverlässigkeit der Angaben überprüfen sollten. Zu den insgesamt positiven Resultaten vgl. speziell Biegelbauer 1996.

12 In einer leicht verschobenen Perspektive lässt sich ein neuronales Netzwerk mit „Backpropagation" auch als *dynamisches* System begreifen. Aus einer solchen Sichtweise können neue Inputvektoren im Lernprozess als „Störung" der bestehenden Systemdynamik betrachtet werden. Das Netzwerk durchläuft daraufhin einen Anpassungsprozess bis es zu einem neuen stabilen Zustand oder zu einem lokalen Minimum gelangt. Findet das Netzwerk ein globales Minimum, dann hat das Netz die niedrigste „Energie"- oder „Kostenfunktion" für das gegebene Anpassungsproblem erreicht.

13 Aus dieser Anforderung wird ersichtlich, dass die vierte Applikation derzeit nicht vollständig durchgeführt werden kann. Allein, es besteht Hoffnung, dass solche Replikationen in den nächsten Jahren unternommen werden, sodass die skizzierten Vorgangsweisen sich auch tatsächlich umsetzen lassen.

14 Zur Verdeutlichung: Das Netzwerk aus dem Schaubild 2 setzt sich aus den folgenden „Knoten" bzw. Gruppen zusammen: aus naturwissenschaftlichen Instituten im Modus I, aus naturwissenschaftlichen Instituten im Modus II, aus medizinisch-technischen Instituten im Modus I, aus medizinisch-technischen Instituten im Modus II, aus sozialwissenschaftlichen Instituten im Modus I und aus sozialwissenschaftlichen Instituten im Modus II.

15 *Embeddedness* wird bekanntermaßen von Mark Granovetter so konzeptualisiert – the argument that the behavior and institutions to be analyzed are so constrained by ongoing social relations that to construe them as independent is a grievous

misunderstanding (Granovetter 1985: 481 f.) – dass sich damit ein interessantes Kontinuum aufbauen lässt, an dessen *unter*sozialisiertem Ende der sozial unbeeindruckte *Homo oeconomicus* und an dessen *über*sozialisiertem Punkt der zweckrational unbefangene webersche *Homo traditionalis* steht.

16   So liefert eine solche differenzierte gesamtgesellschaftliche Betrachtung immerhin auch einen Selbstschutz vor allzu vereinfachenden Epochencharakterisierungen wie sie im Zuge des Zusammenbruchs osteuropäischer Sozietäten vorgenommen worden sind. Wer *weiß* denn schon gegenwärtig *hinreichend* genau, in welchem Stadium sich die prekären Doppelbewegungen von *Markt* und *Protektion* im gegenwärtigen OECD-Raum bewegen?

17   Damit, mit der Zuschreibung *Sicherung des Gesamtsystems*, soll lediglich darauf verwiesen werden, dass die sozio-ökonomischen Innovationsprozesse der letzten Jahrhunderte – neben ihrer offenkundigen Schutzleistung für das *Kapital* im Sinne einer permanenten Öffnung neuer Tätigkeitsfelder – zumindest ein, Braverman *notwithstanding*, *Potential* für die *Verbesserung* von Arbeit und Umwelt – und damit für das *Gesamt*system darstellen.

18   Die Bezeichnung *u. a.* soll lediglich darauf verweisen, dass die gängige Literatur über *intermediäre* Institutionen, sofern es sich nicht um *Markt*organisationen wie beispielsweise Konsumgenossenschaften handelt, samt und sonders *innerhalb* dieser Schutzareale angesiedelt werden kann (vgl. dazu beispielsweise nur Ware 1989).

Bibliografie

Agre, P. E., S. J. Rosenschein (1996) (eds.), *Computational Theories of Interaction and Agency.* Cambridge: The MIT Press.

Ashby, R. (1981), *Mechanisms of Intelligence: Ross Ashby's Writings on Cybernetics,* ed. von R. Conant. Seaside: Intersystems Publications.

Axelrod, R. (1984), *The Evolution of Cooperation.* New York: Basic Books.

Bauer, F. L., G. Goos (^{2}1973/74), *Informatik. Eine einführende Übersicht,* 2 vol. Berlin: Springer.

Beer, S. (1994a), *Decision and Control. The Meaning of Operational Research and Management Cybernetics.* Chichester: John Wiley & Sons.

Beer, S. (1994b), *The Heart of Enterprise. Companion Volume to ‚Brain of the Firm'.* Chichester: John Wiley & Sons.

Beer, S. (^{2}1994c), *Brain of the Firm. Companion Volume to ‚The Heart of Enterprise'.* Chichester: John Wiley & Sons.

Biegelbauer, P. (1996), „Case Studies of the Austrian Innovation System", in: P. Biegelbauer, B. Littig (1996), *The Austrian Innovation System – Institutional Analysis: Intermediary Institutions, Case Studies.* Wien: IHS, 55–98.

Bijker, W. E., J. Law (1992) (eds.), *Shaping Technology/Building Society. Studies in Sociotechnical Change.* Cambridge: The MIT Press.

Bijker, W. E. et al. (1994) (eds.), *The Social Construction of Technological Systems.* Cambridge: The MIT Press.

Breuer, H. (1995), *dtv-Atlas zur Informatik. Tafeln und Texte.* München: dtv.

Colangelo, G., B. Felderer, M. Hofmarcher, K. H. Müller (1998), *Evaluationsstudie Österreichisches Rotes Kreuz.* Wien: IHS.

Cowan, G. A. (1988), „Plans for the Future", in: D. Pines (1988) (ed.), *Emerging Syntheses in Science.* Redwood City: Addison Wesley, 235–237.

Donovan, A., L. Laudan, R. Laudan (1988) (eds.), *Scrutinizing Science. Empirical Studies of Scientific Change.* Dordrecht: Kluwer Academic Publishers.

Drucker, P. F. (1993), *Die postkapitalistische Gesellschaft.* Düsseldorf: Econ-Verlag.

Felderer, B., W. Hanisch, K. H. Müller, G. Turnheim (1997), *Der Einfluß ausländischer Unternehmen auf das FTE-Potential in Österreich.* Wien: IHS.

Gaudin, T. (1995), *2100. Spiece's Odyssey.* Montiers: Foundation 2100.

Gershuny, J. (1983), *Social Innovation and the Division of Labour.* Oxford: Oxford University Press.

Gibbons, M. et al. (1994), *The New Production of Knowledge. The Dynamics of Science and Research in Contemporary Societies.* London: Sage.

Granovetter, M. (1985), „Economic Action and Social Structure: The Problem of Embeddedness", in: *American Journal of Sociology* 91, 479–495.

Haag, G. (1989), *Dynamic Decision Theory: Applications to Urban and Regional Topics.* Dordrecht: Kluwer Academic Publishers.

Haken, H. (1982), *Synergetik. Eine Einführung.* Berlin: Springer.

Hawking, S. W. (1991), *Anfang oder Ende? Inauguralvorlesung.* Paderborn: Junfermann Verlag.

Hofbauer, J., K. Sigmund (1984), *Evolutionstheorie und dynamische Systeme. Mathematische Aspekte der Selektion.* Berlin: Paul Parey.

Hofstadter, D. R., Fluid Analogies Research Group (1995), *Fluid Concepts and Creative Analogies. Computer Models of the Fundamental Mechanisms of Thought.* New York: Basic Books.

Holland, J. H., K. J. Holyoak, R. E. Nisbett, P. R. Thagard (1989), *Induction. Processes of Inference, Learning, and Discovery.* Cambridge: The MIT Press.

Holland, J. H. (1992), *Adaptation in Natural and Artificial Systems. An Introductory Analysis with Applications to Biology, Control, and Artificial Intelligence.* Cambridge: MIT Press.

Holland, J. H. (1995), *Hidden Order. How Adaptation Builds Complexity.* Reading: Addison-Wesley.

Klaus, G., H. Liebscher (1979), *Wörterbuch der Kybernetik*. Frankfurt: Fischer Taschenbuch Verlag.

Knorr-Cetina, K. (1984), *Die Fabrikation von Erkenntnis. Zur Anthropologie der Naturwissenschaft*. Frankfurt: Suhrkamp.

Koza, J. R. (1992), *Genetic Programming. On the Programming of Computers by Means of Natural Selection*. Cambridge: The MIT Press.

Latour, B. (1987), *Science in Action: How to Follow Scientists and Engineers through Society*. Cambridge: Harvard University Press.

Laudan, L. (1977), *Progress and Its Problems. Toward a Theory of Scientific Growth*. Berkeley: University of California Press.

Leinfellner, W., E. Köhler (1998) (eds.), *Game Theory, Experience, Rationality. Foundations of Social Sciences, Economics and Ethics. In Honor of John C. Harsanyi*. Dordrecht: Kluwer Academic Publishers.

Link, T. (1997), *Die politische (Un-)Person. Politisches Denken am Übergang vom Jugendlichen zum Erwachsenen*. Phil. Diss. Wien: Universität Wien.

Maynard Smith, J. (^{3}1985), *Evolution and the Theory of Games*. Cambridge: Cambridge University Press.

Merton, R. K. (1985), *Entwicklung und Wandel von Forschungsinteressen. Aufsätze zur Wissenschaftssoziologie*. Frankfurt: Suhrkamp.

Müller, K. H., G. Haag (1994) (eds.), *Komplexe Modelle in den Sozialwissenschaften*. Spezialausgabe von WISDOM 3/4.

Müller, K. H. (1994), *Von den Einheits-Wissenschaften zu den Wissenschafts-Einheiten. 250 Jahre moderner Wissens-Integration*. Sociological Series Nr. 3, Wien: IHS.

Müller, K. H. et al. (1996a), *The Austrian Innovation System*, 7 vol. Wien: IHS.

Müller, K. H. (1996b), *The Austrian Innovation System, vol. VI. Recommendations for Science and Technology Policy*. Wien: IHS.

Müller, K. H. (1996c), „Sozialwissenschaftliche Kreativität in der Ersten und in der Zweiten Republik", in: *Österreichische Zeitschrift für Geschichtswissenschaften* 1, 9–43.

Müller, K. H., G. HAAG (1996), *Complex Modeling with NIS-Data. The Austrian Innovation System*, vol. 5. Wien: IHS.

Müller, K. H. (1997a), *Lebensformen und „multiple Risikogruppen". Neue Schichtungskonzeptionen für Wissens- und Informationsgesellschaften*. IHS: Sociological Series 14.

Müller, K. H. (1997b), *Selbstsichten, Gesellschaftsbilder und „implizites Wissen". Kognitionstheoretische Streifzüge durch soziale Wahrnehmungsfelder*. IHS: Sociological Series 15.

Müller, K. H. (1997c), „Die Konstruktion komplexer historischer Modelle. Second-Order-Explorationen", in: *Österreichische Zeitschrift für Geschichtswissenschaft* 1, 77–100.

Müller, K. H., T. Link (1997), *Lebensformen und Risikogruppen in Wien. Soziale Konstellationen für Gesundheit, Beschwerden und Krankheiten in einem urbanen Raum.* Wien: IHS.

Müller, K. H. (1998a), *The Basic Architecture of Contemporary Knowledge and Information Societies. Theory, History, Measurement, Complex Modeling, Policy.* Habilitationsschrift für die Universität Bielefeld.

Müller, K. H. (1998b), *Sozio-ökonomische Modellbildung und gesellschaftliche Komplexität. Vermittlung & Designs.* Marburg: Metropolis-Verlag.

Müller, K. H. (1998c), *Marktentfaltung und Wissensintegration. Doppelbewegungen in der Moderne.* Frankfurt: Campus-Verlag.

Müller, K. H. (1998d), *The Epigenetic Research Program (ERP). A Transdisciplinary Approach for the Dynamics of Knowledge, Society – and Beyond.* Sociological Series 24. Wien: IHS

Müller, K. H., G. Haag (1998), *Langfristige Entwicklung der österreichischen Schülerbestände.* Wien: IHS.

Müller, K. H., B. Schörner (1998), *Innovationspotentiale und Innovationshemmnisse bei Klein- und Mittelbetrieben.* Wien: IHS.

Neumann, J. v., O. Morgenstern (1944), *Theory of Games and Economic Behavior.* Princeton: Princeton University Press.

Neurath, O. (1937), „Inventory of the Standard of Living", in: *Zeitschrift für Sozialforschung* 6, 140–157.

Neurath, O. (1981), „Empirische Soziologie" (1931), in: O. Neurath (1981), *Gesammelte philosophische und methodologische Schriften,* ed. von R. Haller und H. Rutte, vol. 1, 423–527.

Neurath, O. (1981), „Grundlagen der Sozialwissenschaften" (1944), in: O. Neurath (1981), *Gesammelte philosophische und methodologische Schriften,* ed. von R. Haller und H. Rutte, vol. 2, 925–978.

Nowotny, H. (1997), „Transdisziplinäre Wissensproduktion – eine Antwort auf die Wissensexplosion?", in: F. Stadler (1997) (ed.), *Wissenschaft als Kultur. Österreichs Beitrag zur Moderne.* Wien: Springer, 177–195.

Plotkin, H. (1994), *Darwin Machines and the Nature of Knowledge.* Cambridge: Harvard University Press.

Polanyi, K. (1978), *The Great Transformation. Politische und ökonomische Ursprünge von Gesellschaften und Wirtschaftssystemen.* Frankfurt: Suhrkamp.

Polanyi, K. (1979), *Ökonomie und Gesellschaft.* Frankfurt: Suhrkamp

Popper, K. R. (1974), „Autobiography", in: P. A. Schilpp (1974) (ed.), *The Philosophy of Karl Popper,* Bd. 1, La Salle: Open Court, 1–181.

Popper, K. R. (^{3}1975), *Objective Knowledge. An Evolutionary Approach.* Oxford: Oxford University Press.

Porter, M. E. (1990), *The Competitive Advantage of Nations.* New York: The Free Press.

Reed, R. (1993), „Pruning Algorithms – A Survey", in *IEEE Transactions on Neural Networks* 5, 740–747.

Rescher, N. (1982), *Wissenschaftlicher Fortschritt. Eine Studie über die Ökonomie der Forschung*. Berlin: de Gruyter.

Ritter, H., T. Martinetz, K. Schulten (^{2}1991), *Neuronale Netze. Eine Einführung in die Neuroinformatik selbstorganisierender Netzwerke*. Bonn: Addison-Wesley.

Rojas, R. (1993), *Theorie der neuronalen Netze. Eine systematische Einführung*. Berlin: Springer.

Rumelhart, D. E., G. E. Hinton, R. I. Williams (1986), „Learning Internal Representations by Error Propagation", in D. E. Rumelhart, J. L. McClelland (eds.), *Parallel Distributed Processing: Exploration in the Microstructure of Cognition*. Cambridge: The MIT Press, 318–362.

Schöneburg, E. (1993) (ed.), *Industrielle Anwendung Neuronaler Netze. Fallbeispiele und Anwendungskonzepte*. Bonn: Addison-Wesley.

Sneed, J. D. (^{2}1984), *The Logical Structure of Mathematical Physics*. Dordrecht: Reidel.

Stichweh, R. (1991), *Der frühmoderne Staat und die europäische Universität. Zur Interaktion von Politik und Erziehungssystem im Prozeß ihrer Ausdifferenzierung*. Frankfurt: Suhrkamp.

Thurow, L. C. (1996), *The Future of Capitalism. How Today's Economic Forces Shape Tomorrow's World*. New York: William Morrow and Company.

Völz, H. (1994), *Information verstehen. Facetten eines neuen Zugangs zur Welt*. Braunschweig: Fr. Vieweg & Sohn.

Wagner, P. (1990), *Sozialwissenschaften und Staat. Frankreich, Italien, Deutschland 1870–1980*. Frankfurt: Campus Verlag

Wallerstein, I. (1974), *The Modern World System I. Capitalist Agriculture and the Origins of the European World Economy in the Sixteenth Century*. New York: Academic Press.

Wallerstein, I. (1979), *The Capitalist World-Economy*. Cambridge: Cambridge University Press.

Wallerstein, I. (1980), *The Modern World System II. Mercantilism and the Consolidation of the European World Economy*. New York: Academic Press.

Wallerstein, I. (1984), *The Politics of the World Economy. The States, the Movements and the Civilizations*. Cambridge: Cambridge University Press.

Wallerstein, I. (1991), *Unthinking Social Science. The Limits of Nineteenth-Century Paradigms*. Cambridge: Polity Press.

Ware, A. (1989), *Between Profit and State. Intermediate Organizations in Britain and the United States*. Cambridge: Cambridge University Press.

Weidlich, W., G. Haag (1983), *Concepts and Models of a Quantitative Sociology. The Dynamics of Interacting Populations*. Berlin: Springer.

Karl H. Müller

Weidlich, W., G. Haag (1987), „A Dynamic Phase Transition Model for Spatial Agglomeration Processes", in: *Zeitschrift für Physik* 29.

Weidlich, W., G. Haag (1988) (eds.), *Interregional Migration. Dynamic Theory and Comparative Analysis*. Berlin: Springer.

Willke, H. (1992), *Ironie des Staates. Grundlinien einer Theorie des Staates polyzentristischer Gesellschaft*. Frankfurt: Suhrkamp.

Willke, H. (^{2}1996), *Systemtheorie II. Interventionstheorie. Grundzüge einer Theorie der Intervention in komplexe Systeme*. Stuttgart: Lucius&Lucius.

Wittgenstein, L. (1971a), *Philosophische Untersuchungen*. Frankfurt: Suhrkamp.

Wittgenstein, L. (1971b), *Über Gewißheit*. Frankfurt: Suhrkamp.

2. Konzepte

HANS-JOACHIM DAHMS

Zum Phänomen der Schulenbildung in der deutschsprachigen Philosophie des 20. Jahrhunderts*

Zu einer Wissenschaftssoziologie philosophischer Schulen im deutschen Sprachraum hat meines Wissens Edgar Zilsel einen ersten Anlauf gemacht. Ich meine seinen im Jahr 1930 publizierten Artikel „Soziologische Bemerkungen zur Philosophie der Gegenwart". (Zilsel 1930) Eine seiner Hauptthesen darin ist, dass das Schulenwesen die Philosophie zwar schon seit 2000 Jahren begleitet hat, dass es sich aber in der deutschsprachigen Philosophie des beginnenden 20. Jahrhunderts ganz besonders breit machen konnte. Als der Artikel erschien, hatte man sich offenbar in der deutschsprachigen Philosophie schon derart an das Schulenwesen als den Normalfall wissenschaftlicher Arbeitsteilung gewöhnt, dass man es schon nicht mehr für erklärungsbedürftig hielt. Anders Zilsel: Er bewertet den Tatbestand nicht als den Normalfall, sondern als etwas Erklärungsbedürftiges, als ein Phänomen. Er schreibt in diesem Sinne:

---

* Unter „deutschsprachiger Philosophie" habe ich hier ausschließlich die akademische Philosophie Deutschlands und Österreichs verstanden. Dass es darüber hinaus eine deutschsprachige Philosophie auch in der Tschechoslowakei und Ungarn gegeben hat und in der Schweiz noch heute gibt, ist mir bewusst. Wie die/der geneigte LeserIn bemerken wird, habe ich für diesen Artikel weniger die wissenschaftssoziologische Literatur herangezogen als vielmehr versucht, meine Erfahrungen bei einer empirisch ausgerichteten Philosophiegeschichtsschreibung einmal etwas theoretischer auszuwerten. Es ist insofern kein Wunder, dass die Schulen und Kreise, mit denen ich mich bisher vor allem beschäftigt habe (wie die Neue Fries'sche Schule um Leonard Nelson, der Wiener Kreis, die Frankfurter Schule und der kritische Rationalismus von Popper, Albert etc.) überproportional berücksichtigt werden. Der Anmerkungs- und Literaturteil strebt insofern auch keine Vollständigkeit an, sondern dient mehr illustrativen Zwecken. Für Anregungen und kritische Kommentare zu einer früheren Version dieses Aufsatzes danke ich Hans-Joachim Fischer (Göttingen), Christian Fleck (Graz), Klaus Hentschel und Tilman Sauer (beide vom Institut für Wissenschaftsgeschichte Göttingen).

> „Wir sind viel zu sehr daran gewöhnt, daß gerade die Philosophen seit Jahrtausenden so gern ‚Schulen' bilden, um zu bemerken, wie interessant und folgenschwer diese Tatsache ist. Gewiß haben Gründer und Mitglieder von Philosophenschulen häufig nur die Absicht, in freier Zusammenarbeit ihre gemeinsamen Probleme zu lösen; und doch wird, wie eine zweitausendjährige Erfahrung zeigt, der Gesichtskreis der Schulmitglieder durch die beständige Berührung allzu gleichartiger Denker schnell sich einengen, werden Schuldogmatismus, Schulkameraderie und Schulzank die fruchtbare Forschung bald erschlagen."

Im genannten Artikel wird diesem seit langem schon zur Selbstverständlichkeit gewordenen, also quasi „normalen" Verlauf der Philosophiegeschichte eine Tendenz gegenübergestellt, die man als These vom deutschen Sonderweg in der Philosophie formulieren könnte.[1] Diese These behauptet ein relatives Übergewicht der Schulen in der deutschsprachigen philosophischen Landschaft dieses Jahrhunderts, und zwar
a) im Vergleich mit anderen Epochen der deutschsprachigen Philosophiegeschichte und
b) im Vergleich zur philosophischen Szene anderer Länder.[2]

Diese Behauptungen kann ich hier nicht zur Diskussion stellen. Ich berufe mich zu ihrer vorläufigen Beglaubigung nur auf zwei Indizien. Das eine ist der Umstand, dass das Überhandnehmen von Schulen in den Geisteswissenschaften offenbar schon zu Beginn der 20er Jahre zu einem öffentlich diskutierten Politikum und zu einem Programmpunkt in der Debatte über die Universitätsreform geworden war. Die in der deutschen Hochschullandschaft führende preußische Hochschulverwaltung forderte nämlich die Universitäten zur Stellungnahme zu einem Vorschlag auf, der dem Übelstand der Seilschaften durch Schulenbildung – besonders in den Geisteswissenschaften – Abhilfe schaffen sollte. Die Idee war, reichsweite Fachkonferenzen einzurichten, die zu Berufungsvorschlägen (und eventuell auch zu Habilitationsgesuchen) Stellungnahmen abgeben und an die Hochschulverwaltung einreichen sollten.[3] So sollte die Willkür des akademischen Kooptationsprinzips eingegrenzt werden. Ob dies ein besonders tragfähiger Vorschlag gewesen ist, steht hier nicht zur Debatte.[4] Es steht jedenfalls fest, dass es in der nachfolgenden Zeit nie zur Institutionalisierung eines solchen Korrektivs gekommen ist.[5] Deshalb ist das Schulwesen das bestimmende Moment der Arbeitsteilung und -organisation in den Geisteswissenschaften und insbesondere in der Philosophie geblieben, und zwar nicht nur in Preußen.

Ein zweites Indiz sehe ich in Beobachtungen, die deutsche Philosophen machten, wenn sie mit der philosophischen Situation in anderen Ländern genauer bekannt wurden und dadurch die Möglichkeit zum relativierenden Vergleich bekamen. Das ist natürlich besonders im Zuge der Emigration während der Nazi-Zeit der Fall gewesen. So schreibt etwa Rudolf Carnap über die philosophische Situation in den USA zum Zeitpunkt seiner Emigration:

> „In 1936, when I came to this country (die USA, Verf.), the traditional schools of philosophy did not have nearly the same influence as on the European continent. The movement of German idealism, in particular Hegelianism, which had earlier been quite influential in the United States, had by then almost completely disappeared. Neo-Kantian philosophical conceptions were represented here and there, not in an orthodox form but rather influenced by recent developments of scientific thinking, much like the conceptions of Cassirer in Germany. Phenomenology had a number of adherents mostly in a liberalized form, not in Husserl's orthodox form, and even less in Heidegger's version.
> Most influential were those philosophical movements which had an empiricist tendency in a wide sense."[6]

Wenn Zilsels These zutrifft, ist es eigentlich merkwürdig, dass es bisher keine konsequenten Versuche gegeben hat, eine auf Gruppen und Kollektiven basierende Zeitgeschichtsschreibung der deutschsprachigen Philosophie zu versuchen. Im Gegenteil dominieren noch immer personengeschichtliche Darstellungen, die sich die Philosophiegeschichte als Sukzession großer Einzelner vorstellen, also etwa so, wie das schon Diogenes Laertius mit seinen „Vitae Philosophorum" vorgeführt hat. Ihren absurden Höhepunkt hat das Prinzip des „doing history by names" beim Versuch erreicht, die deutschsprachige Philosophie im Nationalsozialismus zu beschreiben: Dort dürfte mehr als die Hälfte der bisher publizierten Literatur den Namen „Martin Heidegger" im Titel führen.[7]

Seltene Ansätze, von der Personenzentrierung abzugehen und etwa „Strömungen" zur Beschreibungseinheit zu machen, hat es zwar immerhin gegeben. Aber diese Versuche sind nicht konsequent durchgeführt worden. Nehmen wir etwa Stegmüllers philosophiegeschichtliches Standardwerk „Hauptströmungen der Gegenwartsphilosophie", das den Begriff geradezu im Titel führt. Dabei handelt es sich, methodisch gesehen, aber eher um eine erweiterte Personengeschichtsschreibung, erweitert insofern, als er die Strömungen – sozusagen *pars pro toto* – stets am Beispiel einzelner führender Figuren abhandelt.[8]

Was es aber, vor allem seit den letzten zehn Jahren, immerhin gibt, ist eine zunehmende Fülle von Darstellungen der Geschichte *einzelner* Schulen[9], die ein Projekt der skizzierten Art mittlerweile viel aussichtsreicher machen. Allerdings haben auch diese Schulengeschichten ihre Nachteile. Zum einen sind sie zumeist von Angehörigen oder engen Sympathisanten dieser Kollektive verfasst worden. Das bringt meist eine gewisse Einseitigkeit mit sich, und zwar sowohl, was die Apologetik der eigenen Schule, als auch, was die Polemik gegen „fremde" Gruppen betrifft, die den Autoren häufig nicht einmal so weit bekannt sind, dass sie auch nur überprüfen könnten, ob sie in der von der „eigenen" Richtung ausgehenden Kritik richtig referiert worden waren. Zum anderen sind diese Darstellungen einzelner philosophischer Gruppierungen natürlich nicht auf *Vergleichbarkeit* untereinander angelegt, geschweige denn auf die Darstellung tatsächlicher historischer *Interaktionen* zwischen den genannten Kollektiven, wie sie für ein Gesamtbild erforderlich wären.

Mit den folgenden Bemerkungen beabsichtige ich, einen methodischen Rahmen für ein solches übergreifendes Unternehmen zu skizzieren. Dabei werde ich im **ersten Abschnitt** mit einer Klassifikation kollektiver Phänomene in der Wissenschafts- und Philosophieentwicklung beginnen und den begrifflichen Ort der Schulen, Kreise etc. innerhalb eines solchen Rahmens angeben. Dies ist keineswegs eine triviale Aufgabe, da das, was man oft locker „Schulen" nennt, in Wahrheit – wenn man sie im weiteren Sinne von „Gruppierungen" versteht – eine Vielzahl von verschiedenen Organisationsformen umfasst oder – wenn man sie in einem engeren, wörtlichen Sinne versteht – nur einen Spezialfall darstellt, dem nur die allerwenigsten philosophischen Gruppierungen zu subsumieren sind. Wenn man sich die wissenschaftssoziologische Literatur ansieht, stellt man fest, dass diese sich in aller Regel auf *scientific communities* von der Art naturwissenschaftlicher Kollektive beschränkt hat. Diese unterscheiden sich aber in wesentlichen Hinsichten von philosophischen Gruppen.

Sozusagen philosophiesoziologische Überlegungen, auf die ich mich hätte stützen können, liegen bisher m. W. nicht vor. Als außerordentlich nützlich erwiesen sich aber einige Arbeiten über das Phänomen der Schulenbildung in der österreichischen Soziologie von Christian Fleck, die natürlich immer *ceteris paribus* – auch bei zukünftigen Untersuchungen in der Philosophie zur Anregung und zum Vergleich herangezogen werden sollten.[10]

Was sozusagen die Mindestausstattung von philosophischen Kollektiven ausmacht, wird in diesem Abschnitt außer einer Klassifikation von „Schulen" ebenfalls angegeben. Es zeigt sich, dass das Paket viel mehr enthält als etwa die sonst in der Wissenschaftsgeschichte vielfach diskutierten Paradigmen, disziplinären Matrizen, Forschungsprogramme etc.

Es folgen zwei Abschnitte, in denen die im ersten Abschnitt dargestellten (sozusagen zeitlosen bzw. synchronen) klassifikatorischen Grundlagen für diachronische Zwecke nutzbar gemacht werden. Dabei behandele ich zunächst im **zweiten Abschnitt** die Prozesse der Entstehung, des Wachstums bzw. der Stagnation, der Schrumpfung und des Untergangs einer solchen Gruppe so, als würde *sie allein* die philosophische Landschaft beherrschen. Natürlich ist das eine kontrafaktische Annahme. Denn einer der Hauptunterschiede zur – z. B. von Th. Kuhn behaupteten[11] – Monopolstellung von Paradigmen und den sie sozial tragenden *scientific communities* in den Naturwissenschaften ist ja in den Geisteswissenschaften und besonders in der Philosophie ihre Pluralität.

Mit den Problemen, die durch die kontrafaktische Annahme eines Paradigmenmonopols in der Philosophie ausgeblendet wurden, befasse ich mich dann im entsprechend realitätsnäheren **dritten Abschnitt**. In ihm werden die Prozesse der Interaktion zwischen einzelnen Schulen, sozusagen vom Nullpunkt der Nicht-Interaktion eines gegenseitigen Ignorierens bis zur Kenntnisnahme, Kooperation oder Konkurrenz (insbesondere auch öffentlich ausgetragener, wie Polemik und Konfrontation) beschrieben.[12]

Im Grunde handelt es sich in diesen Abschnitten aber nur um vorbereitende Zurüstungen, auf die dann eine historische Darstellung der tatsächlichen historischen Verhältnisse folgen müsste. Davon kann natürlich im Rahmen dieses Aufsatzes keine Rede sein, in dem ich mich auf gelegentliche Exemplifikationen beschränken muss. Im **vierten Abschnitt** setze ich aber einmal voraus, eine solche Darstellung könne gegeben werden, und frage dann danach, was das – auch heutzutage immer noch[13] – so stark dominierende Schulwesen in der deutschsprachigen Philosophie eigentlich in Gang hält. Denn das halte ich in der Tat mit Zilsel nicht für den sozusagen in der Natur der Sache liegenden Normalfall, sondern für ein hochgradig erklärungsbedürftiges Phänomen. Zilsel selbst hat dafür eine sozialpsychologische Antwort skizziert, die auf das Autoritätsgefälle von

Schulenhaupt und Schülern rekurriert und zudem dieses Lehrer-Schüler-Verhältnis als etwas überwiegend Irrationales beschreibt.

Im Unterschied dazu schwebt mir eine Erklärung vor, die zwar auch die irrationale Seite des Schulwesens betont (von einer Förderung des Wissenschaftsfortschritts durch das Schulwesen kann nur bedingt die Rede sein), ihm aber auch eine beschränkte zweckrationale Seite zuspricht. Diese Erklärung betont sehr stark den Aspekt der Schule als Agentur der Rekrutierung und Karrierenvermittlung und ist dem ökonomischen Versicherungsmodell nachempfunden.

Im abschließenden **Abschnitt 5** wird skizziert, wie eine auf den Ideen des Aufsatzes basierende Philosophiegeschichtsschreibung vorgehen könnte.

1. Kollektive Phänomene in der Philosophie

Wenn man versucht, die Eigenart kollektiver Phänomene in der Wissenschaft und insbesondere in der Philosophie herauszupräparieren, ist es eine Idee, sozusagen einmal von der negativen Seite her vorzugehen, nämlich sich zu fragen, welche Gemeinsamkeiten zwischen einzelnen Wissenschaftlern oder Philosophen *nicht* hinreichen, sie in diese Gruppierungen einzureihen. Das sind zunächst einmal alle (nachträglichen oder auch zeitgenössischen) nur begrifflichen Zusammenfassungen von Personen zu Gruppen, die sich nicht selbst als Kollektive verstanden haben. Dazu gehören etwa jene die Jahrhunderte überdauernden Strömungen, die zwar in einer Tradition zueinander stehen können, ohne doch je die Chance gehabt zu haben, auch untereinander zu interagieren, wie etwa der Empirismus, Materialismus, Positivismus etc. Dazu gehört aber auch ein Traditionszusammenhang etwa wie die Philosophische Anthropologie, ein Denkansatz, dessen Vertreter aus einer Reihe von komplizierten Gründen nie eine Gruppierung gebildet haben.[14] Dazu gehören schließlich auch einzelne philosophische Subdisziplinen wie Logik, Ethik etc. Obwohl es häufig der Fall ist, dass einzelne Forscher auf diesen Feldern zu einem gegebenen Zeitraum miteinander in Kontakt stehen und miteinander interagieren, ist das nicht hinreichend für die Existenz einer philosophischen Teildisziplin (und erst recht nicht für eine Schule).

1.1 Äußere Charakteristika

Im Unterschied zu diesen Fällen, denen man sicher noch weitere hinzufügen kann, bestehen die hier angezielten Philosophenkollektive aus solchen Vertretern der Philosophie (und unter Umständen auch weiteren Akademikern aus anderen Fächern), die sich (zumindest in der Regel[15]) untereinander kennen, mehr oder weniger regelmäßig miteinander mündlich und/oder schriftlich kommunizieren und sich selbst als Gruppe verstehen. Allgemein kann man einzelne solche Kollektive deshalb äußerlich durch ihre *Mitglieder* und die *Zeit* des Bestehens einer solchen Gruppierung charakterisieren. Dieser Zeitraum ist im Fall der Philosophie offenbar oft sehr viel länger als in anderen Fällen. Gelegentlich umfasst er sogar mehrere Generationen.

Oft haben solche Gruppen auch einen *Ort* gemeinsam. Das ist besonders zum Zeitpunkt ihrer Gründung meist der Fall. Gelegentlich wird die gesamte Gruppierung sogar nach diesem Ort genannt.[16] Andererseits kommt es auch häufig vor, dass solche Kollektive – besonders in Zeiten des Wachstums – sich später dann auf weitere Orte, unter Umständen sogar international ausdehnen. Die räumliche Lokalisierung an *einem* Ort gehört insofern nicht zu den notwendigen Bedingungen eines Wissenschaftlerkollektivs. Dass umgekehrt mehrere Philosophenschulen an einem Ort existieren, dürfte eher die Ausnahme sein. Oft achten die Schulenhäupter darauf, dass ihre Gruppierungen das Monopol wenigstens an dieser Hochschule erringen oder erhalten.[17] Falls das aber nicht gelingt, wenn also mehrere sendungsbewusste Kollektive an einem Ort „koexistieren", kommt es oft zu mehr oder weniger schweren Konflikten.[18]

Je nachdem, wie diese Momente (Schulenmitglieder, Zeit, Ort) miteinander kombiniert sind und durch weitere Eigenschaften ergänzt werden, kann man dann eine ganze Reihe von kollektiven Phänomenen in der Wissenschaft voneinander unterscheiden. Das betrifft zunächst die akademische Ausbildung der beteiligten Wissenschaftler. Sie können alle aus derselben Disziplin stammen, und bei den allermeisten in der Literatur untersuchten „scientific communities" ist dies de facto der Fall. Bei den in der deutschen Philosophie dieses Jahrhunderts aufgetretenen Gruppierungen ist dies aber wesentlich anders. Hier sind die meisten solchen Kollektive angehörenden Individuen zwar meistens ausgebildete Philosophen gewesen. Aber nicht immer: Gelegentlich kamen auch Fachleute aus anderen Disziplinen hinzu. In einem Fall zumindest war es auch erforderlich, umgekehrt die bisher als Hauptfachphilosophen Ausgebildeten zur Promotion und Habilitation in andere Fächer wegzuschicken.[19] Charakteristisch für eine einzelne Gruppierung ist dann sozusagen das Mischungsverhältnis der Philosophie zu diesen verschiedenen anderen Fächern. Je nachdem, ob es sich um die Philosophie in Verbindung mit einem oder einer Reihe anderer Fächer handelt, kann man dann die *monodisziplinären* rein philosophischen Gruppierungen von den *interdisziplinären* Gruppen unterscheiden. Einen Spezialfall solcher Interdisziplinarität stellt es dar, wenn der Tendenz nach sämtliche Disziplinen abgedeckt sind oder zumindest programmatisch abgedeckt werden sollen. Solche Kollektive nenne ich *enzyklopädische*.[20]

1.2 Interne Programmatik

Mit dem Vorhandensein einzelner entsprechend wissenschaftlich vorgebildeter Wissenschaftlerindividuen – sozusagen in Zeit und Raum – erschöpft sich ihre Charakterisierung natürlich nicht. Es kommt wesentlich hinzu, was ihren Zusammenhalt ausmacht, und zwar *nach ihrem eigenen Verständnis*. Das wird zunächst meist in einer Art Gründungsurkunde, programmatischen Erklärung oder Arbeitsprogramm niedergelegt, das oft auch in publizierter Form vorliegt. Aber es genügt auch eine de facto vorhandene Arbeitsteilung und Programmatik, ohne dass diese auch veröffentlicht wurde. In der deutschen Philosophie dieses Jahrhunderts lassen sich eine ganze Reihe solcher Gründungsurkunden identifizieren[21], ja man kann sagen, dass die Abwesenheit einer solchen programmatischen Grundlage eher die Ausnahme als die Regel ist.

Diese programmatischen Erklärungen sind im Einzelnen in ihren *äußeren Charakteristika* wie ihrer Länge, ihrem Ausarbeitungsgrad, den kontextuellen Umständen, unter denen sie verkündet wurden, recht unterschiedlich. Aber in den meisten Fällen wird *inhaltlich* auf folgende Punkte eingegangen:
1. die Geschichte und Tradition, aus der die Gruppe kommt oder in die sie sich stellt,
2. die philosophischen Probleme und Aufgaben, denen sie sich widmen will,
3. die dazu vor allem oder ausschließlich verwandten Methode(n),
4. einzelne bereits unternommene Arbeitsschritte und erzielte Resultate.

Gelegentlich wird auch auf Problemstellungen eingegangen, die den Rahmen des Universitätsfachs Philosophie überschreiten, wie etwa
5. der Zusammenhang mit anderen akademischen Disziplinen,
6. die Interdependenzen mit anderen Sphären der Kultur,
7. die Einbindung der Programmatik in die politische und soziale Großwetterlage der jeweiligen Zeit.

Die hier angegebene Reihenfolge der einzelnen Bestandteile eines philosophischen Programms sollte nicht im Sinne einer Wertung gelesen werden, insbesondere nicht etwa derart, dass es bei den Punkten 1 bis 4 um kognitiv entscheidbare und bei den Punkten 5 bis 7 um eher mit Unwägbarkeiten behaftete Fragestellungen ginge. Beim letzten Punkt, also den Reflexionen darüber, welche Arbeitsschwerpunkte der jeweiligen Zeit angemessen sind, ist natürlich mit Händen zu fassen, dass hier allgemein weltanschauliche und politische Präferenzen ins Spiel kommen. Denn eine Antwort auf die Frage, was die jeweiligen Grundzüge eines gegebenen Zeitabschnitts sind und was sich an diesen philosophisch bearbeiten ließe, kann offensichtlich ohne Reflexionen auf den „Charakter der Epoche" kaum gegeben werden.

Weniger selbstverständlich mag erscheinen, dass auch schon die erstgenannten Punkte nicht eindeutig kognitiv zu entscheiden sind. Sie beinhalten auch schon stets Wertentscheidungen, und zwar solche, die miteinander in komplizierter Weise verwoben sind. Wenn ich mich etwa – wie der logische Empirismus – für die „logische Analyse der Sprache" als philosophische Methode entscheide, werde ich mit diesem Instrument eher bei den Grundlagen der Mathematik und Naturwissenschaften weiterkommen und weniger in der Literatur- und Musiktheorie. Wenn ich marxistische Ideologiekritik als Methode verwenden will, wird es vielleicht eher umgekehrt sein.

Diese Thesen können hier nicht im Einzelnen expliziert werden. Die Tendenz ist jedenfalls klar: Philosophische Programme sind andere Dokumente, als es Beiträge zu einem wissenschaftlichen Einzelproblem sind. Sie stehen sozusagen in der Mitte zwischen solchen wissenschaftlichen Dokumenten auf der einen Seite und etwa Manifesten künstlerischer Bewegungen[22] oder Programmen politischer Parteien auf der anderen. Dementsprechend müssen philosophische Programmschriften anders interpretiert und gewertet werden als Bücher und Artikel, die der normalwissenschaftlichen philosophischen *puzzle-solving-activity* gewidmet sind.

Wie gesagt, kann es aber auch passieren, dass ein ausgearbeitetes Programm nicht vorliegt. Ein solches „hidden program" muss dann aus entsprechenden Publikationen und Aktivitäten erschlossen werden. Oder es tritt der Fall auf, dass die Gründungsurkunde einer Gruppierung schon so lange zurückliegt, dass sie von ihren Mitgliedern schon nicht mehr als verbindlich angesehen wird. Auch dann wird man sein Hauptaugenmerk auf die tatsächlichen Aktivitäten richten müssen.

1.3 Soziale Binnen-Charakteristik

Eine wichtige Subklassifikation von philosophischen Gruppierungen ergibt sich nach sozialen Kriterien, insbesondere dem Autoritätsgefälle innerhalb der Gruppen. Schulen im engeren Sinne des Wortes (siehe ausführlicher dazu Abschnitt 1.6) zum Beispiel zeichnen sich durch das Autoritäts-, Bildungs- und meist auch Altersgefälle von Lehrer(n) und Schülern aus. Entsprechend muss die Identifizierung des Schulenoberhaupts am Anfang ihrer sozialen Charakterisierung stehen. Einzelne Schulenoberhäupter haben ihre Gruppierungen so dominiert, dass man sie geradezu nach ihren Gründervätern genannt hat.[23] Sodann ist zu fragen, ob es spezielle Eigenschaften gibt, die zum Schulenoberhaupt disponieren. Dazu gehören außer der Vorbildung vor allem Fragen des akademischen Status[24] und damit mittelbar auch des Alters[25] zum Zeitpunkt der Schulengründung. Aber auch scheinbar abgelegene Faktoren wie solche des Familienstands und der Familiengröße sind von Interesse, entschieden sie doch u. U. darüber, mit welcher Ausschließlichkeit Schulenoberhäupter sich ihrer Rolle widmen konnten bzw. tatsächlich gewidmet haben.[26] Entsprechende Fragen sind für die Schulenmitglieder zu beantworten.

Das Vorhandensein einer die Gruppe strukturierenden Lehrer-Schüler-Relation ist aber nur ein Spezialfall für die hier in Rede stehenden Kollektive. Daneben gibt es auch „Schulen" ohne dieses Gefälle.[27] Die begriffliche Lage komplizierend kommt ferner hinzu, dass es sich in der deutschsprachigen Philosophie, wie anscheinend etwa in der österreichischen Soziologie des ersten Jahrhundertdrittels (Fleck 1990), nicht immer nur um ein eindeutig zu identifizierendes Schulenoberhaupt handelt. Neben zweifellos vorhandenen *monokephalen* Gruppierungen (also solchen mit nur einer Führungsfigur) gibt es auch *duokephale* und *multikephale*, bei denen sich ein Autoritätszentrum nicht mehr lokalisieren lässt.

Mit dem Vorhandensein mehrerer Führungsfiguren geht nicht selten eine funktionale Arbeitsteilung einher, sodass man etwa von „ideologischem Kopf" und organisatorischem Manager sprechen kann.[28]

Zu den multikephalen Gruppen gehören insbesondere die *Kreise*, die meist Individuen gleicher oder ähnlicher Ausbildung und Rangstufe miteinander verbinden, aber oft auch jüngere Forscher (fortgeschrittene Studenten, Doktoranden, Assistenten etc.) zur Mitarbeit einladen. Dadurch entsteht unter Umständen eine nicht zu unterschätzende Spannweite von Altersschichtungen innerhalb eines Kreises.[29]

Das Vorhandensein von duo- oder multikephalen Gruppenstrukturen begünstigt natürlich auch die Entstehung von Teilgruppierungen und Flügeln mit zum Teil divergierenden Teil-Programmatiken und organisatorischen Strukturen. Solche Probleme der Binnendifferenzierung treten unter Umständen schon kurz nach der Gründung, also noch in der ersten Generation von Mitgliedern auf[30], werden häufiger aber in der zweiten Generation akut, wenn einzelne Mitglieder den Ort der Gründung verlassen und andernorts wieder organisatorische Kerne bilden. Spezielle Probleme bietet natürlich – besonders bei monokephalen Gruppen – das Sukzessionsproblem beim Tod des Gründers einer Schule. Gelegentlich gibt es dann auch Streitigkeiten um orthodoxe oder revisionistische Fortsetzungslinien.[31]

1.4 Organisationsform

Wenn sich eine Gruppe von Menschen als philosophische Gruppierung versteht, ist noch nicht darüber entschieden, in welcher organisatorischen Form sich dieses Selbstverständnis niederschlägt. In der philosophiegeschichtlichen Literatur findet man zwar gelegentlich nützliche Übersichten über philosophische Gesellschaften im deutschen Sprachbereich.[32] Aber eine Vorstellung über das breite Spektrum von Möglichkeiten, die vom denkbar losen, sich nur gelegentlich treffenden Diskutier- und Lesekränzchen über eingetragene Vereine bis hin zu fest gefügten sektenartigen Gebilden reichen, wird dort noch nicht vermittelt. Es lohnt sich, diese Spielarten einmal näher (in der Reihenfolge aufsteigender Organisationsdichte) zu betrachten. Es beginnt mit einer Gruppe ohne klare Kriterien der Zugehörigkeit mit unregelmäßigen Treffen, bei denen alle möglichen Themen (u. a. auch der Philosophie) besprochen werden. Solche informellen Gruppen dürfte es in „Zeiten vor der Verbreitung des Fernsehens", zumal etwa in Städten mit einer einigermaßen einladenden Kaffeehauskultur (wie sprichwörtlich in Wien), sehr viele gegeben haben.[33]

Es folgt ein Zirkel von Studenten, der sich regelmäßig zu einem bestimmten Termin an einem bestimmten Ort trifft, um (vorwiegend) philosophische Themen zu diskutieren. Die Münchener und Göttinger Gesellschaften der Phänomenologen sind so entstanden, also – zunächst zumindest – ohne Teilnahme des Schulenoberhaupts.[34] Sie sind auch die einzigen, die es je zu einer Art Nationalhymne ihrer Bewegung gebracht zu haben scheinen, dem köstlich selbstironischen „Phänomenologenlied".[35]

Ein nächster Schritt ist eine solche Studiengesellschaft unter Einschluss des Schulenoberhauptes (oder – bei duo- bzw. multikephalen Gruppen – der -oberhäupter). Der Wiener Kreis des logischen Positivismus z. B. ist als erweitertes Oberseminar von Moritz Schlick auf Initiative fortgeschrittener Studenten eingerichtet worden. (Stadler 1997, 228)

So weit sind alle diese Zirkel und Gesellschaften noch informelle Gruppen. Mit der Eintragung ins Vereinsregister ist dagegen ein Schritt vollzogen, der aus der nur ihren eigenen Interessen folgenden Gruppierung eine öffentliche Einrichtung mit entsprechenden Verpflichtungen macht. Denn nun muss schon bei der Anmeldung eine Satzung, die Mitgliederliste, ein Protokoll der konstituierenden Sitzung (mitsamt einer Mitteilung über die Wahl eines Vorstandes etc.) eingereicht werden. Und in der Satzung ist weiter zu spezifizieren, was die Ziele des Vereins sind, welche Kriterien beim Eintritt zu erfüllen sind, wie oft mindestens Tagungen stattzufinden haben etc. Trotz all dieser höchst bürokratischen Einzelheiten hat eine ganze Reihe von philosophischen Gesellschaften – vielleicht zum Teil auch dem vielfach beschworenen Wesenszug der Deutschen zur Vereinsmeierei folgend – den Schritt zur Eintragung ins Vereinsregister vollzogen.[36]

Eine noch weiter gehende Verdichtung der Kooperation ist von den Mitgliedern einer philosophischen Gruppierung nur selten angestrebt worden.[37] Sie ist z. B. mit dem gemeinsamen Betrieb eines gemeinsamen Instituts, einer Stiftung etc. gegeben. In der deutschsprachigen akademischen Philosophie gibt es nur einen einzigen solchen Fall: Ich meine das Frankfurter Institut für Sozialforschung in seiner von Max Horkheimer inaugurierten Phase.

Allerdings ist die Organisationsform einer Gruppierung nichts ein für alle Mal Feststehendes: Häufig durchläuft eine Gruppe verschiedene Stufen der Formalisierung. Das lässt sich besonders gut an der Frankfurter Schule[38] und dem Wiener Kreis verfolgen. Beim Wiener Kreis etwa gab es – schon vor dem ersten Weltkrieg – einen informellen „ersten" Wiener Kreis von jungen Postdoktoranden aus verschiedenen Disziplinen, der sich nach der Berufung Moritz Schlicks nach Wien 1922 als sein Oberseminar fortsetzte, das sich seinerseits etwa 1925 zum Wiener Kreis erweiterte. Schließlich schuf sich der Kreis mit dem Verein „Ernst Mach" im November 1928 ein Popularisierungsorgan, das dann wiederum im März 1934 aus politischen Gründen verboten wurde.

Die Gründungs- und Verlaufsgeschichte sämtlicher solcher Gruppen kann hier nicht erzählt werden. Es sei hier nur auf die Kantgesellschaft hingewiesen. An ihr lassen sich internationale Vorbilder und Parallelen gut studieren. Außerdem wurde sie zum Vorbild vieler Gründungen in der deutschsprachigen Philosophie. Die Gesellschaft wurde 1904, im 100. Todesjahr Kants, nach dem Vorbild der englischen Mind-Association mit dem Ziel gegründet, die Herausgabe der schon seit 1897 publizierten „Kant-Studien" finanziell und organisatorisch zu sichern. 1904 wurde auch das „Journal of Philosophy" in den USA gegründet.

Seit 1912 wurde in Berlin von dortigen Mitgliedern der Kant-Gesellschaft eine öffentliche Vortragstätigkeit aufgenommen, später wurden auch an anderen Städten des In- und Auslands Ortsgruppen mit dem gleichen Ziel gebildet. Selbst der Wiener Kreis und die Frankfurter Schule traten in einem frühen Stadium in den Ortsgruppen der Kantgesellschaft in Erscheinung.[39] Allerdings spaltete sich die Gesellschaft 1916 nach einer antisemitisch eingefärbten Veröffentlichung ihres Geschäftsführes Bruno Bauch (Jena).[40] Bauch gründete anschließend die deutschnational orientierte „Gesellschaft für Deutsche Philosophie" mit ihrem Organ „Beiträge zur Philosophie des Deutschen Idealismus" (später bis 1944 „Blätter für deutsche Philosophie").

Mehr als zehn Jahre bevor Bauch den Eklat in der Kant-Gesellschaft provozierte, hatten sich allerdings schon die Phänomenologenkreise in Göttingen und München sowie die Fries-Gesellschaft in Göttingen konstituiert. Während der Weimarer Republik kamen die Frankfurter Schule der kritischen Theorie sowie der „Wiener Kreis" und die „Berliner Gesellschaft für wissenschaftliche Philosophie" des logischen Empirismus hinzu.

In der Nazizeit schrumpfte die Anzahl der philosophischen Gesellschaften sowie die Mitgliederzahl der verbleibenden spürbar zusammen.

Und nach dem Ende des zweiten Weltkriegs schien das Ende der – als Gesellschaften bzw. in Vereinen konstituierten – philosophischen Schulen im deutschen Sprachraum vollends gekommen. Aber auch hier hat Zilsel Recht behalten, wenn er 1930 schrieb:

> „Dürfte es doch wenig soziologische Gebilde geben, die gegen Einflüsse der Gesamtgesellschaft ähnlich widerstandsfähig sind wie Philosophen- (und Theologen-) Schulen." (Zilsel 1930, 418)

Denn erstaunlicherweise zeigt sich seit der Mitte der 80er Jahre verstärkt eine Renaissance philosophischer Gruppen und ihrer Organisationen in der deutschsprachigen Philosophie.[41]

1.5 Außenkontakte: Publizität

Normalerweise will eine philosophische Gruppierung ihren programmatischen Anspruch durch fachliche Einzelarbeit entfalten und manchmal will sie ihre Erkenntnisse und Lehren auch öffentlich wirksam werden lassen. Dann stellt sich sofort die Frage, mit welchen Mitteln sie ihren Anspruch und ihre Arbeitsergebnisse in die weitere Öffentlichkeit des Fachs, der Hochschulen, des Bildungswesens, der Kultur und Politik etc. hinein vermitteln will. Wenn man den Vergleich mit soziologischen Schulen heranzieht, wäre sogar zusätzlich zu ermitteln, welcher dieser Sektoren sowie ihrer Teilmilieus hauptsächlich angesprochen werden sollten. (Fleck 1990, 97, Frage 8) Es ist nun nicht überraschend, dass (mit nur zwei Ausnahmen[42]) sämtliche deutschsprachigen Philosophenschulen sich ein eigenes – jeweils ausschließlich an das akademische Fachpublikum gerichtetes – Publikationsorgan geschaffen haben, sei es als Zeitschrift, Vierteljahresschrift, als Jahrbuch oder anderswie.[43] Das scheint mir besonders im Vergleich zur angelsächsischen Philosophie bemerkenswert, weil dort die Zeitschriften meist philosophischen Einzeldisziplinen gewidmet sind.[44] Der unterschiedlichen Periodizität der deutschsprachigen Organe entsprechend fällt ihr Umfang und die Gliederung der einzelnen Hefte bzw. Jahrgänge (nach Aufsätzen, Diskussionsbeiträgen, Mitteilungen, Rezensionen etc.) recht unterschiedlich aus.

Es gibt zwar mittlerweile eine Reihe von Übersichten über das philosophische Zeitschriftenwesen im deutschsprachigen Raum.[45] Aber in welcher Weise diese Sprachrohre funktionierten, ist bisher kaum untersucht worden.⁴⁶ In der Tat ist das keine ganz leichte Aufgabe, da wichtige Charakteristika dieser Publikationen (wie die Bestimmung der inhaltlichen Linie, heranzuziehende Beiträger, die Entscheidung darüber, ob überhaupt ein Rezensionsteil eingerichtet werden soll, welche inhaltlichen Schwerpunkte diese Besprechungen haben sollen und welchen Umfang) oft nicht ohne Einsicht in archivalisches Material zu ermitteln sind. Schon die Frage, ob es sich im vorliegenden Fall um ein Organ gehandelt hat, das auch gegenüber Nicht-Schulenmitgliedern und -sympathisanten offen war, oder um ein eher geschlossenes Sprachrohr (sozusagen im Sinne eines politischen Zentralorgans), ist nicht leicht zu klären. Ein erster Schritt zur Beantwortung ist natürlich die Überprüfung der Beiträger auf eine Schulenzugehörigkeit. Aber dadurch ist noch nicht geklärt, ob in einzelnen Fällen Nicht-Schulenzugehörige an einer Publikation gehindert worden sind. Die Frage stellt sich natürlich besonders, wenn solche „Außenseiter" zuvor in dem betreffenden Sprachrohr angegriffen wurden und nun eine Antwort verlangt haben. Auch wäre zu untersuchen, ob überhaupt und in welcher Weise auf andere Gruppierungen eingegangen wurde. Wenn die Periodika auch einen Rezensionsteil enthielten, ließen sich solche Bezugnahmen natürlich nicht vermeiden. Bei vielen Zeitschriften der Philosophenschulen kann man in diesen Fällen die Beobachtung machen, dass sie zwar ausgiebig andere Schulen kritisierten, dann aber meist den so Angegriffenen nicht die Gelegenheit zur Replik gaben.⁴⁷

Zur Publizität dienten aber nicht nur Periodika, sondern etwa auch eigene Schriftenreihen. Gelegentlich gab es sogar miteinander partiell konkurrierende innerhalb derselben *community*.⁴⁸

Einzelne Gruppierungen unterschieden sich auch bei anderer Gelegenheit voneinander oft erheblich in dem Grade, in dem sie Einfluss auf andere bzw. „die Öffentlichkeit" suchten. Einige begnügten sich damit, geschlossene Tagungen zu veranstalten. Andere suchten ihre Chance in der Veranstaltung eigener offener Tagungen oder im mehr oder weniger gut organisierten Auftreten auf ohnehin offenen Kongressen wie etwa den Internationalen Philosophiekongressen⁴⁹ oder entsprechenden nationalen Veranstaltungen. Es gab auch Gruppen, die diese verschiedenen Arten der Öffentlichkeitsarbeit mehr oder minder virtuos miteinander verbanden.⁵⁰

Einer mehr esoterischen oder mehr exoterischen Grundrichtung hinsichtlich der akademische Öffentlichkeit entspricht meist auch die Entscheidung darüber, ob man einen über die universitären Sphäre hinausgehenden sozusagen „volkspädagogischen" Impetus entwickeln und sich also auch Fragen der Popularisierung annehmen sollte. Erst durch die systematische Bestandsaufnahme von Friedrich Stadler wissen wir heute, wie stark sich etwa der „Wiener Kreis" in der Wiener Volksbildungsbewegung engagiert hat.[51] Andere philosophische Gruppen wiesen solche Popularisierungstendenzen als „Trivialisierung", „Verflachung" etc. von sich.[52]

1.6 Eine wichtige Sub-Kategorie philosophischer Gruppen: die Schulen i. e. S.

Von philosophischen Schulen ist oben schon im Vorübergehen die Rede gewesen. Um die vorgestellten Kategorisierungen und Kriterien schon provisorisch auf Fälle anzuwenden und auch um Übereinstimmungen und Divergenzen der vorgeschlagenen Terminologie mit gängigen Bezeichnungen kenntlich zu machen, werde ich die Kategorie „Schule" nun näher – auch anhand von Beispielen – diskutieren. Nach dem oben Gesagten ist die philosophische Schule i. e. S. als eine monokephale und monodisziplinäre Gruppierung mit einem Lehrer-Schüler-Verhältnis zu definieren. Sehen wir nun zu, wie weit wir mit dieser Definition bei einem wichtigen Testfall kommen.

Die Frankfurter Schule der kritischen Theorie erscheint wegen der relativen Geschlossenheit ihrer Lehre und wegen des Zusammenhalts ihrer Mitglieder sowie wegen ihrer langen, sich über eine Reihe von Generationen – vom Beginn der 30er Jahre bis in die Gegenwart – erstreckenden Lebensdauer auf den ersten Blick als der Paradefall einer Schule in der deutschen Philosophie. Aber in Wirklichkeit erfüllt sie nur eins der drei genannten Definitionsmerkmale: Sie ist zwar sicherlich – zumindest in ihrer klassischen Phase im amerikanischen Exil – eine *monokephale* Gruppe gewesen, die sich um den charismatischen Gründer Max Horkheimer scharte. Später, nach der Rückkehr aus dem Exil, wird man sie wegen des Gespanns Horkheimer/Adorno an ihrer Spitze eher als eine *duokephale* Gruppierung ansprechen müssen. *Monodisziplinär* philosophisch ist die Frankfurter Schule nie gewesen: Obwohl die meisten ihrer Mitglieder Philosophie als Haupt- oder Nebenfach studiert hatten, hatten sie doch zum Zeitpunkt ihrer Zugehörigkeit zur „Schule" ganz unterschiedliche Arbeitsschwerpunkte: außer der Philosophie noch Ökonomie, Sozialpsychologie, Literaturtheorie, Musiktheorie etc., häufig auch einige dieser Bereiche in Kombination miteinander. Es ist insofern auch kein Zufall, dass ihr erstes „Programm" ein interdisziplinäres Projekt ins Auge fasste. Es ging um eine Fragestellung,

> „... die nicht bloß gegenwärtig wirksam, sondern zugleich die aktuelle Fassung ältester und wichtigster philosophischer Probleme ist, nämlich um die Frage nach dem Zusammenhang zwischen dem wirtschaftlichen Leben der Gesellschaft, der psychischen Entwicklung der Individuen und den Veränderungen auf den Kulturgebieten im engeren Sinn, zu denen nicht nur die sogenannten geistigen Gehalte der Wissenschaft, Kunst und Religion gehören, sondern auch Recht, Sitte, Mode, öffentliche Meinung, Sport, Vergnügungswesen, Lebensstil u. s. f." (Horkheimer 1931/1985, 31 f.)

Entsprechend bekannte die Frankfurter Schule sich zu einer Haltung, die später zu Recht als „interdisziplinärer Materialismus" bezeichnet worden ist. (Vgl. etwa Dubiel 1978) Ihr Publikationsorgan, die „Zeitschrift für Sozialforschung", veröffentlichte entsprechend Aufsätze aus einer ganzen Reihe von Einzeldisziplinen, und ihr Besprechungsteil enthielt ebenfalls nicht nur philosophische Rezensionen.[53]

Auch von einem *Lehrer-Schüler-Verhältnis*, das man als konstitutiv für eine Schule i. e. S. ansehen wird, kann zur Blütezeit der Frankfurter Schule von ihrer Gründung bis einschließlich zum US-Exil keine Rede sein. Zwar waren einige ihrer Mitglieder ihrerseits Schüler (im Sinne von Doktoranden und/oder Habilitanden) eines Vorläufers gewesen, nämlich von Hans Cornelius.[54] Aber dieser war an der Gründung der Schule in keiner Weise beteiligt und spielte nie die Rolle eines Schulenoberhauptes. Max Horkheimer, der diese Rolle ausübte, war in der genannten Zeit des US-Exils, als er das unbestrittene einzige Haupt der Frankfurter Schule war, nie akademischer Lehrer auch nur eines einzigen Schülers. Insofern würde ich die klassische Frankfurter Schule eher als eine multidisziplinäre (mit philosophischem Schwerpunkt), monokephale Gruppierung ohne Lehrer-Schüler-Verhältnis definieren. Wenn man von ihrem ausgesprochenen Autoritätsgefälle einmal absieht, hat sie in ihrer praktischen Arbeit viel eher die Züge des (eher locker gefügten) Kreises an sich gehabt und wird insofern mit einigem Recht auch gelegentlich so genannt.

Dass die Frankfurter Schule als vermeintlicher Paradefall einer philosophischen Schule sich bei näherem Hinsehen als keine Schule im Sinne der oben angegebenen Definition erweist, sollte aber nicht zu dem Verdacht führen, es hätte in der deutschen Philosophie dieses Jahrhunderts überhaupt keine philosophischen Schulen i. e. S. gegeben. Als Gegenbeispiele möchte ich – außer den weithin bekannten Schulen des Neukantianismus, der Phänomenologie und der Lebensphilosophie – für den Anfang des Jahrhunderts die Schule des Neufriesianismus um Leonard Nelson und für die Bundesrepublik nach 1945 die Erlanger Schule des wissenschaftstheoretischen Konstruktivismus um Paul Lorenzen nennen. Beide haben zwar Mitglieder mit verschiedenartigen Schwerpunkten außerhalb der Philosophie, aber der disziplinäre Mittelpunkt liegt doch jeweils ganz ausdrücklich innerhalb dieses Fachs. Zweitens ist in diesen beiden Gruppierungen wie sonst vielleicht nirgendwo in der Philosophie ein sehr ausgeprägtes Autoritätsgefälle zwischen den charismatischen Schulenhäuptern und den übrigen Mitgliedern vorhanden.[55] Und schließlich ist in beiden Fällen das Autoritätsgefälle verbunden mit dem Unterschied von akademischem Lehrer und Schülern. Entsprechend einschneidend sind in beiden Fällen die Kontinuitätsfragen nach dem Tod des charismatischen Oberhaupts der Gruppierung ausgefallen.

Diese kurze Vorstellung einiger Fälle sollte gezeigt haben, dass die sozialen Organisationsformen in der deutschsprachigen Philosophie dieses Jahrhunderts wesentlich vielgestaltiger gewesen sind, als es ein undifferenziertes Reden vom „Schulwesen" nahe legen würde.

2. Diachrone Entwicklungen I: Gründung, Wachstum, Ausbreitung, Stagnation, Schrumpfung und Absterben *einzelner* philosophischer Gruppierungen

Die Gründung einer philosophischen Gruppierung ist in aller Regel kein Vorgang, der sich auf einen bestimmten Tag datieren lässt, sondern ein länger andauernder Prozess. Einzelne Ereignisse innerhalb eines solchen Prozesses sind aber ohne weiteres datierbar. Dazu gehört etwa die Publikation einer Programmschrift, mit der eine Schule etc. erstmals als solche an die Öffentlichkeit tritt, oder das erstmalige Erscheinen einer Zeitschrift. Am einfachsten lässt sich eine Schulengründung verfolgen, wenn ein tatkräftiger und sendungsbewusster Ordinarius neu an eine Hochschule kommt und dort eine programmatische Antrittsvorlesung hält.[56] Dann kann er nämlich unter Umständen aus dem Stamm seiner besten Studenten eine Gruppe formen, aus der sich dann später eine Schule herausbildet.

Komplizierter liegen die Dinge bei den multikephalen Gruppierungen. Dort gehen dem Schritt zur Gründung eines „Kreises" unter Umständen jahrelange informelle Treffen, Vorklärungen etc. voraus. Die Geschichte des Wiener Kreises ist hier besonders aufschlussreich. Denn hier wird in der neueren Sekundärliteratur die Vorgeschichte schon 20 Jahre vor der Publikation der Programmschrift „Wissenschaftliche Weltauffassung. Der Wiener Kreis" (Neurath u. a. 1931) datiert. Rudolf Haller hat nämlich auf die Existenz eines „ersten Wiener Kreises" hingewiesen, eines Diskussionszirkels von fortgeschrittenen Studenten noch vor dem ersten Weltkrieg, der die Keimzelle der späteren Gruppierung der 20er und 30er Jahre bildete. (Haller 1985) Beim deutschen Pendant zum Wiener Kreis, der „Berliner Gruppe" (vgl. dazu Danneberg u. a. 1994), hat diese Vorgeschichte eine Parallele in dem dichten Netz von Bekanntschaften und Vernetzungen im Rahmen der Bewegung der „Freistudentenschaft" (vgl. dazu Wipf 1994) kurz vor und zum Teil noch im ersten Weltkrieg. Mit anderen Worten: In die beiden Jahrzehnte vor dem ersten Weltkrieg fallen nicht nur die Institutionalisierung des Neukantianismus und die Gründung der phänomenologischen, lebensphilosophischen und neufriesianischen Schulen, sondern auch schon die Anfänge des späteren Wiener und Berliner Kreises. Das wirft die Frage auf: Was hat diese Jahrzehnte zu einem derart fruchtbaren Boden für die Gründung philosophischer Schulen gemacht?

Zunächst ist zu bedenken, dass Deutschland wegen der konfessionellen Spaltung und wegen der – dem späteren Kulturföderalismus – vorausgehenden Kleinstaaterei (auch hinsichtlich des Bildungswesens) schon immer ein günstiges Umfeld für eine weltanschauliche und politische Vielfalt gewesen ist, die auch die Bildung philosophischer Schulen begünstigt haben dürfte.[57] Seit der Reichsgründung und dann nach der Aufhebung der Sozialistengesetze ab 1890 kamen auch verstärkt politische Gegensätze in der Philosophie hinzu, die sich freilich vor der Revolution von 1918 nicht öffentlich artikulieren konnten, wenn sie links vom Liberalismus standen.[58]

Der Charakter jener Epoche, in die der *boom* der Schulenbildungen kurz nach der Jahrhundertwende fiel, war nun zusätzlich gekennzeichnet durch eine ungeheure Vielzahl von Neuerungen in den verschiedensten Bereichen der Wissenschaft, Kultur, Gesellschaft, Staat und Politik. Die schiere Menge dieser großen und kleinen Umwälzungen bietet eine so verwirrende Vielfalt, dass es schwer fällt, diese Umwälzungen auch nur einigermaßen übersichtlich anzuordnen und darzustellen. Gehen wir von der Philosophie selbst aus und schreiten dann in immer entfernteren Kreisen die einzelnen genannten Bereiche ab!

Schon im letzten Drittel des vorigen Jahrhunderts hatten sich einzelne Ausdifferenzierungen in der Philosophie abgespielt, die nach der Jahrhundertwende zu Abspaltungen führten. Hervorzuheben ist dabei die Psychologie, die sich – ausgehend von einigen Zentren wie Leipzig (mit Wilhelm Wundt) und Göttingen (mit Georg Elias Müller) – zunehmend naturwissenschaftlich experimentierend ausrichtete. Das führte zu erbitterten Streitigkeiten in der Philosophie über Stellenverteilungen und Mittelzuweisungen, die in ihren ideologischen Begleiterscheinungen als verschiedene Stadien des so genannten „Psychologismusstreites" bekannt sind.[59] Zu erwähnen ist aber ferner auch die Pädagogik, die sich zumeist aber erst nach der Revolution von 1918 als akademische Disziplin von der Philosophie abspalten und institutionalisieren konnte. Selbst in die frühe Institutionalisierung der Soziologie gingen (neben volkswirtschaftlichen und historischen) auch philosophische Elemente ein. Der Zuzug, den die Philosophie aus anderen Disziplinen (namentlich der Theologie[60]) erhielt, konnte den Saldo dieser Abwanderung bei weitem nicht ausgleichen.

Im Bereich der Hochschule wurde die Philosophie noch vor dem ersten Weltkrieg durch die Begleiterscheinungen zweier wissenschaftlicher Krisen in Mitleidenschaft gezogen, die sich für den Bereich zweier ihrer theoretischen Hauptdisziplinen auswirkten, nämlich Logik und Erkenntnistheorie. Die Logik wurde durch eine ganze Anzahl von mathematischen Paradoxien tangiert, von denen die prominenteste die russellsche der Mengenlehre ist. Die Grundlagen der Erkenntnistheorie, insbesondere ihre Kategorien von Raum, Zeit und Kausalität, wurden durch die einsteinschen Relativitätstheorien erschüttert.[61] In der weiteren Kultur, insbesondere der Kunst, setzten sich die Revolutionen fort: Der Beginn der abstrakten Kunst in der Malerei, der Übergang zur freien Atonalität (und später zum Zwölftonsystem) in der Musik erschütterten die Grundlagen der philosophischen Ästhetik. Schließlich zeichnete sich in Deutschland und Österreich ein Zusammenbruch des bisherigen politischen Systems und der Untergang seiner politischen Eliten und Autoritäten ab: Die Einführung der Demokratie stand vor der Tür, auch wenn sie sich erst nach dem verlorenen ersten Weltkrieg durchsetzen konnte. Der Übergang zum Prinzip der Volkssouveränität bildete – anders als in den westlichen Staaten, in denen er längst vollzogen war – in Deutschland und Österreich eine enorme Herausforderung auch für die philosophische Reflexion.

Diese Aufzählung ließe sich beliebig verlängern und ausdifferenzieren. Aber diese Andeutungen reichen schon aus, um plausibel zu machen: Es brach über die traditionelle Philosophie im deutschsprachigen Bereich aus allen kulturellen und gesellschaftlichen Bereichen ein derartiger Modernisierungsschub herein, dass an eine durch Einzelne zu leistende systematische Bestandsaufnahme und reflektierende Verarbeitung nicht zu denken war. Insofern war es in der Tat nahe liegend, die Vielfalt neuer Problemstellungen kooperativ im Rahmen eines arbeitsteiligen Programms anzugehen. Und dabei war es unausweichlich, dass verschiedene Schwerpunkte gesetzt wurden: Die einen Schulen (wie die Neukantianer und logischen Empiristen) kümmerten sich hauptsächlich um erkenntnistheoretische und logische Probleme, die anderen (wie die Lebensphilosophen) um historische und ästhetische[62], wieder andere um soziale und politische (wie z. B. später die Frankfurter Schule). Einzelne Gruppierungen konstruierten auch von ihren Ausgangspunkten her Verbindungen zwischen einigen dieser Bereiche.

Das Phänomen der Schulenbildung in der deutschsprachigen Philosophie dieses Jahrhunderts stellt sich von daher zunächst als etwas durchaus Positives dar: Es ermöglichte im Prinzip schnelle, arbeitsteilige Reaktionen auf die Vielzahl neu aufgetretener Probleme. In welchem Umfang und in welcher Weise die einzelnen Schulen auf diese Anstöße von außen reagiert haben, kann hier nicht im Einzelnen dargestellt werden.

Wenn nun eine philosophische Gruppierung ihre Arbeit aufgenommen hat, kann ihr weiteres Schicksal eine ganze Reihe von weiteren Phasen durchlaufen wie Wachstum und Ausbreitung, aber auch Stagnation oder schließlich Schrumpfung, Auseinanderbrechen und Absterben (unter Umständen unter Auslassen einiger dieser Stadien). In der philosophiegeschichtlichen Literatur werden derartige Verlaufsbeschreibungen öfters gegeben. So hat Arthur Drews in seiner Philosophiegeschichte über die Entwicklung des Neukantianismus, der mindestens bis zum Ersten Weltkrieg die akademische Philosophie in Deutschland beherrschte, 1921 ein interessantes Urteil abgegeben. Ich zitiere es hier, weil sich in ihm die Beurteilung eines behaupteten, inversen Zusammenhangs zwischen Quantität der Vertretung an den Universitäten und Qualität der philosophischen Produktion findet:

> „... die einseitige Beschäftigung mit Kant (hat, Verf.) eine Scholastik ins Leben gerufen ..., die an Gedankenarmut, Unfruchtbarkeit und Spitzfindigkeit hinter derjenigen des Mittelalters nicht zurücksteht! Man ... verstand es, durch beinahe unumschränkte Beherrschung der Katheder entgegengesetzte Denkweisen von den philosophischen Lehrstühlen möglichst fernzuhalten und Kant zum Philosophen schlechthin emporzuphantasieren. So ... drückte (der Neukantianismus, Verf.) trotz alles äußeren Gehabes und alles Anscheins vom Gegenteil die allgemeine philosophische Höhenlage nur immer tiefer, so tief hinunter, daß gegen das Ende des Jahrhunderts der äußerste Grad des allgemeinen philosophischen Niedergangs tatsächlich als erreicht angesehen werden konnte." (Drews 1921, 88 ff.)

Die hier stillschweigend vorausgesetzten methodischen Grundlagen für derartig harsche Urteile sind allerdings alles andere als klar. Eigentlich müsste zuvor diskutiert sein, wie man in der Philosophie generell so etwas wie Stärke- und Einflussmessung einerseits und Qualitätsbeurteilungen andererseits veranstalten will.

Zum dornenreichen letzteren Problem muss ich mich hier kurz fassen. Es liegt auf der Hand, dass die weit verbreitete Zugehörigkeit zu Schulen ein Relativismusproblem aufwirft. Denn es scheint, als seien Qualitätsurteile selbst über Beiträge zu philosophischen Detailproblemen nur relativ zur angewandten philosophischen Methode (und damit mittelbar eben zum *credo* einer Schule) abzugeben. Leonard Nelson hat in seinem Aufsatz „Über die Bedeutung der Schule (im Singular, Verf.) in der Philosophie" im krassen Gegensatz zum Pluralismus und Relativismus der Schulen geschrieben:

> „... die Wahrheit selbst ist einseitig, parteiisch und intolerant. Es macht gerade ihr Wesen aus, daß sie die unendlich vielen möglichen von ihr abweichenden Vorstellungen als Irrtum ausschließt. Sie läßt sich nicht wie ein Mosaik aus den verschiedenen einander widerstreitenden Schulmeinungen zusammensetzen. Wer diese gleichmäßig neben einander gelten lassen will, muß auf Wahrheit überhaupt verzichten. Demgemäß kann auch nur eine philosophische Schule recht behalten. Und die Wahl zwischen den verschiedenen Schulen kann uns also nicht erspart bleiben." (Nelson 1918, 44 f.)

Wer eine relative Bewertung der Leistungen philosophischer Schulen versuchen will (und die ist auch für eine Soziologie der Philosophie unerlässlich[63]), wird sich allerdings weder auf einen uferlosen Relativismus noch auf den nelsonschen Standpunkt der genau einen Wahrheit festlegen können. Vielmehr muss man darauf setzen, dass zum einen über die Zulässigkeit und Relevanz von Teilgebieten, Themen und Problemen der Philosophie Urteile auch unabhängig von Schulenzugehörigkeiten möglich sind. Diese Zuversicht ist heutzutage inzwischen besser fundiert als noch vor einigen Jahrzehnten, als etwa Vertreter des logischen Positivismus noch eine rationale Beschäftigung mit Ethik und Ästhetik für ein Ding der Unmöglichkeit erklärt haben. Auch ein Urteil darüber, ob und in welchem Umfang sich die philosophischen Schulen den Verhältnissen des 20. Jahrhunderts gewachsen gezeigt haben, erscheint mir ohne Rückgang auf ihren eigenen Lehrbestand möglich.

Relative Bewertung ist natürlich etwas anderes als eine rein empirische Einflussmessung. Solche Messungen sind schon in anderen Fächern schwer genug. Immerhin hat man dort aber schon seit einigen Jahrzehnten entsprechende Messinstrumente herausgebildet wie die Zirkulation von *Preprints* in „invisible colleges", die Auszählung von Zitationen etc. Allerdings darf man die Aussagekraft derartiger metrischer Verfahren schon in den Disziplinen nicht überschätzen, für die sie vor allem entwickelt wurden, nämlich in den Naturwissenschaften und insbesondere der Physik. In der Philosophie gibt es einen regelmäßig publizierten *Citation Index* nicht, und das hat – abgesehen vielleicht von der Abneigung der Philosophen gegen numerische Verfahren – auch einen nahe liegenden Grund. Citations-Indexe beziehen sich auf die Auswertung von Zitationen in Zeitschriften. Aber in einigen Geisteswissenschaften – wie dann insbesondere in der Philosophie – ist nach wie vor die – weniger der Aktualität verpflichtete – Monographie eine weit verbreitete Publikationsform. Man könnte hier an zusätzliche Indizien wie die Auflagenhöhe oder die Rezensionen von solchen Publikationen denken.

Es kommt hinzu, dass Instrumente wie die Auszählung von Zitationen (aber auch die Anzahl von Rezensionen etc.) den Einfluss einer wissenschaftlichen Gruppierung nur unter dem *Forschungsaspekt* thematisieren. Dagegen müssen bei philosophischen Schulen auch andere Aspekte berücksichtigt werden wie zum Beispiel die Heranziehung von *wissenschaftlichem Nachwuchs* oder das Einwirken auf eine weitere disziplinäre, universitäre und auch weitere *Öffentlichkeit*. Messungen dieser zusätzlichen Dimensionen zu veranstalten, die mit Forschungsleistungen ja nicht identisch sind, wird vielleicht in anderen wissenschaftlichen Disziplinen als weniger vorrangig angesehen. Man geht in den Naturwissenschaften offenbar meist stillschweigend davon aus, dass Forschungsleistung wissenschaftliches Prestige verschafft und dies dann wieder für Personalentscheidungen beim akademischen Nachwuchs ausschlaggebend wird. Diese funktionalistische Vorstellung scheint mir schon für Disziplinen etwas weltfremd, wo ein deutlicher Selektionsdruck für wissenschaftliche Ergebnisse durch Erfahrung und Experiment herrscht.[64] In einer Disziplin wie der Philosophie, wo die Relevanz von Problemen, Themen, Schwerpunkten und Vorgehensweisen mehr als anderswo relativ zum Programm ist, auf das man sich qua Schulenmitglied verpflichtet fühlt, kann von derartigen funktionalistischen Erwägungen natürlich noch viel weniger die Rede sein.

Wenn man nun aus solchen Gründen die Nachwuchsrekrutierung als separate Einflussgröße erfasst, kommt man auf eine Kette weiterer, durchaus messbarer Größen. Man veranschaulicht sich diese am besten anhand der Stufen einer akademischen Karriereleiter. Am Anfang stehen *Hörer- und Studentenzahlen*. Diese scheinen einigermaßen leicht zu beschaffen zu sein, sind es aber in Wirklichkeit nicht, weil die amtliche Statistik im deutschsprachigen Bereich nicht so weit aufgefächert ist, dass sie ein relativ kleines Fach wie die Philosophie noch separat erfasst.[65] Nur in relativ seltenen Fällen haben sich detaillierte Zahlenangaben, etwa über den Seminarkartenverkauf oder die Abrechnungen von Hörergeldern, erhalten. Diese Aufstellungen brechen aber mit der Abschaffung der institutionellen Regelungen, auf denen sie beruhen, in den 70er Jahren ab. Selbst wenn man diese Angaben in einiger Breite hätte, wäre ihre Aussagekraft beschränkt: Wegen der relativ großen Zahl von Studierenden aus anderen Fächern, die Philosophie traditionellerweise als Neben- oder Beifach studieren müssen, ist nicht ohne weiteres zu ermitteln, welche davon tatsächlich Fachstudenten sind.

Anders sieht es dann natürlich schon bei der ersten größeren Hürde der Karriereleiter aus, der *Promotion*. Hier gelten zwar nach wie vor die Nachteile der amtlichen Statistik, aber hier führen die Universitätsarchive (jedenfalls im günstigen Falle) vollständige Akten. Diese enthalten jeweils auch Angaben über den – insofern auch individuell genau zuordenbaren – Doktorvater. Vereinzelt sind schon Listen der Dissertationen für einzelne Schulen über größere Zeiträume veröffentlicht worden.[66] Aber erst, wenn man solche Daten für alle einschlägigen Gruppierungen hätte, könnte man zu genaueren „Kräfteverteilungen" unter den einzelnen Schulen kommen.

Es ist natürlich die Frage, was aus einem philosophischem Doktor nach abgeschlossener Dissertation dann beruflich wird. Die Philosophie ist im deutschsprachigen Bereich sicher eines der Fächer mit dem schmalsten Berufsfeld. Zwar ist die Breite dieses Felds im zwanzigsten Jahrhundert gewissen Schwankungen unterworfen gewesen wie etwa der Einführung der Philosophie als Beifach im Lehrerstudium oder dessen Abschaffung in der Zeit des Nationalsozialismus.[67] Aber auch die Wiedereinführung der Philosophie als Schulfach in den 70er Jahren in Deutschland hat wenig daran geändert, dass die hauptsächliche intendierte Berufsperspektive von Hauptfachstudierenden der Philosophie und insbesondere von promovierten Philosophen die akademische Karriere geblieben ist. Das unterscheidet sie selbst von den meisten übrigen Orchideenfächern der geisteswissenschaftlichen Fachbereiche und Fakultäten.

Wie in den allermeisten anderen akademischen Disziplinen auch dürfte die *Habilitation* in der Philosophie der entscheidende Schritt auf dem Weg zur Hochschullehrerkarriere sein. Darüber führen die Universitätsarchive natürlich erst recht genau Buch. Eine ganze Reihe von Universitäten hat die Listen der Hochschullehrer (zum Teil inklusive der Privatdozenten) auch inzwischen veröffentlicht.[68] Allerdings ist die Habilitation, weil sie von der gesamten Fakultät abgenommen wird, nicht in dem Maße wie die Promotion individuell einem „Habilitationsvater" zuordenbar. Aber oft wird sich der Anreger, Begleiter etc. der Habilitation ohne weiteres ermitteln lassen, spätestens aus dem Vorwort der gedruckten Habilitationsschrift.

Schließlich ist die oberste Sprosse der Karriereleiter erklommen, wenn eine *Berufung* des Habilitierten gelungen ist. Dieser Schritt ist von allen Stufen der akademischen Karriereleiter am wenigsten unmittelbar dem Schutz eines Schulenoberhauptes zurechenbar. Da Berufungen in aller Regel an andere Hochschulen erfolgen (sollen), wird man direkte Einwirkungsversuche auf einen Berufungsvorgang von außerhalb meist nicht einmal durch Universitätsakten, sondern nur durch Briefwechsel nachweisen können.

Wenn man nun Einflüsse von philosophischen Schulen hinsichtlich der Rekrutierung und Unterbringung akademischen Nachwuchses messen will, muss man die Ausgangsbasis (in absoluten Zahlen) und die jeweiligen „Übergangsquoten" bei den verschiedenen Schritten der Karriereleiter ermitteln. Wegen der Unwägbarkeiten der Studentenzahlen in der Philosophie sollte man vielleicht besser die Zahl von Promotionen als Ausgangsbasis nehmen und sich auf die späteren Übergänge Promotion/Habilitation und Habilitation/Berufung beschränken. Der Vergleich dieser drei Größen im Zeitverlauf dürfte der beste quantitative Indikator für eine progressive, stagnierende oder zurückgehende Tendenz philosophischer Gruppierungen sein.

Wie gesagt, sind für den Einfluss von philosophischen Gruppierungen die Dimensionen „Forschungsleistung" und „Nachwuchsrekrutierung" sicherlich die wichtigsten. Wegen eines kaum vorhandenen Berufsfeldes außerhalb von Hochschulen fällt die in fast allen anderen akademischen Fächern vorhandene Dimension „Berufsqualifikation" im Fall der Philosophie weitgehend mit der Rekrutierung von akademischem Nachwuchs zusammen. Wie sich nun die genannten Dimensionen zueinander verhalten, ist nicht leicht zu bestimmen. Es ist nicht nur logisch möglich, dass eine Schule in der Nachwuchsrekrutierung und -vermittlung durchaus erfolgreicher ist, als es ihre Forschungsleistung vielleicht rechtfertigen würde, sondern, wie wir am obigen Zitat über den Neukantianismus gesehen haben, womöglich auch historisch tatsächlich so gewesen. Auch kann es vorkommen, dass das Verhältnis der beiden Bestimmungsgrößen sich im Zeitverlauf ändert. Eine Schule, die sich anfangs durch Forschungsleistungen ausgezeichnet hat, kann vielleicht nach einiger Zeit in dieser Hinsicht nachlassen, während sie dann immer noch (oder sogar mehr als früher) Einfluss auf die Nachwuchsrekrutierung hat oder allererst gewinnt.

Ein Auseinandertreten von Forschungsleistungen und Einflüssen auf die Nachwuchsrekrutierung in der deutschen Philosophie ist natürlich besonders für diejenigen Zeitabschnitte zu registrieren, in denen Zuteilungen von Chancen in der Universität administrativ reglementiert und von politischen Vorleistungen abhängig gemacht wurden wie in der Zeit des Nationalsozialismus und der SBZ/DDR. Aber die Einschätzung, diese Bestimmungsgrößen könnten nicht auch unter demokratischen Verhältnissen auseinander treten, ist eher ein frommer Wunsch als eine zutreffende Zustandsbeschreibung.

3. Diachrone Entwicklungen II: Probleme bei einer *Mehrzahl* von Schulen

Wir haben bisher absichtlich von dem Umstand abgesehen, dass es zu einem gegebenen Zeitpunkt eine Mehrzahl von wissenschaftlichen Gruppierungen geben kann. Für die Naturwissenschaften und insbesondere für die Physik hat Th. Kuhn eine solche Pluralität – zumindest für die üblichen

Perioden „normaler Wissenschaft" – bestritten und stattdessen eine „paradigm-monopoly-thesis" vertreten. Ob seine These für die Physik zutrifft, braucht uns hier nicht zu beschäftigen. Denn das ist klar: Für die deutschsprachige Philosophie des 20. Jahrhunderts wäre eine These vom Monopol einer einzigen philosophischen Option nur für die Zeit der deutschen Diktaturen plausibel.[69] Meiner Ansicht nach ist es aber in der Zeit des Nationalsozialismus – unter anderem wegen dessen relativ geringer Lebensdauer, die eine Herausbildung und festere Etablierung einer genuin nationalsozialistischen Philosophie noch nicht zuließ – nicht einmal zur Herausbildung einer „spezifisch nazifaschistischen Variante der Philosophie" gekommen, wie etwa Monika Leske behauptet hat.[70] Auch die marxistisch-leninistische Philosophie der DDR hat sich dort erst nach einer längeren Periode einer Koexistenz mit „bürgerlicher" Philosophie im Rahmen eines „antifaschistisch-demokratischen Bündnisses" durchsetzen können.[71] Das heißt aber für alle übrigen Perioden: Die deutschsprachige Philosophie ist jeweils durch eine Pluralität miteinander koexistierender Angebote und ihrer sozialen Träger geprägt.

Unter diesen verschiedenen Schulen kann es nun ganz verschiedene Arten der Interaktion bzw. Non-Interaktion geben.

Die bloße Nichtbeachtung wäre nur dann als sozusagen Minimalstufe der Interaktion anzusetzen, wenn sie eine intentionale wäre, also Indifferenz. Dem stehen dann gegenüber
- positive Interaktion: Kontakt, Kooperation, Verschmelzung;
- negative Interaktion: Konflikt, Konkurrenz.

Derartige Prozesse hat es in der deutschen Philosophie vielfältig gegeben: Man denke bei der positiven Interaktion etwa an die Kontakte zwischen Phänomenologie bzw. Existentialontologie einerseits und Lebensphilosophie andererseits schon in den 20er Jahren[72] oder an das Aufeinanderzugehen von jüngerer Frankfurter und Erlanger Schule in den 70er Jahren. Für negative Interaktion seien die berühmte Davoser Kontroverse zwischen Heidegger und Cassirer als Oberhäupter ihrer jeweiligen Schulen genannt. (Vgl. dazu Gründer 1988 und Lynch 1990) Besonders interessant ist bei solchen Prozessen, wenn es zu Wechseln in der Art der Interaktion kommt, also etwa von Kooperation und Streit oder umgekehrt. Einen Fall der erstgenannten Art, die Wendung von der Kooperation zur Konfrontation zwischen logischem Positivismus und kritischer Theorie in den 30er Jahren, habe ich an anderer Stelle ausführlicher dargestellt. (Dahms 1994)

4. Konkurrenz- und Generationsproblem kombiniert

Für den Fall der naturwissenschaftlichen *scientific communities* haben Griffith und Mullins einmal die auf den ersten Blick paradox anmutende Parole geprägt,

> „die Strafe des Erfolgs, gleich, ob er an bestimmten Zielen oder in der Bekehrung einer Disziplin zu einem neuen Standpunkt gemessen wird, [ist] der Tod der Gruppe als einer eigenständigen sozialen und intellektuellen Einheit". (Griffith/Mullins 1974, 236)

Das ist so gemeint: Sobald eine solche Gemeinschaft sich mit ihrem Ansatz einmal durchgesetzt hat, wird er derartig vom Rest der Disziplin absorbiert und aufgegriffen, dass sich die Existenz der vormaligen Gruppe sozusagen erübrigt. Die größte Lebensdauer einer der von ihnen untersuchten Gruppierungen betrug auch nur 15 Jahre; dann war der Absorptionsprozess vollzogen (ebenda).

Kann man das von den Schulen in der deutschsprachigen Philosophie des 20. Jahrhunderts auch behaupten?

Hier scheint das genaue Gegenteil der Fall zu sein. Erstens kann von einer Durchsetzung eines philosophischen Paradigmas und seiner nachfolgenden vollständigen Absorption durch die entsprechende *scientific community* der Disziplin, wie gesagt, nicht die Rede sein. Vielmehr ist zu beobachten, dass nach einem zeitweisen Rückgang des Schulenwesens mittlerweile auch zwischenzeitlich mehr oder weniger ausgestorbene Optionen eine Renaissance erleben, mithin das philosophische Schulenwesen in größerer Blüte steht als je zuvor. Zweitens gibt es hier (mit Ausnahme der erst nach dem zweiten Weltkrieg begründeten Erlanger Schule und des kritischen Rationalismus) keine einzige Philosophenschule, die nicht bereits spätestens bis zum Ende der 20er Jahre an die Öffentlichkeit gegangen wäre. Die allermeisten deutschen Philosophenschulen haben also bereits mehrere Generationen nicht nur von Schülern, sondern auch Lehrern hinter sich.

Das Altern all dieser Schulen ist an der Wahl der Arbeitsschwerpunkte und dem Gehalt ihrer Resultate nicht spurlos vorbeigegangen. Im ersten Drittel des 20. Jahrhunderts gab es, wie beschrieben, eine derartige Vielfalt von wissenschaftlichen und künstlerischen Revolutionen, von sozialen und politischen Innovationsschüben, dass es den philosophischen Richtungen schwer fiel, mit dem in der Gesellschaft vorgelegten Modernisierungstempo auch nur einigermaßen Schritt zu halten. Insofern überrascht es auch nicht, dass einzelne philosophische Gruppierungen lieber ganz bei der überschaubar bleibenden Philosophiegeschichte blieben.[73] Zudem begannen die Schulen, sich gegeneinander abzuschließen; die Verabsolutierung des eigenen Standpunkts steigerte sich gelegentlich bis hin zu einer Art von Sektenbildung, ein übertriebener Hang zur Polemik breitete sich aus und führte oft zu einer öden Schwarzweißmalerei.

Edgar Zilsel hat die Ambivalenz des Schulenphämomens und den Umschlag von einer progressiven Phase des Aufbruchs in eine Periode scholastischer Erstarrung – oder, in seinen Worten, von der „freien Zusammenarbeit an gemeinsamen Problemen" zu „Schuldogmatismus, Schulkameraderie und Schulzank" – an einem hübschen Gleichnis verdeutlicht:

> „In der soziologischen Entwicklung der Philosophenschulen vollzieht sich nämlich ein ähnlicher Vorgang wie in der biologischen Entwicklung der Zweihufer. Die Hörner der Zweihufer dienen ursprünglich wohl zur Abwehr der Raubtiere; da aber auch die brünstigen Männchen gegeneinander anzurennen pflegen, werden die Hörner und Geweihe der konkurrierenden Böcke im Ablauf der Generationen schließlich so lang und so verkrümmt, daß sie nur gegen Rivalen, gegen Raubtiere aber überhaupt nicht mehr verwendbar sind. Sind die Hörner unserer Schulphilosophen vielleicht auch deshalb so ungeeignet, die wirklichen Probleme der Gesamterfahrung aufzuspießen, weil sie so häufig gegen die philosophischen Rivalen gekehrt werden?" (Zilsel 1930, 417 f.)

Mit zunehmender Lebensdauer der philosophischen Schulen verändert sich ihre Schwerpunktsetzung. Das Gewicht der Traditionspflege gegenüber systematischer Arbeit nimmt immer mehr zu: Editionen von Werken und Korrespondenzen der Schulengründer[74] bzw. der ersten Schüler- bzw. Mitgliedergeneration, die Herausgabe von Korrespondenzen[75] und anderer Nachlassmaterialien gewinnen immer mehr an Gewicht. Der schiere Umfang einer Vielzahl solcher Editionen ist mittlerweile so angewachsen, dass nur noch ausgesprochene Spezialisten den Überblick über die Sekundärliteratur zu einem einzigen bekannten Autor behalten können. Andere Philosophen genauer zu kennen oder einen Überblick über aktuelle systematische Entwicklungen des Fachs halten zu können, wird allmählich zu einem Ding der Unmöglichkeit. In kaum einem anderen Land der Welt dürfte die Traditionspflege in der Philosophie derart hypertroph ausgebildet sein und einen derartig großen Anteil der öffentlichen Wissenschaftsförderung verzehren.[76]

Korrelativ nimmt das Gewicht der Schwerpunkte, die das frühere Interesse am Programm der Schule geweckt hatten, immer mehr ab. Einen thematischen Zusammenhang mit Grundlagenfragen der aktuellen Mathematik und Naturwissenschaften, wie sie etwa die Gründung des Wiener Kreises noch motiviert hatte, wird man in der gegenwärtigen deutschen analytischen Philosophie immer weniger beobachten. An ihre Stelle ist auf weite Strecken eine zusammenfassende und kommentierende Scholastik getreten.[77] Auch weite Teile der früheren Frankfurter Schule üben sich im Versuch, eine Orthodoxie gegenüber denjenigen ihrer früheren Anhänger aufrecht zu erhalten, die sich inzwischen transatlantischen Philosophieangeboten geöffnet haben.

Es tritt auf breiter Front das ein, was Edgar Zilsel so beschrieben hat:

> „Da die Bindung an eine vaterähnliche Autorität zu den allerwirksamsten Gefühlen des Menschen gehört und da das ganze Selbstgefühl der meisten Schüler nur auf ihrer Schultreue beruht, pflegen Schulen zu ganz merkwürdig widerstandsfähigen Gebilden zu verholzen". (Zilsel 1930, 417)

Was kann man sich konkret unter jener „Verholzung" vorstellen? Ich sehe eine derartige Verholzung dann gegeben, wenn der Aspekt der Nachwuchsrekrutierung und -vermittlung, also alles, was die Reproduktion und damit das Überleben der Schule sichert, gegenüber den inhaltlichen Aspekten des Fortschritts der Disziplin die Oberhand gewinnt. Ohne dies hier im Einzelnen belegen zu können, vermute ich, dass dieser Prozess inzwischen längst alle deutschsprachigen philosophischen Schulen erreicht hat, wenngleich vielleicht in unterschiedlichem Grade.

Zilsel hat für die Entwicklung der Schulen dem Typ nach eine sozialpsychologische Erklärung skizziert. Danach ist es das einer Vater-Sohn-Beziehung ähnliche Verhältnis von Lehrer und Schüler, die den Zusammenhalt innerhalb einer Schule stiftet und aufrechterhält. Eine derartige Bindung enthält eine Mischung von rationalen und irrationalen Elementen. Einen rationalen Kern hat sie, insofern der „Sohn" Orientierungs- und Verhaltensstabilität an der erfahrenen Sachautorität gewinnt, der „Vater" bekommt die Gelegenheit, seine „Option" über seine eigenen Lebensspanne hinaus auf Dauer zu stellen und zu erweitern.[78] Hinsichtlich der von Zilsel herausgestellten Gefühlskomponenten der Bindung könnte man daran denken, die Existenz der Bindung noch durch tiefenpsychologische Theorien zu unterfüttern. Aber es ist die Frage, ob eine derartige Erklärung weiterhilft, die sozialpsychologische Aspekte in den Vordergrund stellt.

Schulenbildung in der deutschsprachigen Philosophie des 20. Jahrhunderts

Wenn es denn wahr ist, dass sich im Laufe des 20. Jahrhunderts der Aspekt der Selbstreproduktion immer mehr gegenüber inhaltlichen Entwicklungen verselbständigt hat, ist es nahe liegender, die Frage der Nachwuchsrekrutierung zum Angelpunkt einer Erklärung zu nehmen. Das soll im Folgenden geschehen.

Meine These ist, dass die philosophischen Schulen sich zunehmend zu akademischen Stellenvermittlungsagenturen umgebildet haben. Die These als solche ist keineswegs neu. Helmuth Plessner hat sie schon Mitte der 20er Jahre so formuliert:

„Dieser eminente Wagnischarakter der akademischen Laufbahn ... ist dem modernen Forschungstyp förderlich, ja, man kann sagen, spezifisch angepaßt. Der Privatdozent kann das Wagnis verringern und seine Chancen vergrößern, indem er sich entweder einem oder mehreren offiziellen Fachvertretern attachiert (ihre Arbeiten fortsetzt usw.), das heißt in Schülerstellung als Geselle eines Meisters, als Glied einer Schule verharrt – und hier haben wir den soziologischen Grund für Schulenbildungen an Universitäten –, oder indem er eine neue Wissenschaft mit eigenem Gebiet und eigener Methode zu begründen sucht." (Plessner 1925, 24)

Diese Formulierungen sind noch etwas zurückhaltend gewählt, wohl unter anderem, weil sie ganz allgemein gehalten sind (sich also nicht nur auf den besonders drastischen Fall der Philosophie beziehen). Sie wurden auch zu einem Zeitpunkt publiziert, als das Schulenwesen seine maximale Ausdehnung noch nicht erreicht hatte.[79] Außerdem verzichtet Plessner darauf, die Mechanismen der Risikovorsorge im Detail zu studieren. Letzteres soll im Folgenden geschehen. Dabei werde ich mich im Unterschied zu Plessner
1) auf die Philosophie konzentrieren,
2) ihr Funktionieren über die Mitte der 20er Jahre hinaus verfolgen und
3) ein konkretes Modell für den Mechanismus der von ihm angesprochenen Risikominimierung angeben.

M. E. kann man sich diese am besten nach einer *Versicherungsanalogie* vergegenwärtigen. Eine Versicherung schließt man im Allgemeinen ab, um sich gegen Risiken zu wappnen. Das größte Risiko eines Philosophendaseins ist die sprichwörtliche „brotlose Existenz", die nach Plessners Worten im Kollektiv eine „massa perditionis" ausmacht. Dieses Risiko des Scheiterns dürfte im Fall der Philosophie größer sein als in jedem anderen akademischen Bereich. Denn einerseits ist hier die Berufsperspektive sehr schmal. Sie beschränkt sich nach wie vor im Wesentlichen auf die Selbstreproduktion des akademischen Fachs. Anders als in traditionellen geisteswissenschaftlichen Bereichen gibt es hier kaum Ausweichkarrieren wie Lehrer, auch Pfarrer etc. Andererseits ist – inzwischen wohl weniger wegen des traditionellen Prestiges des Fachs als „Königin der Wissenschaft" als vielmehr wegen ihrer Funktion als orientierende Generalistendisziplin – der Andrang zum Studium immer noch höher als in anderen ausgesprochenen „Orchideenfächern". Das Zusammentreffen dieser beiden Faktoren – geringe Breite des Berufsfelds und noch relativ großer Andrang zum Studium – macht das Risiko hier größer als sonst irgendwo und lässt den Drang, sich gegen dies Risiko zu „versichern", entsprechend zweckrational erscheinen. Hinzukommt, dass sich die zu überbrückende Zeit von der Promotion bis zur ersten Hochschullehrerstelle seit dem Beginn des Jahrhunderts dramatisch verlängert hat. Im Wilhelminischen Kaiserreich war der frisch gebackene Privatdozent nach dreijährigem Studium und einjähriger Promotion in der Regel jedenfalls deutlich unter dreißig Jahren alt. Mittlerweile ist dies Durchschnittsalter in den Geisteswissenschaften – nach erheblicher Verlängerung des Studiums, der Einführung weiterer Qualifikationsschritte wie den Zwischenprüfungen während desselben, dem Staatsexamen oder dem Magister als ersten Studienabschlüssen sowie den gegenüber früher gewaltig gestiegenen Ansprüchen an Dissertation und Habilitationsschrift – auf inzwischen über 40 Jahre angewachsen. In der Philosophie dürfte sie noch darüber liegen. Das macht die gestiegene Brisanz des Risikos und die Notwendigkeit der Risikovorsorge deutlich.

Es lohnt sich deshalb, die Versicherungsanalogie noch etwas im Detail zu verfolgen.[80] Danach ist zunächst einigermaßen klar, wer die Gegenstücke zum Versicherungsnehmer und zur Versicherungsagentur im akademischen Bereich sind: nämlich der Nachwuchswissenschaftler, der die Police erwirbt, und die wissenschaftliche Schule mit ihrem Schulenoberhaupt, der als Geschäftsführer agiert. Worin besteht nun aber der Versicherungsvertrag, insbesondere die zu zahlende Prämie und die Auszahlung? Ich behaupte, dass als *Prämie* im Falle der wissenschaftlichen Schulen jegliche Loyalitätsbezeugung gegenüber der Schule und insbesondere gegenüber ihrem Schulenoberhaupt anzusprechen ist. Dazu gehört schon die Akzeptierung von Themen und Fragestellungen bei Qualifikationsarbeiten, die in den Rahmen der Schule „passen", die bevorzugte Verarbeitung und Zitation von Arbeiten anderer Schulenmitglieder und insbesondere des Schulenoberhaupts. Ferner sind dazu zu zählen jene Arbeiten, die den Autor unmissverständlich als Angehörigen der Schule ausweisen, wie etwa die Beiträgerschaft in Festschriften oder das Verfassen von Nachrufen. Auch eventuelle Gefälligkeitsrezensionen gehören in diese Kategorie. Als *Auszahlung*en stehen dem gegenüber die Betreuung und der institutionelle Schutz von Qualifikationsarbeiten (insbesondere von Dissertationen und Habilitationsschriften) sowie die spätere Unterstützung bei der Einwerbung von Drittmitteln oder bei der Bewerbung auf Dauerstellen.

Das Prosperieren einer Schule ist dem Modell zufolge proportional dem Verhältnis von Prämie und Auszahlung: Solange die Auszahlung erfolgt, zieht die Schule akademischen Nachwuchs an und erzielt von ihm Einzahlungen. Die Schule reproduziert sich so. Sobald ihr insbesondere der Vermittlungserfolg in akademische Karrieren versagt wird, stagniert sie oder stirbt ab.

Eine Überprüfung dieses Modells auf seine empirische Triftigkeit ist nicht ganz einfach, da die miteinander konkurrierenden Schulen ja nicht gleichmäßig mit der gleichen Anzahl von gleich qualifizierten Studenten versorgt werden und dann von dieser Grundlage aus „wirtschaften" können. Vielmehr gibt es zu jedem gegebenen Zeitpunkt schon eine Reihenfolge der Vermögenden und der Habenichtse, die sich tendenziell beliebig lange mit vollem Recht reproduzieren könnten. Denn die besser ausgestatteten Schulen zögen auch die besseren Schüler an, die dann ihrerseits wieder in größeren Zahlen in Professuren vermittelt würden.

Mit dieser Einschränkung könnte eine empirische Bewährung auf verschiedene Weise erfolgen. Als Erstes würden dazu die *positiven* Fälle gehören, die der skizzierten Logik entsprechen: Man müsste für die verschiedenen Schulen Zeitreihen bilden, die die Qualifikations- und Vermittlungsschritte auf der Zeitachse auftragen und diese dann untereinander vergleichen. Dann würde man herausbekommen, ob das anderweitig ermittelte Prestige einer Schule diesem Modell entspricht. Man sollte aber auch die sozusagen *negativen* Fälle berücksichtigen, die, obwohl sie nicht der skizzierten Logik entsprechen, die Hypothese bestätigen können. Dazu würde die Beobachtung von philosophischen Karrieren gehören, die sich außerhalb einer Schule abgespielt haben. Dazu würden z. B. die Erfolge der Nachwuchsrekrutierung bei großen Einzelfiguren der deutschen Philosophie wie Karl Jaspers, Ernst Troeltsch, Hans Driesch oder später Carl-Friedrich von Weizäcker gehören. Sie sind fast alle als Seiteneinsteiger aus anderen Disziplinen wie der Psychiatrie, Theologie, Biologie und Physik zur Philosophie gekommen und haben dort dann aber – aus welchen Gründen auch immer – nicht oder nur sehr eingeschränkt schulenbildend wirken können. Es scheint, dass sie alle – sozusagen als Kompensation für eine ausgebliebene Schulenbildung[81] – mit zunehmender Lebensdauer den Zugang zu einer breiteren kulturellen und politischen Öffentlichkeit gesucht haben. Zu den Bestätigungsinstanzen würden auf der Seite des Nachwuchses auch jene untypischen Fälle von Personen gehören, die zwischen verschiedenen Qualifikationsschritten (wie zwischen Promotion und Habilitation) die Schulenzugehörigkeit gewechselt haben bzw. wechseln mussten. Meine Hypothese hier wäre, dass solche Verlaufsformen mit wenigen Ausnahmen (wie etwa bei Jürgen Habermas) gleichzeitig zum Ende der akademischen Karriere geführt haben.

5. Die Schulen in der deutschsprachigen Philosophie des 20. Jahrhunderts. Ein Forschungsprogramm

Um die Adäquatheit des beschriebenen Ansatzes zu testen, sollte er an einer hinreichend großen Population untersucht werden, möglichst an einer Gesamtdarstellung der deutschen Philosophie dieses Jahrhunderts.

Dabei wären in einem ersten Schritt diejenigen kollektiven Gebilde herauszupräparieren, die man als einigermaßen dauerhafte und einflussreiche Schulen, Kreise etc. identifizieren könnte[82], mit all den Charakteristiken, die oben genannt worden sind. Das könnte zum größten Teil schon aufgrund der inzwischen – insbesondere in den letzten 10 Jahren – ziemlich reichlich erschienenen Sekundärliteratur geschehen. Diese müsste allerdings entsprechend durch eigene Recherchen ergänzt und vor allem auf das oben angegebene einheitliche „Format" gebracht werden.

Sodann könnte man einmal zusammenstellen, welche Karrieren in der Philosophie überhaupt gemacht wurden und welche davon von einer Schule ausgingen. Das ließe sich durch den Vergleich der Philosophiestellen an den deutschen Universitäten (nach dem „Kürschner") mit den Promotions- und Habilitationslisten der einzelnen Universitäten einigermaßen zuverlässig ermitteln. Man hätte durch den Vergleich von schulenfreien und schulenbezogenen Karrieren gleichzeitig ein Maß für die Triftigkeit des beschriebenen Ansatzes zur Verfügung.

Schließlich wären die Konjunkturen des Schulenwesens überhaupt sowie das Auf und Ab der einzelnen Schulen zu untersuchen. Das könnte man rein äußerlich durch die oben beschriebenen Zeitreihen von Qualifikations- und Vermittlungsschritten ermitteln. Dabei wird man zweifellos die Beobachtung machen, dass günstige Konjunkturen für die einen Schulen und ungünstige für die anderen sich nicht ausschließlich durch das freie Spiel der Kräfte auf dem Versicherungsmarkt für philosophischen Nachwuchs eingespielt haben, sondern durch andere Faktoren überlagert wurden. Dazu gehören natürlich vor allem jene administrativen Eingriffe in das „Marktgeschehen", wie sie etwa in den beiden deutschen Diktaturen vorgekommen sind bzw. so zur Regel wurden, dass die Pluralität der Schulen und das mit ihrer Konkurrenz untereinander verbundene Regulierungssystem teilweise oder ganz suspendiert wurden. Sie könnten dazu verleiten, die Dominanz des Schulprinzips in der deutschsprachigen Philosophie des 20. Jahrhunderts ganz in Frage zu stellen, und deshalb muss hier am Schluss kurz darauf eingegangen werden.

Verschiedentlich ist beschrieben worden, wie das Spektrum philosophischer Optionen und vorhandener philosophischer Kollektive infolge der rassistisch und politisch motivierten „Säuberungen" im Nationalsozialismus abgenommen hat.[83] Einige Schulen wurden ganz außer Landes gedrängt (wie insbesondere der Positivismus von Wiener Kreis und Berliner Gruppe und die kritische Theorie der Frankfurter Schule).[84] Bei anderen Schulen mussten einzelne Anhänger als Individuen Mitteleuropa verlassen (wie im Neukantianismus, in der Phänomenologie und der Lebensphilosophie).[85]

Obwohl also in der Tat verschiedene Schulen ganz oder teilweise außer Landes gedrängt wurden, ist es doch instruktiv zu sehen, wie sich nach einiger Zeit – teils mit der Rückkehr der Schulen oder einzelner Mitglieder (wie im Fall der Frankfurter Schule mit Theodor Adorno, Max Horkheimer und Friedrich Pollock), teils mit dem Reimport ihrer Lehre über eine Reihe von Mittlern (wie z. B. Wolfgang Stegmüller oder Hans Albert) das Spektrum zum großen Teil wieder regenerierte.[86] Dabei ist der Reimport des logischen Positivismus bzw. der späteren analytischen Philosophie nach Deutschland zunächst recht verschieden vom entsprechenden Vorgang in Österreich verlaufen. (Vgl. Haller 1988) In der BRD haben später schon totgeglaubte Optionen wie der Neukantianismus und die Lebensphilosophie[87] erst seit den 60er und 70er Jahren erneutes Interesse auf sich ziehen können.

Die Herausbildung einer „Kaderphilosophie" in der DDR ist als das Ergebnis der vollständigen administrativ verfügten Zurückdrängung des gesamten „bürgerlichen" Schulenwesens zu sehen. Solange diese marxistisch-leninistische Philosophie – u. a. auch wegen anfänglichen Personalmangels – noch nicht voll installiert war, hat man einige der früheren Schulexponenten noch unter dem Signum des „demokratisch-antifaschistischen Bündnisses" eine Weile gewähren lassen[88], bis diese Pluralität dann durch eine von Staats wegen verordnete Einheits-Schule des Marxismus-Leninismus abgelöst wurde. Es ist allerdings interessant zu sehen, wie innerhalb dieser von Norbert Kapferer so genannten „Kaderphilosophie" *mutatis mutandis* sich eine Reihe der auch in der BRD stattfindenden Debatten abspielte.[89]

Dass es zu Zeiten der Diktaturen also direkte staatliche Eingriffe in das Spiel von Angebot und Nachfrage der philosophischen Schulen gegeben hat, sollte zudem nicht das Bewusstsein dafür verstellen, dass solche Eingriffe (wenngleich in geringerem Maßstab) und vor allem indirekte Steuerungen auch unter demokratischen Verhältnissen vorgekommen sind und weiterhin stattfinden.

Vor allem sollte das Faktum, dass die Schulen sich trotz Diktatur regeneriert haben, und die Beobachtung, dass sie auch administrative Eingriffe in demokratischen Zeiten ohne weiteres überstehen, nicht zu der Folgerung verleiten, als sei das Schulenwesen sozusagen die naturgegebene Organisationsform der Philosophie. Es ist es nicht: Länder, in denen die Qualifikationsphase für den wissenschaftlichen Nachwuchs wesentlich kürzer ist (wegen „fehlender" Habilitation), die akademischen Stellen für ausgebildete Philosophen wesentlich zahlreicher sind[90] und außerdem außerakademische Berufschancen für sie existieren, kommen ohne das im deutschsprachigen Bereich völlig hypertroph gewordene Schulenwesen in der Philosophie aus.

Anmerkungen

1 Zilsel datiert den Beginn der überproportionalen Ausbreitung des Schulenwesens in der deutschsprachigen Philosophie auf das letzte Jahrzehnt des 19. Jahrhunderts. Siehe Zilsel (1930) 411, 413, 414, 418.

2 Zilsel (1930) deutet diese Implikationen der Sonderwegsthese und die damit verbundenen Verifikationsmöglichkeiten nur an. S. 423 Mitte findet sich eine kurze

Bemerkung über den internationalen Vergleich Deutschlands mit England und Nordamerika, S. 413 ff. ein ausführlicher Versuch, den Unterschied der deutschsprachigen Philosophieentwicklung zwischen ca. 1850–1890 einerseits und 1890 bis 1930 andererseits zu beschreiben und zu erklären.

3   Diese Facette der Hochschulreform ist bisher noch kaum wahrgenommen, geschweige denn in ihrer Tragweite kommentiert worden. Siehe für einen ersten Hinweis Müller (1991) 304 und 307.

4   Siehe dazu kritisch aus zeitgenössischer Sicht Plessner (1925) 23: „Die Zwischenschaltung von weitgefaßten oder desinteressierten Gremien interfakultären oder interuniversitären Charakters schließt Klüngelei nicht aus, sondern befördert sie. Nach dem Gesetz der Zurückhaltung auf Gegenseitigkeit wird ein Kollege dem anderen, sei er von derselben Fakultät, Universität oder nicht, nichts hineinreden. Jedem Gutachten lässt sich ein Gegengutachten konfrontieren, ergo entscheidet letztlich Irrationales."

5   Das gilt zumindest für die demokratischen Perioden; die beiden deutschen Diktaturen stehen in dieser Hinsicht auf einem anderen Blatt, weil sie – mit unterschiedlichem Erfolg – versucht haben, ihrer Version von Philosophie zu einem Monopol zu verhelfen.

6   Carnap (1963) 40; interessant bei dieser Aufzählung ist, dass Carnap zunächst allgemein von philosophischen Schulen auf dem europäischen Kontinent spricht, aber dann nur deutschsprachige erwähnt.

7   Siehe für einen Überblick bis 1991 Adler (1991).

8   Stegmüller (1952); danach viele Auflagen, die allerdings hinsichtlich der deutschen Philosophie alle demselben methodischen Muster folgen.

9   Ich nenne – sozusagen in der Reihenfolge des historischen Auftretens der „Schulen", beginnend mit der Kaiserzeit – für den Neukantianismus Willey (1978), Ollig (1979), (1982) und (1987), Köhnke (1986), Oelkers (1989) und Sieg (1994); für die Phänomenologie Spiegelberg (1960) und (1994) sowie Sepp (1988); für die neufriesianische Schule Leonard Nelsons Peckhaus (1990).
In der Zeit zwischen 1919 und 1933/1934 kamen logischer Positivismus und Kritische Theorie hinzu; siehe für den logischen Empirismus des Wiener und Berliner Kreises neuerdings Geier (1992), Haller (1993), Danneberg u. a. (1994) sowie Stadler (1997) und (1998); für die „kritische Theorie" Jay (1976), Dubiel (1978), Migdal (1981), Wiggershaus (1986) und Schmid Noerr (1988), (1997) und (1998). Für die Zeit des Nationalsozialismus ist keine Gründung philosophischer Schulen zu verzeichnen.
In der Zeit nach 1945 gingen die philosophischen Entwicklungen in der BRD, DDR und Österreich getrennte Wege; siehe für die BRD vor allem die Neugründung der Erlanger Schule, die von Thiel (in: Forschner/Riedel/Thiel [1993] 443 ff.) und Gethmann (1996) beschrieben wurde; für die DDR die kurz vor ihrem Ende erschienene Selbstdarstellung der marxistisch-leninistischen Philosophie von Wrona u. a. (1988) sowie die erste kritische Beschreibung derselben Richtung nach der „Wende" von Kapferer (1990). Die Anfänge der österreichischen Philosophie nach 1945 hat Haller (1988) beschrieben.
Von den wichtigen schon vor 1945 existierenden deutschsprachigen Schulen die-

ses Jahrhunderts ist mir einzig für die Lebensphilosophie der Dilthey-Schule noch keine monographische Darstellung bekannt geworden. Hier befindet man sich anscheinend noch im Stadium der durch die Polemik von Georg Lukács (siehe Lukács [1954]) provozierten Abwehrgefechte. Viele Vorarbeiten zu einer noch zu schreibenden Gesamtdarstellung enthält aber das seit 1982 regelmäßig erscheinende „Dilthey-Jahrbuch".

Schließlich haben von den westdeutschen Nachkriegsphilosophien weder der kritische Rationalismus von Karl Popper und Hans Albert noch die von Wolfgang Stegmüller in München ausgehende Schule der analytischen Philosophie und Wissenschaftstheorie eine monographische Darstellung gefunden. Das erklärt sich vielleicht weniger aus einem gewissen Desinteresse gegenüber historischen Fragestellungen innerhalb dieser Gruppen als vielmehr aus dem Umstand, dass man historische Darstellungen meist erst dann anfängt, wenn der darzustellende Gegenstand bereits einen gewissen Abschluss gefunden hat. Siehe aber immerhin für den kritischen Rationalismus die autobiographischen Darstellungen von Popper (1973) und Albert (1977).

10 Siehe insbesondere Fleck (1990) 95 ff. und (1993) 145 ff.
11 Kuhn (1970) hat diese These allerdings im Vorwort etwas abgeschwächt, wenn er S. IX schreibt: „... there are circumstances, though I think them rare, under which two paradigms can coexist peacefully in the later period."
12 Siehe für eine diese Interaktionsstufen verwendende Darstellung der Beziehungen zwischen Frankfurter Schule und Wiener Kreis Dahms (1994).
13 Grossner (1971) 11 hatte mit Blick auf die „Diadochenkämpfe um die Nachfolge der Kritischen Theorie in Frankfurt" sowie in Ansehung der „erratischen Blöcke Jaspers, Heidegger und Bloch" die These aufgestellt, dass Deutschland aufgehört habe, ein „Land der philosophischen Schulen" zu sein und die „Tradition der Institution ‚Philosophische Schule'" aufhört. Diese Einschätzung traf schon damals nicht zu, da Diadochenkämpfe der Normalfall innerhalb des Generationenwechsels einer philosophischen Schule sind und die genannten „erratischen Blöcke" schon existierten, als das Schulwesen noch in vollster Blüte stand.
Im Vergleich zum Anfang der 70er Jahre kann man heute vielleicht sogar von einem Wiedererstarken des Schulenwesens sprechen, allerdings nicht im Sinne der Entstehung nennenswerter neuer Optionen, sondern im Sinne der Fortführung der bisher existierenden und der Wiederbelebung zwischenzeitlich schon tot geglaubter (wie etwa des Neukantianismus und der Lebensphilosophie).
14 Siehe dazu jetzt Fischer (1997).
15 Da Schulen in der Philosophie oft außerordentlich langlebig sind, kann es gelegentlich aber vorkommen, dass die jüngsten Anhänger einer Schule zu einem Zeitpunkt geboren wurden, an dem der Schulengründer schon gestorben war.
16 So spricht man von der Heidelberger und Marburger Schule des Neukantianismus; von der Münchener, Göttinger und Freiburger Schule der Phänomenologie; vom Wiener Kreis des logischen Positivismus, von der Frankfurter Schule der kritischen Theorie; von der Erlanger Schule des wissenschaftstheoretischen Konstruktivismus.
17 Für solche Kontinuitätsbemühungen sind die Nachfolgeprobleme des Marburger

(Nachfolge Cohen 1912) und Heidelberger (Nachfolge Windelband und Lask nach 1915) Neukantianismus vor und im ersten Weltkrieg schöne Beispiele; siehe zu ersterem ausführlich Sieg (1994) 357 ff.; zur badischen Schule des Neukantianismus siehe Wiehl (1985).
Aber die Praktiken der (zumindest versuchten) Monopolsicherung sind nicht auf diese Periode beschränkt. Auch etwa die Frankfurter Schule hat in der zweiten Hälfte der 50er Jahre ihre personelle Dominanz und Anfang der 70er Jahre ihre Kontinuität an ihrem Hauptort gesichert.

18 Siehe als Beispiel dafür die „Koexistenz" der Lebensphilosophie und der Nelson-Schule in Göttingen und die dadurch induzierten Auseinandersetzungen, die zur Spaltung der Philosophischen Fakultät und zur Abwanderung der Nelson-Schule in die neugegründete Mathematisch-Naturwissenschaftliche Fakultät im Jahre 1922 beitrugen: Dahms (1987) und ausführlicher Peckhaus (1990) 196–224.

19 Das war der Fall bei der Nelson-Schule, weil ihr Oberhaupt lange Zeit nur eine sehr prekäre Außenseiterrolle in seiner Fakultät spielte. So beklagte sich Nelson, dass er schon eine Reihe seiner Schüler promoviert und sogar habilitiert bekommen habe, aber nur „in Mathematik, Physik, Physiologie, gelegentlich auch in Theologie, aber noch keiner in Philosophie", weil er als Privatdozent keine Möglichkeit habe, jene „Schüler, auf die (es) für die Bildung der Schule und die Ausbreitung der Lehre am meisten ankommt, nämlich die, welche sowohl der Form als auch dem Stoff mit gleichem Interesse entgegenkommen, und das können nur die Philosophen von Fach sein, in ihrer akademischen Karriere voranzubringen." (Zitat nach Peckhaus (1990), 127, Anm. 364).

20 Siehe für eine Skizze der hier angedeuteten Klassifikation Dahms (1985a) 3 ff.

21 Siehe z. B. Husserl (1910) 11 für die Phänomenologische Bewegung; die in Peckhaus (1991) 152 f. mitgeteilte „Arbeitsgrundlage" Nelsons für den Neufriesianismus; die Programmschrift Neuraths u. a. (1929) für den „Wiener Kreis"; Horkheimers Antrittsvorlesung (Horkheimer [1931]) für die Frankfurter Schule; Kamlah/Lorenzen (1967) und Lorenzen/Schwemmer (1973) für die Erlanger Schule.

22 Siehe für eine nützliche Sammlung solcher Programme Asholt/Fähnders (1995).

23 So z. B. die Brentano-Schule, die Dilthey-Schule, die Nelson-Schule.

24 Die Beantwortung dieser Frage ist nicht trivial, weil Philosophenschulen nicht ausnahmslos von Ordinarien gegründet wurden. Husserl z. B. war zum Zeitpunkt der Gründung der Phänomenologie in Göttingen nur Extraordinarius. Der ungewöhnlichste Fall dürfte wohl die Gründung der Neuen Fries'schen Schule sein. Ihr Gründer Leonard Nelson war kaum über 20 Jahre alt und noch nicht promoviert, als er 1904 schon mit dem Verleger Ruprecht über die Publikation der Zeitschrift „Abhandlungen der Fries'schen Schule. Neue Folge" handelseinig wurde: siehe Peckhaus (1990) 150 f.

25 Fleck hat darauf hingewiesen, dass die Gründer *soziologischer* Schulen und Zeitschriften vor 1933 im deutschsprachigen Raum mit einer Ausnahme unter 40 Jahre alt waren.

26 Solche Fragen hat z. B. Herzberg (1939) in der „Psychology of Philosophy" untersucht.

27 Die Frankfurter Schule z. B. war bis zu ihrer Rückkehr nach Deutschland keine Schule in diesem Sinne.
28 Eine derartige Arbeitsteilung gibt es offensichtlich auch bei monokephalen Gruppen; siehe Fleck (1990) 96. In der Philosophie denke man als Beispiele für eine solche Arbeitsteilung beim Wiener Kreis etwa an das Gespann Carnap/Neurath oder bei der Frankfurter Schule an das Duo Horkheimer/Pollock.
29 Im Wiener Kreis etwa waren die ältesten Mitglieder (wie Hahn, Kraft, von Mises, Neurath und Schlick) um 1880 geboren, eine mittlere Generation ca. 10 Jahre später (Carnap und Zilsel) und die jüngsten Mitglieder (wie Bergmann, Feigl, Gödel, Juhos, Menger, Rand, Schächter) erst nach der Jahrhundertwende. Ihre Geburtsdaten lagen also bis zu fast 30 Jahre auseinander. Siehe für genauere Daten Stadler (1997) Zweiter Teil.
Dagegen lag diese „Spannweite" bei der Frankfurter Schule nur bei ca. 10 Jahren.
30 Siehe als Beispiel für eine solche Flügelbildung den linken und rechten Flügel des Wiener Kreises, wie er in Stadler (1997) 546 ff. beschrieben wird.
31 Dafür bietet die Frankfurter Schule ein gutes Beispiel. Siehe als Symptom die Sammelbände der beiden Adorno-Konferenzen vom Beginn der 80er Jahre (Friedeburg/Habermas [1983]) und Löbig/Schweppenhäuser (1984) sowie das geradezu „Der Streit um die Erbschaft der kritischen Theorie" überschriebene Kapitel in Dubiel (1992).
32 Siehe für die NS-Zeit Laugstien (1990) 208 sowie seine Darstellung der Schrumpfung bzw. des Verbots der Gesellschaften 124 ff.
33 Haller (1993) 61–67 und Stadler (1997) 437 ff. und 489 ff. beschreiben das dichte Gewimmel der – allerdings nicht nur philosophischen – „Kreise" in Wien vor 1938.
34 Siehe Spiegelberg (1994) 166 ff. und Avé-Lallement (1988) 69 ff.
35 Abdruck in Sepp (1988) 240 f.
36 Dazu gehören im ersten Drittel des Jahrhunderts die Kantgesellschaft, die Fries-Gesellschaft, die Berliner „Gesellschaft für wissenschaftliche Philosophie" und der Verein „Ernst Mach" als Popularisierungsorgan des Wiener Kreises.
37 Dazu wäre z. B. die „Philosophische Akademie" auf dem Burgberg in Erlangen in den 20er Jahren zu zählen gewesen, wenn sie nicht binnen weniger Jahre eingegangen wäre. Siehe dazu Thiel (1993) 181.
38 Siehe zur Frankfurter Schule unten, Abschnitt 1.5.
39 Siehe Stadler (1997) 248 für den Wiener Kreis und Dahms (1994) 64.
40 Dieser „Fall Bauch" hatte während der NS-Zeit ein ausführliches antisemitisches Nachspiel. Siehe Schmidt (1938) 399 f. aus damaliger ideologischer Sicht und Sluga (1993) 82 ff. aus heutigem kritischem Blickwinkel.
41 Siehe den Abschnitt „Societies" in: Philosophy Documentation Center (1998b) 185–187 für Österreich und 192–200 für Deutschland. Diese Gesellschaften machen fast die Hälfte aller philosophischen Gesellschaften außerhalb Nordamerikas aus.
42 Diese Ausnahmen sind die Lebensphilosophie, die ihren Schulzusammenhang u. a. durch die gemeinsame Herausgabe der Dilthey-Schriften herstellte, und die Erlanger Schule, von der man vielleicht sagen kann, dass sie ihren Zusammenhalt

zumindest zum Teil durch das gemeinsame Groß-Projekt der „Enzyklopädie Philosophie und Wissenschaftstheorie" (= Mittelstraß [1980 ff.]) wahrte.
Nach 1945 haben viele philosophische Gruppierungen – zumindest zeitweise – auf ein solches Organ verzichtet. Dazu gehört die Frankfurter und die Erlanger Schule. Die aus dem logischen Empirismus entstandene analytische Philosophie hat es zunächst genauso gehalten, aber ab 1966 die „Erkenntnis" der 30er Jahre wiederbelebt.

43 Es sind dies – in der Reihenfolge der Entstehung – die „Kantstudien" für den Neukantianismus, die „Abhandlungen der Fries'schen Schule" (und nach dem zweiten Weltkrieg die „Ratio") für den Neufriesianismus, das „Jahrbuch für Philosophie und phänomenologische Forschung" für die Phänomenologie, die „Erkenntnis" für die Wiener und Berliner Gruppen des logischen Positivismus und die „Zeitschrift für Sozialforschung" für die Frankfurter Schule.

44 Siehe für einen internationalen Überblick bis in die 70er Jahre dieses Jahrhunderts Gerber (1972).

45 Siehe Laugstien (1990) 210 für die Zeit unmittelbar vor und nach 1933, Baumgartner/Sass (1980) 23 f. für die BRD und Nachkriegs-Österreich und 47 f. für die DDR, jeweils bis ca. 1975, sowie für die Gegenwart Philosophy Documentation Center (1998b) 222–224 (Österreich) und 239–246 (Deutschland).

46 Siehe aber Segreff (1985) und Leaman (1994c) für die „Kantstudien", Schmidt (1980) für die „Zeitschrift für Sozialforschung", Hegselmann/Siegwart (1991) für die „Erkenntnis".

47 Siehe Peckhaus, 105, Anm. 302 für die Schilderung eines solchen Falles, in dem die „Abhandlungen der Friesschen Schule" einem von dort Angegriffenen mit Hinweis auf das „stofflich beschränkte Programm" es ablehnten, „dem Gegner ihre eignen Spalten zur Verfügung zu stellen"; siehe auch Dahms (1994) 180 f. für einen Fall, in dem die „Zeitschrift für Sozialforschung" es ablehnte, einem von ihr Attackierten die Gelegenheit zu einer Replik zu geben. Deren Redaktion verzichtete später sogar auf einen anderen polemischen Artikel, um sich nicht wieder Scherereien mit einer eventuellen Gegenstellungnahme einzuhandeln.

48 Wie etwa die „Schriften zur wissenschaftlichen Weltauffassung" und die Reihe „Einheitswissenschaft" im Wiener Kreis; siehe dazu Stadler (1997) 656 f.

49 Laugstien (1990) 167–170 gibt eine gute Übersicht über die Kongresse von 1934 in Prag und 1937 in Paris auf der Grundlage zeitgenössischer deutscher Berichte. Es wäre wegen der dort jeweils vorhandenen Frontstellung zwischen emigrierten und in Hitler-Deutschland gebliebenen Philosophen interessant, diese Beschreibung um ausländische Berichte zu ergänzen und einer „Innensicht" gegenüberzustellen, wie sie sich z. B. aus Nachlässen oder auch aus den Akten des deutschen Außenministeriums gewinnen lassen dürfte.

50 Siehe für eine Übersicht über die virtuos gehandhabte Öffentlichkeitsarbeit des Wiener Kreises mittels solcher Tagungen Stadler (1997) 388–436 (der noch die Auftritte auf den Internationalen Philosophiekongressen in Prag 1934 und in Paris 1937 hinzuzufügen wären) und vergleiche damit die entsprechenden Versuche der Frankfurter Schule, besonders beim Pariser Kongress von 1937 (Dahms [1994] 142 f. und 149 ff.).

51 Stadler (1997); siehe die Listen über die Lehrtätigkeit an der Wiener Volkshochschule und anderen Erwachsenenbildungseinrichtungen, an denen sich fast sämtliche Mitglieder des Wiener Kreises mehr oder weniger ausführlich beteiligt haben: Carnap (673), Feigl (679 f.), Philipp Frank (686), Hahn (702), Kaufmann (715 f.), Kraft (723), Neurath (767 f.), Schlick (782), Waismann (799 f.), Zilsel (805–816).
52 So z. B. hat die Frankfurter Schule auf ein Popularisierungskonzept verzichtet.
53 Schmidt (1980) 63* hat den umfangreichen Besprechungsteil der „Zeitschrift für Sozialforschung" zwar der Aufmerksamkeit ihrer Leser empfohlen, aber weder dessen Struktur und Gehalt noch dessen Qualität näher analysiert. Wie er richtig bemerkt, fällt darin auf, dass dort u. a. die „für die Selbstinterpretation des nationalsozialistischen Staates maßgebliche Literatur kritisch besprochen" wurde. Aber in welcher Vollständigkeit diese wie auch die Exilphilosophie rezensiert wurde und mit welcher Tendenz das jeweils geschah, ist noch weitgehend unerforscht. Siehe dazu als ersten Ansatz Knips (1987).
54 Adorno, Benjamin und Löwenthal hatten sich allerdings nicht wie geplant unter seiner Ägide habilitieren können.
55 Im Falle Nelsons verbindet sich das Bewusstsein dieses Autoritätsgefälles sogar mit einer ausgeprägten Führerideologie. Siehe z. B. seine „Rechtslehre und Politik", Leipzig 1924, 270 ff., besonders 274 f.
56 So im Fall von Horkheimer (1931).
57 Die Auswirkungen der konfessionellen Spaltung für die deutschsprachige Philosophie wird in Übersichtsdarstellungen allerdings nur in den seltensten Fällen berücksichtigt. Eine Ausnahme ist Messer (1918), der in eigenen Kapiteln sowohl die katholische als auch die protestantische Philosophie behandelt.
Daneben verdienen religiöse Themen und Neigungen bei einigen anderen Schulen Beachtung, so etwa in der Phänomenologie (mit Edith Stein, Dietrich von Hildebrand, zeitweise auch Max Scheler).
58 Selbst der – sowohl im Vergleich mit den Universitäten insgesamt als auch mit dem Spektrum der Philosophie – ganz minoritäre Linksliberalismus in der Philosophie (und auch der protestantischen Theologie) hatte vor 1918 mit den größten Schwierigkeiten zu kämpfen. Siehe dazu Dahms (1996).
59 Siehe dazu den guten Überblick von Schmidt (1995).
60 Man denke etwa an Ernst Troeltsch und Heinrich Scholz, die von der protestantischen Theologie herkamen, oder an Romano Guardini von der katholischen.
61 Hentschel (1990) hat die philosophischen Reaktionen darauf in bewundernswerter Vollständigkeit und Übersichtlichkeit dargestellt. Seine kurzen Charakterisierungen einzelner philosophischer Schulen sind auch unabhängig davon lesenswert.
62 Dass einzelne Anhänger der Lebensphilosophie wie z. B. Herman Nohl und Wilhelm Flitner vielfältige Kontakte zum Neuen Bauen (insbesondere zum Bauhaus) unterhielten, ist bisher nicht hinreichend gewürdigt worden.
63 Es treten ja häufig Werturteile auf wie die, dass eine Schule tatsächlich stärker oder schwächer an den Hochschulen vertreten war, als sie es nach inhaltlichen Gesichtspunkten verdient gehabt hätte. Wollte man diese vermeiden, könnte man

hinsichtlich etwa der NS-Philosophie zwischen 1933 und 1945 nur eine stärkere Ausbreitung registrieren.
64 Schon Zilsel (1931) 417 hat die Abwesenheit eines solchen Drucks als ein Charakteristikum des Theologie- und Philosophiebetriebs – im Unterschied von dem der Naturwissenschaften – herausgestellt: „Am schönsten gedeihen Schulen ... dort, wo die stets sehr widerspenstige Erfahrung am weitesten entfernt ist: in der Theologie und in der Philosophie".
65 Mit einem sonst so ausgezeichneten Datenhandbuch wie dem von Titze u. a. (1987/1995) ist einem also für die Philosophie nicht geholfen.
66 So in Sieg (1994) 483 ff. für die Marburger Schule des Neukantianismus.
67 Siehe dazu einige Angaben in Dahms (1987).
68 Siehe z. B. Ebel (1962) für Göttingen, Drüll (1986) für Heidelberg; in einzelnen Universitätsarchiven gibt es auch inhaltlich entsprechende, noch unveröffentlichte Listen.
69 Sie ist für die NS-Philosophie etwa von Leske (1990) 117 ff. und für die „Kaderphilosophie" der DDR von Kapferer (1990) vertreten worden.
70 Leske (1990) ebenda; zur Frage der Existenz einer spezifischen Nazi-Philosophie hat sich auch Sluga (1993) 223 ff. geäußert: mit negativem Ergebnis. Den schlagendsten Gegenbeweis zu Leskes These sehe ich in dem Umstand, dass die Philosophie die einzige Disziplin gewesen ist, die in der Festschrift zum 50. Geburtstag Hitlers „Deutsche Wissenschaft" nicht mit jeweils einem „Führer" der Disziplin, sondern mit zwei Autoren (Baeumler und Krieck) vertreten ist, von denen der eine (Krieck) den anderen in seinem Beitrag auch noch heftig angreift.
71 Man vergleiche die Darstellungen dieses Vorgangs bei Wrona u. a. (1988) 481–492 und Kapferer (1990) 9–22. Die zu beobachtenden Divergenzen schreien geradezu nach empirischer Entscheidung durch Archivarbeit.
72 Besonders interessant wäre dafür die Publikation des Briefwechsels zwischen Husserl und Heidegger mit Georg Misch.
73 Siehe als instruktives Beispiel die in Dahms (1987) und Peckhaus (1990) 209 ff. geschilderten Konflikte zwischen Anhängern einer im Wesentlichen als reine Philosophiegeschichte aufgezogenen Philosophie und mehr systematisch interessierten und gerade deswegen geradezu modernistischen Neuerern (mit aktuellem Interesse an Relativitätstheorie und Grundlagen der Mathematik).
74 Die Lebensphilosophie der Dilthey-Schule hat ihren Arbeitsmittelpunkt geradezu in der Herausgabe seiner „Gesammelten Schriften" gehabt. Aber auch die Werke vieler anderer Schulengründer und -mitglieder sind inzwischen erschienen bzw. noch im Erscheinen. Man denke etwa an die Werkausgaben von Husserl, Heidegger, Gadamer für Phänomenologie und Hermeneutik; an Neurath und Gödel für den Wiener Kreis; an Reichenbach für die „Berliner Gruppe"; an Horkheimer, Adorno, Benjamin, Marcuse und Löwenthal für die Frankfurter Schule.
75 Genannt seien etwa die Korrespondenzen von Hannah Arendt, Heidegger, Jaspers; Adorno, Benjamin, Horkheimer etc.
76 In den USA hat es seit dem Erscheinen der „Collected Papers" von Ch. S. Peirce in den 30er Jahren weitere 50 Jahre gedauert, bis Werkausgaben der beiden anderen Gründerväter des Pragmatismus, William James und John Dewey, vorlagen.

Hans-Joachim Dahms

77 Diese Diagnose wurde dem logischen Empirismus übrigens im Briefwechsel Neurath/Philipp Frank schon in den 40er Jahren gestellt.
78 Für den Hinweis auf diese rationale Komponente danke ich Joachim Fischer.
79 Insofern ist es auch kein Wunder, wenn Plessner in der Wiederveröffentlichung 1966 schreibt: „Das Ganze ist 1924 geschrieben. Teil 2 (über die deutschen Universitäten, aus dem oben zitiert wurde, Verf.) wirkt heute . . . nicht nur überholt, sondern schon unglaubhaft."
80 Eine Analogie bedeutet natürlich nicht, dass Vergleiche in jedem Punkt möglich sind. Das Prinzip der Risikostreuung, nach dem eine Versicherung im üblichen Sinne funktioniert, lässt sich zwar vielleicht gerade noch ins Bild übertragen: Das Schulenoberhaupt wird eben daran interessiert sein, mehr Schüler ins Rennen zu schicken, als dann tatsächlich „durchkommen", um die Kontinuität der Schule zu sichern.
Aber der Zusammenhang zwischen „Schadensfall" und „Schadensabdeckung" im Versicherungsmodell hat für eine wissenschaftliche Schule keine direkte Parallele. Der Beitritt zu einer solchen Schule hat ja für den Schüler gerade den Zweck, den Schadensfall überhaupt zu vermeiden, statt bei seinem Eintritt eine Auszahlung zu bekommen.
Für die Anregung zu diesen Differenzierungen danke ich Christian Fleck.
81 Dabei muss offen bleiben, ob sie diese jemals angestrebt haben.
82 Siehe Zilsel (1930) 418 ff. für einen ersten Versuch einer Aufzählung jener „mancherlei philosophische(n) Gebilde, die neuartig sind".
83 Siehe für einen brauchbaren Überblick über die Literatur bis zum Ende der 80er Jahre Laugstien (1990); das umfangreiche Dossier von Leaman (1993) und (1994) bietet vielfältige biographische Ansatzpunkte. Es wäre auch interessant, einmal die Passagen zusammenzustellen, die sich in dem ungeheuren Material von Heiber (1991 ff.) auf Philosophen beziehen.
Die philosophischen Seminare einzelner Universitäten sind bisher untersucht worden von Dahms (1987) für Göttingen, Hammerstein (1989) für Frankfurt, Schorcht (1990) für die bayrischen Universitäten, Meran (1991) für Hamburg und von den in Fischer/Wimmer (1993) versammelten Autoren für Wien.
84 Siehe jeweils für einen aktuellen Überblick über den Forschungsstand Stadler (1998) und Schmid Noerr (1998).
85 Von diesen hat sich nur die Phänomenologie im US-amerikanischen Exil breiter etablieren können. Siehe dazu Spiegelberg (1994) 663 und 733 ff.
86 Siehe dazu im Vergleich Dahms (1994) 271–284.
87 Siehe etwa zur allmählichen Wiederbelebung des Interesses an der Lebensphilosophie z. B. Rodi/Lessing (1984).
88 Man vergleiche die unterschiedlichen Darstellungen dieses Prozesses in Wrona (1988) 481–493 einerseits und Kapferer (1990) 14 ff. andererseits.
Inzwischen ist eine Vielzahl von autobiographischen Darstellungen erschienen, die Material zur Philosophie der DDR enthalten. Siehe etwa die in Kapferer (1994) gesammelten „Innenansichten" von Peter Ruben, Guntolf Herzberg, Volker Caysa, Hans-Martin Gerlach und Reinhard Mocek oder die Darstellungen von Hans-Peter Krüger (1992a) und (1992 b). Vgl. mit diesen Arbeiten auch die Rück-

schau eines früh aus der DDR in die BRD übergesiedelten Philosophen: Riedel (1991).

An unvermuteter Stelle findet sich auch ein (stark durch den Interviewer kommentiertes) Gespräch Lutz Niethammers mit Ludwig Haber, der Anfang der 50er Jahre ZK-Sekretär für Wissenschaft, Kultur und Volksbildung und später Philosophie-Professor in der DDR war: Haber (1991). Siehe in diesem Zusammenhang auch Hager (1996) für eine hinsichtlich des Status vergleichbare, doch sonst viel prominentere Karriere.

Auf die vielen Aspekte, die solche exemplarischen Vorgänge wie der „Fall Hans Leisegang" (zu dem eine einigermaßen objektive Darstellung noch aussteht) oder der bereits umfangreich dokumentierte „Fall Ernst Bloch" in diesem Zusammenhang umgeben, kann hier nicht eingegangen werden. Siehe stellvertretend für letzteren die Beiträge und Dokumentation von Caysa u. a. (1992).

89 Siehe dazu Kapferer (1990) 73 ff. und 94 ff. sowie die früheren ausführlichen Darstellungen im Sammelband von Burrichter (1984): Böhme (1984) und Gethmann (1984); gelegentlich gingen diese Debatten – etwa über das Verhältnis von Logik und Dialektik – den entsprechenden Auseinandersetzungen in der BRD sogar voraus!

90 Man vergleiche etwa die Zahlenangaben für US-amerikanische und deutsche Philosophen, die sich aus den jüngsten Bänden des Philosophy Documentation Centers (1998a) und (1998b) ergeben!

Literatur

1. Hilfsmittel und Nachschlagewerke

Böhm, Laetitia/Müller, Rainer A. (1983) Universitäten und Hochschulen in Deutschland, Österreich und der Schweiz. Eine Universitätsgeschichte in Einzeldarstellungen, Düsseldorf.

Denecke, Ludwig (1981) Die Nachlässe in den Bibliotheken der Bundesrepublik Deutschland, 2. Auflage völlig neu bearb. von Tilo Brandis, Boppard am Rhein.

Drüll, Dagmar (1986) Heidelberger Gelehrtenlexikon 1803–1932, Berlin/Heidelberg etc.

Ebel, Wilhelm (1962) Catalogus Professorum Gottingensium, Göttingen.

Gerstengarbe, Sybille (1994) Die erste Entlassungswelle von Hochschullehrern deutscher Hochschulen aufgrund des Gesetzes zur Wiederherstellung des Berufsbeamtentums vom 7. 4. 1933, in: Berichte zur Wissenschaftsgeschichte 17 (1994) 17–39.

Geuter, Ulfried (Hrsg.) (1986) Daten zur Geschichte der deutschen Psychologie, Band 1: Psychologische Institute, Fachzeitschriften und Serien, Biographien, Emigranten 1879–1945, Göttingen/Toronto/Zürich.

The Holdings of the Berlin Document Center. A Guide to the Collections (1994) (Bearbeitet von George Leaman) Berlin Document Center.

Hügli, Anton/Poul Lübcke (Hrsg.) (1992) Philosophie im 20. Jahrhundert. Erster Band: Phänomenologie, Hermeneutik, Existenzphilosophie und Kritische Theorie, Reinbek bei Hamburg.

dies. (Hrsg.) (1993) Philosophie im 20. Jahrhundert, Band 2: Wissenschaftstheorie und Analytische Philosophie, Reinbek bei Hamburg.

Höffe, Otfried (Hrsg.) (1981) (1995, 3. erweiterte Auflage) Klassiker der Philosophie, Zweiter Band. Von Immanuel Kant bis Jean-Paul Sartre, München.

Kröner, Peter (1983) Vor fünfzig Jahren. Die Emigration deutschsprachiger Wissenschaftler 1933-1939, Münster.

Kürschners Deutscher Gelehrten-Kalender, 1925 ff.

Möller, Horst (1984) Exodus der Kultur. Schriftsteller, Wissenschaftler und Künstler in der Emigration nach 1933, München.

Mittelstraß, Jürgen (Hrsg.) (1980–1996) Enzyklopädie Philosophie und Wissenschaftstheorie (4 Bände), Stuttgart/Weimar.

Mommsen, Wolfgang (Bearb.) (1971/1983) Die Nachlässe in den deutschen Archiven. Mit Ergänzungen aus anderen Beständen, 2 Bände, Boppard am Rhein.

Nida-Rümelin, Julian (Hrsg.) (1991) Philosophie der Gegenwart in Einzeldarstellungen von Adorno bis v. Wright, Stuttgart.

Philosophy Documentation Center (ed.) (1998a) Directory of American Philosophers 1998-1999 (19th Edition), Bowling Green (Ohio).

Philosophy Documentation Center (ed.) (1998b) International Directory of Philosophy and Philosophers 1997-1998 (10th Edition), Bowling Green (Ohio).

Pongratz, Ludwig J. (1975-1977) Philosophie in Selbstdarstellungen (3 Bände), Hamburg.

Röder, Werner/Strauss. Herbert A. (Hrsg.) (1983) Biographisches Handbuch der deutschsprachigen Emigration nach 1933 (2 Bände), München etc.

Sass, Hans-Martin (1974) Inedita Philosophica. Ein Verzeichnis von Nachlässen deutschsprachiger Philosophen des 19. und 20. Jahrhunderts, Düsseldorf (= Kleine philosophische Bibliographien aus dem Philosophischen Institut der Universität Düsseldorf 3).

Schmidt, Raymund (Hrsg.) (1921-1927) Die deutsche Philosophie der Gegenwart in Selbstdarstellungen (6 Bände), Leipzig.

Titze, Hartmut (1987) Das Hochschulstudium in Preußen und Deutschland 1820-1944. Unter Mitarbeit von Hans Georg Herrlitz et al., Göttingen (= Datenhandbuch zur deutschen Bildungsgeschichte, Bd. 1: Hochschulen, 1. Teil).

ders. (1995) Wachstum und Differenzierung der deutschen Universitäten 1830-1945, Göttingen (= Datenhandbuch zur deutschen Bildungsgeschichte, Band I: Hochschulen, 2. Teil).

Verzeichnis der nach 1945 im Osten und in den verlorenen Gebieten aus dem Amt verdrängten deutschen Hochschullehrer, o. O. (Göttingen), o. J. (vermutlich ca. 1948).

Ziegenfuss, Werner/Jung, Gertrud (1949 f.) Philosophen-Lexikon. Handwörterbuch der Philosophie nach Personen (2 Bände), Berlin.

2. Neuere Primärliteratur
(Werkausgaben, Briefwechsel, Autobiographien)

Adorno, Theodor W./Walter Benjamin (1994) Briefwechsel 1928–1940, Frankfurt am Main.

Arendt, Hannah/Heinrich Blücher (1996) Briefe 1936–1968, München.

dies./Karl Jaspers (1985) Briefwechsel 1926–1969, München.

Cassirer, Ernst (1995 ff.): Nachgelassene Schriften. (Hrsg.: John Michael Krois/Oswald Schwemmer, 20 Bände), Hamburg.

Feyerabend, Paul K. (1995) Zeitverschwendung, Frankfurt am Main.

ders./Hans Albert (1996) Briefwechsel (Hrsg. von Wilhelm Baum), Frankfurt am Main.

Gadamer, Hans-Georg (1977) Philosophische Lehrjahre, Frankfurt am Main.

ders. (1995) Gesammelte Werke (10 Bände), Tübingen.

ders. (1995) Hermeneutik im Rückblick, Tübingen (= Gesammelte Werke, Band 10).

ders. (1995a) Die deutsche Philosophie zwischen den beiden Weltkriegen, in: ders. (1995) 356–374.

ders. (1995b) Philosophische Begegnungen, in: ders. (1995) 375–440.

Hager, Kurt (1996) Erinnerungen, Leipzig.

Heidegger, Martin/Elisabeth Blochmann (1989) Briefwechsel 1918–1969, Marbach am Neckar.

ders./Karl Jaspers (1990) Briefwechsel 1920–1965, Frankfurt am Main.

Horkheimer, Max (1931) Die gegenwärtige Lage der Sozialphilosophie und die Aufgaben eines Instituts für Sozialforschung (= Frankfurter Universitätsreden Heft 37 [1931] 3–16, abg. in: ders. [1985], Band 3, 20–35).

ders. (1985 ff.) Gesammelte Schriften (Hrsg. Alfred Schmidt/Gunzelin Schmid Noerr), Frankfurt am Main (14 Bände).

ders. (1995 ff.) Briefwechsel (Hrsg.: Gunzelin Schmid Noerr) (= Band 15–18 der „Gesammelten Schriften"), Frankfurt am Main.

König, Josef/Plessner, Helmuth (1994) Briefwechsel 1923–1933. Mit einem Briefessay von Josef König über Helmuth Plessners „Die Einheit der Sinne" (Hrsg. Hans-Ulrich Lessing und Almut Muthenbecher), Freiburg/München.

Korsch, Karl (1980 ff.) Gesamtausgabe (Hrsg.: Michael Buckmiller), Frankfurt am Main.

Löwith, Karl (1986) Mein Leben in Deutschland vor und nach 1933. Ein Bericht, Stuttgart.

Neurath, Otto (1979) Wissenschaftliche Weltauffassung, Sozialismus und Logischer Empirismus (Hrsg.: Rainer Hegselmann), Frankfurt am Main.

ders. (1981) Gesammelte philosophische und methodologische Schriften (2 Bände) (Hrsg. von Rudolf Haller/Heiner Rutte), Wien.

Hans-Joachim Dahms

Reichenbach, Hans (1977 ff.) Gesammelte Werke (in neun Bänden, Hrsg.: Maria Reichenbach/Andreas Kamlah), Braunschweig.

Riedel, Manfred (1991) Zeitkehre in Deutschland, Wege in das vergessene Land, Berlin.

Wittgenstein, Ludwig (1991) Geheime Tagebücher 1914–1916 (Hrsg. W. Baum), Wien.

ders. (1993 ff.) Wiener Ausgabe (Hrsg. M. Nedo) Wien/New York.

3. Forschungsliteratur

Adler, Pierre (1991) A Chronological Bibliography of Heidegger and the Political, in: Brainard u. a. (1991) 581–611.

Albert, Hans (1977) Autobiographische Einleitung, in: ders.: Kritische Vernunft und menschliche Praxis, Stuttgart, 5–33.

Asholt, Wolfgang/Fähnders (1995) Manifeste und Proklamationen der europäischen Avantgarde (1909–1938), Stuttgart/Weimar.

Baumgartner, Hans Michael/Sass, Hans Martin (1978) Philosophie in Deutschland 1945 bis 1975, Königstein.

Bell, David/Vossenkuhl, Wilhelm (Hrsg.) (1992) Wissenschaft und Subjektivität, Berlin.

Berger, Wilhelm/Heintel, Peter (1998) Die Organisation der Philosophen, Frankfurt am Main.

Bialas, Wolfgang (1995) Vom unfreien Schweben zum freien Fall. Ostdeutsche Intellektuelle im gesellschaftlichen Umbruch, Frankfurt am Main.

Bochenski, I. M. (1947) Europäische Philosophie der Gegenwart, Bern/München.

Böhme, Gernot (1984) Physik im weltanschaulichen Spannungsfeld. Eine Analyse der Diskussion „Über philosophische Fragen der modernen Physik" in der DDR 1952 bis 1957, in: Burrichter (1984) 157–187.

Bollnow, Otto Friedrich (1980) Lebensphilosophie und Logik. Georg Misch und der Göttinger Kreis, in: Zeitschrift für philosophische Forschung 34 (1980) 423–440.

Brainard, Marcus/Jacobs, David/Lee, Rick (eds.) (1991) Heidegger and the Political, Graduate Faculty Philosophy Journal of the New School for Social Research 14, No. 2 und 15, No. 1, 1991.

Braun, H. J./H. Holzhey/E. w. Orth (Hrsg.) Über Ernst Cassirers Philosophie der symbolischen Formen, Frankfurt am Main.

Brodersen, Momme (1990) Spinne im eigenen Netz. Walter Benjamin. Leben und Werk, Bühl-Moos.

Bubner, Rüdiger (1990) Zur Wirkung der analytischen Philosophie in Deutschland, in: Prinz/Weingart (1990) 448–458.

Buckmiller, Michael (1988) Die „Marxistische Arbeitswoche" und die Gründung des „Instituts für Sozialforschung", in: van Reijen/Schmid Noerr (1988) 141–182.

Burrichter, Clemens (Hrsg.) (1984) Ein kurzer Frühling in der Philosophie: DDR-Philosophie in der „Aufbauphase", München/Wien/Zürich.

Caysa, Volker/Caysa, Petra/Eichler, K. D./Uhl, Elke (1992) „Hoffnung kann enttäuscht werden". Ernst Bloch in Leipzig, Frankfurt am Main.

Danneberg, Lutz/Andreas Kamlah/Lothar Schäfer (Hrsg.) Hans Reichenbach und die Berliner Gruppe, Braunschweig.

Dahms, Hans-J. (Hrsg.) (1985) Philosophie, Wissenschaft, Aufklärung. Beiträge zur Geschichte und Wirkung des Wiener Kreises, Berlin/New York.

ders. (1985a) Versuch einer Charakterisierung des Wiener Kreises, in: Dahms (1985) 1-29.

ders. (1985b) Vertreibung und Emigration des Wiener Kreises zwischen 1931 und 1940, in: Dahms (1985) 307-365.

ders. (1987) Die Universität Göttingen unter dem Nationalsozialismus. Das verdrängte Kapitel ihrer 250jährigen Geschichte (hrsg. zusammen mit H. Becker und C. Wegeler), München etc.

ders. (1987a) Aufstieg und Ende der Lebensphilosophie. Das Philosophische Seminar der Universität Göttingen zwischen 1917 und 1950, in: ders. (1987) 169-199.

ders. (1988) Die Bedeutung der Emigration des Wiener Kreises für die Entwicklung der Wissenschaftstheorie, in: Stadler (1988a) 155-168.

ders. (1992) Positivismus und Pragmatismus, in: David Bell/Wilhelm Vossenkuhl (Hrsg.) (1992) Wissenschaft und Subjektivität, Berlin, 240-257.

ders. (1996) Politischer und religiöser Liberalismus. Bemerkungen zu ihrem Verhältnis im Wilhelminischen Kaiserreich am Beispiel der „Religionsgeschichtlichen Schule", in: Gerd Lüdemann (Hrsg.) (1996) Die „Religionsgeschichtliche Schule". Facetten eines theologischen Umbruchs, Frankfurt am Main, 225-242.

ders. (1997) Felix Kaufmann und der Physikalismus, in: Friedrich Stadler (Hrsg.) Phänomenologie und Logischer Empirismus. Zentenarium Felix Kaufmann (1895-1949) Wien/New York, 97-114.

Deutschland: Der Streit um die philosophische Kultur der DDR (1997) in: Information Philosophie 4/1997, 82-84.

Drews, Arthur (1921) Geschichte der Philosophie, Bd. 8: Die Philosophie im letzten Drittel des 19. Jahrhunderts, Berlin/Leipzig.

Dubiel, Helmut (1978) Wissenschaftsorganisation und politische Erfahrung. Studien zur frühen Kritischen Theorie, Frankfurt am Main.

ders. (1992) Kritische Theorie der Gesellschaft. Eine einführende Rekonstruktion von den Anfängen im Horkheimer-Kreis bis Habermas, Weinheim München (2. erweiterte Auflage).

Engländer, Oskar u. a. (1934) Zur Philosophie der Gegenwart. Vorträge und Reden anläßlich des 8. Internationalen Philosophenkongresses in Prag, Prag (= Veröffentlichungen der Brentano-Gesellschaft).

Erichsen, Nikolaus (1998) Philosophie, in: Krohn u. a. (1998) 791–704.

Fahrenbach, Helmut (1992) Nationalsozialismus und der Neuanfang „westdeutscher Philosophie" 1945–1950, in: Pehle/Sillem (1992) 99–112.

Farias, Victor (1987) Heidegger et le nazisme, Lagrasse.

ders. (1989) Heidegger und der Nationalsozialismus (mit einem Vorwort von Jürgen Habermas) Frankfurt am Main.

Fischer, Joachim (1997) Philosophische Anthropologie. Zur Bildungsgeschichte eines Denkansatzes, Diss. disc. pol., Göttingen.

Fischer, Kurt R./Franz M. Wimmer (Hrsg.) (1993) Der geistige Anschluß. Philosophie und Politik an der Universität Wien 1930–1950, Wien.

Fleck, Christian (1990) Rund um „Marienthal". Von den Anfängen der Soziologie in Österreich bis zu ihrer Vertreibung, Wien.

ders. (1993) Emigration of Social Scientists from Austria, in: Weibel, Peter/Stadler, Friedrich (Hrsg.) (1993) Vertreibung der Vernunft. The Cultural exodus from Austria, Wien, 140–152.

Forschner, Maximilian/Riedel, Manfred/Thiel, Christian (1993) Philosophie in Erlangen, in: Kössler, Henning (Hrsg.) (1993) 250 Jahre Friedrich-Alexander-Universität Erlangen-Nürnberg. Festschrift, Erlangen (= Erlanger Forschungen, Sonderreihe, Bd. 4) 421–446.

Friedeburg, Ludwig von/Habermas, Jürgen (Hrsg.) (1983) Adorno-Konferenz 1983, Frankfurt am Main.

Geier, Manfred (1992) Der Wiener Kreis, Reinbek bei Hamburg.

ders. (1994) Karl Popper, Reinbek bei Hamburg.

Geldsetzer, Lutz (1990) Metaphysische Tendenzen der philosophischen Entwicklung in der Bundesrepublik Deutschland seit 1945, in: Prinz/Weingart (1990) 419–447.

Gerber, William (1972) Philosophical Journals, in: The Encyclopedia of Philosophy (ed. Paul Edwards), New York/London (8 vols.), vol. 6, 199–216.

Gethmann, Carl Friedrich (1984) Formale Logik und Dialektik. Die Logikdiskussion in der DDR 1951 bis 1958, in: Burrichter (1984) 75–156.

ders. (1996) Wissenschaftstheorie, konstruktive, in: Mittelstraß (1996) 746–758.

Griffith, B. C./Mullins, N. C. (1974) Kohärente soziale Gruppen im wissenschaftlichen Wandel, in: Weingart (1974) 223–238.

Grossner, Claus (1971) Verfall der Philosophie. Politik deutscher Philosophen. Hans Albert, Ernst Bloch, Hans-Georg Gadamer, Max Horkheimer, Georg Picht, Karl R. Popper u. a. Mit Gesprächen und Originalbeiträgen, Reinbek bei Hamburg.

Grünberg, Carl (1924) Festrede, gehalten zur Einweihung des Instituts für Sozialforschung an der Universität Frankfurt a. M. am 22. Juni 1924, Frankfurt am Main (= Frankfurter Universitätsreden XX).

Gründer, Karlfried (1988) Cassirer und Heidegger in Davos 1929, in: Braun/Holzhey/Orth (1988) 290–302.

Haber, Ludwig (1991) Widerwillige Geschichtsarbeit. Ludwig Haber, Professor für Philosophie, 73 Jahre, in: Niethammer, Lutz/Platon Alexander von/Wierling, Dorothee (1991) Die volkseigene Erfahrung. Eine Archäologie des Lebens in der Industrieprovinz der DDR, Berlin, 182-220.

Habermas, Jürgen (1971) (3. erweiterte Auflage 1981) Philosophisch-politische Profile, Frankfurt am Main.

ders. (1992) Work and Weltanschauung: The Heidegger Controversy from a German Perspective, in: Hubert I. Dreyfus/Harrison Hall (eds.) Heidegger: A Critical Reader, Oxford/Cambridge (Mass.) 186-208.

Hahn, Elke/Klaus Vieweg (1993) Zur Geschichte der Philosophie in der DDR, in: Schnädelbach/Keil (1993) 1091-1108.

Haller, Rudolf (1985) Der erste Wiener Kreis, in: Essler, Wilhelm K./Putnam, Hilary/Stegmüller, Wolfgang (eds.) Epistemology, Methodology, and Philosophy of Science, Essays in Honor of Carl Hempel, Dordrecht, 89-107.

ders. (1988) Die philosophische Entwicklung in Österreich am Beginn der Zweiten Republik, in: Stadler (1988b) 157-180.

ders. (1993) Neopositivismus. Eine historische Einführung in die Philosophie des Wiener Kreises, Darmstadt.

ders./Stadler, Friedrich (Hrsg.) Wien – Berlin – Prag. Der Aufstieg der wissenschaftlichen Philosophie. Zentenarien Rudolf Carnap – Hans Reichenbach – Edgar Zilsel, Wien.

Hammerstein, Notker (1989) Zur Geschichte des Philosophischen Seminars der Johann-Wolfgang-Goethe-Universität während des Dritten Reichs, in: Hessisches Jahrbuch für Landesgeschichte 39 (1989) 271-310.

Haug, Wolfgang F. (Hrsg.) (1989) Deutsche Philosophen 1933, Hamburg.

Hecht, Hartmut/Dieter Hoffmann (1991) Die Berliner „Gesellschaft für wissenschaftliche Philosophie". Naturwissenschaften und Philosophie zu Beginn des 20. Jahrhunderts in Berlin, in: NTM-Schriften 28 (1991) 43-59.

dies. (1991b) The Berlin „Society for Scientific philosophy" as Organizational Form of Philosophizing in the Medium of Natural Science, in: W. R. Woodward/R. S. Cohen (eds.) (1991) World Views and Scientific Discipline Formation, Dordrecht, 75-87.

Hegselmann, Rainer/Siegwart, Geo (1991) Zur Geschichte der „Erkenntnis", in: Spohn, Wolfgang (ed.) Erkenntnis Orientated. A Centennial Volume for Rudolf Carnap and Hans Reichenbach, Dordrecht/Boston/London, 461-471.

Hentschel, Klaus (1990) Interpretationen und Fehlinterpretationen der speziellen und der allgemeinen Relativitätstheorie durch Zeitgenossen Albert Einsteins, Basel/Boston/Berlin.

ders. (1991) Die Korrespondenz Petzoldt-Reichenbach: Zur Entwicklung der „wissenschaftlichen Philosophie" in Berlin, Berlin (= Berliner Beiträge zur Geschichte der Naturwissenschaften und der Technik 12).

Herzberg, Guntolf (1996) Abhängigkeit und Verstrickung. Studien zur DDR-Philosophie, Berlin.

Holzhey, Helmut (1984) Neukantianismus, in: Historisches Wörterbuch der Philosophie (Hrsg. Joachim Ritter/Karlfried Günther), Darmstadt, Sp. 747–754.

ders. (1986) Cohen und Natorp (2 Bände), Basel/Stuttgart.

ders. (Hrsg.) (1994) Ethischer Sozialismus. Zur politischen Philosophie des Neukantianimus, Frankfurt.

Husserl, Edmund (1910/11) Philosophie als strenge Wissenschaft, in: Logos 1(1910/11) 289–341.

Janich, Peter (Hrsg.) (1984) Methodische Philosophie. Beiträge zum Begründungsproblem der exakten Wissenschaften in Auseinandersetzung mit Hugo Dingler, Mannheim/Wien/Zürich.

ders. (1992) Entwicklungen der methodischen Philosophie, Frankfurt am Main.

Jansen, Christian (1993) Die Hochschule zwischen angefeindeter Demokratie und nationalsozialistischer Politisierung, Neure Publikationen zur Wissenschafts- und Universitätsgeschichte in Deutschland zwischen 1918 und 1945, in: Neue Politische Literatur 38 (1993) 179–220.

Jay, Martin (1976) Dialektische Phantasie. Die Geschichte der Frankfurter Schule und des Instituts für Sozialforschung 1923–1950, Frankfurt.

Jauß, H. R./Mittelstraß, Jürgen (1991) Geisteswissenschaften in der ehemaligen DDR, München.

Jung, Joachim (1997) Der Niedergang der Vernunft. Kritik der deutschsprachigen Universitätsphilosophie, Frankfurt am Main/New York.

Käsler, Dirk (1984) Die frühe deutsche Soziologie 1909 bis 1934 und ihre Entstehungs-Milieus. Eine wissenschaftssoziologische Untersuchung, Opladen.

Kamlah, Andreas (1983) Die philosophiegeschichtliche Bedeutung des Exils (nicht-marxistischer) Philosophen zur Zeit des Dritten Reiches, in: Dialektik 7 (1983) 29–43.

Kapferer, Norbert (1990) Das Feindbild der marxistisch-leninistischen Philosophie in der DDR 1945–1988, Darmstadt.

ders. (Hrsg.) (1994) Innenansichten ostdeutscher Philosophen, Darmstadt.

Köhnke, Klaus Christian (1986) Entstehung und Aufstieg des Neukantianismus. Die deutsche Universitätsphilosophie zwischen Idealismus und Positivismus, Frankfurt am Main 1986.

Korotin, Ilse (Hrsg.) (1994) „Die besten Geister der Nation". Philosophie und Nationalsozialismus, Wien.

Krohn, Claus-Dieter/von zur Mühlen, Patrik/Paul, Gerhard/Winckler, Lutz (Hrsg.) (1998) Handbuch der deutschsprachigen Emigration 1933–1945, Darmstadt.

Krüger, Hans-Peter (1992a) Demission der Helden. Kritiken von innen 1983–1992, Berlin.

ders. (1992b) Hans-Peter Krüger, Philosoph, in: Herzberg, Guntolf/Meier, Klaus (Hrsg.) Karrieremuster. Wissenschaftlerporträts, Berlin, 372–405.

Kuhn, Thomas S. (1970) The Structure of Scientific Revolutions (Second Edition), Chicago/London.

Kutschera, Franz von (1990) Zur Entwicklung der Logik in der Bundesrepublik Deutschland nach 1945, in: Prinz/Weingart (1990) 467–472.

Laugstien, Thomas (1990) Philosophieverhältnisse im deutschen Faschismus, Hamburg.

Leaman, George (1993) Heidegger im Kontext. Gesamtüberblick zum NS-Engagement der Universitätsphilosophen, Hamburg.

ders. (1994a) Philosophy. Alfred Rosenberg and the Military Application of the Social Sciences, in: Carsten Klingemann u. a. (Hrsg.) Jahrbuch für Soziologiegeschichte 1992, Opladen 1994, 241–260.

ders. (1994b) Deutsche Philosophen und das „Amt Rosenberg", in: Korotin (1994) 41–65.

ders (1994c) Die Kant-Studien im Dritten Reich, in: Kantstudien 85 (1994) 443–469.

ders. (1995) Die Universitätsphilosophen der „Ostmark" (unveröffentlichtes Manuskript).

ders./Gerd Simon (1994) Deutsche Philosophen aus der Sicht des Sicherheitsdienstes des Reichsführers SS, in: Carsten Klingemann u. a. (Hrsg.) Jahrbuch für Soziologiegeschichte 1992, Opladen 1994, 261–292.

Leske, Monika (1990) Philosophen im „Dritten Reich". Studie zu Hochschul- und Philosophiebetrieb im faschistischen Deutschland, Berlin.

Lipton, David. R. (1978) Ernst Cassirer: the dilemma of a liberal intellectual in Germany, 1914–1944, Toronto/Buffalo/London.

Löbig, Michael/Schweppenhäuser, Gerhard (Hrsg.) (1984) Hamburger Adorno-Symposion, Lüneburg.

Lübbe, Hermann (1963) Politische Philosophie in Deutschland, Studien zu ihrer Geschichte, Basel/Stuttgart.

Lukács, Georg (1954) Die Zerstörung der Vernunft, Berlin.

Lynch, D. A. (1990) Ernst Cassirer and Heidegger: the Davos-Debate, in: Kant-Studien 81 (1990) 360–370.

Martin, Bernd (1989) Martin Heidegger und das „Dritte Reich". Ein Kompendium, Darmstadt.

Meran, Josef (1991) Die Lehrer am Philosophischen Seminar der Hamburger Universität während der Zeit des Nazionalsozialismus, in: Eckardt Krause/Ludwig Huber/Holger Fischer (Hrsg.) (1991) Hochschulalltag im „Dritten Reich". Die Hamburger Universität 1933–1945, Berlin/Hamburg, Band II, 459–482.

Messer. August (1918) Die Philosophie der Gegenwart (2. Auflage), Leipzig (= Wissenschaft und Bildung. Einzeldarstellungen aus allen Gebieten des Wissens Band 138).

Hans-Joachim Dahms

Die meistrezipierten deutschsprachigen Philosophen der Gegenwart, in: Information Philosophie 1/1996, 103.

Migdal, Ulrike (1981) Die Frühgeschichte des Frankfurter Instituts für Sozialforschung, Frankfurt.

Müller, Guido (1991) Weltpolitische Bildung und akademische Reform. Carl Heinrich Beckers Wissenschafts- und Hochschulpolitik 1908–1930, Köln/Weimar/Wien (= Beiträge zur Geschichte der Kulturpolitik 2).

Mohn, Erich (1978) Der logische Positivismus. Theorien und politische Praxis seiner Vertreter, Frankfurt.

Nelson, Leonard (1918) Über die Bedeutung der Schule in der Philosophie, in: ders.: Die Reformation der Philosophie, Leipzig, 43–53.

Nemeth, Elisabeth (1981) Otto Neurath und der Wiener Kreis. Revolutionäre Wissenschaftlichkeit als Anspruch, Frankfurt.

Neurath, Otto u. a. (1929) Wissenschaftliche Weltauffassung. der Wiener Kreis, Wien, abg. in: ders. (1981) Gesammelte philosophische und methodologische Schriften (Hrsg.: Haller, Rudolf/Rutte, Heiner), Band 1, Wien, 299–336.

Nolte, Ernst (1992) Heidegger. Politik und Geschichte im Leben und Denken, Berlin/Frankfurt am Main.

Oelkers, Jürgen/W. K. Schulz/H. E. Tenorth (Hrsg.) (1989) Neukantianismus, Kulturtheorie, Pädagogik und Philosophie, Weinheim.

Ollig, Hans-Ludwig (1979) Der Neukantianismus, Stuttgart.

ders. (1982) Neukantianismus. Texte der Marburger und Südwestdeutschen Schule, ihrer Vorläufer und Kritiker. Mit einer Einleitung, Stuttgart.

ders. (Hrsg.) (1987) Materialien zur Neukantianismus-Diskussion, Darmstadt.

Orozco, Teresa (1995) Platonische Gewalt. Gadamers politische Hermeneutik der NS-Zeit, Hamburg.

Orth, Ernst Wolfgang (Hrsg.) (1996) Die Freiburger Phänomenologie, Freiburg.

ders./H. Holzhey (1994) Neukantianismus, Perspektiven und Probleme, Würzburg 1994.

Ott, Hugo (1988) Martin Heidegger. Unterwegs zu seiner Biographie, Frankfurt am Main/New York.

Paetzold, H. (1989) Ernst Cassirers „The Myth of the State" und die „Dialektik der Aufklärung" von Max Horkheimer und Theodor W. Adorno, in: Semiotik: interdisziplinäre und historische Aspekte (Hrsg.: U. Figge), Bochum, 301–349.

ders. (1995) Ernst Cassirer. Von Marburg nach New York. Eine philosophische Biographie, Darmstadt.

Pascher, Manfred (1997) Einführung in den Neukantianismus, München.

Patzig, Günther (1990) Bemerkungen über die gegenwärtige Lage der Studien zur antiken Philosophie in der Bundesrepublik Deutschland, in: Prinz/Weingart (1990) 459–466.

Peckhaus, Volker (1990) Hilbertprogramm und kritische Philosophie. Das Göttinger Modell interdisziplinärer Zusammenarbeit zwischen Mathematik und Philosophie, Göttingen (= Studien zur Wissenschafts-, Sozial- und Bildungsgeschichte der Mathematik 7).

Pehle, Walter H./Sillem, Peter (Hrsg.) (1992) Wissenschaft im geteilten Deutschland. Restauration oder Neubeginn nach 1945? Frankfurt am Main.

Helmuth Plessner (1924) Zur Soziologie der modernen Forschung und ihrer Organisation in der deutschen Universität, abg. in: Gesammelte Schriften X (= Schriften zur Soziologie und Sozialphilosophie), Frankfurt am Main 1985, 7–30.

Pöggeler, Otto (1985) Den Führer führen. Heidegger und kein Ende, in: Philosophische Rundschau 32 (1985) 26–67.

Popper, Karl (1974) Autobiography of Karl Popper, in: Schilpp, Paul A. (ed.) The Philosophy of Karl Popper, La Salle, Illinois, 3–181.

Prinz, Wolfgang/Peter Weingart (1990) Die sog. Geisteswissenschaften: Innenansichten, Frankfurt am Main.

Rahner, Mechtild (1993) „Tout est neuf ici, tout est à recommencer...". Die Rezeption des französischen Existentialismus im kulturellen Feld Westdeutschlands (1945–1949), Würzburg.

Rasmussen, Stig Alstrup (1993) Die Erlanger Schule, in: Hügli/Lübcke (1993) 514–565.

Reijen, Willem van/Gunzelin Schmid Noerr (Hrsg.) (1988) Grand Hotel Abgrund. Eine Photobiographie der Frankfurter Schule, Hamburg.

Rodi, Frithjof/Lessing, Hans-Ulrich (1984) Einleitung, in: dies. (Hrsg.) Materialien zur Philosophie Wilhelm Diltheys, Frankfurt am Main, 7–44.

Russell, Bertrand (1946) History of Western Philosophy and its Connection with Political and Social Circumstances from the Earliest Times to the Present Day, London.

Safranski, Rüdiger (1994) Ein Meister aus Deutschland. Heidegger und seine Zeit, München.

Sandkühler, Hans J./Holz, Hans Heinz (Hrsg.) (1986) Wahrheiten und Geschichten. Philosophie nach '45, Köln.

Schmid Noerr, Gunzelin (1988) Flaschenpost. Die Emigration Max Horkheimers und seines Kreises im Spiegel seines Briefwechsels, in Srubar, Ilja (Hrsg.) (1988) Exil, Wissenschaft, Identität. Die Emigration deutscher Sozialwissenschaftler 1933–1945, Frankfurt am Main, 252 ff.

ders. (1997) Die Emigration der Frankfurter Schule und die Krise der kritischen Theorie, in: ders (1997) Gesten aus Begriffen. Konstellationen der kritischen Theorie, Frankfurt am Main, 116 ff.

ders. (1998) Die „Kritische Theorie", in: Krohn u. a. (1998) 805–813.

Schmidt, Alfred (1980) Die „Zeitschrift für Sozialforschung. Geschichte und gegenwärtige Bedeutung", in: Zeitschrift für Sozialforschung (Hrsg. von Max Horkheimer, reprint) München, 5*–63*.

Hans-Joachim Dahms

Schmidt, Nicole (1995) Philosophie und Psychologie. Trennungsgeschichte, Dogmen und Perspektiven, Reinbek bei Hamburg.

Schmidt, Raymund (1938) Das Judentum in der deutschen Philosophie, in: Theodor Fritsch (Hrsg.) (1938) Handbuch der Judenfrage. Die wichtigsten Tatsachen zur Beurteilung des jüdischen Volkes (zweiundvierzigste Auflage), Leipzig, 391–401.

Schnädelbach, Herbert (1983) Philosophie in Deutschland 1831–1933, Frankfurt am Main.

ders. (1990) Deutsche Philosophie seit 1945, in: Prinz/Weingart (1990) 403–418.

ders./Gert Keil (Hrsg.) (1993) Philosophie der Gegenwart – Gegenwart der Philosophie, Hamburg.

Schneider, Ulrich Johannes (1996) Situation der Philosophie, Kultur der Philosophen. Über die neudeutsche Universitätsphilosophie, in: Deutsche Zeitschrift für Philosophie (1996).

Schorcht, Claudia (1990) Philosophie an den bayerischen Universitäten 1933–1945, Erlangen.

Segreff, Klaus-Werner (1985) Die Kant-Studien. Entstehung und Entwicklung einer philosophischen Fachzeitschrift, Hausarbeit zur Prüfung für den höheren Bibliotheksdienst, Fachhochschule für Bibliotheks- und Dokumentationswesen Köln.

Sepp, Hans Rainer (Hrsg.) (1988) Edmund Husserl und die Phänomenologische Bewegung. Zeugnisse in Text und Bild, Freiburg/München.

Sieg, Ulrich (1991) Deutsche Kulturgeschichte und jüdischer Geist. Ernst Cassirers Auseinandersetzung mit der völkischen Philosophie Bruno Bauchs. Ein unbekanntes Manuskript, in: Bulletin des Leo Baeck Instituts 34 (1991) 59–91.

ders. (1994) Aufstieg und Niedergang des Marburger Neukantianismus. Die Geschichte einer philosophischen Schulgemeinschaft (= Studien und Materialien zum Neukantianismus, Band 4), Würzburg.

Sluga, Hans (1993) Heideggers Crisis. Philosophy and Politics in Nazi Germany, Cambridge (Mass.)/London.

Spiegelberg, Herbert (1994) The Phenomenological Movement. A Historical Introduction, Dordrecht/Boston/London (3. Auflage).

Stadler, Friedrich (1979) Aspekte des gesellschaftlichen Hintergrunds und Standorts des Wiener Kreises am Beispiel der Universität Wien, in: Hal Berghel/Adolf Hübner/ Eckehart Köhler (Hrsg.) Wittgenstein, der Wiener Kreis und der kritische Rationalismus, Wien (= Akten des 3. Internationalen Wittgenstein Symposiums 1978) 41–59.

ders. (1982a) Vom Positivismus zur „Wissenschaftlichen Weltauffassung", Wien.

ders. (Hrsg.) (1987) Vertriebene Vernunft I, Wien/München.

ders. (Hrsg.) (1988a) Vertriebene Vernunft II. Emigration und Exil österreichischer Wissenschaft, Wien/München.

ders. (1997) Studien zum Wiener Kreis. Ursprung, Entwicklung und Wirkung des Logischen Empirismus im Kontext, Frankfurt am Main.

ders. (1998) Der „Wiener Kreis", in: Krohn u. a. (1998) 813–824.

Stegmüller, Wolfgang (1952) Hauptströmungen der Gegenwartsphilosophie, Wien/Stuttgart.

Tenbruck, Friedrich H. (1988) Geschichte und Geschichtsschreibung der Philosophie am Beispiel des Neukantianismus, in: Philosophische Rundschau 35 (1988) 1–15.

Thiel, Christian (1984) Folgen der Emigration deutscher und österreichischer Wissenschaftstheoretiker und Logiker zwischen 1933 und 1945, in: Berichte zur Wissenschaftsgeschichte 7 (1984) 227–256.

ders. (1993) Carnap und die wissenschaftliche Philosophie auf der Erlanger Tagung 1923, in: Haller/Stadler (1993) 175–188.

Uebel, Thomas (ed.) Rediscovering the forgotten Vienna Circle. Austrian Studies on Otto Neurath and the Vienna Circle, Dordrecht/Boston/London.

Weingart, Peter (Hrsg.) (1972) Wissenschaftssoziologie 1. Wissenschaftliche Entwicklung als sozialer Prozeß, Frankfurt am Main.

ders. (1974) Wissenschaftssoziologie 2. Determinanten wissenschaftlicher Entwicklung, Frankfurt am Main.

Widerspruch. Münchener Zeitschrift für Philosophie 13 (1987) Philosophie im deutschen Faschismus.

Widerspruch. Münchener Zeitschrift für Philosophie 18 (1990) Restauration der Philosophie nach 1945.

Wiggershaus, Rolf (1986) Die Frankfurter Schule. Geschichte, Theoretische Entwicklung, Politische Bedeutung, München/Wien.

Willey (1978) Back to Kant. The Revival of Kantianism in German Social and Historical Thought, 1860–1914, Detroit.

Wolters, Gereon (1992) Opportunismus als Naturanlage: Hugo Dingler und das „Dritte Reich", in: Janich (1992) 257–327.

Wrona, Vera/Heppener, Sieglinde/Lange, Erhard/Tetzel, Manfred/Hedeler, Wladislaw (1988) Philosophie für eine neue Welt. Zur Geschichte der marxistisch-leninistischen Philosophie, Berlin.

Zilsel, Edgar (1930) Soziologische Bemerkungen zur Philosophie der Gegenwart, in: Der Kampf 23 (1930) 410–424.

Zudeick, Peter (1987) Der Hintern des Teufels. Ernst Bloch. Leben und Werk, Bühl-Moos.

ULRIKE FELT

Die „unsichtbaren" Sozialwissenschaften: Zur Problematik der Positionierung sozialwissenschaftlichen Wissens im öffentlichen Raum

Die Fragen nach der Innovations- und Wettbewerbsfähigkeit sozialwissenschaftlicher Forschung, aber auch nach den Verwendungszusammenhängen dieses Wissens haben insbesondere in den letzten zwei Jahrzehnten in einer immer eindringlicher formulierten Weise die Entwicklung der Sozialwissenschaften begleitet – eine Entwicklung, die von wiederkehrenden Sinn- und Finanzierungskrisen gekennzeichnet war. Der wachsende Rechtfertigungsdruck, der in vielfältiger Form und auf unterschiedlichen Ebenen für die Sozialwissenschaften spürbar wird, und die Konsequenzen, die er sowohl auf epistemologischer als auch wissenschaftsorganisatorischer Ebene mit sich bringt, können aber nicht als isoliertes Phänomen verstanden werden, sondern nur vor dem Hintergrund eines tief greifenden Wandels des gesamten Wissenschaftssystems. Auch wenn diese Veränderungen, die es noch näher zu spezifizieren gilt, bislang vor allem für den naturwissenschaftlich-technischen Bereich diagnostiziert und in seinen unterschiedlichen Facetten analysiert[1] wurden, kann man davon ausgehen, dass diese zwar zeitlich verschoben, jedoch keineswegs weniger dramatisch auch für die Sozialwissenschaften bereits ihre Auswirkungen zeigen.

Während sich viele der für den naturwissenschaftlich-technischen Sektor gestellten Diagnosen auf die Situation der Sozialwissenschaften übertragen lassen, müssen bei einer eingehenden Analyse zusätzliche Faktoren Berücksichtigung finden. Dies sind jedenfalls: die vielfach wesentlich diffuseren und aufgrund ihrer Verwobenheit nur schwer nachvollziehbaren Veränderungen der Produktionszusammenhänge, in die sozialwissenschaftliche Forschung eingebettet ist; die im Vergleich zu den Naturwissenschaften sehr unterschiedliche Strukturiertheit dieser Wissensgebiete (etwa die höhere Durchlässigkeit der disziplinären Grenzen innerhalb der Sozialwissenschaften); die „Weichheit" der von ihnen erzeugten „wissenschaftlichen Fakten"[2]; der kaum vorhandene stabile „Markt", auf dem das produzierte Wissen auch seine „Abnehmer" finden soll/kann, sowie die Unterschiedlichkeit von sozialwissenschaftlichen Innovationen im Vergleich zu naturwissenschaftlich-technischen. Darüber hinaus befanden sich die Sozialwissenschaften entlang ihrer gesamten Entwicklung immer in einer schwankenden Position „zwischen einer szientistischen Orientierung, die auf die Nachahmung der Naturwissenschaften hinausläuft, und einer hermeneutischen Einstellung, die das Fach in die Nähe zur Literatur rückt". (Lepenies 1985/88, S. I)

Aufschlussreich ist es in diesem Zusammenhang daher zu sehen, dass die Sozialwissenschaften zwar wesentliche Beiträge zur Reflexion und zum Umgang mit den durch die (aber gleichzeitig auch für die) Naturwissenschaften und Technik veränderten Rahmenbedingungen lieferten, die eigene Situation – trotz zahlreicher offener Fragen – wenig reflektiert und kaum analysiert blieb. Die Wissenschaftsforschung(-soziologie) hatte in der Tat von ihren Anfängen an ihren Fokus auf Naturwissenschaften und Technik gerichtet und lange Zeit die Sozialwissenschaften als Untersuchungsobjekt fast völlig vernachlässigt.[3] Dies ist im Grunde eine extrem paradoxe Situation, wenn man bedenkt, dass eben dieses sozialwissenschaftliche Wissen vor dem Hintergrund einschneidender sozialer, politischer und demographischer Veränderungen und einer fortschreitenden Verwissenschaftlichung der Gesellschaft immer stärker nachgefragt wird und unabkömmlicher denn je zu sein scheint.

In vielen Bereichen fehlt es auch an fundierten empirischen Befunden für die Entstehung und Verbreitung sozialer Innovationen. Einen solchen Versuch, diese Lücke zu schließen und die praktische Bedeutung sozialwissenschaftlicher Forschung besser zu verstehen, stellte etwa ein 1982 von der Deutschen Forschungsgemeinschaft ins Leben gerufenes Programm dar. Dabei wollte man, wie Beck und Bonß dies in der Einleitung des daraus entstandenen Sammelbandes formulierten, mehr „über die praktische Bedeutung sozialwissenschaftlicher Analysen (. . .) erfahren, von denen man zwar weiß, daß sie produziert werden, aber nicht weiß, was aus ihnen wird." (Beck & Bonß 1989, S. 7). Eine ganze Reihe von Fallbeispielen sollte aufzeigen, wie das produzierte Wissen seinen Weg in die

Gesellschaft findet bzw. welche Probleme diese Interaktion mit sich bringt, und damit natürlich indirekt auch zu einer klareren Positionierung dieses Wissensgebietes sowohl innerhalb des Wissenschaftssystems als auch in Bezug auf das gesellschaftliche Umfeld beitragen. Denn gerade die Veränderung der Beziehung zwischen Wissenschaft und Öffentlichkeit ist gegenwärtig sicherlich eine der grundlegendsten für das Wissenschaftssystem – eine Feststellung, mit der die meisten Analysen übereinstimmen. Ich werde daher diesen Aspekt in das Zentrum meines Beitrags stellen.

Konnte bislang von einem stillschweigenden Vertrag ausgegangen werden, der Wissenschaft eine Sonderstellung und einen beträchtlichen Freiraum in unserer Gesellschaft zugestand, so weisen eine Reihe von Indizien auf dessen Kündigung hin. Wissenschaft muss sich somit neu im gesellschaftlichen Raum positionieren. In bestimmten Phasen eines solchen Prozesses avanciert „die Öffentlichkeit" in ihren unterschiedlichen Formen zu einem wesentlichen Akteur. Öffentliche Wertschätzung und Vertrauen – in unserem Fall in die Sozialwissenschaften – stellen damit wesentliche hemmende oder unterstützende Faktoren für die zukünftige Entwicklung dieses wissenschaftlichen Feldes dar. Es wird also wesentlich sein zu verstehen, welche praktische bzw. gesellschaftliche Bedeutung den Sozialwissenschaften im öffentlichen Raum zugeschrieben wird. In welcher Weise wird das von ihnen produzierte Wissen wahrgenommen und als wissenschaftlich eingestuft? Wer kann den Status eines/r Experte/in für sich beanspruchen und in legitimer Weise öffentlich für die Sozialwissenschaften das Wort ergreifen? Wie sind die immer wieder geäußerten Klagen über eine mangelnde mediale Präsenz der Sozialwissenschaft einzuordnen? Oder auch anders gefragt, bleiben die Sozialwissenschaften für eine breitere Öffentlichkeit tatsächlich weitgehend „unsichtbar", während die Sorge hauptsächlich einer besseren Information über naturwissenschaftlich-technische Fortschritte gilt? Welche Auswirkung hat dies auf die Identität eines Forschungsfeldes? Das sind einige der Fragen, mit denen ich mich im Folgenden auseinander setzen möchte.

Um die verschiedenen Ebenen der Veränderung für die Sozialwissenschaften in ihren Beziehungen zur Öffentlichkeit herauszuarbeiten, möchte ich auf umfassende Erkenntnisse der Wissenschaftsforschung über die Beziehung zwischen Naturwissenschaft und Öffentlichkeit zurückgreifen und sie für eine Reflexion über die Sozialwissenschaften nutzbar machen. Dazu werde ich in drei Schritten vorgehen. Erstens gilt es zu verstehen, wie sich der Gesamtkontext für die Wissenschaften in den letzten Jahren auf der Systemebene verändert hat, und herauszuarbeiten, welche speziellen Folgen dies für die Sozialwissenschaften mit sich bringt. Welche Rolle spielt dabei das für Sozial- und Naturwissenschaft sehr unterschiedliche Verhältnis von Theorie und Praxis, und wie haben sich die Paradigmen in Bezug auf praxisorientiertes Wissen und Wissenstransfer innerhalb der jeweiligen wissenschaftlichen Gemeinschaften gewandelt? Wesentlich ist auch die Auseinandersetzung mit neuen Akteuren – die „Öffentlichkeit" im weiteren Sinn vertreten durch Institutionen, Gruppen oder Individuen, aber auch Akteure, die durch eine verstärkte Anbindung an den Markt auf den Plan treten – und deren wachsendem Einfluss. Wer wird in Zukunft an der Definition von neuen Forschungsrichtungen und relevanten Problemfeldern mitwirken, und welche Konsequenzen wird dies für die Weiterentwicklung der Sozialwissenschaften haben?

Der zweite Abschnitt ist dann im Detail den Spezifika der Beziehung zwischen Wissenschaft und Öffentlichkeit für die Sozialwissenschaften gewidmet. Im Bereich der Naturwissenschaften gibt es hier bereits ein breites Spektrum von methodisch sehr unterschiedlichen und thematisch breit gestreuten Studien[4], und es scheint viel versprechend, die dort gewonnenen Erfahrungen zu kondensieren und zum Teil auf die Sozialwissenschaften umzulegen. Den Medien kommt offensichtlich bei der Gestaltung dieser Beziehung eine ganz spezifische Rolle zu. Die durch sie verbreiteten Nachrichten kann man nämlich, wie Tuchman dies formulierte, als „ein Fenster zur Welt" verstehen. „Durch ihren Rahmen hindurchsehend lernen (wir) über uns selbst und andere, über unsere Institutionen, leitende Persönlichkeiten und über unseren Lebensstil" (vgl. Tuchman 1978). Gleichzeitig hob Niklas Luhmann hervor, und dies verweist uns auf das Spannungsverhältnis zwischen Wissenschaft und Medien, „wissen wir so viel über Massenmedien, dass wir diesen Quellen nicht trauen können." (Luhmann 1995/1996, S. 9) Es muss also darum gehen, einerseits zu sehen, wie Medien von der Wissenschaft/von Wissenschaftlern verwendet werden, um Ideen, Vorstellungen, aber auch Ideologien zu verbreiten, Innovationen vorzustellen, Legitimität für Forschungsarbeiten zu erzeugen, für Unterstützung zu sorgen oder auch um den Anspruch auf die Priorität für eine Entdeckung öffentlich zu deponieren.[5] Andererseits darf nicht übersehen werden, wie sich die Medien des sozialwissenschaftlichen Wissens in einer zum Teil sehr eigenwilligen Weise bemächtigen. Und schließlich müssen die verschiedenen Formen der Öffentlichkeit dabei ebenso in die Analyse miteinbezogen werden, wie deren vielschichtige Selektions-, Ordnungs- und Deutungsroutinen in Bezug auf wissenschaftliches Wissen.

Die Beziehung zwischen Wissenschaft und Öffentlichkeit soll im Folgenden als ein Interaktions- und Aushandlungsprozess verstanden werden, an dem sehr unterschiedliche Akteure mit ihren jeweiligen Erfahrungen und Interessen beteiligt sind. Für die Sozialwissenschaften gestaltet sich die Relation zu den Medien allerdings etwas komplexer als für die Naturwissenschaften: Denn sie spielen nicht nur eine wesentliche Rolle auf wissenschaftspolitischer Ebene, sondern sie wirken ganz wesentlich bei der Gestaltung des Untersuchungsgegenstandes der Sozialwissenschaften – der Gesellschaft – mit, wobei sie gleichzeitig auch als Spiegel gesellschaftlicher Veränderungen herangezogen werden.[6]

Damit eröffnet sich ein dritter zentraler Fragenkomplex, in dem insbesondere der Frage nach der Bedeutung dieser Popularisierungsarbeit für die Positionierung der Sozialwissenschaften im gesellschaftlichen Umfeld nachgegangen wird. Dabei soll das Augenmerk auf die Tatsache gelenkt werden, dass die Weitergabe von wissenschaftlicher „Information" an die Öffentlichkeit nur eines von vielen Motiven für Wissenschaftspopularisierung ist. Vielmehr möchte ich diese Aktivität unter dem Blickwinkel ihrer Rolle bei der Ziehung von Grenzen sowohl innerhalb des wissenschaftlichen Feldes als auch nach außen sehen. Das jeweilige sozialwissenschaftliche Wissen soll dabei als ein wissenschaftliches Wissen (zumeist auch einer Disziplin/einem Fach zugeordnet) im öffentlichen Raum etabliert und gegenüber anderen Formen des Wissens abgegrenzt und ausgezeichnet werden. Dabei erhält die in der Einleitung bereits angedeutete ambivalente Haltung der Sozialwissenschaften eine wesentliche Bedeutung. Einerseits drängt die steigende Nachfrage nach Handlungs-, Entscheidungs- und Orientierungswissen die Sozialwissenschaften zunehmend in Richtung einer „Vernaturwissenschaftlichung" ihrer Wissensproduktion. Nur diese scheint die Möglichkeit einer kontrollierten und kontrollierbaren Produktion von Erkenntnissen über die Gesellschaft, einer Strukturierung des erzeugten Wissens in „Entdeckungen" oder „Produkte" und in der Folge eine Autoritätsposition bei der Gestaltung von Gesellschaft sicherzustellen. Andererseits werden simultan sehr kritische Stimmen in Bezug auf diese Entwicklung laut, und es lässt sich durchaus aufzeigen, dass gerade in der Postmodernität die „verwissenschaftlichte" Strömung von einer narrativ orientierten durchzogen ist. (Vgl. Nowotny

1994) Dem Markt als der Ort, an dem Sozialwissenschaften und Öffentlichkeit einander in der wohl strukturiertesten Form begegnen und an dem Erwartungen an Wissenschaft explizit zum Ausdruck gebracht werden, kommt hier eine ganz spezifische Funktion zu. Was bedeutet dieser Begriff Markt für die Sozialwissenschaften und inwieweit unterscheidet er sich grundsätzlich von dem für naturwissenschaftliches Wissen und Know-how? Welche Konsequenzen hat eine verstärkte Forderung nach Anwendungsnähe und Marktorientierung von sozialwissenschaftlichem Wissen? Wie gestalten sich die so genannten „Produkte", die Wissenschaftler anbieten können? Und schließlich, welche Rolle spielen diese Aspekte im öffentlichen Diskurs über Sozialwissenschaften?

In den abschließenden Bemerkungen soll versucht werden, einige Thesen in Bezug auf die Bedeutung des Begriffes der „unsichtbaren Sozialwissenschaften" zusammenzufassen und die Auswirkungen dessen vor dem Hintergrund einer immer wesentlicher werdenden Medienöffentlichkeit einzuschätzen.

1. Sozialwissenschaften in einem veränderten wissenschaftlichen und gesellschaftlichen Kontext

„Ein neuer Modus der Wissensproduktion ist im entstehen und er ist überall anzutreffen". (Vgl. Gibbons 1994) Diese sehr generelle Feststellung, welche auf einer Analyse[7] der gegenwärtigen Situation des Wissenschaftssystems basiert, umschreibt eine ganze Reihe von mehr oder weniger einschneidenden Veränderungen. Natürlich ist dieser Veränderungsprozess nicht als abrupt zu sehen, sondern als graduell, und viele der Weichenstellungen (etwa die Öffnung der Universitäten und die damit in Zusammenhang stehende Änderung der allgemeinen Bildungsstruktur), die darin eine Rolle spielen, reichen bis weit in die 70er Jahre zurück. Die erste Diagnose betrifft die Produktion wissenschaftlichen Wissens selbst. Diese findet zunehmend nicht mehr ausschließlich in den „klassischen", institutionell verankerten und disziplinär organisierten Kontexten statt, sondern in einer Vielzahl heterogener und oft nur auf Zeit konstituierter Zusammenschlüsse. Wir erleben somit eine Vervielfachung der Orte, an denen wissenschaftliches Wissen produziert, aber auch der Schnittstellen, an denen es verteilt und angewandt wird. Die Veränderung betrifft nicht nur die Produktionsseite, sondern führt auch zu neuen Formen „der sozialen Verteilung" (vgl. Nowotny 1993) von wissenschaftlichem Wissen. In dieser Weise können innovative Konstellationen entstehen, in denen Wissensproduzenten und potentielle „Abnehmer" dieses Wissens in unterschiedlichen Formen und wesentlich enger als bisher miteinander interagieren. Direkte Konsequenzen davon sind ein höherer Grad an Kontextgebundenheit des so produzierten wissenschaftlichen Wissens, aber insbesondere auch neue Möglichkeiten des Wissenstransfers über die institutionellen und disziplinären Grenzen hinweg. Es wird also ein Umfeld geschaffen, in dem Wissen oder „Produkte" entstehen, die in herkömmlichen Strukturen kaum produziert worden wären.

Diese Veränderung bedeutet aber auch die Partizipation neuer Akteure, die aus verschiedenen Disziplinen stammen können bzw. zum Teil auch gar nicht der wissenschaftlichen Gemeinschaft im engeren Sinn zugehörig sein müssen. Damit wird auch die Kommunikation über eine rein innerwissenschaftliche hinaus ausgeweitet und den Medien eine neue Position zugestanden. Da aber sowohl die Rolle der ExpertInnen wie auch Expertise nie als gegeben angesehen werden kann, oder gar die intrinsische Eigenschaft einer Person darstellt, sondern es immer einer Zuweisung bedarf, erfahren beide Begriffe – ExpertIn und Expertise – durch die Veränderung der Rahmenbedingungen (und insbesondere der beteiligten Akteure) eine neue Deutung und eine Erweiterung.[8] Während dies für die Naturwissenschaften und deren Position im öffentlichen Raum ein zentrale Rolle spielt, akzentuiert sich das Phänomen für die Sozialwissenschaften. Wie etwa in einer deutschen Studie zur Medienberichterstattung über Sozialwissenschaften hervorgehoben wurde, sind es in diesem Bereich nur in ganz seltenen Fällen die WissenschaftlerInnen selbst, die „ihr" Wissen in der medialen Öffentlichkeit (re)präsentieren und als ExpertInnen zu Wort kommen. (Vgl. Weßler 1997) Da sich aber das öffentliche Bild von Wissenschaft vielfach über die Gleichsetzung von Wissenschaft mit Wissenschaftlern konstituiert, spielt diese mediale Abwesenheit der Sozialwissenschaftler sicherlich eine Rolle für die Positionierung im öffentlichen Raum. (Vgl. LaFollette 1990) Somit könnte man hier zusammenfassend konstatieren, dass die Medien einen Raum zwischen Wissenschaft und Öffentlichkeit aufspannen, in dem Expertise zum Teil nur mehr relativ wenig mit den Zuweisungen von Autorität durch wissenschaftliche Institutionen zu tun hat. Damit werden auch die Grenzen zwischen wissenschaftlichem und nicht-wissenschaftlichem Wissen in einer anderen Weise verhandelt als bisher, ein Punkt, auf den ich später noch im Detail zurückkommen möchte.

Als Konsequenz muss man nun für den Bereich der Naturwissenschaften und noch manifester für die Sozialwissenschaften das lange tradierte Verständnis von Innovationsprozessen aufgeben: Ein lineares Modell, welches davon ausgeht, dass am Beginn jeglicher Innovation zunächst Erkenntnisse der Grundlagenforschung stehen, die dann über verschiedene Zwischenstadien in eher angewandter Forschung schließlich zu einem Produkt führen, entspricht also weder in den naturwissenschaftlich-technischen Sektoren und schon gar nicht in den Sozialwissenschaften der Forschungs-, Produktions- und Diffusionsrealität. Vielmehr haben einerseits wissenschaftssoziologische Studien technologischer Innovationen gezeigt, dass diese in sehr heterogenen Kontexten erzeugt werden, in denen bereits die potentielle Anwendung, das auf Anwenderseite vorhandene Wissen und die jeweiligen Erwartungen eine wesentliche formende Rolle spielen. Forschungsarbeiten, die unter dem Begriff *Social Shaping of Technology* zusammenzufassen sind, haben hier mit einer reichen Palette an empirischen und theoretischen Befunden aufwarten können. (Vgl. Bijker et al. 1987; von Hippel 1988; MacKenzie & Wajcman 1985; Winner 1980/1986) Gerade für größere technische Systeme wurde klar, dass die Artefakte selbst nicht mehr das eigentliche Zentrum bilden, sondern dass vielmehr existierende Organisationsformen, gesellschaftliche Werte und Haltungen sowie Ziele und Intentionen in diese sozio-technischen Systeme von Anfang an integriert sind. Gleichzeitig wurde diese Frage nach der Umsetzung sozialwissenschaftlichen Wissens in der Praxis auch auf Seiten der Sozialwissenschaft gestellt und aufgezeigt, dass eine direkte Anwendung wissenschaftlichen Wissens im Grunde eine Ausnahme darstellt. Die Wirkungskontexte erwiesen sich als extrem diffus, und die Teilnahme der Medien an der Vermittlung dieses Wissens bringt eine weit gehende Verschlungenheit der Verwendungswege mit sich.

Das bedeutet im Grunde, dass eine ausschließlich wissenschaftszentrierte Sichtweise der Beziehung zwischen Grundlagenwissen und dessen Anwendung nicht angemessen sein kann. Vielmehr ist es notwendig, von einem Beziehungsgeflecht verschiedener Akteursgruppen auszugehen, die in einem vielschichtigen Aushandlungsprozess neue Formen von Wissen produzieren. Beck und Bonß haben dies für die Sozialwissenschaften sehr deutlich formuliert und deshalb für die Wesentlichkeit eines veränderten Verständnisses von Wissenschaft und Praxis plädiert. Dabei verweisen sie darauf, dass „die konkreten Analysen (zeigen), dass die Differenz zwischen beiden Seiten [Wissenschaft und Praxis, Anm. U. F.] nicht hierarchisch, sondern qualitativ zu denken ist. Wissenschaft liefert nicht notwendigerweise ein besseres, sondern zunächst einmal ein anderes Wissen." (Beck & Bonß 1989, S. 9) Ein Neudenken der Position von wissenschaftlichem Wissen in Bezug auf andere Formen des Wissens wird hier eingefordert. Gleichzeitig zeigen sie aber auch die Problematik der Unzulänglichkeiten „der Wissenschaftsansprüche und -wahrnehmungen der Praxis" auf (a. a. O., S. 10). Einerseits werden oft nur jene Ergebnisse als anwendungsrelevant gesehen, die den Anschein von „hard facts" zu erwecken vermögen, und andererseits wird das Wissensangebot der Sozialwissenschaften mit einem sehr hohen „Freiheitsgrad" zur Anwendung gebracht. Letzteres reicht vom Herausnehmen von Einzelergebnissen aus ihrem Zusammenhang, „bis zur Umkehrung und Unkenntlichmachung soziologischer Ergebnisse im Zuge ihrer Nutzung." (Ebda.)

Diese beschriebene Multiplikation der Kontexte der Wissensproduktion, die Vielzahl verschiedener Strömungen und Entwicklungstendenzen sozialwissenschaftlicher Forschung, aber auch die temporären Zusammenschlüsse von Wissen bleiben nicht ohne Auswirkungen auf der Ebene des institutionellen Gefüges. Für die Universitäten wird es dabei zunehmend schwierig sein, ihre Position als zentraler Ort sozialwissenschaftlicher Forschung beanspruchen zu können. Dieser Aspekt ist etwa für Österreich von besonderer Relevanz, da die Universitäten noch eine Quasi-Monopolstellung in der Ausbildung besitzen und somit eine Schlüsselposition in der Reproduktion des Wissenschaftssystems innehaben. Eine Krise im universitären Bereich bedeutet damit fast zwangsläufig beides: eine Ausbildungskrise und eine Wissenschaftskrise. Die Beschränkung des wissenschaftlich relativ autonomen Raumes „Universität" in seinen Ressourcen bzw. die Tatsache, dass die universitäre Institutionalisierung im Bereich der Sozialwissenschaften in den 70er Jahren zwar in beeindruckendem Maße, aber nie in einem den Aufgaben angemessenen Umfang stattgefunden hat, führte zum Entstehen von außeruniversitären, vielfach privaten und oft sehr kleinen Forschungseinrichtungen.[9] Helga Nowotny beschreibt in ihrer Analyse die Situation wie folgt: „Der Kreis wird hier ein vitioser: zu geringe Größe der Institute, zu starke politische Abhängigkeit und thematische Zersplitterung begünstigen ihrerseits die Tendenz zur gegenseitigen Abschottung und ein stark ausgeprägtes, aggressives Konkurrenzverhalten im Kampf um Aufträge." (Nowotny 1993a,

S. 29 f.) Angebot und Nachfrage dominieren also die wissenschaftliche Entwicklung, und es bleibt noch einzuschätzen, inwieweit das weit gehende Versagen von Kommunikations- und Kooperationsstrukturen und ein allzu harter Wettbewerb zwischen universitären und außeruniversitären Einrichtungen auch manifeste epistemologische Konsequenzen für die Sozialwissenschaften mit sich bringen werden.

Dies führt zur zweiten hervorzuhebenden Veränderung: nämlich zur grundlegenden Reorganisation der Beziehung von Wissenschaft und Öffentlichkeit. Das Kräfteverhältnis zwischen diesen beiden Bereichen hat sich in den letzten beiden Jahrzehnten graduell verändert, bisweilen sogar umgekehrt, und jedenfalls einen hohen Grad an Komplexität erreicht. Es ist also durchaus nicht übertrieben zu behaupten, dass Wissenschaft und Gesellschaft einander am Ende dieses 20. Jahrhunderts unter radikal veränderten Bedingungen begegnen: Fragen der Autorität und der Macht von Wissenschaft müssen neu gestellt werden, das Vertrauen in und die Glaubwürdigkeit von Wissenschaft können keineswegs mehr als gegeben vorausgesetzt werden, aber auch die Unterstützung für und die kulturelle Bedeutung von Wissenschaft sind neu zu verhandeln. Gerade weil wir in einer Gesellschaft leben, die zunehmend mit den Folgen wissenschaftlich-technischer Entwicklungen konfrontiert ist, wurde einerseits die Legitimität der Eigenverantwortlichkeit von Wissenschaft in Frage gestellt und andererseits die Sozialwissenschaften aufgerufen, innovative Strategien zu erarbeiten, die zur Lösung entstandener Probleme beitragen können.[10] Auch kann die Öffentlichkeit keineswegs mehr als passiver Konsument, als Erdulder von Veränderungen gesehen werden, sondern beginnt immer öfter eine aktive, gestaltende oder Widerstand leistende Rolle einzunehmen. Stärkere demokratiepolitisch motivierte Teilnahme einer breiteren Öffentlichkeit bedeutet aber auch – direkt oder indirekt – immer öfter aufgefordert zu sein, auf globaler oder individueller Ebene Entscheidungen zu treffen, die zumindest ein gewisses Verständnis von wissenschaftlichen Zusammenhängen erfordern. (Vgl. Nelkin 1987) Und damit beginnt etwa der mediale Raum eine wesentliche Funktion der „Information" und eine gestaltende Mitwirkung in der Meinungsbildung zu übernehmen.

Ganz unterschiedlich ausdifferenzierte neue Akteursgruppen werden somit auch für die Sozialwissenschaften unumgängliche Verhandlungspartner und beginnen, eine wesentliche Rolle in dieser sich verändernden Wissenschaftslandschaft zu spielen. Die verstärkte Teilnahme der Öffentlichkeit beschränkt sich allerdings nicht auf den in vielen Bereichen spürbaren, oft nur sehr indirekten Rechtfertigungsdruck für die aufgewandten Ressourcen, sondern es ist ein Eindringen von außerwissenschaftlichen Akteuren in innerwissenschaftliche Entscheidungsprozesse festzustellen. Von der Entscheidung über forschungsrelevante Fragen – dem *agenda setting* – bis hin zur Diskussion über die Kriterien zu Beurteilung von „wissenschaftlicher Qualität" (vgl. etwa Gibbons et al. 1994, S. 65–68), all dies findet nicht mehr ausschließlich innerhalb der *scientific community* statt, sondern vielfach unter Teilnahme „von außen". Werte, Zielsetzungen und Qualitätskriterien werden nun in einem neu entstandenen Hybridraum ausgehandelt, in dem WissenschaftlerInnen und die Öffentlichkeit (vertreten durch Individuen oder Institutionen), als Akteure sehr verschiedenartige kontextbezogene Verhandlungspositionen beziehen. Damit haben selbst die Naturwissenschaften ihre lange gehaltene exklusive Position in der Entscheidung in eigenen Belangen im Grunde abgeben oder zumindest teilen müssen.[11]

Die dritte diagnostizierte Veränderung ist eine verstärkte Ausrichtung des Wissenschaftssystems auf den Markt, wobei dieser Begriff hier eher weit verstanden werden soll. Praxisrelevanz und Kommerzialisierung, aber auch mögliche Auswirkungen von wissenschaftlichem Wissen sollen – so die Anforderung an das Wissenschaftssystem – bereits bei dessen Produktion mitgedacht werden.[12] Dies bedeutet vor allem eine grundlegende Veränderung für die Universitäten, denn sie haben nicht mehr ausschließlich Lehre und Forschung als Aufgaben, sondern müssen in verstärkter Weise einerseits die Sinnhaftigkeit der staatlichen Basisfinanzierung durch entsprechend anwendbare Forschungsergebnisse rechtfertigen und andererseits immer mehr zusätzliche finanzielle Mittel einwerben, um die Forschung überhaupt in einem ausreichenden Maße aufrechterhalten zu können. Für das US-amerikanische Universitätssystem und in Bezug auf den naturwissenschaftlich-technischen Bereich wurde diese Veränderung bereits in den frühen 80er Jahren diagnostiziert und mit dem Begriff der „zweiten akademischen Revolution" auf den Punkt gebracht.[13] Während die erste akademische Revolution der Forschung ihren festen Platz an den Universitäten zuerkannte, bedeutet die zweite Revolution eine stärkere ökonomische Ausrichtung und somit eine Fokussierung auf die Erzeugung klar abgrenzbarer und vermarktbarer Produkte. Die Situation wird nun durch den vielfach konstatierten Rückzug des Staates aus dem Bereich der universitären Ausbildung und Forschung noch verschärft. Der Versuch, die abgewanderten finanziellen Mittel zu kompensieren, führt zu einer Forcierung der Auftragsforschung, im Rahmen derer zumeist nur eng fokussierte Projekte finanziert werden, und dies vielfach nur auf relativ kurze Zeit. Damit kommen verstärkt außerwissenschaftlicher Selektionskriterien für die Forschungsfragen zum Tragen, die neue Situation bringt einen bis dahin weniger präsent gewesenen Wettbewerb zwischen universitären und außeruniversitären Einrichtungen mit sich, und sie zwingt die Forschungseinrichtungen weitgehend zu einem strategischem Verhalten. Nun müssen auch in Forschungsfeldern wie den Sozialwissenschaften „wissenschaftliche Produkte" sichtbar gemacht werden – was sich vielfach nicht nur als schwierig, sondern für die Weiterentwicklung auf epistemologischer Ebene auch trügerisch erweist. Denn sozialwissenschaftliche Forschung produziert in der Regel kaum unumstößliches Wissen, ist nicht um „Entdeckungen" herum strukturiert, sondern liefert vor allem Interpretationen. Dies dennoch zu versuchen stellt also einen massiven Eingriff in die grundlegenden Strukturen dar. Diese Tendenz zur Privatisierung der Forschung bedeutet aber auch, dass Wissenschaft ihren privilegierten Platz im öffentlichen politischen Diskurs als Referenz für Wissensstandards, ja bisweilen für Wahrheit, aber vor allem für politisches Handeln verliert. (Vgl. Ezrahi 1991)

Schließlich kann eine vierte und letzte wesentliche Veränderung konstatiert werden, die in enger Verknüpfung mit den bereits genannten gesehen werden muss. Wenn wir davon ausgehen, dass sich die Gruppe derer, die bei der Definition von relevanten Forschungsfragen mitwirken, um öffentliche Akteure erweitert hat, so ist es durchaus einsichtig, dass die so erarbeiteten Problemfelder, die einer wissenschaftlichen Lösung zugeführt werden sollten, nicht mehr mit den disziplinären Strukturen des Wissenschaftssystems korrespondieren. Es ist somit eine verstärkte Nachfrage in Richtung ganzheitlichem und problemorientiertem Forschen zu konstatieren, was mittel- bis langfristig einen Wandel der Stellung von Institutionen und klassischen Disziplinen, die bislang fast ausschließlich das Terrain der Produktion von wissenschaftlichem Wissen strukturierten, mit sich bringen kann. Durch die neu geschaffenen, oft internationalen Netzwerke, in denen Konsumenten und Produzenten des Wissens aufeinander treffen, sowie durch die Mobilität der ForscherInnen, die in diesen kooperieren, gelingt es zum Teil, bestehende Strukturen zu überlagern, was wiederum neue Möglichkeiten bietet, Wissen und Erfahrungen über Disziplinen- und Institutionengrenzen zu transportieren. Fragen werden also immer weniger innerhalb der Disziplinengrenzen formuliert, und eine Viel-

Die „unsichtbaren" Sozialwissenschaften

zahl neuer Schnittstellen innerhalb des Wissenschaftssystems, aber auch mit dem Umfeld wurden geschaffen. Transdisziplinäres Arbeiten ist zu einer neuen Form der Wissensproduktion geworden. (Vgl. insbesondere Gibbons et al. 1994)

Damit gekoppelt sind starke Internationalisierungstendenzen auch für die Sozialwissenschaften zu konstatieren, die eine ganze Reihe von Konsequenzen mit sich bringen. Zum einen spielten in der historischen Entwicklung dieser Forschungsfelder nationale intellektuelle Traditionen immer eine zentrale Rolle. Diese erwiesen sich vielfach, wie Wagner und Wittrock hervorhoben, als erstaunlich resistent gegenüber „Universalisierungs- und Modernisierungstendenzen" und bildeten so eine wesentliche intellektuelle Ressource für stetige Erneuerung. (Vgl. Wagner & Wittrock 1990) Der starke Druck zur Internationalisierung könnte also durchaus nicht nur einen Gewinn, eine Erweiterung der Fragestellungen und Herangehensweisen darstellen, sondern auch einen Autonomieverlust und damit auch eine Einschränkung der intellektuellen Vielfalt mit sich bringen. Zum Zweiten haben viele der Problemstellungen, mit denen die Sozialwissenschaften konfrontiert wurden, in den letzten beiden Jahrzehnten den nationalstaatlichen Rahmen verlassen – sie sind nun weitgehend in einem internationalen Kontext und in einem disziplinenübergreifenden Rahmen zu verorten. Beispiele hierfür sind etwa der Bereich der Umwelt- bzw. Klimaforschung oder der Risikoforschung, wo Natur- und Sozialwissenschaften interdisziplinär kooperieren müssen. Bei den angestrebten Lösungsmöglichkeiten geht es nämlich nicht mehr ausschließlich um die Frage der technologischen Machbarkeit, sondern weitaus mehr um die gesellschaftliche Vertretbarkeit und Umsetzbarkeit der angestrebten Lösungen. Dies bedeutet aber auch, dass sich die Organisationsformen von Sozialwissenschaften diesen neuen Anforderungen anpassen müssen und die starke Zentriertheit auf einzelne Forscher-Individuen sowie eine damit verbunden institutionelle Zersplitterung diesen Anforderungen nicht mehr gerecht wird. Drittens stellt dieser veränderte Rahmen für die Sozialwissenschaften die Frage der Professionalisierung in einer völlig neuen Form, welche wiederum eng mit der Frage von Autorität und Ansehen im öffentlichen Raum verknüpft ist.

Ulrike Felt

2. Zur Interaktion zwischen Sozialwissenschaften und ihren Öffentlichkeiten

Um die Wechselwirkung zwischen bestimmten Bereichen der Wissenschaft mit ihren Öffentlichkeiten in den vielfältigen und weit reichenden Konsequenzen zu verstehen, ist es sehr interessant, den Bereich der Wissenschaftspopularisierung näher zu analysieren. Dabei ist es gleich von Anfang an notwendig, die Idee aufzugeben, dass es sich bei dieser Aktivität vor allem um einen Akt des Wissens- und Informationstransfers handelt. Ich möchte im Folgenden vielmehr dahingehend argumentieren, dass gerade hier sehr klar sichtbar wird, wie weitgehend rhetorische Konstruktionen von sozialer Ordnung dazu beitragen bzw. die Basis dafür bilden, wissenschaftliches Wissen zu konstruieren, und im Gegenzug, wie dieses Wissen wiederum soziale Ordnung mitgestaltet. Wir beobachten also einen wechselseitigen Konstruktionsprozess von Wissenschaft und Gesellschaft. Damit wird aber auch verständlich, warum etwa Jacobi und Schiele in ihren Überlegungen zur Wissenschaftspopularisierung hervorheben, dass die Frage, ob populärwissenschaftliche Berichte wahr oder falsch sind „alles in allem sekundär (ist) im Vergleich zur Existenz (des populärwissenschaftlichen Diskurses) und zum interpretativen Rahmen, den er bietet." (Jacobi & Schiele 1988, S. 14) Und sie bringen auch ihr Erstaunen darüber zum Ausdruck, dass es trotz der offensichtlichen Mächtigkeit und des Einflusses dieses öffentlichen Diskurses über Wissenschaft relativ wenig fundierte Reflexion und differenzierte Auseinandersetzung damit stattfindet.

Die Bilder, die im öffentlichen Raum über die verschiedenen wissenschaftlichen Bereiche und das dort produzierte Wissen entstehen, sind gewissermaßen als eine Art Projektionsfläche für kollektive Repräsentationen von Wissenschaft zu verstehen. Wissenschaftspopularisierung ist somit als ein Ort zu verstehen, an dem aus der Heterogenität verschiedener wissenschaftlicher Wissensformen und aus den vielfältigen Teilerkenntnissen eine scheinbare Homogenität von robusten populären Vorstellungen und Stereotypen von Wissenschaft konstruiert wird. Die so entstehenden Bilder nehmen dabei ihre spezifischen Formen weniger durch die in der Wissenschaft tatsächlich stattfindenden Veränderungen an, als vielmehr durch die Art und Weise, wie dieses Wissen in der Gesellschaft verteilt wird bzw. wie der Zugang zu ihm gestaltet ist. Öffentliche Bilder von

Die „unsichtbaren" Sozialwissenschaften

Wissenschaft sind somit mehr als alles andere Indikatoren dafür, welchen Platz Wissenschaft in der Gesellschaft einnimmt und wie sie in Relation zu anderen kulturellen Ressourcen steht. Wenn man nun insbesondere die Sozialwissenschaften betrachtet, so sind sie in Bezug auf die Frage der Bilder von Wissenschaft in einer paradox anmutenden Position. Einerseits „können (sie) den Anspruch auf ein Wissen um die soziale Produktion solcher Bilder stellen und sie sind selbst, wie alle anderen Wissenschaften, Produzenten." Gleichzeitig scheint dieses „Wissen, welches sie über Bilder besitzen (...) nicht notwendigerweise ihre Performance als Produzenten" zu verbessern. (Nowotny 1989, S. 73)

Aber noch eine andere Differenz zwischen Sozial- und Naturwissenschaften scheint hier hervorhebenswürdig. Während für den naturwissenschaftlich-technischen Bereich die Wichtigkeit dieser Schnittstelle Wissenschaft/Öffentlichkeit bereits in den frühen 80er Jahren erkannt wurde und man sich mehr oder weniger systematisch damit auseinander zu setzen sowie zum Teil Strategien des Umgangs zu entwickeln begann, fand dies für die Sozialwissenschaften weitaus weniger umfassend statt. Dies mag zum einen daran liegen, dass „Gesellschaft" Untersuchungsgegenstand der Sozialwissenschaften ist und diese Interaktion gewissermaßen zum „Forschungsalltag" gehört, oder zum anderen in der Position der Sozialwissenschaften im gesellschaftlichen Umfeld. Diese Überlegungen machen aber deutlich, dass man mit dem klassischen, lange verbreiteten linearen „Sender-Empfänger-Modell"[14] für die Wissenschaftskommunikation der beobachteten Komplexität der Interaktion keineswegs gerecht werden kann: Denn dieses aufklärerisch orientierte Modell basiert einerseits auf der Idee einer klaren Hierarchie zwischen wissenschaftlichem Wissen und Alltagswissen und einer rigorosen Trennbarkeit von Laien und ExpertInnen sowie andererseits auf der Voraussetzung, dass Informations- und Wissenstransfer bzw. Einfluss als einseitig gerichtete Prozesse – von Wissenschaft zur Öffentlichkeit – zu verstehen sind.[15]

Gibt man diese einfache und klar hierarchisch strukturierte Sichtweise auf, so stellen sich auf theoretischer Ebene völlig neue Fragen: Wenn nicht die der eher passiven Konsumenten, welche Rolle spielt dann Öffentlichkeit in Bezug auf Wissenschaft? Was geschieht mit wissenschaftlichem Wissen, wenn es den engeren wissenschaftlichen Bereich verlässt? Wie wird es im öffentlichen Raum interpretiert, geordnet und in bestehendes Wissen und Erfahrungskontexte eingeordnet? Unter welchen Voraussetzungen gelangt wissenschaftliches Wissen im Alltagsbereich zur Umsetzung, und welche Rolle spielen dabei soziale Identitäten und alternative Wissensformen? Was sollten/möchten Teile der Öffentlichkeit über Wissenschaft wissen und wer entscheidet darüber? Kurz: Diese Fragen signalisieren ein Abrücken von der aufklärerischen Tradition hin zu einem kritischeren Verständnis der Interaktion zwischen Wissenschaft und Öffentlichkeit.

Ab den 80er Jahren begann die Frage der Beziehung von Naturwissenschaft und Öffentlichkeit zunehmend international in breiterem Rahmen zum Untersuchungsgegenstand zu werden, wobei man sich aus zwei sehr unterschiedlichen methodischen Perspektiven näherte. (Vgl. insbesondere Wynne 1995) Auch wenn die Sozialwissenschaften in diesen Überlegungen bislang ausgeklammert blieben, scheinen die Ergebnisse dennoch von Interesse für meine Fragestellung. Der erste Zugang setzt vor allem Umfrageuntersuchungen als methodisches Werkzeug ein, um die Einstellung der Bevölkerung zu Wissenschaft im Allgemeinen, aber auch deren „faktische" wissenschaftliche Kenntnisse im Speziellen sowie ihr Wissen um wissenschaftliche Arbeitspraktiken „abzufragen". Diese Untersuchungen wurden dann auch vergleichend in mehreren Länder durchgeführt und auf EU-Ebene in Form der Eurobarometeruntersuchungen etabliert und regelmäßig durchgeführt. Während dieser Bereich aus methodischen Gründen[16] eher eingeschränkte Erkenntnisse liefert und zum Teil heftig kritisiert wurde, so sollte man seine politische Bedeutung keineswegs unterschätzen. Gerade die hier eingesetzten Instrumentarien liefern quantitative Ergebnisse, die in der Präsentation als „Fakten" generiert werden können und so einen relativ hohen Grad an „Robustheit" erlangen. In als sensibel eingestuften Bereichen, wie dem der Biotechnologie, gibt es sogar eigene Fragebögen, die sich ausschließlich auf dieses Gebiet beschränken.[17]

Beim zweiten Zugang kommen hauptsächlich qualitative Methoden der Feldforschung zum Einsatz und erlauben ein besseres Verständnis für die Weise, in der wissenschaftliches Wissen von Laien aufgenommen, verwendet bzw. neu verhandelt wird. Wissenschaft – und das ist die Basisannahme in all diesen Studien – ist immer von Interessen durchdrungen und hat somit auch Auswirkungen auf Beziehungen, Identitäten und Wertesysteme, die außerhalb des Wissenschaftsbereichs existieren. Es kann also nicht darum gehen, Wissen abzufragen und den Prozentsatz der „richtigen" Antworten aufzuzeigen, sondern vielmehr Konzepte wie Vertrauen, Relevanz, soziale Identitäten oder Glaubwürdigkeit ins Zentrum der Überlegungen und der Diskussion zu stellen. So erfahren etwa auch Begriffe wie Ignoranz eine begriffliche Neudeutung: Es muss sich hier nicht mehr um eine passive Form des Nicht-Wissens handeln, die es durch Informationskampagnen zu beheben gilt, sondern Ignoranz kann auch als ein aktiver, von Individuen bewusst gewählter Zustand verstanden werden. Die Art und Weise, in der Wissenschaft von der Öffentlichkeit wahrgenommen wird, ist abhängig etwa vom Vertrauen in Institutionen und deren Vertretern, davon, inwieweit wissenschaftliches Wissen mit dem in sozialen Gruppen vorhandenen Wissen vereinbar ist oder ob Vorhersagen gemacht werden können und diese auch eintreffen und vieles mehr. (Vgl. Wynne 1992) Schließlich haben diese Studien gezeigt, dass die Öffentlichkeit durchaus differenzierte Einschätzungen von Wissenschaft vornimmt. So können Laien etwa zu „Wissenschaft-im-Allgemeinen" eine völlig andere Einstellung haben als zu spezifischen Teilbereichen, mit denen sie etwa persönlich in Berührung stehen. (Vgl. Michael 1992)

Man kann aber sicherlich davon ausgehen, dass sich die Stellung der Sozialwissenschaften im öffentlichen Raum in den letzten Jahren zumindest in zweierlei Hinsicht radikal verändert hat. Zum einen hat sich die Entstehung der Massenuniversität in den 70er Jahren gerade im Bereich der Sozialwissenschaften am deutlichsten ausgewirkt, indem die Gruppe der Wissensproduzenten ausdifferenziert und massiv erweitert wurde, aber auch neue Öffentlichkeiten für sozialwissenschaftliche Erkenntnisse entstanden. Zum anderen wurde – wie bereits eingangs erwähnt – ein zunehmender Bedarf an sozialwissenschaftlichem Wissen von Seiten der Gesellschaft formuliert. Denn in einer ganzen Reihe von Problembereichen gibt es klare Indizien dahingehend, dass Ursachen, Entwicklungen und Auswirkungen von gesellschaftlichen Prozessen über weite Strecken noch unverstanden sind. Das sind etwa: rapide gesellschaftliche Umschichtungsprozesse, dessen Zeugen wir alle wurden; Schaffung neuer sozialer und politischer Bündnisse, die Handlungsspielräume eröffnen, aber auch Unsicherheiten schaffen; politische Steuerung von gesellschaftlichen Veränderungen, welche zusehends an Grenzen stößt; Eindringen von Wissenschaft und Technik in unseren Alltag mit all seinen sozialen und ökologischen Konsequenzen; oder ein Erziehungs- und Bildungssystem, das den immer komplexeren Anforderungen nicht mehr gewachsen zu sein scheint. Die Forderung nach einem neuen Schub sozialwissenschaftlicher Innovationen ist daher mehr als einsichtig. Gefordert werden dabei jedoch nicht mehr ausschließlich Synthesen, Analysen oder Reflexionen, sondern vielmehr Handlungswissen, bzw. Wissen, das sich möglichst konkret und direkt in der Gesellschaft umsetzen lässt. Als ein äußeres Zeichen dieser Veränderung können die Bereiche der Politikberatung und des Consulting beispielhaft genannt werden, die zu den finanzstärkeren Marktsektoren für sozialwissenschaftliches Wissen zählen. Und hier wird die Paradoxie der Situation sehr deutlich: Zum einen wird von den Sozialwissenschaften vehement eingefordert, sich aus der Position des „Kommentators" von Veränderungen herauszubewegen und sich zu einem tatsächlichen Akteur in der Gesellschaft zu entwickeln. (Vgl. Nowotny 1989; Felt 1995; Jasanoff 1990; siehe auch FN 10) Zum anderen sind zahlreiche Bereiche der Sozialwissenschaft, die sich nicht in diesem Bereich ansiedeln, damit einer realen Bedrohung ausgesetzt.

Wie steht es nun um die Popularisierung von sozialwissenschaftlichem Wissen? Lange Zeit ging man von der Annahme aus, dass sich Sozialwissenschaften an die Leitungseliten, an eine gebildete Schicht der Laien wandte, die sich mit solchen Themen auseinander setzten, und nur manchmal – fast in Ausnahmefällen – an größere Gruppen. Man kann dem Befund Glauben schenken, dass selbst die bei ausgezeichneten Verlagen erscheinenden wissenschaftlichen Bücher fast ausschließlich von Bibliotheken gekauft werden und dass sie dann wiederum beinahe exklusiv von Kollegen aus dem eigenen Fach gelesen werden. Das würde den berechtigten Zweifel über den Einfluss von sozialwissenschaftlichem Wissen auf den breiten außerdisziplinären Bereich durchaus gestatten. (Vgl. Halliday & Janowitz 1992) Dennoch sind Vokabel, Bilder und Metaphern in den öffentlichen Diskurs eingegangen und, wie dies Erkenntnisse aus der Wirkungsforschung nahe legen, hat das sozialwissenschaftliche Wissen seinen Weg weit über die fachspezifischen Grenzen hinaus gefunden (vgl. Beck & Bonß 1989), und zwar vielfach über die Schiene der Massenmedien. In diesen gehören die Sozialwissenschaften aber auf den ersten Blick hin nicht zu den klassischen Themen. Wenn der Begriff Wissenschaft etwa in den österreichischen Tageszeitungen überhaupt in einer deklarierten Form erscheint, so wird er über weite Strecken implizit mit anderen Begriffen wie Naturwissenschaft und technologischer Entwicklung gleichgesetzt. Sozialwissenschaftliches Wissen findet an diesen speziell gekennzeichneten Orten kaum Aufnahme. Diese Diagnose wird auch in einer detaillierten, aktuellen Studie zu den „Gesellschaftswissenschaften in der Medienöffentlichkeit" klar belegt. „Die Berichterstattung über Themen aus dem Bereich der Sozialwissenschaften nimmt einen Anteil der Gesamtberichterstattung der Massenmedien von – je nach Definition und methodischem Zugriff – etwas weniger oder etwas mehr als 1% ein." (Weßler 1997, S. 117)

Diese Diskrepanz zwischen öffentlicher Unsichtbarkeit und gleichzeitiger impliziter Präsenz im öffentlichen Diskurs lässt sich wohl damit erklären, dass sozialwissenschaftliches Wissen in einer weitaus diffuseren, nicht so klar nach außen etikettierten Form medial dennoch präsent ist. Sozialwissenschaftliches Wissen wird thematisch verknüpft, fließt in andere Bereiche ein, Aussagen haben meist – im Vergleich zu den Naturwissenschaften – einen wenig verbindlichen Charakter und werden daher nicht als „Wahrheiten" bzw. als „Fakten" gesehen. Auch strukturiert sich sozialwissenschaftliches Wissen nicht in Kategorien wie „Entdeckungen" und kann somit diese nicht ins Zentrum der Vermittlungstätigkeit stellen. Sozialwissenschaftliche Aussagen besitzen somit ein geringeres Maß an Autorität und Verbindlichkeit, als dies für naturwissenschaftliche der Fall zu sein scheint. Eine weitere Komponente der Erklärung könnte ebenfalls aus Studien aus dem naturwissenschaftlichen Bereich bezogen werden. Diese heben hervor, wie wesentlich die Rolle der Wissenschaftler als Individuen, aber auch die Erfahrungen mit wissensproduzierenden Institutionen bei der Positionierung und Akzeptanz von wissenschaftlichem Wissen in der Öffentlichkeit ist.

Sie nehmen diese Schlüsselrolle ein, da viele unserer Annahmen über Wissenschaft ganz eng mit den Vorstellungen über Wissenschaftler verwoben sind. „Zahlreiche unserer stärksten Anschauungen über Wissenschaft", argumentiert Marcel LaFollette in ihrer Studie über die Wissenschaftsberichterstattung in den US-amerikanischen Medien, „basieren auf dem, was wir über das Wesen des Wissenschaftlers denken, und zwar im Grunde weil diese Anschauungen Annahmen über eine Korrelation zwischen Erscheinungsbild, Persönlichkeit und Intellekt der Wissenschaftler und der Wichtigkeit ihrer Arbeiten beinhalten". (LaFollette 1990, S. 66) Es stellt sich somit die Frage der medialen Präsenz der Sozialwissenschaftler. Weßler weist in seiner Fallstudie zur Deutschen Presse und der Berichterstattung zur Drogenproblematik darauf hin, dass nur ein sehr geringer Prozentsatz (6.6%) der Artikel von Sozialwissenschaftlern selbst verfasst wurden und damit der direkte, persönliche Wissenstransfer nur relativ selten stattfindet. Im Gegensatz nehmen Politiker mit über einem Drittel der Beträge die klare Spitzenreiterposition ein. Sozialwissenschaft wird somit bereits in einer stark modifizierten, interpretierten und somit undeutlicher wahrnehmbaren Form öffentlich repräsentiert. (Weßler 1997, S. 129 f.)

Institutionen und deren Außensichtbarkeit sind der zweite wesentliche Faktor für ein Vertrauensverhältnis. Sie bilden gewissermaßen die stabile Größe in einer sich stetig verändernden wissenschaftlichen Landschaft. Die starke Zersplitterung der Einrichtungen in der österreichischen Forschung (und zum Teil auch die politische Abhängigkeit dieser) hat ein relativ hartes Konkurrenzverhältnis und eine eher schlecht-funktionierende Kommunikation zwischen diesen mehr als hundert österreichischen sozialwissenschaftlichen Kleinstinstituten und Vereinen zur Folge. Ohne hier den Begriff der fehlenden kritischen Massen strapazieren zu wollen, kann man sicherlich festhalten, dass mit fehlender Auseinandersetzung und Kommunikation auf der inhaltlichen Ebene vielfach auch das klare Profil der Einrichtungen nach außen fehlt. Einzelne Ereignisse/Ergebnisse werden öffentlich wahrgenommen, ohne dass dabei das breite gesellschaftspolitische Potential dieser Forschung wirklich sichtbar wird. Ausmachbare Informationsknoten fehlen, was zu einer Unüberschaubarkeit der Informationsvielfalt und sogar für einen „benachbarten Fachmann" und sicherlich für einen außenstehenden Laien zu einer Orientierungslosigkeit führt. (Vgl. Hartmann 1993; Felt 1997)

Hier wird auch die Problematik der schwer abgrenz- und definierbaren Inhalte und „Produkte" wichtig. Sozialwissenschaften waren immer durch eine Fülle von nebeneinander bestehenden Strömungen und Entwicklungstendenzen gekennzeichnet, und kulturelle Erkenntnisproduktion hat immer in einer Vielfalt von mehr oder weniger stabil institutionalisierten Kontexten stattgefunden. Dies hat eine Reihe konkreter Auswirkungen im öffentlichen Bereich, die von einem diffusen Bild, über eine fehlende Strukturierung, bis hin zur Abwesenheit von sichtbaren Qualitätsstandards reichen. Weiters wäre noch anzufügen, dass das verstärkte interdisziplinäre Arbeiten nicht nur neue Möglichkeiten eröffnet, sondern durchaus auch zusätzliche Unsicherheiten schafft. Für die Forscher bedeutet es den Verlust eines klaren Wertesystems in einem Umfeld, in dem Anstellungserfordernisse, Qualitätszuweisungen, Lehre und Administration disziplinär strukturiert sind.

Vielfach entscheiden sich Forscher daher, eher in die Verteidigung eines eng spezialisierten Forschungsterrain zu investieren und damit auch die eigene Zukunft zu schützen, als in die Öffnung hin zu interdisziplinärem Arbeiten. Denn die stabilen Strukturen sind in ihrer Attraktivität nicht zu unterschätzen: Sie vermitteln das Gefühl der Sicherheit, schreiben Kompetenz für ein bestimmtes Gebiet zu, erzeugen Stabilität, ermöglichen eine gute Kenntnis der Gegner und der Peers und verleihen soziales Prestige. Ähnlich ambivalenten Gefühlen sehen sich die Forschungsförderer gegenüber. Es ist extrem schwierig, für interdisziplinäre Projekte stabile Normen zu definieren und Entscheidungsprozesse zu institutionalisieren. Einfache Grenzziehungen und die trügerische Klarheit disziplinärer Strukturen sind hier nicht zu sehen. Verloren wird auch der Referenzrahmen und die Illusion, ein Ensemble von Werten als *Scientific Community* zu teilen. Forschungsförderer stehen daher vor der Wahl, Vertrauen in ein neues Projekt mit einer neuen personellen Zusammensetzung haben zu müssen, ohne dabei auf ähnliche Erfahrungen rekurrieren zu können und ohne klare Sicht, welche ExpertInnen solche Projekte beurteilen sollten. Interdisziplinarität bedeutet für sie also immer beides: Chance auf Innovationen, aber auch Risiko einer Fehleinschätzung. Und schließlich stellt sich auch für die Öffentlichkeit (bzw. für die respektiven Öffentlichkeiten) die Frage, wo relevante Ansprechpartner zu verorten sind, wie Kompetenzen zuzuordnen sind und auf welcher Basis Vertrauen entgegengebracht werden kann.

3. Popularisierung der Sozialwissenschaften: Grenzziehung und Positionierung

Popularisierung von Wissenschaft soll in den folgenden Überlegungen nicht als Übersetzungs- oder Vermittlungsakt, sondern als im weitesten Sinne politischer Akt verstanden und analysiert werden. Dabei soll keine Einschränkung auf die klassischen Formen, wie Medienberichterstattung, populäre Vorträge oder Bücher vorgenommen werden, sondern möglichst viele unterschiedliche Interaktionsformen zwischen Wissenschaft und Öffentlichkeit miteinbezogen werden. Beteiligt an diesem Wechselwirkungsprozess sind eine Vielfalt von Akteuren, welche aus ganz unterschiedlichen Interessenlagen heraus handeln, deren Erfahrungs- und Wissenshorizonte sehr verschieden strukturiert und deren Motive für eine Partizipation breit gestreut sein können. Dabei wird sehr schnell offensichtlich, dass der verwendete Begriff Öffentlichkeit (vgl. Habermas 1962/

1990; Neidhart 1993) im Grunde wesentlich zu undifferenziert ist. Dessen Bedeutungen reichen von den sehr diffusen Bezeichnungen, wie öffentliche Meinung, welche eher den Charakter eines strategisch-legitimatorischen Konstruktes besitzt, über die Öffentlichkeit, die repräsentiert durch Institutionen auftritt, bis hin zur Öffentlichkeit, der wir in ganz unterschiedlichen Rollen im Meinungsbildungsprozess über Wissenschaft begegnen: als Anwender des Wissens, als Zuseher, Bewunderer bzw. Kritiker wissenschaftlicher Entwicklung oder als Schiedsrichter und Zeugen.[18]

Ich möchte hier keineswegs die vielfältigen Funktionen der Wissenschaftspopularisierung einzeln herausarbeiten, sondern mich vielmehr auf jene beschränken, die mir insbesondere für die Sozialwissenschaften zentral scheint. Wenn man davon ausgeht, dass der Begriff „Sozialwissenschaft" nie eindeutig definiert, sondern immer umfangreicheren, an multiplen Orten und auf verschiedenen Ebenen stattfindenden Aushandlungsprozessen unterworfen ist (vgl. Gieryn 1995; siehe auch Felt 1997a, 1998) und die hierbei zur Anwendung gelangenden Abgrenzungskriterien zwischen Wissenschaft und Nichtwissenschaft, aber auch zwischen den verschiedenen Wissenschaftsbereichen weder explizit festgeschrieben noch über die Zeit stabil sind, dann ist es interessant, sich jene Orte anzusehen, wo solche Aushandlungsprozesse ablaufen. Es geht also darum zu verstehen, wie sich das „Wissenschaftsinterne" als Resultat stetiger expliziter und impliziter Prozesse des selektiven Ausschlusses konstituiert. Das so entstandene „Außen" hat jedoch keine festen Grenzen, sondern diese können je nach Betrachtungsperspektive unterschiedlich verlaufen. Nimmt man etwa die Ausbildung als Kriterium der Grenzziehung, so entsteht durch die klar strukturierten Curricula eine ganz andere wissenschaftliche Landkarte, als wenn man etwa die tatsächlich durchgeführten Forschungsprojekte oder gar die populären Darstellungen dazu heranziehen würde.

Abgrenzungsarbeit ist keineswegs ausschließlich eine innerwissenschaftliche Angelegenheit, und somit drängt sich die Frage auf, welche Rolle Popularisierung in dieser Grenzziehungsarbeit spielt. Dabei ist es von Interesse zu analysieren, welche Bilder und Vorstellungen von Sozialwissenschaften kreiert werden, wie sie sich im öffentlichen Raum verankern und Autorität gewinnen können und welche Rolle in diesem Aushandlungsprozess die Öffentlichkeit spielt. Da Wissenschaft und Technik weit in gesellschaftliche Teilbereiche eingedrungen sind, bedeutet dies, dass Individuen auf eine Vielzahl von Erfahrungen zurückgreifen können und so Vorstellungen und Erwartungen in Bezug auf Wissenschaft entwickeln. Diese bauen zwar zum Teil auf medialen Bildern auf, können ihnen aber auch durchaus widersprechen – ein Faktum, das gerade bei wissenschaftlich-technischen Kontroversen im öffentlichen Raum sehr deutlich wird.[19]

Innerhalb der wissenschaftlichen Gemeinschaft wird ein relativ hoher Aufwand in Richtung Formalisierung und Standardisierung der Wissensproduktion betrieben, unter anderem, um Abgrenzungen zwischen Wissenschaft von Nicht-Wissenschaft und darüber hinaus auch zwischen verschiedenen Territorien innerhalb der Wissenschaft vornehmen zu können. Es geht also immer darum, einerseits ein bestimmtes Wissen als „wissenschaftlich" gegenüber anderem auszuzeichnen (dies geschieht über Normen und Standards in der Produktion und Weitergabe, aber auch über bestimmte Repräsentationsformen), aber andererseits oft auch sich einer Disziplin oder einem Fach zuzuordnen. Diese Abgrenzungsarbeit („boundary-work", wie Thomas Gieryn diese Tätigkeit bezeichnet) wird dann geleistet, wenn „um etwas gekämpft, etwas legitimiert werden muss oder wenn die kognitive Autorität von Wissenschaft herausgefordert wird." Wenn also ein soziales Interesse dahingehend besteht, „zu beanspruchen, auszuweiten, zu schützen, zu monopolisieren, an sich zu reißen, abzulehnen oder die kognitive Autorität einzuschränken", genau an diesem Punkt beginnen pragmatische Grenzziehungen eine Rolle zu spielen. Aus dieser Perspektive heraus erklärt sich auch Gieryns Vorstellung, dass Wissenschaft als ein Raum gesehen werden kann, der seine Autorität gerade von und durch punktuelle Aushandlungen seiner flexiblen und kontextabhängigen Grenzen bezieht. Der Begriff Wissenschaft ist also *a priori* nichts als ein leerer Platzhalter für kognitive Autorität, der solange leer bleibt, bis er mit Bedeutung gefüllt wird (werden muss) und seine Grenzen im Rahmen kontextabhängiger Aushandlungsprozesse darüber, wer oder was wissenschaftlich ist, festgesetzt werden. Wissenschaftskommunikation – und dazu zählt auch die Popularisierung – spielt dabei als ein solcher Akt des „Bedeutunggebens" für den noch „leeren" Begriff Wissenschaft bisweilen eine ganz zentrale Rolle.[20]

Das Anliegen, eine Grenze zwischen Wissenschaften und anderen Formen der kulturellen Wissensproduktion zu ziehen bzw. ziehen zu können, ist im Diskurs der Wissenschaftspopularisierung deutlich präsent. Natürlich ist diese Auseinandersetzung um Grenzziehung bzw. Grenzverschiebungen nicht immer offensichtlich, sondern nur in kurzen Momenten, wenn sich ein Bereich durch den anderen in seiner Existenz bedroht fühlt oder wenn es um Etablierungs- oder Positionierungsbestrebungen geht[21]. Trotzdem sind die impliziten Strategien des Abgrenzens gewissermaßen kontinuierlich festzustellen, denn es geht ja immer auch darum, wer, wo und wann mit Autorität im Namen der Wissenschaft sprechen darf. Die Möglichkeit, Kategorien wie Wissenschaftler und Laien klar abgrenzen zu können, wird damit zu einem zentralen Anliegen bei der „Verteidigung" wissenschaftlicher Grenzen.

Vor allem ein robuster Korpus an Volkswissen wurde sozusagen als „Feind" der institutionellen Wissenschaft identifiziert und zum Teil als für das wissenschaftliche Establishment bedrohlich wahrgenommen. Worauf beruhen diese Befürchtungen und worin besteht das Potential dieses Volkswissens? „Das Volkswissen, gegen das sich das wissenschaftliche Establishment abgrenzen will, hat", so argumentiert Dolby, „einen Stil, der den öffentlichen Foren besser angepasst ist als der der orthodoxen Wissenschaft. Von dem her gesehen, was es abdeckt, ist es relativ breit und bietet Einsichten und Erklärungen für zahlreiche öffentliche Fragen. Es ist visionär und programmatisch statt strikt und testbar zu sein. Und es erhält seine Unterstützung ohne die Vermittlung eines Experten." (Vgl. Dolby 1982) Alle können teilhaben an diesem Volkswissen, es ist stark in der jeweiligen sozialen Gruppe verankert, wird direkt weitergegeben und ist eng verwoben mit Bräuchen, mit kultureller Identität und mit eingeübten Handlungsmustern. Und deshalb kommt der Popularisierung von wissenschaftlichem Wissen genau in jenen Bereichen besondere Bedeutung zu, in denen es einen breiten Korpus von Volkswissen gibt bzw. in denen der Faktor „soziale und kulturelle Identität" besonders zum Tragen kommt. In diesen Fällen wird dann deutlich erkennbar, dass die Aushandlung darüber, was als Wissenschaft angesehen werden sollte und was nicht bzw. welcher Status wissenschaftlichem Wissen zugeordnet wird, in einen Hybridraum verschoben wurde, in dem sowohl die Öffentlichkeit als Gesamtkonstrukt sowie verschiedene Teilöffentlichkeiten zu relevanten Akteuren wurden.

Wenngleich das eben Gesagte seine Gültigkeit sowohl für die Natur- als auch für die Sozialwissenschaften besitzt, so haben Studien über die Popularisierung der Sozialwissenschaften hervorgehoben, dass die Problematik der Abgrenzung hier in mehrfacher Weise anders gelagert ist als in den Naturwissenschaften. Zum Ersten ist festzuhalten, dass sich Sozialwissenschaften keineswegs auf ein Monopol für die Produktion von gesellschaftsbezogenem Wissen berufen können. Das bedeutet, dass der Untersuchungsgegenstand alleine nicht ausreicht, um sich von anderen wissenschaftlichen Bereichen abzugrenzen. Damit stellt sich die Frage der Rolle von ExpertInnen und Expertise im öffentlichen Raum deutlich anders als für die Naturwissenschaften. So hat etwa Weßler die These formuliert, dass „sozialwissenschaftliches Wissen (in den Printmedien) in der großen Mehrheit der Fälle nicht von sozialwissenschaftlichen Experten, sondern von anderen Akteuren in die Öffentlichkeit getragen (wird). Es wird von Akteuren aus unterschiedlichen gesellschaftlichen Bereichen, vor allem aus der Politik, als Wissensressource für die Auseinandersetzung in der Medienöffentlichkeit genutzt. Eine eigenständige Thematisierungsleistung ist von den Sozialwissenschaft daher kaum zu erwarten." (Weßler 1997, S. 139) Dies bedeutet, dass das sozialwissenschaftliche Wissen vielfach bereits in politische Interpretationen „verpackt" oder als kleines Teileelement eines thematisch orientierten Berichtes seinen Weg in den öffentlichen Raum schafft und so die relative „Unsichtbarkeit" verständlich wird.

Zweitens ist hervorzuheben, dass „potentiell sozialwissenschaftliche Problemlagen (...) eben transdisziplinär (sind) und ihrem Erfahrungsgehalt nach auch alltagsnahe". (Saxer 1998, S. 54) Damit sind wir mit der Tatsache konfrontiert, dass „Laienkommunikation und Alltagstheorien" in diesen Zusammenhängen eine ganz andere Art der Legitimität einfordern und beanspruchen können als etwa in den Naturwissenschaften. Eine weitere Öffentlichkeit kann sich also durchaus für kompetent halten, an der Diskussion sozialwissenschaftlicher Fragen teilzunehmen. Dabei ist es interessant, auf eine von Mike Michael für die Naturwissenschaften entwickelte Unterscheidung zurückzugreifen. Er konnte in einer empirischen Studie über die Konstruktion und Definition von Wissenschaftlichkeit durch Laien aufzeigen, dass diese zwei analytisch distinkte Diskurse über Wissenschaft entwickeln. Der erste betrifft „Wissenschaft-im-Allgemeinen" und sieht diese als eine kohärente Einheit, in der mit bestimmten Arbeitsweisen bestimmte Erkenntnisse über Natur erzeugt werden. Die zweite Diskursform bezieht sich auf „Wissenschaft-im-Speziellen", was gleich bedeutend ist mit bestimmten, klar identifizierbaren Problemen und Fragen. Bei der Definition von „Wissenschaft-im-Allgemeinen" durch die Laien konstatierte Michael, dass dies zumeist unter Zuhilfenahme einer Terminologie der Ausgrenzung stattfindet. Wissenschaft wird zentral durch das Fehlen vertrauter Dinge und durch das eigene Nichtwissen definiert, wobei der hermetisch abgeschlossene und exklusive Charakter dieser Wissensproduktion hervorgehoben wird. Der hochgradig formalisierte Charakter der naturwissenschaftlichen Wissensproduktion bildet somit eine Art „Schutzgürtel", der die Nicht-Spezialisten „fern hält". Nur wenn es um „Wissenschaft-im-Speziellen" geht, was bedeutet, dass hier direkte oder indirekte Betroffenheit eine Rolle zu spielen beginnt, wird diese harte Grenze zur Wissenschaft gewissermaßen aufgelöst bzw. zumindest durchlässiger. Hier wird dann von Seiten der Laien Stellung bezogen. Für die Sozialwissenschaften liegt die Sache etwas anders, da bereits bei dem, was als „Wissenschaft-im-Allgemeinen" bezeichnet wurde, die Abgrenzungen weitaus weniger dicht und klar wahrnehmbar sind. Wie in vielen Studien unterstrichen wurde, ist die Tatsache, dass sozialwissenschaftliche Ergebnisse wesentlich näher an dem liegen, was man als „Common Sense" bezeichnen könnte, führt hier zu einer Legitimitätsproblematik. Auch scheint die Differenz der verwendeten Wissenschaftssprache zur Alltagssprache – zumindest auf den ersten Blick – weniger groß, als für die Naturwissenschaften, und somit wird zumindest die Illusion einer Annäherungsmöglichkeit für Laien genährt.

Diese Überlegungen führen zu einer dritten, ganz anders gelagerten Problematik der Grenzziehung, nämlich der Positionierung der Sozialwissenschaften innerhalb des wissenschaftlichen Feldes. Wiederholt wurde darauf verwiesen, dass sich die Sozialwissenschaften in ihrer Entwicklung immer in einer Art Oszillationsbewegung zwischen zwei großen Polen befunden haben. Einerseits versuchten die Sozialwissenschaften die Naturwissenschaften zu „imitieren", um so den Grad an Kontrolle und Vorhersehbarkeit ihrer wissenschaftlichen Aussagen zu erhöhen. Gerade im Rampenlicht der Öffentlichkeit sollte vermittelt werden, dass hier eine sehr „ausgereifte" Form des Wissen geschaffen wird, mit dem Gesellschaft in seiner Entwicklung erklärt, geformt und gezielt entwickelt werden kann. Andererseits gibt es gleichzeitig einen latent vorhandenen, tief verwurzelten Skeptizismus gegenüber eben solchen Konstruktionen, die zum Teil auch als „dubious sophistication" (vor allem beim Transfer in den öffentlichen Raum) eingeschätzt werden. Die Tatsache, dass die Entstehung und Entwicklung der Sozialwissenschaften so eng an den Staat gebunden waren, hat zu einer anhaltenden Präsenz dieses Spannungsfeldes wesentlich beigetragen.

Schließlich liegt ein vierter, wesentlicher Unterschied in der Beziehung von Wissenschaft zu einem realen oder fiktiven Markt, welcher ebenfalls eine wesentliche Rolle in der Positionierung der Sozialwissenschaften im öffentlichen Raum spielt. Während auf den ersten Blick die Sozialwissenschaften und marktförmiges Arbeiten in einem Widerspruch zueinander zu stehen scheinen, verweist uns die Forschungsrealität der 90er Jahre gleichzeitig darauf, dass auch die Sozialwissenschaften zunehmend Anforderungen von außen gerecht werden müssen. Worin liegt das Problem für die Sozialwissenschaften? Liegt es daran, dass zwar sozialwissenschaftliche Produkte vorliegen, die keinen Markt finden, oder daran, dass die Sozialwissenschaften keine „Produkte" (im klassischen Sinn) auf einem potentiellen Markt anbieten können? Im Grunde werden hier Spannungslinien sichtbar zwischen dem Versuch, Autonomie weitgehend aufrechtzuerhalten (eine Autonomie, die etwa durch die universitären Strukturen sichergestellt war), und der wachsenden Abhängigkeit von externen Umgebungen, welche gerade bei der Formierung disziplinärer Grenzen eine ganz zentrale Rolle spielen. Relevante Forschungsfragen werden zunehmend in enger Verbindung mit den Bedürfnissen und Anliegen der Gesellschaft definiert, wobei „Gesellschaft" hier nicht mehr als ausschließlich durch den Staat vertreten gedacht werden darf, sondern auch andere Akteurskonstellationen, wie etwa private Förderer, zum Tragen kommen. Tatsächlich hat sich ja der Staat als zentraler Abnehmer und Financier für sozialwissenschaftliches Wissen zunehmend zurückgezogen, und neue „Märkte" bzw. „Abnehmer" wurden gesucht und zum Teil auch gefunden. Diese Diversifizierung der Forschungsfinanzierung ist einerseits eine Quelle der Legitimation und stellt auch eine mögliche Öffnung zu verschiedenen Fragestellungen dar, bedeutet aber gleichzeitig auch eine Einschränkung bestehender Freiräume und ein Ausrichten sozialwissenschaftlicher Wissensproduktion in Richtung von anbietbaren, abgrenzbaren und relativ kurzfristig herstellbaren „Produkten". Gerade durch die sinkende Basisfinanzierung der Sozialwissenschaften, welche eine gewisse Kontinuität und mittel- bis längerfristige Projektarbeit sowie die damit notwendige Projektfinanzierung ermöglichte, kommt es zu einer Fragmentierung der Forschungstätigkeit und in weiterer Folge auch zu einer epistemologischen Zersplitterung. Der Einfluss besteht dabei nicht nur darin, welche Themen gefördert und erforscht werden, sondern auch auf der Methodenebene finden indirekte Eingriffe von außen statt: werden hauptsächlich quantitative Analysen und Modelle der Prävision – die als Produkte einer Forschungstätigkeit besser „verkaufbar" zu sein scheinen – eingefordert, so bedeutet dies eine verstärkte Annäherung an ein naturwissenschaftlich orientiertes Ideal der Sozialwissenschaften.[22] Und selbst für die Universitäten, die man bislang als den am besten vor Marktüberlegungen geschützten Bereich sehen konnte, greift zunehmend die Idee Platz, dass die staatlichen Basissubventionen zu kürzen seien und die Institute die nötigen finanziellen Mittel über Drittmittel einwerben sollten.[23] Damit wird auch hier der Darstellung der Sozialwissenschaften nach außen, sowohl als Institution als auch in Bezug auf das produzierte Wissen eine wachsende Bedeutung zugeordnet. Diese direkte Abhängigkeit bedeutet dann aber auch eine Änderung der Anstellungspraktiken, einen Wandel im Denken der heranzubildenden Studierenden und veränderte innere Machtverteilungen. (Vgl. Halliday 1992)

4. Abschließende Bemerkungen

Betrachtet man die bisherigen Überlegungen in ihrer Gesamtheit und stellt sie der aufgeworfenen Problematik der „öffentlichen Unsichtbarkeit" der Sozialwissenschaften gegenüber, so lassen sich einige wesentliche Aspekte herausarbeiten. Ich möchte diese im Folgenden in vier Punkten zusammenfassen.

Zum Ersten wurde in den Beschreibungen deutlich, dass gerade im öffentlichen Raum in den Diskussionen über Wissenschaft keine analytische Trennung zwischen wissenschaftlichem Wissen einerseits und Wissenschaft als Praxis und Institution andererseits stattfindet. Während das sozialwissenschaftliche Wissen durchaus, wenngleich auf Umwegen, seinen Weg in die Gesellschaft findet (vgl. z. B. Beck & Bonß 1989 oder Weßler 1997) und dort Einfluss ausübt, so wird dies gleichzeitig nicht wirklich wahrgenommen. Eine Erklärung dafür könnte in der Tatsache liegen, dass die Institution und das disziplinäre Feld „Sozialwissenschaft" im öffentlichen Raum eher selten in den Vordergrund tritt und daher nur sehr schemenhaft und undeutlich zu erkennen ist. In der Folge werden auch die erbrachten wissenschaftlichen Leistungen, das produzierte Wissen, vielfach nicht als wissenschaftlich eingestuft und den Sozialwissenschaften in vollem Umfang zugeordnet. Natürlich gibt es hier auch innerhalb der Sozialwissenschaften große Unterschiede etwa zwischen der Soziologie, deren Position im öffentlichen Raum wesentlich schwerer auszumachen ist, wie etwa der Ökonomie, die in der öffentlichen Rhetorik (vor allem über den Bereich wirtschaftlicher Vorhersagen und Ähnliches) wesentlich stärker präsent ist. Wenn wir nun aber Popularisierung als den Versuch verstehen, wissenschaftliches Wissen zu einem Bestandteil der gemeinsamen Sprache und gesellschaftlicher Denkmuster werden zu lassen und wenn wir das Gelingen dessen als Kriterium der Beurteilung einer erfolgreichen Positionierung der Sozialwissenschaften im öffentlichen Raum definieren, dann könnte man die Situation und die gesellschaftliche Rolle der Sozialwissenschaften wesentlich optimistischer einschätzen. Wie aufgezeigt wurde, finden nämlich sozialwissenschaftliche Konzepte und Begriffe durchaus ihren Weg in die Diskurse über Gesellschaft.

Unsichtbarkeit bedeutet also vielfach nicht Abwesenheit aus dem öffentlichen Diskurs, sondern kann gerade eine gänzliche Integration bedeuten.

Diese Feststellung führt uns zur Frage, warum also dennoch die mangelnde Sichtbarkeit der Sozialwissenschaften so oft beklagt wird. Denn in der Tat scheint man weniger an dem – wenngleich sehr indirekten und von Wissenschaftlern kaum steuerbaren – Einfluss sozialwissenschaftlicher Erkenntnis zu zweifeln. Vielmehr ist unter wachsendem Legitimationsdruck die Notwendigkeit klar abgrenzbarer und zuordenbarer Erkenntnisse in der Vordergrund gerückt. Sozialwissenschaften sollen – so die öffentliche Erwartung – handlungsanleitendes und orientierendes Wissen bieten bzw. Modelle für die Entwicklung von Gesellschaft konzeptualisieren, die an ähnlichen Maßstäben wie naturwissenschaftliche Modelle gemessen werden. Wie Brian Wynne in seinen Studien über die öffentliche Wahrnehmung von (Natur-)Wissenschaft hervorhob, ist nämlich die Fähigkeit, Vorsagen treffen zu können, eines der zentralen Kriterien für eine positive Beurteilung von Wissenschaft durch die Öffentlichkeit. (Vgl. Wynne 1992) Und gerade dies können die meisten sozialwissenschaftlichen Modelle kaum bieten.

Unsichtbarkeit entsteht also auch dadurch, dass sozialwissenschaftliche Wissensproduktion vielfach mit einem für Naturwissenschaften entwickelten Beurteilungsraster betrachtet werden.

Aber eines der wesentlichen Probleme liegt auch darin, dass den Sozialwissenschaften im Grunde klar wahrnehmbare „Produkte" ihrer Forschung „fehlen", die dann im öffentlichen Raum entsprechend in Szene gesetzt werden und ihren Platz beanspruchen können. Der vorhandene Druck, die sozialwissenschaftliche Wissensproduktion stärker entlang dem Produktgedanken zu strukturieren[24], hat zur Konsequenz, dass die

Ulrike Felt

narrative Komponente in den Sozialwissenschaften zum Teil in den Hintergrund gedrängt wird, um im Verhältnis dem quantitativ orientierten Bereich mehr Platz einzuräumen. Institutionelle Verschiebungen etwa in US-amerikanischen Universitäten im Bereich der Soziologie sind ein klares Indiz für ein solches Umdenken.

Unsichtbarkeit entsteht auch dadurch, dass sich sozialwissenschaftliches Wissen kaum in klassische „Produktkategorien" einordnen lässt – und dieses hat seine wissenschaftspolitischen Konsequenzen.

Und schließlich ist noch festzuhalten, dass Sozialwissenschaften vielfach in ihrer Wissensproduktion wesentlich stärker mit Alltagstheorien und populärem Wissen konfrontiert sind als andere wissenschaftliche Disziplinen. Das bedeutet nun, dass in bestimmten Problembereichen im öffentlichen Raum gewissermaßen beide Formen des Wissens – populäres und wissenschaftliches – präsent sind und die Gegensätze bisweilen für Außenstehende nur schwer ausmachbar und einschätzbar sind. Damit muss die Autoritätsposition von sozialwissenschaftlichem Wissen stetig neu eingefordert und verhandelt werden. Gleichzeitig bedeutet dies auch, dass Sozialwissenschaftler sich schwerer in ihrer Expertenrolle behaupten können und durch andere Akteure aus dem öffentlichen Diskurs verdrängt werden. Und gerade die Schlüsselrolle von Wissenschaftlern in der Interaktion zwischen Wissenschaft und Öffentlichkeit (die Gleichsetzung von Wissenschaftler und Wissenschaft – vgl. LaFollette 1990) wurde in vielen Studien hervorgehoben.

Unsichtbarkeit der Sozialwissenschaften steht schließlich auch in Zusammenhang mit der schwereren Abgrenzbarkeit sozialwissenschaftlichen Wissens zu Alltagstheorien vor allem im populärwissenschaftlichen Diskurs.

Anmerkungen

1 Im Bereich der Wissenschaftsforschung gibt es mittlerweile eine Fülle von Literatur, welche den Wandel des Wissenschaftssystems und dessen Auswirkungen auf die Wissensproduktion beschreibt. Für den Bereich der Naturwissenschaften siehe etwa Cozzens et al. 1990; Ziman 1994; für eine umfassendere Analyse der veränderten Formen der Wissensproduktion siehe Gibbons et al. 1994.

2 Die gegen Ende der 70er Jahre durchgeführten Laborstudien haben sehr deutlich auf die Mechanismen verwiesen, mit denen innerhalb der naturwissenschaftli-

Die „unsichtbaren" Sozialwissenschaften

chen Wissensproduktion aus ersten Ergebnissen im Laufe mehrerer Etappen „hard facts" werden. Siehe etwa Latour & Woolgar 1979/86.
In der englischsprachigen Literatur wird auch oft die Unterscheidung zwischen Natur- und Sozialwissenschaften mit den Adjektiven „hard" und „soft" getroffen.

3   Für rezentere Versuche einer Wissenschaftsforschung der Sozialwissenschaften siehe etwa Wagner et al. 1990; Wagner 1990.

4   Unter dem Titel Public Understanding of Science hat sich seit Mitte der 80er Jahre von Großbritannien ausgehend ein sehr breites und lebendiges Forschungsgebiet entwickelt, welches sich mit der Wechselwirkung zwischen Wissenschaft und Öffentlichkeit bzw. mit Fragen der Wissenschaftspopularisierung und des öffentlichen Umgangs mit wissenschaftlich/technischem Wissen beschäftigt. Dabei haben sich einerseits stark quantitativ orientierte Untersuchungen etabliert, von denen die bekanntesten wohl die Eurobarometer-Befragungen der Europäischen Gemeinschaft sind. Hier werden in regelmäßigen Abständen Befragungen über Wissensstand und Einstellung in Bezug auf Wissenschaft und Technik in allen Europäischen Ländern durchgeführt. Andererseits gibt es eine ganze Reihe anderer Untersuchungen, die mit qualitativen Methoden der Sozialforschung zu verstehen versuchen, wie Betroffene mit wissenschaftlicher Information umgehen, wie sie diese einordnen, interpretieren und zu Handlungsgrundlagen werden lassen. Seit 1992 gibt es auch eine gleichnamige internationale Zeitschrift, die sich diesen Fragestellungen widmet. Für einen Überblick siehe Wynne 1995. Zum Thema Popularisierung von Wissenschaft siehe etwa Felt & Nowotny 1993, Felt et al. 1995, insbes. Kap. 9; Jacobi & Schiele 1988, Jeanneret 1994, Shinn & Whitley 1985, Shapin 1990.

5   Für eine Diskussion der verschiedenen Motive, warum wissenschaftliche Erkenntnisse popularisiert werden, siehe etwa Felt 1998.

6   Gerade in den letzten Jahren sind Medienanalysen auch in der historischen Aufarbeitung immer wichtiger geworden. Man hat aufgegeben, sie aufgrund ihrer „Unzuverlässigkeit" als Quellenmaterial auszuschließen, sondern ist dazu übergegangen, sie als eine besonders reiche Quelle für die Analyse von öffentlichen Repräsentationen und gerade diesen Konstruktions- und Darstellungsakt als aufschlussreich zu erachten. Siehe auch die Anmerkungen von Luhmann 1995/1996, S. 20, der darauf hinweist, dass Wissenschaftler durchaus der Meinung sein mögen, „daß sie die Realität besser erkennen, als die in den auf ‚Popularisierung' verpflichteten Massenmedien (. . .). Aber das kann nur heißen: die eigene Konstruktion mit einer anderen zu vergleichen."

7   Vgl. Gibbons et al. 1994. Für kürzere Zusammenfassungen siehe auch Gibbons 1994, Nowotny 1994.

8   Vor allem in Studien um naturwissenschaftlich-technische Kontroversen wurde dieser Sachverhalt immer wieder hervorgehoben. Siehe z. B. Limoges 1993.

9   Für eine Beschreibung der Situation der außeruniversitären Sozialwissenschaftlichen Forschung in Österreich siehe Hartmann 1993.

10 Shila Jasanoff (1990) beschreibt in ihrem Buch „The fifth branch" die in den 70er Jahren aufkommende Sorge in Bezug auf den Trend hin zu einer „unchecked proliferation of advisory committees and their closed methods of operation (. . .) cre-

Ulrike Felt

ating a ‚fifth arm of the government' standing outside the networks of democratic control". Sie verweist damit auf eine Entwicklung von politikrelevanter Wissenschaft in ein öffentliches Gut, welches eine der zentralen politischen Veränderungen der 70er Jahren in den USA darstellt. Dies steht in einem engen Konnex mit den Hinterfragung der Legitimität wissenschaftlich-technischer Entwicklung, aber vor allem mit der Mediatisierung wissenschaftlich-technischer Kontroversen.

11 Die Entscheidung durch die US-amerikanische Regierung, den Bau eines riesigen Elementarteilchenbeschleuniger SSC (Superconducting Supercollider) nach Jahren der Planung und umfangreichen bereits getätigten Zahlungen einzustellen, steht beispielhaft für ein solches „Eindringen". Bis zu diesem Zeitpunkt sahen die Physiker solche Entscheidungen vielfach im Grunde als die ihren an. Die wesentlichsten wissenschaftspolitischen Schaltstellen waren ja auch mit Wissenschaftlern besetzt worden. Dieses Eindringen wird daher als eine manifeste Bedrohung wahrgenommen, und ein Teil der Schuld dieses Autoritätsverlusts wird den Sozialwissenschaften insgesamt und insbesondere der Wissenschaftsforschung (Science Studies) zugeschrieben. Letztere hätte durch ihre Beschreibungen von Wissenschaft als ein soziales Unternehmen wie jedes andere, die Sonderstellung von Wissenschaft in der Gesellschaft untergraben. Deshalb sind auch – ausgehend von den USA – die sogenannten „Science Wars" ausgebrochen, wo es ganz zentral darum geht, die Grenze zwischen Naturwissenschaft und Sozialwissenschaft vor allem durch eine weit reichende Aberkennung der Wissenschaftlichkeit letzterer wieder neu „befestigen". Die auch unter dem Begriff „Sokal affair" (ein breit angelegter Angriff vor allem auf die Cultural Studies) bekannt gewordene Auseinandersetzung ist erst als ein Anfang dieser Neuaushandlung der Positionen innerhalb des gesellschaftlichen Feldes zu sehen. Diese Diskussion hat erstaunlicher Weise den deutschsprachigen Raum noch nicht erreicht. In England und den USA, aber auch in Frankreich hat diese Auseinandersetzung zu einer ganzen Reihe von Veranstaltungen und Publikationen geführt. Siehe dazu etwa Sokal & Brickmont (1997), die in ihrem Buch von allem bestimmte Strömungen der französischen Philosophie und einige Proponenten der Wissenschaftsforschung angreifen. Als Antwort darauf siehe etwa das eben erschienene Buch von Jurdant (1998).

12 Als Beispiel könnte hier die Studie zur Entdeckung und Entwicklung der Hochtemperatursupraleitung herangezogen werden. Siehe Nowotny & Felt 1997.

13 Diese von Henry Etzkowitz gemachte Analyse bezieht sich ausschließlich auf das US-amerikanische Hochschulsystem, hat jedoch in abgeschwächter Form in breiterem Rahmen Geltung. Siehe Etzkowitz 1990.

14 Dieses vom Techniker Shannon in den 40er Jahren entwickelte technische Modell der linearen Kommunikation hat sehr lange auch die Diskussion um Wissenschaft und Öffentlichkeit beherrscht. Dieses Modell besticht einerseits durch seine Einfachheit, und andererseits erlaubt es die Illusion einer beinahe perfekten Kommunikation. Es hat sich aber gleichzeitig schnell als ungeeignet herausgestellt, wenn man der Komplexität der Interaktionen gerecht werden möchte.

15 Für eine Kritik des „linearen Modells" siehe u. a. Hilgartner 1990.

16 Hier wird völlig losgelöst von jeglichem Kontext nach fertigen Wissenseinheiten gefragt, wobei es eindeutige Kategorien von richtig und falsch gibt, und zwar auch in Bereichen, wo eine solche Eindeutigkeit keineswegs gerechtfertigt scheint. Damit wird Wissenschaft in einer extrem hermetischen Form vermittelt. Für die Sozialwissenschaften ist ein „Fragen-Antwort Spiel" in dieser Form schon aus strukturellen Gründen wohl nicht konzipierbar.
17 Als Beispiel eines solchen Berichtes siehe INRA (Europe) and Report International 1993
18 In den letzten Jahren wurde immer wieder deutlich, wie sehr die Medien auch von Wissenschaftlern benutzt werden, um ihre Priorität im Rahmen wissenschaftlicher Entdeckungen im öffentlichen Raum zu deponieren. Die Leser werden somit symbolisch als Zeugen des Erfolges, des „Sieges" im Wettlauf mit Kollegen eingesetzt. Siehe etwa der Fall der Kalten Fusion, der Hochtemperatursupraleitung (siehe Felt 1993) bzw. des geklonten Schafes Dolly.
19 Wolf Lepenies (1985/1988) verweist auf die wesentlichen Bemühungen der Sozialwissenschaften, durch die Abgrenzung und den Nachweis disziplinärer Eigenständigkeit ihren Platz in den Akademien und Universitäten zu gewinnen.
20 Vgl. etwa Martin & Richards 1995; für eine Sammlung von Fallstudien naturwissenschaftlich-technischer Kontroversen siehe Irwin & Wynne 1996.
21 Es gibt eine ganze Reihe von wissenschaftlichen Gebieten, die sich sozusagen „von außen" etablieren konnten und bei denen die Popularisierungsarbeit eine große Rolle bei der Erlangung von Legitimität gespielt hat. Siehe am Beispiel der Anthropologie oder der Verhaltensforschung.
22 Siehe als Beispiel auch die Finanzierung von EU-Projekten im Bereich der Sozialwissenschaften.
23 Für eine Analyse der forschungspolitischen Diskussion siehe etwa Felderer & Campell 1994, S. 191–246.
24 Das Sinken der mittleren Dauer der Projektfinanzierung hat hierbei sicherlich auch eine Auswirkung darauf, dass weniger größere Zusammenhänge als kleinere Details ins Zentrum des Untersuchungsinteresses rücken.

Bibliographie

Beck U. und W. Bonß (Hrsg.) (1989): Weder Sozialtechnologie noch Aufklärung? Analysen zur Verwendung sozialwissenschaftlichen Wissens (Frankfurt/Main: Suhrkamp).

Bijker, W. E., T. P. Hughes und T. Pinch (Hrsg.) (1987): The Social Construction of Technological Systems. New Directions in the Sociology and History of Technology (Cambridge/MASS: MIT Press).

Cozzens, S. E., P. Healey, A. Rip und J. Ziman (Hrsg.) (1990): The Research System in Transition (Dordrecht: Kluwer Academic Publishers, NATO ASI Series).

Dolby, R. G. A. (1982): „On the autonomy of pure science. The construction and maintenance of barriers between scientific establishments and popular culture", in: Elias, N. et al.: Scientific Establishments and Hierarchies, Sociology of the Sciences VI (Dordrecht: Kluwer), S. 267-292.

Etzkowitz, H. (1990): „The second academic revolution: the role of the research university in economic development", in: S. E. Cozzens et al. 1990, S. 109-124.

Ezrahi, Y. (1991): The Descent of Icarus (Cambridge/MASS: Harvard University Press).

Felderer, B. und D. F. J. Campell (1994): Forschungsfinanzierung in Europa: Trends-Modelle, Empfehlungen für Österreich (Wien: Manz).

Felt, U. (1993): „Fabricating scientific success stories", Public Understanding of Science 2 (4).

Felt, U. (1996): „L'interdisciplinarité: défi où stratagème", in: M. Rafie (Hrsg.), Les Science Humaines: Etat des Lieux (Sainte-Foy: Les Presses de L'Université Laval).

Felt, U. (1997): „Sozialwissenschaften und Öffentlichkeit – Gedanken zur Veränderung einer Beziehung", FSF-Newsletter, 14, S. 3-10.

Felt, U. (1997a): Wissenschaft auf der Bühne der Öffentlichkeit: Zur alltäglichen Popularisierung der Naturwissenschaften in Wien, 1900-1938 (Habilitationsschrift, Universität Wien).

Felt, U. (1998): „Why should the public „understand" science? Some aspects of Public Understanding of Science from a historical perspective", in: M. Dierkes und C. von Grote (Hrsg.): Between understanding and trust: the public, science and technology (Berkshire: Harwood Academic Publishers).

Felt, U. und H. Nowotny (Hrsg.) (1993): Science Meets the Public – A new look at an old Problem, Public Understanding of Science 2 (4).

Felt, U. und H. Nowotny (Hrsg.) (1994), Social Studies of Science in an international perspective (Wien: IWTF)

Felt, U., H. Nowotny, K. Taschwer (1995): Wissenschaftsforschung: Eine Einführung (Frankfurt a. M.: Campus)

Gibbons, M., C. Limoges, H. Nowotny, S. Schwartzman, P. Scott und M. Trow (1994): The New Production of Knowledge. The Dynamics of Science and Research.in contemporary societies (London: Sage).

Gibbons, M. (1994): „The emergence of a new mode of knowledge production", in: Felt & Nowotny, S. 55-66.

Gieryn, T. F. (1995): „Boundaries of Science", in: Jasanoff et al., S. 393-443.

Habermas, J. (1962/1990): Strukturwandel der Öffentlichkeit (Frankfurt/Main: Suhrkamp).

Halliday, T. C. (1992): „Introduction: Sociology's Fragile Professionalism", in: Halliday & Janowitz, S. 3-42.

Halliday, T. C. und M. Janowitz (1992): Sociology and its Public (Chicago: The University of Chicago Press).

Hartmann, F. (Hg.) (1993): Standort und Perspektive der außeruniversitären Sozialforschung (Wien: FORUM SOZIALFORSCHUNG).

Hilgartner, S. (1990): „The Dominant View of Popularisation: Conceptual Problems, Political Uses", Social Studies of Science 20(4), S. 519–539.

INRA (Europe) and Report International (1993): Europeans, Science and Technology – Public Understanding and Attitudes, (EUR 15461)

Irwin, A. und B. Wynne (Hrsg.) (1996): Misunderstanding science? The public reconstruction of science and technology (Cambridge: Cambridge University Press).

Jacobi, D. und B. Schiele (Hrsg.) (1988): Vulgariser la science – Le procès de l'ignorance (Seyssel: Champ Vallon).

Jasanoff, S. (1990): The Fifth Branch Science. Advisers as Policymakers. (Cambridge/MASS: Harvard University Press).

Jasanoff, S., G. E. Markle, J. C. Petersen, T. Pinch (Hrsg.) (1995), Handbook of Science and Technology Studies (Thousand Oaks/London/New Delhi: Sage).

Jeanneret, Y. (1994): Écrire la Science – Formes et enjeux de la vulgarisation. (Paris: PUF).

Jurdant, B. (Hg.) (1998): Impostures scientifiques (Paris: La Decouverte).

LaFollette, M. C. (1990): Making Science Our Own. Public Images of Science 1910–1955 (Chicago: The University of Chicago Press).

Latour, B. und S. Woolgar ([1979] 1986): Laboratory Life. The (Social) Construction of Scientific Facts (Beverly Hills/CA: Sage).

Lepenies, W. ([1985] 1988): Die drei Kulturen. Soziologie zwischen Literatur und Wissenschaft (Reinbek bei Hamburg: Rowohlt).

Limoges, C. (1993): „Expert Knowledge and Decision-making in Controversy Contexts", Public Understanding of Science 2, S. 417–426.

Luhmann, N. (1995/1996): Die Realität der Massenmedien (Opladen: Westdt. Verlag).

MacKenzie, D. und J. Wajcman (1985): The Social Shaping of Technology (Milton Keynes: Open University Press).

Martin, B. und E. Richards (1994): „Scientific Knowledge, Controversy, and Public Decision Making", in: Jasanoff et al., S. 506–526.

Michael, M. (1992): Lay Discourses of Science: Science-in-General, Science-in-Particular, and Self, Science, Technology, & Human Values 17 (3), S. 313–333.

Neidhart, F. (1993): „The public as a communication system", Public Understanding of Science 2, S. 339–350.

Nelkin, D. (1987): Selling Science: How the Press Covers Science and Technology (New York: Freeman and Co.).

Nowotny, H. (1989): Heroism, order and collective self-understanding: Images of the social sciences, in: S. J. Doorman (ed.): Images of Scientific Practice and the Public (Aldershot: Gower), S. 73–88.

Nowotny, H. (1993): „Socially distributed knowledge: five spaces for science to meet the public.", Public Understanding of Science 2(4), S. 307–319.

Nowotny, H. (1993a): "Außeruniversitäre und universitäre Sozialforschung in Österreich: Defizite und Chancen", in: Hartmann, S. 25-34.

Nowotny, H. (1994): "Knowledge production in the social sciences", in: Felt & Nowotny, S. 67-82.

Nowotny, H. und U. Felt (1997): After the Breakthrough – The Discovery of High-temperature Superconductivity and its Consequences (Cambridge: Cambridge University Press).

Saxer, U. (1997): "Die prekäre Medienöffentlichkeit der Sozialwissenschaften", Relationen, 4 (1), S. 51-60.

Shapin, S. (1990): "Science and the Public". R. C. Olby et al. (Hrsg.), Companion to the History of Modern Science (London: Routledge).

Shinn, T. und R. Whitley, Ed. (1985): Expository Science. Forms and Functions of Popularisation, Sociology of the Sciences – Yearbook IX. (Dordrecht: Kluwer).

Sokal, A. und J. Bricmont (1997): Impostures intellectuelles (Paris: Odile Jacob).

Tuchman, G. (1978): Making News – A Study in the Construction of Reality (New York/London: The Free Press).

von Hippel, E. (1988): The Sources of Innovation (New York: Oxford University Press)

Wagner, P. (1990): Sozialwissenschaften und Staat in Kontinentaleuropa. Konstitutionsbedingungen des gesellschaftswissenschaftlichen Diskurses der Moderne (Frankfurt/New York: Campus).

Wagner, P. und B. Wittrock (1990): "States, institutions, and discourses: A comparative perspective on the structuration of the social sciences", in: Wagner et al., S. 331-357.

Wagner, P., B. Wittrock und R. Whitley (Hrsg.) (1990): Discourses on Society. The Shaping of the Social Science Disciplines. Yearbook in the Sociology of the Sciences (Dordrecht: Kluwer).

Weßler, H. (1997): "Verschlungene Pfade, Presse: Deutschland 1993-1995", Relationen, 4, S. 117-148.

Winner, L. ([1980] 1986): Do Artifacts Have Politics?, in: ders.: The Whale and the Reactor. A Search for Limits in an Age of High Technology (Chicago: Chicago University Press), S. 19-39.

Wynne, B. (1992): "Misunderstood misunderstandings: Social Identities and the public uptake of science", Public Understanding of Science 1, S. 281-304.

Wynne, B. (1995): "Public Understanding of Science". in: Jasanoff et al., S. 361-388.

Ziman, J. (1994): Prometheus Bound. Science in a Dynamic Steady State (Cambridge: Cambridge University Press).

Klaus Fischer

Scientometrische Verfahren als Instrumente der Emigrationsforschung

Welche Sünden im Anmerkungsapparat wissenschaftlicher Arbeiten verborgen sein können, ist jedem Wissenschaftler bekannt: Wichtige und nachweislich benutzte Publikationen werden häufig nicht zitiert. Manches wird schlicht vergessen, anderes als bekannt vorausgesetzt. Die einen recherchieren nachlässig, andere geben gewisse Quellen nicht preis oder tun dies nur in kryptischer Verschlüsselung. Wieder andere zitieren Autoren, deren Bücher sie vielleicht nie gesehen, mit Sicherheit aber nie gelesen haben. Gewisse Texte werden zitiert, weil sie jeder „gelesen haben muss"; der Kundige erkennt indes, dass solche Quellen oft nur vom Hörensagen bekannt sein können.

Für den Scientometriker sind dies die kleinen Sünden des Zitierens. Kleine Sünden, weil sie seine Ergebnisse nicht systematisch verzerren, sondern nur den „Rauschpegel" erhöhen und damit gleichwohl die Signalerkennung erschweren. Eine größere Sünde liegt dann vor, wenn Ballungen von Zitationen entstehen, die ihren Grund nicht im wissenschaftlichen Inhalt des zitierten Werks, sondern in sozialen Merkmalen des zitierten Autors haben. Man spricht hier von Höflichkeits- oder Gefälligkeitszitationen und meint damit Literaturverweise, die sich sozialen Verpflichtungen, Karriererücksichten, Unterwerfungsritualen, Kontaktanbahnungsabsichten oder wissenschaftlichen Selbstverortungsversuchen verdanken. In diesem Fall kann ein Signal vorgetäuscht werden, wo „in Wirklichkeit" keines sein sollte. Der Scientometriker spricht auch von „Zitationskartellen", um Gruppen von Wissenschaftlern zu bezeichnen, die sich regelmäßig gegenseitig zitieren, um die Zitationsraten zu erhöhen. Im Zeitalter der Stellenbewertung mit Hilfe des Science Citation Index ist dies auf individueller Ebene durchaus kein unvernünftiges Verhalten. Für Wissenschaft als Institution ist es umso schädlicher! In einer durch Zitationskartelle geprägten Wissenschaftslandschaft kann scientometrische Forschung keine validen Ergebnisse hinsichtlich der kognitiven Qualität der ermittelten Beziehungen und Strukturen erbringen. Ein *Wissenschaftskartellamt* wäre nötig, um diese Art Kumpanei zu unterbinden.

Das Dilemma des Prosopographen und seine kliometrische Lösung

Kann man mit einer Datenbasis, die sich aus solcherart zustande gekommenen Zitationen zusammensetzt, Wissenschaftsgeschichtsschreibung oder Wissenschaftssoziologie betreiben? Spezifischer gefragt: Kann man mit ihr die „Wirkungsgeschichte der Emigration deutschsprachiger Naturwissenschaftler in ihrem sozial- und wissenschaftsgeschichtlichen Bedingungszusammenhang"[1] erforschen? Wir wollen im Folgenden versuchen, die methodischen und inhaltlichen Schwierigkeiten eines solchen Projekts darzustellen, Lösungsmöglichkeiten zu finden und damit einen praktikablen Weg für eine fruchtbare Bearbeitung der Thematik zu erkunden.

Der erste Schritt einer erfolgreichen Arbeit ist die Interpretation des Themas. Die Antwort auf die im Projektthema enthaltene Frage hängt davon ab, *welche* Aspekte der Wirkung *welcher* Emigranten man untersuchen will. Eine Vorentscheidung war bereits insofern getroffen, als die geplante Wirkungsgeschichte sich nicht auf das Schicksal des einzelnen Wissenschaftlers konzentrieren sollte, sondern größere Kollektive als wirkende Akteure behandeln und damit den Weg zu einer Art Prosopographie[2] der Wissenschaftsemigration ebnen sollte. Die Voraussetzung für die Durchführbarkeit dieser Idee war, dass genug Vorarbeit auf individueller Ebene geleistet war, um auch komplexere Fragen mit Gewinn anzugehen. Man kannte die meisten der Beteiligten und ihre Schicksale. Man wusste, wo die wichtigsten Archivalien lagern. Es gab Arbeiten zum politischen, sozialen und kulturellen Kontext. Es schien an der Zeit, die Fäden zusammenzufassen und eine Synopse des Emigrationsprozesses zu versuchen.

Doch was sollte man unter der „Wirkung" von Gruppen verstehen? Und wie soll man Wirkung operationalisieren? Unter Wirkung kann man fast alles verstehen, was Wissenschaftler tun. Da man weder die Zeit noch die Möglichkeit hat, alles zu untersuchen, was Wissenschaftler getan haben, muss man auswählen, eingrenzen, Wichtiges von weniger Wichtigem unterscheiden. Dafür braucht man Kriterien.

Nehmen wir an, man hätte sich darauf verständigt, was man unter der wissenschaftlichen Wirkung eines Forschers zu verstehen hat und wie man sie messen kann. Sofort taucht das nächste Problem auf. Der prosopographische Ansatz verlangte, dass man kollektive Phänomene untersucht – also nicht die Wirkung eines Individuums in diesem oder jenem speziellen Kontext, sondern die Wirkung eines Kollektivs, das bestimmte Gemeinsamkeiten aufweist. Um welche Gemeinsamkeiten soll es sich dabei handeln? Und was soll man sich zum Beispiel unter einer „Gruppenwirkung" vorstellen. Die Gruppe ist ein Abstraktum. Sichtbar und fassbar ist nur die Summe der Wirkungen jedes Einzelnen, der zur Gruppe gehört. Anders gesagt: *Wie schreibt man die Wirkungsgeschichte einer Gruppe, wenn nicht über die Analyse der vielen Einzelnen, aus denen sich die Gruppe zusammensetzt?*

Sinnvoll erschien zunächst folgendes Verfahren: In einem ersten Schritt wären alle Personen anhand der erhaltenen Dokumente – Publikationen, Nachlässe, Archivmaterialien, Biographien usw. – auf ihre persönliche Wirkung in ihrem Umfeld zu untersuchen. Im zweiten Schritt könnte man Klassifikationen und Aggregationen vornehmen und die individuellen Merkmale nach Ähnlichkeitsgesichtspunkten statistisch ordnen. Damit wäre zugleich der Übergang von der Einzelbiographie zur Gruppenbiographie geleistet.

Wie praktikabel ist eine solche Strategie? Lassen wir zunächst die zentrale Frage beiseite, ob eine statistische Analyse dieser Art überhaupt Gruppendaten erzeugen könnte. Beschränken wir uns auf den reinen Arbeitsaufwand. Angenommen, die in Frage kommende Grundgesamtheit aller emigrierten Naturwissenschaftler umfasste ca. 2000 Personen. Weiterhin angenommen, man fände zu jedem dritten ergiebiges Material.[3] Bei einer durchschnittlichen Bearbeitungsdauer von 10 Wochen pro Person ergäbe dies eine Bearbeitungszeit von 133 Jahren, ohne Endauswertung. Dies ist ein ziemlich ehrgeiziges Pensum, das nur von einer großen Arbeitsgruppe zu bewältigen wäre. Leider werden Projekte dieser Größe gegenwärtig weder von der DFG noch von der VW-Stiftung gefördert. Das Sample ist für die vorgesehene Auswertungsmethode folglich zu groß.

Da das Projektziel und die Förderungsdauer feststanden, blieb keine andere Wahl als exemplarisch zu verfahren und nicht mehr die Gesamtheit, sondern eine oder mehrere repräsentative Teilgruppen zu untersuchen. Eine Eingrenzung der Personenzahl auf die Gruppe der Physiker würde das Problem bereits etwas entschärfen. Das Sample vermindert sich jetzt auf etwa 200 Personen. Dies ergäbe rein rechnerisch eine Verkleinerung des zeitlichen Aufwandes um den Faktor 0,1 – also auf ein Zehntel des ursprünglichen Aufwandes. Die Projektdauer würde sich auf 13,3 Jahre, mit Endauswertung auf 15 Jahre verringern. Eine Entschärfung des Problems, aber leider immer noch keine akzeptable Forschungsstrategie. Das Sample ist noch immer zu groß.

Nun könnte man auf dem eben angedeuteten Weg fortfahren und das Sample einfach weiter verkleinern. Bei einer Projektdauer von vier Jahren konnte man bei einer angenommenen Endauswertungsphase von einem Jahr etwa 15 Wissenschaftler intensiver auf ihre Wirkungsgeschichte untersuchen. Nicht genug, um damit eine Disziplin wie die Physik oder die Biochemie oder auch nur ein größeres Spezialgebiet wie die Elektrizitätslehre, die Atomphysik oder die Polymerchemie in Form einer Gruppenbiographie abzudecken.

Andere Probleme blieben ebenfalls offen. Wie soll man die Personen identifizieren, die an der Entwicklung eines Spezialgebiets maßgeblich beteiligt waren? Dies klingt wie ein einfaches Problem, aber Tücken stecken im Detail. Viele Wissenschaftler arbeiten auf mehreren Gebieten und sind einmal hier, einmal dort aktiver. Andere sind weniger bekannt, aber dennoch wirkungsvoll – zum Beispiel über die universitäre Lehre oder über die Industrieforschung. Wieder andere verfassen Aufsätze, die später zu Kristallisationskernen für Gebiete wurden, an die zur Zeit der Abfassung niemand gedacht hatte. Es ist kaum möglich, eine über den Daumen gepeilte Vorauswahl zu treffen, die tatsächlich die für die Entwicklung eines Spezialgebiets wichtigsten Wissenschaftler umfasst. Doch selbst wenn man auf diese Fragen eine pragmatische Antwort gefunden hätte, wäre daraus noch immer keine zufrieden stellende Forschungsstrategie erwachsen. Dafür gibt es mindestens drei Gründe:

1. Selbst eine derart geschrumpfte Datenbasis ist inhomogen und lückenhaft. Das über die einzelnen Mitglieder des Aggregats verfügbare Material folgt nämlich einer eigentümlichen Verteilung: Es umfasst sehr viel Information über sehr wenige Personen, eine mittelmäßige Datendichte für eine etwas größere Gruppe und eher magere oder gar keine Daten für den größten Teil der Zielpersonen. Die Verteilung folgt also dem logarithmischen Lotkaschen Gesetz. Mit anderen Worten: Es liegt eine verzerrte Datenbasis vor, die nicht als Grundlage statistisch einwandfreier

Schlüsse taugt. Die Ungleichverteilung bleibt auch dann erhalten, wenn man nur die oberen 10% der Verteilung in die Untersuchung einbezieht. Die Verteilung wird dann nur wesentlich steiler.

 2. Es fehlt ein *Vergleichspunkt für wissenschaftliche Wirkung*. Die erhobenen Daten können nur dann etwas über die Wirkung der Gruppe aussagen, wenn man sie auf einen Maßstab beziehen kann. Anders formuliert: Wer sich für die Wirkung der Emigration interessiert, darf nicht nur Emigranten untersuchen. Er muss das Umfeld berücksichtigen, zum Beispiel eine Institution, ein wissenschaftliches Spezialgebiet oder eine vollständige Disziplin. Damit ist jedoch die vorgesehene Forschungsstrategie fehlgeschlagen, weil sich die Zielgruppe wiederum über das qualitativ handhabbare Maß hinaus vergrößert.

 3. Es fehlt ein *Indikator für wissenschaftliche Wirkung*. Selbst bei Lösbarkeit der beiden anderen Probleme bliebe offen, wie man wissenschaftliche Wirkung auf intersubjektiv gültige Weise messen und vergleichen kann. Diese Voraussetzung der intersubjektiven Reproduzierbarkeit von Forschungsresultaten ist bei der üblichen qualitativen wissenschaftshistorischen Arbeitsweise nur selten erfüllt. Wertungen Beteiligter können sie nicht ersetzen. Aufgrund ihrer Subjektivität sind sie nicht die Lösung, sondern Teil des Problems.

In dieser Phase des Projekts waren zwei Probleme zu lösen:
1) Es waren organische Gruppen im Wissenschaftssystem zu finden, die gewissermaßen als natürliche Einheiten einer Wirkungsanalyse oder allgemeiner der Wissenschaftsentwicklung behandelt werden konnten.
2) Man musste eine Methode entwickeln, mit der die wissenschaftlichen Wirkungen dieser Gruppen in der verfügbaren Zeit vergleichend analysiert werden konnten.

 Die Lösung des ersten Problems bestand in einer Neubestimmung des Untersuchungsfeldes: nicht klassische Fächer wie Physik oder Chemie, sondern wichtige Subdisziplinen bzw. Spezialgebiete mussten untersucht werden. In der betreffenden Zeit waren dies zum Beispiel Quantentheorie, Atomphysik, Spektroskopie, Kernphysik, Aerodynamik. Subdisziplinen sind Einheiten des Wissenschaftsprozesses, von denen man erwarten konnte, dass sie einen stärkeren kognitiven und sozialen Zusammenhalt als Fächer aufweisen. Das Projektziel bestand nach dieser Einengung darin, die Veränderung einiger interessanter Spezialgebiete durch den oder parallel zum Emigrationsprozess zu untersuchen. Dazu musste man einen

Weg finden, solche Spezialgebiete operationell zu identifizieren und voneinander abzugrenzen.

Das zweite Problem bestand darin, wie man wissenschaftliche Wirkung bzw. disziplinären Einfluss messen kann. Wie erfasst man Wissenschaftsentwicklung auf der Ebene eines Spezialgebiets? Wie differenziert man Wirkung nach Herkunfts- und Aufnahmeländern oder nach Institutionen? Es erschien unmöglich, diese Fragen mit Hilfe der üblichen qualitativen Verfahren in der verfügbaren Zeit zu beantworten.

Bei der Suche nach einem geeigneten methodischen Ansatz stießen wir bald auf die verschiedenen Formen der bibliometrischen Analyse – von der einfachen Publikationszählung über die Zählung von Zitationen bis zu den komplexeren Methoden der Cozitationsanalyse, Zitationskontextanalyse und Begriffsverknüpfungsanalyse. Wenn die methodischen Probleme des Projekts überhaupt lösbar waren, dann über diesen quantitativen Weg.

Der Ertrag quantitativer Verfahren bei der Erforschung der Physikemigration

Dass sich quantifizierende Methoden zur Lösung wissenschaftsgeschichtlicher Probleme eigneten, war keine Prämisse, sondern Resultat der Projektarbeit. Das Vertrauen in die Potenz dieser Methoden wuchs langsam – mit der Zahl der gelösten Probleme.

Das erste Problem, an dem sich die quantitativen Verfahren bewähren sollten, betraf den Widerspruch zwischen dem behaupteten und dem realen Ausmaß der Emigration. Bekanntlich kursierten die wildesten Zahlen über den Umfang der Wissenschaftsemigration. Die übliche Schätzung bewegte sich in der Größenordnung von 40%. Diese Zahl war ein Nebenergebnis der Untersuchung Christians von Ferber über die Entwicklung des Lehrkörpers der deutschen Hochschulen. Sie wurde immer wieder als gesichertes Resultat zitiert, obwohl schon bei oberflächlicher Betrachtung der ferberschen Zählweise klar sein musste, dass sie grobe Verzerrungen enthalten musste. Es gab andere Studien wie die von Hartshorne, die einen nicht einmal halb so großen Emigrationsverlust herausbekamen. Das alles war sehr merkwürdig, sollte man doch annehmen können, dass einfache Sachverhalte wie Verschiebungen des Hochschulpersonals leicht festzustellen sind.

Teilweise stimmte das auch. Es ließ sich in der Tat anhand der Vorlesungsverzeichnisse leicht klären, wie viel Prozent des Lehrpersonals im Fach Physik emigrierten. Es waren 15,5% – also eine Bestätigung der Zahlen von Hartshorne, wenn man annimmt, dass die Physik etwa im Durchschnitt der Fächer liegt. Die Frage war jedoch, ob der Verlust an akademischen Physikern mit venia legendi einfach mit dem Emigrationsverlust des Faches Physik gleichzusetzen war. Die Vermutung lag nahe, dass dies nicht unbedingt so sein musste, denn neben den Ordinarien für Physik gab es noch die Industriephysiker, die Nichthabilitierten, die Autoren, die nicht aus der Physik kamen, aber dennoch für die Physik wichtig waren, usw.

Diese Annahme erwies sich in einer weiteren quantitativen Analyse als richtig. Wenn man alle Autoren physikalischer Artikel mit deutscher oder österreichischer Adresse nach dem Kriterium Emigrant/Nichtemigrant klassifizierte, wuchs die Zahl der Emigranten um das drei- bis vierfache, wenngleich der Emigrantenanteil jetzt nur noch 9,5% betrug.

Diese Zahl war irritierend. Das Phänomen war zu auffällig und zu einschneidend, um mit ihr kompatibel zu sein. Konnte ein Emigrationsverlust von knapp zehn Prozent diese fatalen Auswirkungen auf die Wissenschaft in Deutschland haben? Wenn ja, dann musste ein enormer Multiplikatoreffekt beteiligt sein. Aber worauf war dieser Effekt zurückzuführen? Vielleicht musste man die Gruppe intern stärker differenzieren. Es könnte ja sein, dass die Gruppe der Emigranten wichtiger und wirkungsvoller war, als man nach ihrem prozentualen Anteil erwarten konnte. Vielleicht publizierte sie mehr als andere. Vielleicht wurden ihre Arbeiten häufiger zitiert als andere. Vielleicht hatten die Mitglieder dieser Gruppe für die Forschung ein stärkeres Gewicht als nach ihrer reinen Zahl zu vermuten.

Bei der Lösung des ersten Problems – die Bestimmung des Ausmaßes der Emigration – waren also neue Probleme aufgetaucht, die vorher nicht sichtbar waren. Insofern hatte die Methode bereits auf Anhieb ihre Fruchtbarkeit erwiesen. Aber konnte sie die neuen Probleme auch lösen?

Eine Auszählung der physikalischen Publikationen, die zwischen 1925 und 1933 erschienen waren, ergab, dass etwa 10,8% der deutschsprachigen Produktion von Emigranten stammten. Wenn man von der deutschsprachigen Gesamtproduktion die von Ausländern verfassten Artikel herausrechnete, dann erhöhte sich der Emigrantenanteil noch um einige Prozentpunkte. Leider löste dies die Diskrepanz zwischen der Sichtbarkeit des Phänomens und seiner zahlenmäßigen Darstellung nicht vollständig auf. Selbst bei einer Ausländerquote von 30% stiege der Emigrantenanteil nur auf 15,4%. Bei einer Ausländerquote von 20%, was realistischer schien, würde der Emigrantenanteil 13,5% betragen. Als Ergebnis war festzuhalten, dass die späteren Emigranten – in der Mehrzahl Juden – im Schnitt etwas mehr als die anderen publiziert hatten. In Zahlen ausgedrückt: 9,5% spätere Emigranten unter den Physikern schrieben zwischen 1925 und 1933 ca. 14% der Fachartikel. Dies war nicht genug, um die katastrophalen Auswirkungen ihrer Auswanderung zu erklären.

Aber vielleicht gab es noch eine andere Erklärung des Sichtbarkeitsphänomens. Vielleicht gab es Gebiete mit hohem und Gebiete mit niedrigem Emigrantenanteil. Wenn sich die Emigranten in Gebieten mit hoher Entwicklungsdynamik ballten, dann entstünde ein falscher Gesamteindruck, weil gerade diese Gebiete in der Öffentlichkeit am meisten beachtet werden.

Diese Hypothese war ein Volltreffer. Eine Auszählung der literarischen Produktion nach Spezialgebieten ergab, dass die späteren Emigranten in neuen Gebieten wie Quantentheorie, Atomphysik und Kernphysik durchschnittlich dreimal so stark vertreten waren wie in den alten Gebieten der Akustik, der technischen Mechanik oder der Mechanik der festen Körper. Damit wurde es etwas klarer, warum dieser Vorgang einen derart einschneidenden Charakter hatte. Dennoch erschien es ratsam, nach zusätzlichen Belegen zu suchen, die diesen erhärten konnten. Der Grund für diese Vorsicht war, dass die genannten Ergebnisse durch einfache Auszählungen der veröffentlichten Fachliteratur erzielt wurden. Keine qualitative Analyse hätte sie erbringen können. Obwohl die quantifizierende Herangehensweise damit ihre Fruchtbarkeit bewiesen hatte, war damit das Ziel noch nicht erreicht. Der nächste Schritt auf dem Weg zu einer kollektiven Biographie bestand im Versuch zu bestimmen, was die Emigranten für die kognitive Entwicklung des Fachs getan hatten und wie ihre Leistung zu bestimmten Zeiten vom Fach bewertet wurde. Da man innerhalb der Spanne eines Forscherlebens nicht die gesamte Physik untersuchen kann, wurde zur intensiveren Bearbeitung ein spezielles Gebiet der Physik herausgegriffen: die Kernphysik.

Es gibt verschiedene Methoden, die kognitive Entwicklung einer Disziplin zu untersuchen. Man kann zum Beispiel Experten befragen. Dies ist eine handliche und Zeit sparende Methode. Leider zeigte sich bei der Lektüre von Interviews und Konferenzbänden mit Zeitzeugen zur Geschichte der Kernphysik, dass sich weder die Experten noch die Beteiligten einig waren. Und die Uneinigkeit begann bereits bei den einfachsten Dingen, wie zum Beispiel dem ungefähren Umfang der Fachliteratur. Eugene Wigner etwa verschätzte sich dabei um mehr als den Faktor 10. Andere Irrtümer sind in der Literatur dokumentiert. (Vgl. Charles Weiner & Elspeth Hart [eds.] 1972) Damit schied diese Methode aus. Das Ziel war nicht, die Vorurteile und Meinungen der Experten zur Geschichte ihres Fachs zu dokumentieren, sondern die Geschichte des Fachs zu untersuchen.

Die zweite Methode bestand darin, sich an der Originalliteratur zu orientieren. Es war klar, dass man sich nicht auf Überblicksartikel verlassen konnte, denn hier tauchte das gleiche Problem wie im Falle der Expertenmeinungen auf. Man musste wirklich die Originalliteratur lesen. Ergänzende und interpretierende Information musste durch andere Quellen wie Interviews, Biographien, Institutionengeschichten oder Nachlässe beschafft werden. Diese Aufgabe war für den einzelnen Wissenschaftshistoriker nicht in der verfügbaren Zeit zu lösen. Nach grober Schätzung sind zwischen 1921 und 1947 etwa 15.000 Arbeiten zur Kernphysik erschienen. Natürlich war das meiste davon irrelevant, doch woher will man das wissen, bevor man es gelesen und bewertet hat. Und woher weiß man, dass die eigene Bewertung richtig ist, solange man keinen Maßstab hat, auf den man sie beziehen kann. Damit war auch dieser Weg ungangbar.

Die dritte Methode bestand darin, wiederum quantitative Verfahren zu benutzen. Die Idee war, zunächst mit quantitativen Methoden eine Vorauswahl der überhaupt wichtigen Publikationen zu treffen und diese Publikationen hinterher für eine qualitative Geschichte des Fachs auszuwerten. Zur vorläufigen Bestimmung der Bedeutung einer Arbeit für die Entwicklung des Fachs boten sich zunächst die verschiedenen Verfahren der Zitationsanalyse an.

Da dieses Verfahren ziemlich aufwendig ist, wenn man die Zitationsdatenbasis selbst schaffen muss, wurden Stichproben gezogen. Es wurden fünf Perioden zwischen 1921 und 1947 ausgewählt, wobei die ersten beiden Perioden jeweils fünf Jahre und die drei anderen jeweils ein Jahr umfassten. Der Grund für diese Variation des Verfahrens war der Mangel an einem Vorbild für die geplante Analyse. Es erschien ratsam, etwas zu experimentieren, um zu sehen, wie man die interpretationsfähigsten Ergebnisse bekam. Insgesamt wurden 1284 Aufsätze ausgewählt, in denen 16.199 Zitationen vorkamen.[4] Im Schnitt enthielten die Stichproben 250

Quellenaufsätze pro Periode. Da die wirkliche Zahl zwischen 214 und 311 schwankte, musste bei einigen Auswertungen noch standardisiert werden. Für die Auswertungen wurden dBase III+ und SPSS/PC+ benutzt. Bereits sehr einfache Auszählungen ergaben überraschende Ergebnisse. Die Emigranten waren in der Gruppe der Meistzitierten sehr deutlich überrepräsentiert. Von den 26 meistzitierten deutschen Atom- und Kernphysikern ist knapp die Hälfte ausgewandert[5] – bei einer gemittelten Emigrationsquote von 9,5% unter den Physikern insgesamt. Es gab somit in der Spitzengruppe der Atom- und Kernphysiker fünf Mal so viele Emigranten wie in der Gesamtheit.

Dies war die erste wirklich überzeugende Erklärung für die hohe Sichtbarkeit und die einschneidende Wirkung, die die Wissenschaftsemigration trotz ihres zahlenmäßig vergleichsweise bescheidenen Ausmaßes besaß. Für die Physik in Deutschland lässt sich die klare Aussage treffen, dass die Wissenschaftsemigration deshalb so folgenreich war, weil sie vor allem ein Elitenphänomen darstellte. Das heißt nicht, dass alle Emigranten zu dieser Elite zählten. In den Sozialwissenschaften gibt es keine deterministischen Gesetzmäßigkeiten. Der Sinn der Aussage ist folglich, dass es einen engen Zusammenhang zwischen Emigrantenanteil und Zitationshäufigkeit gab. Deutlich wird dies, wenn wir folgende Tabelle betrachten:

Tabelle 1:
Zitationsstufen von Emigranten und Nichtemigranten in der Kernphysik 1926–193 (weltweit)

Zahl Erwartungswert Spaltenprozent	Zitationen					Reihe insges.
	1	2	3–4	5–10	>10	
Nichtemigrant	582	191	114	98	39	1.024
	561,3	190,8	120,1	105,2	46,5	93,1%
	96,5%	93,2%	88,4%	86,7%	78,0%	
Emigrant	21	14	15	15	11	76
	41,7	14,2	8,9	7,8	3,5	6,9%
	3,5%	6,8%	11,6%	13,3%	22,0%	
Spalte insges.	603	205	129	113	50	1.100
	54,8%	18,6%	11,6%	10,3%	4,5%	100,0%

Beispiel: Unter den 50 (deutschen und nichtdeutschen) Kernphysikern, die weltweit zwischen 1926 und 1930 häufiger als 10 mal zitiert wurden, befanden sich 11 (spätere) Emigranten.

Indem man diese Zahlen mit den Tabellen für die anderen Perioden vergleicht, wird man charakteristische Veränderungen finden, die zum Teil durch den Emigrationsprozess und die dadurch erfolgte Strukturwandlung des Fachs ausgelöst wurden. Man kann die Analyse auch auf die von Emigranten und Nichtemigranten geschriebenen Arbeiten ausdehnen, um zu sehen, ob die überproportionalen Zitationshäufigkeiten nicht nur für Emigranten, sondern auch für die einzelnen Arbeiten von Emigranten gilt. (Vgl. dazu Fischer 1993) Auch hierbei wird man Verschiebungen von einer zur anderen Periode finden. Anstelle dieser Einzelergebnisse wollen wir folgende Tabelle zeigen, in der eine Zusammenfassung charakteristischer Veränderungen von Zitationshäufigkeiten versucht wurde:

Tabelle 2:
Produktivität und Sichtbarkeit emigrierter Kernphysiker
in fünf Perioden

Periode	1921–25	1926–30	1935	1941	1946/47
a. % Em./versch. Autoren	4,4	6,7	5,8	4,4	4,2
b. % Em./versch. Arbeiten	6,4	11,6	7,2	6,4	7,7
c. % Em./Zitationen	6,9	12,4	8,1	7,6	8,1
Sichtbarkeitsindex (b/a)	1,45	1,70	1,22	1,48	1,83
Akzeptanzindex (c/b)	1,23	1,09	1,14	1,17	1,05

Beispiele: In der Periode 1921–1925 stellten (spätere) Emigranten 4,4% aller Autoren (weltweit) im genannten Gebiet (Reihe a). Diese Autoren schrieben 6,4% der kernphysikalischen Fachliteratur (Reihe b). Auf diese Arbeiten entfielen 6,9% aller Zitationen (Reihe c). Das Verhältnis von b zu a ist ein Gradmesser für die Sichtbarkeit dieser Autoren im Fach, wenn man akzeptiert, dass Autoren, die viel publizieren, besser wahrgenommen werden als solche, die weniger publizieren. Da hiermit noch nichts über die Wirkung dieser Publikationen gesagt ist, benötigen wir einen weiteren Index. Diesen Index der Akzeptanz bilden wir, indem wir c zu b ins Verhältnis setzen. Ein Akzeptanzindex größer als 1 bedeutet dabei, dass die Arbeiten von (späteren) Emigranten häufiger als der Durchschnitt zitiert wurden. Ob dies auch eine Aussage über die Akzeptanz der Autoren erlaubt, hängt davon ob, ob diese als eigene Kategorie (beispielsweise als Juden) wahrgenommen wurden.

Dies sind Ergebnisse einfacher Zählungen. Die berechneten Maßzahlen können als Wirkungsindikatoren gedeutet werden, aber aus ihnen folgt noch keine Gruppenbiographie oder Disziplingeschichte. Sie erfassen die Bedeutung einzelner Autoren oder Publikationen, aber die Beziehungen zwischen den Autoren und Publikationen bleiben offen. Um diese zu erkunden, muss man komplexere quantitative Methoden wie die Cozitationsanalyse einsetzen.

Was versteht man unter Cozitationsanalyse? Bei der Cozitationsanalyse zählt man im Unterschied zur einfachen Zitationsanalyse keine Referenzen. Man interessiert sich für die Beziehungen zwischen den Referenzen, insbesondere, wie oft bestimmte Quellen oder Autoren innerhalb einer Datenbasis zusammen aufgeführt – also cozitiert – werden.

Zur technischen Durchführung: Man verfährt dabei folgendermaßen. Zunächst entscheidet man, aus welchem Zeitraum die Primärarbeiten ausgewählt werden sollen. Anhand einer guten Fachbibliographie werden sodann die Stichproben zusammengestellt. Gibt es keine Fachbibliographie, dann muss man die Stichproben durch Recherchen in verschiedenen anderen Quellen bilden. Dies ist keineswegs trivial, weil man damit implizit die Geschichte des Gebietes rekonstruiert. Dieses Problem taucht besonders bei der Analyse der Entstehungsgeschichte neuer Gebiete auf. Fehler bei der Stichprobenzusammenstellung können die statistischen Ergebnisse entwerten. In unserem Fall standen eine gute Fachbibliographie (in: Robert T. Beyer [ed.] 1949) sowie die Referateorgane „Physikalische Berichte" und „Physics Abstracts" zur Verfügung.

Die Datei, die die auszuwertende Literatur umfasst, nennen wir *Primär- oder Quellendatei.* Nachdem diese erstellt ist, sammelt man die in ihr aufgeführte Quellenliteratur. Man kodiert sodann sämtliche Zitationen, die innerhalb der Primärarbeiten gemacht wurden. Dies ist keine einfache Arbeit, denn der Teufel steckt auch hier im Detail. Das Ergebnis dieses Arbeitsschrittes nennen wir die *Zitationsdatei.* Innerhalb dieser Zitationsdatei werden dann alle möglichen Paare von zitierten Quellen gebildet, auf die *jeweils innerhalb einzelner Primärarbeiten* verwiesen wurde. Dadurch erhält man eine dritte Datei, die sämtliche Paare der zusammen genannten Quellen enthält. Eine Kreuztabellierung nach den zitierten Arbeiten ergibt schließlich eine Matrix, aus der man ablesen kann, wie oft innerhalb der Literatur eines Spezialgebiets in einer bestimmten Zeit welche Artikel oder Bücher gemeinsam zitiert wurden. Diese Matrix kann man dann noch durch Zeilen- und Spaltenverschiebungen ordnen, damit die zusammenhängenden Bereiche besser hervortreten. Zur Vereinfachung kann man Zeilen oder Spalten, die nur eine oder zwei einzelne Cozitationen enthalten, löschen. Das Ergebnis ist eine Matrix folgender Art:

Abbildung 1: Cozitationsmatrix 1935

Aus dieser Matrix lassen sich dann per Hand oder per Computer anschauliche Grafiken erstellen, aus denen man die kognitive Struktur einer Disziplin zu einem bestimmten Zeitpunkt ersehen kann. Da diese Grafiken schematischen Darstellungen von Gebirgen gleichen, könnte man sie auch als *disziplinäre Landschaften* bezeichnen. Einige Beispiele werden im Folgenden gezeigt.

So viel zum technischen Aspekt des Verfahrens. Die Methode hat allerdings nur dann Sinn, wenn sie durch eine Theorie des Zitierens gestützt wird. Auf diese Theorie, die die Grundlagen der Zitationsanalyse betrifft, können wir an dieser Stelle nur in aller Kürze eingehen. (Vgl. dazu: N. Kaplan 1965, S. 179–184; Kessler1963, S. 10–25; Merton 1979, S. VII–XI; Small 1974, S. 393–402; ders. 1978, S. 327–340; Sullivan et al. 1977; Zunde 1971, S. 1–18)

Ökonomisch betrachtet, ist die Zitation eines Autors die Begleichung einer Schuld. Der Zitierende verwendet das intellektuelle Eigentum, also Ideen und Ergebnisse, eines anderen und ist dafür nach den Regeln des wissenschaftlichen Ethos verpflichtet, die Quelle oder den Urheber zu nennen.

Warum nimmt man Zitationen und nicht andere Indikatoren der Wertschätzung? Der Grund für die Bevorzugung von Zitationen ist, dass nur sie bestimmte Bedingungen erfüllen. Anerkennung innerhalb des sozialen Systems der Wissenschaft bedarf der Sichtbarkeit, der Verbreitung und der Dauerhaftigkeit. Sie kann sich daher nicht auf vergängliche mündliche Äußerungen von Beteiligten, private Notizen, persönliche Briefe oder Randbemerkungen in Büchern stützen, sondern muss sich in den materialisierten und publizierten Produkten wissenschaftlicher Arbeit selbst lokalisieren lassen – also in Büchern, Aufsätzen, Kongresspapieren, nur im Grenzfall auch in informell zirkulierenden Manuskripten. Auf die Disziplin als Einheit bezogen, stellen die aggregierten Zitationen eines Wissenschaftlers ein implizites, zeitgebundenes Urteil der wissenschaftlichen Gemeinschaft über Bedeutung und Leistung des zitierten Fachkollegen dar.[6]

Anerkennung im realen Forschungsablauf findet dann statt, wenn der Publizierende durch den Verweis auf Arbeiten anderer erkennen lässt, dass er sich selbst in einem bestimmten Diskurszusammenhang lokalisiert. Solche Anerkennung durch Zitation, Verweis oder Diskussion ist die „Währung", in der innerhalb der institutionalisierten Wissenschaft „intellektuelle Schulden" gegenüber wahrgenommenen und akzeptierten „Gläubigern" abgetragen werden.

Aber nicht nur die „Währung" der institutionalisierten Wissenschaft, auch die gehandelte „Ware", die persönliche wissenschaftliche Leistung, bedarf der Veröffentlichung, um „konvertibel" zu sein. Basis der Anerkennung ist nicht das unveröffentlichte, im Schrank liegende Manuskript, die unter vier Augen mitgeteilte neue Theorie oder das in einem persönlichen

Brief kommunizierte neue Ergebnis, sondern die veröffentlichte Leistung. Erst durch die Veröffentlichung, das heißt durch Freigabe einer Information für alle Diskursteilnehmer wird das neue Ergebnis, die neue Hypothese oder Theorie zum intellektuellen „Eigentum" des Urhebers. Erst dann entsteht eine Verpflichtung zur Zitation, erst dann ist die Neuerung für die wissenschaftliche Gemeinschaft *existent*. Robert K. Merton spricht aus diesem Grund von einem anomalen Charakter wissenschaftlichen Eigentums. Dieser anomale Charakter widerspricht völlig dem üblichen Eigentumsbegriff und ist im Übrigen auch der Grund dafür, dass Wissenschaftler an einer möglichst schnellen – manchmal zu schnellen – Publikation ihrer Ergebnisse interessiert sind. Da die einzige „Bezahlung", die Wissenschaftler im Allgemeinen für ihre nicht patentierbare Vorleistung erwarten können, in der Nennung der Quelle im Falle ihrer Verwendung besteht, wird diese Norm tatsächlich mit einer gewissen Regelmäßigkeit beachtet. Dies gilt zumindest für die so genannten „harten" Wissenschaften, in denen ihre offenkundige Verletzung nicht selten durch informelle Sanktionen geahndet wird.

Grundlage beider Formen der Cozitationsanalyse sind folgende implizite Annahmen:

1. Die gemeinsame Nennung von Publikationen oder Autoren ist in der Wahrnehmung symbolischer Verbindungen seitens des Zitierenden begründet. Diese Wahrnehmung von Ähnlichkeit wird in der Cozitationsanalyse als Indiz für sachlich-kognitive oder sozial-institutionelle „Nähe" gewertet.

2. Zitationen von Publikationen oder Autoren sind innerhalb einer Disziplin nicht zufällig verteilt, sondern folgen einem entzifferbaren Muster. Das heißt, die Prozesse der Wahrnehmung oder der Konstruktion von symbolischer Nähe haben kollektiven Charakter.

3. Publikationen oder Autoren, die die Zitierenden als „gute Symbole" gewisser Aspekte des Forschungsfeldes wahrnehmen, werden auch tatsächlich zitiert und nicht verschwiegen oder einfach als bekannt unterstellt.

Disziplinäre Landkarten können im Allgemeinen nicht als Darstellungen realer Einflussbeziehungen zwischen Personen oder als Abbildung sämtlicher Ideen, die die gegenwärtige Gestalt einer Disziplin implizit oder explizit bestimmen, interpretiert werden. Kritiker der Zitationsanalyse bemerken mit Recht, dass die wirklichen Quellen wissenschaftlicher

Ideen oft nicht zitiert werden, während Zitationen von Sekundärquellen, von Arbeiten minderer Qualität, von gerade modischen Autoren oder Zitationen nur im Interesse der Karriere nicht ungewöhnlich sind. Viele Zitationen sind völlig überflüssig, da sie nur die Belesenheit des Autors dokumentieren sollen, aber keinen plausiblen Bezug zum Thema haben. Die Cozitationsanalyse ist kein Instrument zur Aufdeckung personeller Wirkungsbeziehungen und ideeller Abhängigkeiten innerhalb der Disziplin. Sie ist ein Mittel zur Herausarbeitung und Konstruktion einer hoch aggregierten symbolischen Struktur – eines Relationssystems, das in dieser Form von keinem der Beteiligten wahrgenommen wird.

Warum kann dieses Muster nicht wahrgenommen werden? Weil die kognitive und soziale Struktur der Disziplin aufgrund ihrer Ausdehnung und der begrenzten menschlichen Informationsverarbeitungskapazität als opak für die Beteiligten betrachtet werden muss. Die Ergebnisse der Cozitationsanalyse zeichnen insofern ein objektives Bild des aktuellen Zustandes einer Disziplin, als die Aggregation sehr vieler Wahrnehmungen alle Verzerrungen beseitigen wird, die auf individuellen Faktoren (Eitelkeit, Vergesslichkeit, Karriererücksichten etc.) beruhen. Verzerrungen, die sich gegenseitig nicht neutralisieren, werden dagegen nicht als unerwünschte Abweichung vom „wahren Ergebnis", sondern als charakteristische Erscheinungen des aktuellen Wissenschaftszustandes interpretiert. Sie sind Teil der hier und jetzt wahrgenommenen oder konstruierten symbolischen Struktur einer Disziplin und daher notwendige Komponente ihrer zutreffenden Darstellung. Eine Beseitigung der „Verzerrung" durch Korrektur der Zitationsdaten würde daher die Validität der Ergebnisse nicht erhöhen, sondern vermindern. Die Cozitationsanalyse ergibt keine ideale Struktur, die in den höheren Regionen des platonischen Ideenhimmels schwebt. Sie erkundet nur die aktuelle Wahrnehmung der disziplinären Struktur und ihrer bevorzugten Symbolik seitens der Beteiligten. Zur aktuellen Wahrnehmung zählen auch die für die Zeit charakteristischen Verzerrungen, Auslassungen und Übertreibungen. In diesem Sinne kann auch objektiv Irrelevantes Bedeutung erlangen, wenn es zur Massenerscheinung wird.

An einem Beispiel kann man dies verdeutlichen. Maier-Leibnitz beklagte in einer seiner Arbeiten, dass Leistungen nicht immer entsprechend ihrer Bedeutung zitiert oder gewürdigt werden. Er schreibt: „Ich werde nie vergessen, wie Otto Hahn auf der ersten Genfer Konferenz zur friedlichen Nutzung der Atomenergie zu dem aus den USA herbeigeschafften Forschungsreaktor kam und niemand dort wusste, dass Otto Hahn die Spaltung entdeckt hatte." (Maier-Leibnitz 1985, S. 7) Nun ist es natürlich möglich, dass es sich bei den Betreffenden um technisches Personal handelte, bei dem man keine großen Kenntnisse in der Grundlagenforschung erwarten konnte. Aber auch im entgegengesetzten Fall wäre die von Maier-Leibnitz geschilderte Beobachtung kein Argument gegen die Validität entsprechender zitationsanalytischer Ergebnisse. Dass in dieser Zeit Arbeiten amerikanischen Ursprungs a priori eine größere Rezeptionschance aufwiesen, ist selbst ein wichtiges Merkmal der kognitiven und sozialen Struktur der Physik nach dem 2. Weltkrieg und somit notwendiges Element jeder zutreffenden Darstellung ihrer symbolischen Struktur. Seine nachträgliche methodische Ausschaltung durch Nutzung des vollständigeren Wissens des Historikers und durch entsprechende Ergänzung oder Verbesserung der Daten würde die zitationsanalytisch gewonnene, hoch aggregierte symbolische Struktur, also das, was in der quantitativen Wissenschaftshistoriographie heute als disziplinäre Landkarte bezeichnet wird, nicht korrigieren, sondern verzerren.

Die Cozitationsanalyse ergibt immer dann Resultate, wenn Literaturverweise nicht gänzlich zufällig erfolgen. In diesem Fall wäre die Cozitationsmatrix im Wesentlichen mit Einsern besetzt. Dies wäre ein Hinweis darauf, dass das untersuchte Forschungsfeld noch diffus ist und keinen Konsens über Ansätze, Probleme, Methoden und Tatsachen aufweist. Die Voraussetzung, dass hier schon ein selbständiges Spezialgebiet existiert, hat sich somit als falsch erwiesen.[7]

Quellen werden nicht nur deshalb genannt, weil das wissenschaftliche Ethos dies fordert. Die Nennung bestimmter Autoren und Quellen liegt vielmehr im ureigenen Interesse des Autors. Ein Autor zitiert nicht nur, um seine „intellektuellen Schulden" zu begleichen, sondern ebenso zur eigenen Legitimation und zur Selbsteinordnung in einen Diskurszusammenhang. Der Schreiber möchte von seinen Adressaten wahrgenommen werden und benutzt bestimmte Symbole als Positionsmarken. Obwohl nicht alle genannten Quellen öffentlich zugänglich sein mögen – mündliche Mitteilungen oder persönliche Briefe zum Beispiel –, bilden Publikationen nach Ansicht der Zitationsanalytiker einen so bedeutsamen Teil der Referenzen, dass man die Analyse auf sie stützen kann. Dies ist natürlich eine Hypothese, die sich auch als falsch erweisen kann.

Die der Cozitationsanalyse zugrunde liegende Kombinatorik von Referenzen beruht wie erwähnt auf der Annahme, dass die gemeinsame Nennung von Quellen auf der Wahrnehmung eines Zusammenhangs zwischen ihnen seitens des Autors beruhen. Im Einzelfall kann dies ein Zusammenhang zwischen alternativen Theorien, zwischen verschiedenen Formulierungen derselben Theorie, zwischen Theorien und Fakten, Hypothesen und Experimenten, Experimenten und Methoden und Theorien sein. Von welcher Art der Zusammenhang ist, muss durch qualitative Auswertung der zitierten Primärquellen erkundet werden und ist nicht der quantitativen Analyse zu entnehmen. Natürlich ergibt nicht jede der automatisch gebildeten Kombinationen Sinn. Paarbildungen, die gewissermaßen zufällig zustande kamen, bleiben jedoch vereinzelt und fallen am Ende wieder durch das Raster, das man bei der Kreuztabellierung mit der Definition eines Schwellenwertes setzt. Die Annahme lautet also, dass sich aus dem zufallsbedingten oder nur individuell erklärbaren Geräuschpegel noch eine geordnete Teilstruktur, ein Signal, heraushebt.

Wie man an dem geschilderten Verfahren ersehen kann, enthält sich die Zitationsanalyse jeglicher eigener Wertungen. Sie verwendet die in Form von Zitationen innerhalb der Quellenliteratur gesetzten Primärwertungen und symbolischen Setzungen der Beteiligten ihrerseits als Material für die weitere Analyse. Der von ihr zugrunde gelegte Wissenschaftsbegriff ist daher ebenso wie die Abgrenzung des untersuchten Gebiets nicht von außen herangetragen, sondern durch die Selbstwahrnehmung der Disziplin, genauer: der aggregierten Summe ihrer Mitglieder, konstituiert. Die Cozitationsanalyse ergibt ein Panorama der sozialen und kognitiven Struktur des disziplinären Netzwerks. Diese Struktur ist insofern eine Abstraktion, als sie Resultat eines Aggregationsprozesses ist, der von den Beteiligten aktuell nicht vollzogen wird. Das Bild der Disziplin, das jeder der Beteiligten aufgrund seiner Einbindung in die kognitive und soziale Struktur seiner wissenschaftlichen Gemeinschaft gewinnt, stimmt damit nicht überein. Es ist unvollständig, perspektivisch verzerrt und meist nicht frei von Idiosynkrasien. Entscheidend ist, dass die cozitationsanalytisch fundierte Analyse von Forschungsfeldern alle Verzerrungen, Wahrnehmungslücken und Idiosynkrasien systematisch ausblenden wird, die nicht ihrerseits verallgemeinerbar sind. Es geht in der Cozitationsanalyse also nicht um objektive, vor dem Urteil der Ewigkeit Bestand habende Bewertungen von Theorien oder Fakten, sondern um die aktuelle Selbstwahrnehmung der wissenschaftlichen Gemeinschaft, um ihre *Autopoiesis*. Welche Dimension der wissenschaftlichen Gemeinschaft im Vordergrund der Ergebnisse stehen wird, die soziale oder die kognitive, hängt davon ab, welche Variante der Analyse man verwendet, konkret, ob die Basis für den Paarbildungsprozess in Quellen oder in Autoren besteht.

An einem Beispiel soll gezeigt werden, was diese Methode bei der Untersuchung der Entwicklung der Kernphysik ergeben hat. Es ist nicht möglich, hier den Stand der Kernphysik Mitte der Dreißigerjahre zu referieren. Die folgenden Bemerkungen sollen nur andeuten, welche Informationen in den gezeigten disziplinären Karten implizit enthalten sind. Implizit enthalten heißt, dass man die Information nicht unmittelbar aus den Darstellungen herauslesen kann. Sie liegt in verschlüsselter Form vor und der Schlüssel zu ihrem Verständnis liegt in der Originalliteratur des Fachs. Wir möchten einen Eindruck davon vermitteln, in welcher Weise Ergebnisse der Cozitationsanalyse inhaltlich gedeutet werden können.

Die zuletzt gezeigte Abbildung war die Cozitations-Matrix für das Gebiet Kernphysik des Jahres 1935. Die Quellendatei umfasste 200 Arbeiten mit rund 3000 Zitationen. Am rechten und am oberen Rand sieht man die Autoren und die Kennziffern der cozitierten Publikationen. Die Zahlen in der Matrix geben an, wie häufig die am Rand oben und rechts genannten Arbeiten im Zeitraum zusammen zitiert wurden. Eine solche Matrix ist informativ, doch die Information muss angesichts ihrer Unanschaulichkeit mühsam, Punkt für Punkt herausgezogen werden. Durch weitere Bearbeitung lässt sie sich jedoch in die etwas attraktivere Form einer Konturenkarte bringen. Eine solche Konturenkarte kann nach bestimmten Regeln per Hand gezeichnet werden, sie kann jedoch auch durch automatische multidimensionale Skalierung und graphische Umsetzung des Ergebnisses entstehen. In beiden Fällen geht Information verloren, weil Anschaulichkeit auf Kosten von Eindeutigkeit erkauft werden muss. Die Matrix ist folglich nicht in allen Einzelheiten aufgrund der Konturenkarte rekonstruierbar.

Abbildung 2 stellt eine „disziplinäre Landkarte" der vorhin erwähnten Art am Beispiel der Kernphysik des Jahres 1935 dar. Es handelt sich dabei um jene Form der Kontourenkarte, die durch die Kombination zitierter *Artikel* vor allem auf die Abbildung der *kognitiven Struktur* einer Disziplin zielt.

Links oben sieht man eine Gruppe von Arbeiten, die sich mit der Untersuchung von Kernumwandlungen mit langsamen Neutronen befasst, also mit den Konsequenzen der Entdeckung Fermis und seiner Arbeitsgruppe in Rom vom Oktober 1934. Die Entdeckung der Fermi-Gruppe hatte der experimentellen Kernphysik einen Forschungsschub, einen wissenschaftlichen Goldrausch vermittelt, in dessen Verlauf der neue Zugang zu den

Abbildung 2: Konturenkarte Kernphysik 1935 (Publikationen)

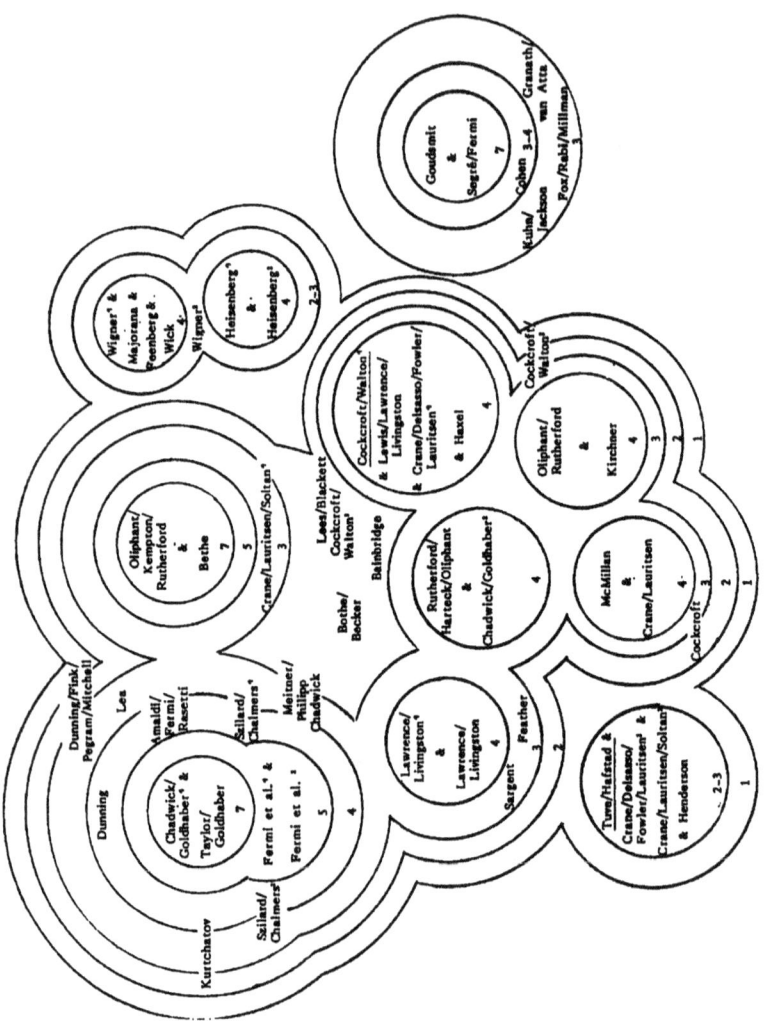

Phänomenen im Atomkern in all seinen Facetten ausgelotet wurde. Das Cluster links oben ist ein Ausdruck dieser Forschungen. An der Spitze steht jedoch kein Artikel Fermis, sondern eine Gruppe zweier anderer Arbeiten, die sich bereits mit einem strittigen Folgeproblem der Entdeckung, nämlich mit der starken Absorption langsamer Neutronen durch das Element Bor und mit dessen anschließendem Zerfall befassen. Taylor und

Goldhaber konnten mit Hilfe einer neuen Methode der Erfassung des Zerfallsprozesses mittels Photoemulsionen zeigen, dass bei diesem Zerfall nicht, wie von Chadwick und Goldhaber behauptet, Tritium und zwei Heliumkerne, sondern Lithium und nur ein Heliumkern entstehen. Wichtig für die aktuelle Forschung war hierbei weniger das spezielle Problem des Borzerfalls als das neue experimentelle Verfahren, das die Fixierung der Bahnen von Zerfallsprodukten erlaubte.

Rechts neben der Neutronengruppe sieht man zwei Arbeiten, die auf theoretischem Weg zu gleich lautenden Korrekturen der Massen leichter Elemente gelangt waren. Bethe sowie Rutherford, Kempton und Oliphant erbrachten den Nachweis, dass die bisher zur Standardisierung benutzte Massenrelation zwischen Helium und Sauerstoff einen Fehler von 0,3 Promille enthielt. Dadurch konnten schwer wiegende Unstimmigkeiten in den bisher errechneten Energiebilanzen von Zerfallsprozessen beseitigt werden. Der Weg zu weiteren Fortschritten bei der theoretischen Erklärung einer Flut von neuen experimentellen Ergebnissen zum induzierten Zerfall von Atomkernen war damit offen. Auch in der strittigen Frage der Masse des Neutrons war man nun einer Klärung erheblich näher gekommen.

Unterhalb dieser beiden Gruppen von Arbeiten befindet sich ein breit gefächertes Cluster, das seinen Ursprung der stürmischen Entwicklung der Beschleunigertechnologie verdankt. Die verschiedenen Untergruppen enthalten Artikel, die sich mit konkurrierenden Techniken wie dem Zyklotron, dem Kaskadenbeschleuniger, dem Van-de-Graaff-Beschleuniger sowie mit verschiedenen Aspekten und Ergebnissen ihrer Anwendung befassen. Einzelheiten können an dieser Stelle nicht dargelegt werden. (Vgl. dazu Fischer 1993) Die Bedeutung dieser Gruppe von Arbeiten ist jedem, der die Entwicklung der späteren Hochenergiephysik auch nur flüchtig kennt, unmittelbar evident. Erstmals standen dem Kernphysiker jetzt Instrumente zur Verfügung, die ihn von natürlich vorkommenden radioaktiven Stoffen und ihrer Strahlung unabhängig machten. Das Spektrum untersuchbarer Phänomene wurde damit exponentiell erweitert.

Ganz rechts oben ist ein Doppel-Hügel mit Arbeiten zur Theorie der Kernkräfte zu sehen. Die Möglichkeit einer solchen Theorie schien sich erstmals mit der Entdeckung des Neutrons durch Chadwick im Jahre 1932 zu eröffnen. Heisenberg, Majorana, Wigner, Feenberg und Wick entwickelten teilweise konkurrierende Vorstellungen, wie die Kräfte geartet sein mussten, die dafür verantwortlich waren, dass der Atomkern aufgrund der Coulomb-Abstoßung der Protonen nicht explodierte. Dies markiert den Anfang einer langen Diskussion, die sich durch die Analyse der kognitiven Landkarten der Jahre 1941 und 1947 weiter verfolgen ließe. Bereits 1932 war das Problem der theoretischen Erklärung der Kernkräfte als fundamentales Problem der zeitgenössischen Kernphysik erkannt und in differenzierter Weise behandelt worden. Bis 1935 war man bei der Lösung dieses Problems nicht weitergekommen. Erst ein Jahr später folgten Experimente von Tuve, Heydenburg & Hafstad zur Proton-Proton-Streuung, deren Interpretation durch Breit, Condon & Present sowie durch Cassen und Condon zur Widerlegung einiger Vorstellungen dieser frühen Ansätze führten. Vor allem die Idee der Ladungsabhängigkeit der Kernkräfte musste daraufhin aufgegeben werden. Auch die Hypothese Wigners, dass die Kernkraft sich durch eine einfache Potential-Funktion beschreiben lasse, war zugunsten der Idee Heisenbergs und Majoranas, dass es sich hierbei um Austauschkräfte ähnlich den chemischen Valenzen handelt, fallen zu lassen. Auf der Konturenkarte von 1935 ist von diesen Entwicklungen noch nichts und in der für 1941 bereits nichts mehr zu sehen.[8] Im Jahre 1941 dominieren, was die theoretische Kernphysik betrifft, Arbeiten zur Mesonentheorie der Kernkräfte, zum Meson in der Kosmischen Strahlung und zur Rolle des Mesons beim Beta-Zerfall.

Auf der vorliegenden Karte befindet sich rechts unten noch ein isoliertes, aber dennoch wichtiges Cluster von Arbeiten zur Hyperfeinstruktur der Atomspektren. Diese äußerst feinen Verschiebungen der Spektrallinien wurden von Wolfgang Pauli bereits 1924 als Folge einer Interaktion des nuklearen Magnetfeldes mit dem elektrischen Feld der Elektronenschale gedeutet. Bis 1935 war man in der Klärung dieser Frage noch nicht viel weiter gekommen. Allerdings hatte die Entdeckung des Neutrons 1932 einige Widersprüche zwischen dem theoretisch abgeleiteten Kernspin- und den spektrographischen Messungen beseitigt. Die Arbeiten an der Spitze dieser Gruppe sind theoretische Beiträge zur Berechnung der Hyperfeinstruktur-Terme. Sie beseitigten in übereinstimmender Weise einige Inkonsistenzen der bisherigen Anschauungen und machten den Rückgriff auf zusätzliche erklärende Faktoren neben den genannten überflüssig. Die isolierte Lage dieses Clusters ist kein Artefakt der angewandten Methode. Sie ist Ausdruck der Tatsache, dass es zu dieser Zeit in der Tat kaum theoretische oder experimentelle Verbindungen zwischen den Forschungen zur Hyperfeinstruktur und anderen in der Karte repräsentierten Themen der Kernphysik gab.

Es geht hier nicht in erster Linie um eine Geschichte der Kernphysik, sondern um eine illustrierende Anwendung der Zitationsanalyse. Wir möchten deshalb hier weder die Diskussion des Inhalts der vorliegenden Karte vertiefen noch auf die Konturenkarten der anderen Erhebungszeiträume eingehen. Gemessen an qualitativen Gesichtspunkten – etwa an Erinnerungen von Beteiligten, an zeitgenössischen Überblicksarbeiten oder am Urteil heutiger Spezialisten – scheinen die Ergebnisse der quantitativen Analyse die aktuellen Symbole und Problemfelder der Disziplin mit großer Zuverlässigkeit abzubilden.

Nun verfügt eine Disziplin nicht nur über eine kognitive Struktur, sondern auch über ein soziales und institutionelles Netzwerk. Kann man mit ähnlichen Mitteln wie den oben angewandten etwas darüber in Erfahrung bringen? Betrachten wir dazu die zweite Konturenkarte (Abbildung 3).

Diese Struktur wurde mit denselben Daten errechnet wie die zuvor gezeigte. Aus Platzgründen wurde auf die Darstellung der – in diesem Fall wesentlich komplexeren – Cozitationsmatrix verzichtet. Im Unterschied zur ersten Auswertung wurden hierbei nicht die cozitierten Arbeiten, sondern die cozitierten Autoren als Grundlage der Paarbildung und Kreuztabellierung genommen. Damit werden naturgemäß Personen begünstigt, die
1. häufig zusammen publizieren, oder
2. oft unabhängig voneinander zu ähnlichen Themen publizieren, oder
3. aus anderen Gründen vom Zitierenden als nahe stehend wahrgenommen wurden.

Im Gegensatz zur ersten Form der Analyse setzten sich auf der zweiten Karte (mit einer Ausnahme) stets die institutionellen Verbindungen durch. So sehen wir auf dem höchsten Gipfel rechts oben die Gruppe um Enrico Fermi, auf die die damals wichtigste Entdeckung der Kernphysik, die Wirksamkeit langsamer Neutronen bei nuklearen Transformationen, zurückging. Mit langsamen Neutronen arbeitete auch die New Yorker Arbeitsgruppe um Dunning, die sich in der oberen Mitte befindet. Sie ist jedoch kein Teil oder Anhang des Fermi-Clusters, sondern aufgrund der institutionellen Trennung klar von ihm abgegrenzt. In der kognitiven Konturenkarte waren zwei Arbeiten des Teams um Dunning mit Arbeiten der Fermi-Gruppe sowie einigen anderen Teil eines einheitlichen Unter-Clusters. Das Gleiche gilt für das Szilard-&-Chalmers-Cluster (rechts unten). In der kognitiven Karte waren zwei Publikationen der beiden Autoren Teil des Neutronenclusters, während sich hier die marginale soziale Position des Emigranten Leo Szilard und seines Mitarbeiters von St. Bartholemew

Klaus Fischer

Abbildung 3: Konturenkarte Kernphysik 1935 (Autoren)

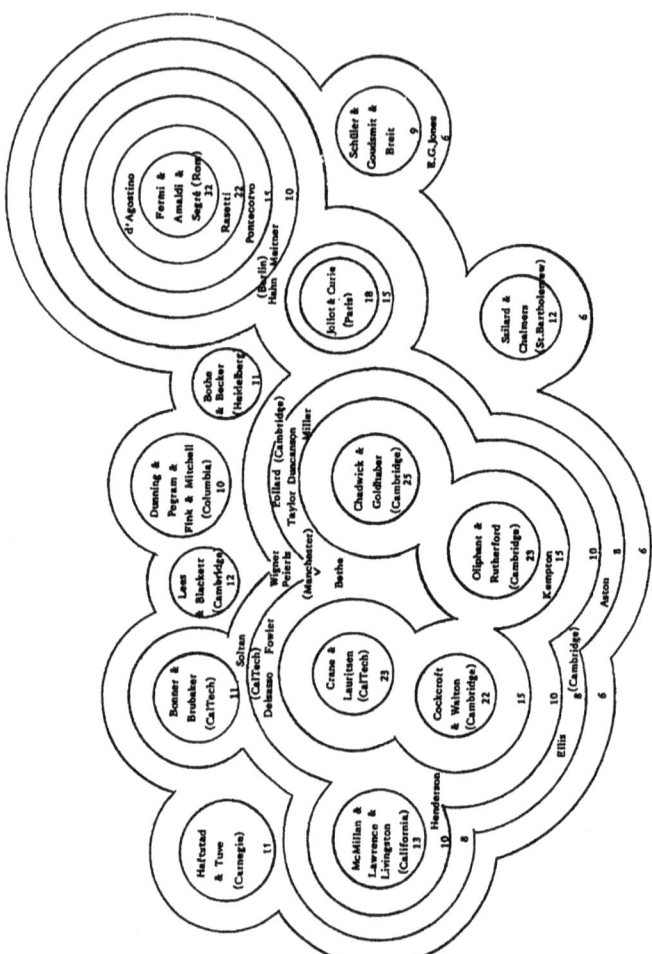

Hospital der University of London in einer Inselstellung auf der institutionellen Karte bildlich niederschlägt.

Durch die Mitte der Karte zieht sich ein großes hufeisenförmiges Cluster von Personen und Personenpaaren aus dem Cavendish Laboratory in Cambridge. Dies war zu jener Zeit die wohl traditionsreichste und über lange Jahre produktivste Forschungsstätte der Kernphysik. Ihr Direktor war bis zu seinem Tod 1937 Ernest Rutherford. Das linke Drittel der Karte beinhaltet soziale und institutionelle Verbindungen, die aus der Arbeit an der neuen Beschleunigertechnologie herrühren. Neben dem Cavendish Laboratory nimmt dabei das Kellogg Radiation Laboratory am California Institute of Technology die stärkste Position ein. Beide arbeiteten mit dem damals zuverlässigsten Beschleunigertyp, der auf dem Prinzip des Kaskadengenerators beruhte. Die Zyklotron-Gruppe vom Radiation Laboratory in Berkeley und die Benutzer des Van-de-Graaff-Beschleunigers an der Carnegie Institution erreichen nicht ganz die Bedeutung der erstgenannten Arbeitsgruppen. Beide Typen von Instrumenten, vor allem jedoch der elektrostatische Van-de-Graaff-Generator wurden als problematisch und schwer handhabbar eingestuft. Ein Zyklotron funktionierte beispielsweise in diesen Jahren im Allgemeinen nur dann, wenn ein Mitarbeiter von Ernest Lawrence beim Bau beteiligt war oder wenn der Erbauer einige Monate bei Lawrence gearbeitet hatte.

Zwischen den schon genannten Gruppen und klar von diesen abgegrenzt befindet sich die Pariser Forschergruppe von Pierre Joliot und Irène Curie. Diese Position entspricht der tatsächlichen sozialen Eigenständigkeit der französischen Gruppe. Qualitative Untersuchungen bestätigen, dass die Einbindung des Institut Curie in den internationalen Forschungszusammenhang durch den Austausch von Wissenschaftlern, gemeinsame Konferenzen, Publikationen und Programme etc. nicht sehr stark war. Es wäre allerdings übertrieben, von Isolation zu reden.

Im Gegensatz zur vorhergehenden Periode 1926–1930 spielen deutsche Institutionen in der Kernphysik des Jahres 1935 nur noch eine untergeordnete Rolle. Zu sehen sind Hahn und Meitner an der Basis des durch die Arbeitsgruppe Fermis gebildeten Kegels. Auch Bothe und Becker vom Heidelberger Kaiser-Wilhelm-Institut für medizinische Forschung konnten ihren Platz behaupten. Die Bedeutung von Hahn und Meitner ist allgemein bekannt und bedarf daher keiner Erläuterung. Bothe wird im Dezember 1943 das erste und bis 1945 einzige funktionierende deutsche Zyklotron in Betrieb nehmen. Der deutsche Emigrant Hans Bethe, der in der kognitiven Karte einen der drei Gipfel besetzte, ist auf der sozialen Karte entsprechend seiner marginalen Position nur in einem ihrer Täler zu finden. Das Gleiche gilt für Eugen Wigner, der zu jener Zeit ebenfalls noch nicht fest etabliert war. Beides wird sich auf der sozialen Karte des Jahres 1941 geändert haben. Dort besetzt Hans Bethe zusammen mit Stanley Livingston den höchsten Gipfel.

Alle Gruppierungen außer der am schwächsten verbundenen (in der Mitte ganz rechts) sind institutionell begründet. Ob rein kognitive Verbindungen in der Karte auftauchen, scheint folglich auf das praktische Problem hinauszulaufen, einen geeigneten Schwellenwert zu setzen.
So viel zur Interpretation der Konturenkarten.

Im Vergleich zu den traditionellen qualitativen Methoden hat das eben demonstrierte Verfahren einige Vorteile. Dazu zählen
1. perspektivische Neutralität,
2. Fähigkeit zur Abbildung disziplinärer Entwicklungen, die vielen teilnehmenden Beobachtern verborgen blieben,
3. ein Potential zur retrospektiven Korrektur von Mythen, etwa bezüglich der Bedeutung bestimmter Publikationen oder Ideen in ihrer Zeit,
4. Flexibilität in der Anwendung, die es prinzipiell gestattet, durch eng gestaffelte oder sogar überlappende Periodisierung auch schnelle disziplinäre Veränderungen zu erfassen,
5. Fokussierung des Blickfeldes. Die Cozitationsanalyse sagt dem Historiker, wo die relevanten Primärquellen für die Geschichte eines Spezialgebiets zu finden sind. Diesen Wegweisereffekt lernt man schnell schätzen, wenn man versucht, die relevanten Entwicklungen in einem expandierenden Forschungsfeld wie Kernphysik, Festkörperphysik oder Molekulargenetik zu erfassen.

Von den ca. 15.000 Publikationen, die zwischen 1926 und 1947 in der Kernphysik erschienen sind, hebt die Cozitationsanalyse pro Stichjahr zwischen 23 und 50 Publikationen hervor. Davon kommen etliche in mehreren Perioden vor, vor allem dann, wenn man die Zeiträume eng staffelt oder wenn man mit überlappenden Perioden arbeitet. Geht man im Schnitt von etwa 25 neuen hoch cozitierten Arbeiten pro Jahr aus, dann verringert sich die Zahl der Originalarbeiten, die in einer nahezu lückenlosen Disziplingeschichte zu verarbeiten wären, von 15.000 auf etwa 500. In unserem Fall wurden vier Perioden auf diese Weise durch die Auswertung von 145 kernphysikalischen Originalarbeiten dargestellt. Da dies ein zu grobes Raster für eine lückenlose Disziplingeschichte ist, wurden zur Verbindung der Perioden Literaturberichte und Überblicksarbeiten, Biographien und neuere Sekundärarbeiten herangezogen.

Ein komplexeres Forschungsprojekt

Der Erfolg des ersten Projekts führte zu der Überlegung, ob man das getestete Instrument der Cozitationsanalyse auch auf einen komplexeren Fall von Wissenschaftentwicklung anwenden kann. Die Wahl fiel auf die Molekularbiologie. Dies hatte drei Gründe:
1. Es konnten einige bereits vorhandene Daten aus dem Physikprojekt verwendet werden.
2. Das Gebiet erschien so aktuell, dass es reizvoll erschien, seine Vorgeschichte etwas näher zu erkunden.
3. Man bekam damit erstmals einen Einblick in die Emigrationsgeschichte eines Teils der deutschen Chemiker, deren Erforschung bisher als besonders schwierig eingestuft wurde.

Auch dieses Projekt stand im Rahmen der wirkungsgeschichtlich orientierten Emigrationsforschung. Die Fragestellung war jedoch so allgemein angelegt, dass sie auf eine scientometrische Erfassung der Entstehungsgeschichte der Molekularbiologie zwischen etwa 1928 und 1960 hinauslief. Innerhalb dieses Rahmens konnte dann nach der Wirkung ausgewählter Zielpersonen, etwa emigrierter Biochemiker oder Genetiker, gefragt werden.

Warum ist dieses Projekt komplexer als das vorangehende? Der Grund hierfür ist vor allem darin zu sehen, dass die Molekularbiologie sich erst im Untersuchungszeitraum als eigenes Spezialgebiet formierte. Zwar gab es auch vorher schon Forschungen, die in die Randzonen jener Gebiete fielen, aus denen die Molekularbiologie entstand. Aber vor 1953 gab es keinen erfolgreichen Versuch, Informationen aus allen Teilbereichen bei der Lösung eines speziellen Problems etwa der Genetik zu nutzen.

Um welche Teilgebiete handelt es sich dabei?
Die Hauptlinie der bisherigen Wissenschaftsgeschichtsschreibung sieht die Ursprünge der Molekularbiologie – mit allerdings erheblichen Abweichungen im Detail und in der Gewichtung – in einer mehr oder weniger kontinuierlichen Konvergenz mehrerer Spezialgebiete, nämlich
1. Röntgenkristallographie – also die Untersuchung des Aufbaus kristalliner Stoffe durch die mathematische Analyse des Interferenzmusters, das bei ihrer Durchleuchtung mit Hilfe kurzwelliger Strahlung entsteht;
2. Physikalische Chemie, und hier insbesondere Chemie und Geometrie von Makromolekülen, sowie Theorie der chemischen Bindung. Hierbei

ging es vor allem um die dreidimensionale Struktur großer Moleküle, die sich mit den klassischen chemischen Analysemethoden nicht aufdecken ließ, jedoch für die Erklärung ihrer biologischen Funktion zunehmend als wichtig erkannt wurde;
3. Biochemie der Proteine und Nukleinsäuren – wobei es im Falle der Molekulargenetik vor allem um die Klärung der Frage nach dem Träger der Erbinformation, bzw. der Substanz der Erbmasse ging;
4. klassische Genetik – also die phänomenologische Analyse von Vererbungsmechanismen, und schließlich
5. Forschungen zur Statistik und zum Mechanismus der Vermehrung einfachster Organismen, insbesondere Bakteriophagen – die „Atome der Biologen", wie es Max Delbrück ausdrückte.

Diese fünf Gebiete sollen sich nach der heute wohl dominierenden Auffassung in den Vierziger- und Fünfzigerjahren immer näher gekommen sein – wobei das Vererbungsproblem eine Katalysatorfunktion erfüllte. Die Konstitution des neuen Gebiets, und hier sollte man zunächst etwas enger gefasst von molekularer Genetik reden, erfolgte um 1953, wenn man unbedingt ein Datum nennen will – also mit der Aufklärung der DNS-Struktur. Dieser Erfolg beendete nach der Periodisierung von Gunter Stent (vgl. 1969; ders. 1968) zugleich die „romantische Phase" der Entwicklung des Gebiets. Die Konsolidierung dieses Erfolgs und die Aufdeckung des genetischen Codes fällt in die Aufschwungphase des neuen Gebiets, die nach Gunther Stent bis 1963 dauerte. Stent nennt sie die „dogmatische Phase" der Entwicklung der Molekularbiologie.

Die Entwicklung der vorhin aufgelisteten Spezialgebiete zwischen 1928 und 1953 kann hier ebenso wenig inhaltlich dargestellt werden wie der Prozess ihrer Verschmelzung.[9] Wichtiger ist Folgendes: Wenn die Konvergenzthese stimmt, dann sollte sich der Prozess auch scientometrisch darstellen lassen. Das Forschungsdesign sieht vor, für jedes Spezialgebiet eine ausreichende Zahl von Quellen aus ausgewählten Stichjahren zu codieren. Alle Zitationsdaten sämtlicher Spezialgebiete werden dann für jede Periode zusammengefasst und analysiert. Falls die Hypothese richtig ist, dann sollte sich etwa Folgendes ergeben:

In der ersten Periode (1929–31) sollten die Cluster der verschiedenen Spezialgebiete kein kohärentes Feld bilden. Zwischen einzelnen Paaren von Forschungsfeldern sollte es – wenn überhaupt – nur geringfügige Berührungspunkte geben.

In der zweiten Periode (1940/41) sollte die Zahl der Berührungspunkte größer geworden sein. Das heißt, das Feld insgesamt sollte größere Überschneidungen aufweisen als in der ersten Periode, aber immer noch kein kohärentes Ganzes bilden.

In der dritten Periode (1951) sollte der Konvergenzprozess so weit fortgeschritten sein, dass das Gesamtfeld bereits an vielen Stellen verbunden ist. Zu erwarten ist allerdings, dass die Spitzen der Cozitationsmatrix weiterhin innerhalb der einzelnen Spezialgebiete und noch nicht in den Überschneidungsbereichen liegen.

Dies sollte sich 1956 geändert haben. Die Zentren der Matrix sollten in der Schnittzone der früheren Einzelgebiete liegen. Wie das Bild im Einzelnen aussehen wird, ist nicht prognostizierbar. Es ist jedoch zu vermuten, dass das von der qualitativen Wissenschaftsgeschichtsschreibung gezeichnete Bild mit Hilfe der quantitativen Ergebnisse präzisiert und vielleicht auch korrigiert werden wird.

Kann man die Methode auch auf die Sozialwissenschaften anwenden?

Eine interessante Frage ist, ob die Cozitationsanalyse auch die Historiographie der Sozial- und Geisteswissenschaften bereichern könnte. Es gibt einige Besonderheiten des Zitierens in diesen Wissenschaften, die zuweilen als Argumente für eine Verneinung dieser Frage genannt werden, insbesondere
1) ein hoher Anteil an Monographien,
2) das relativ hohe Alter vieler zitierter Quellen, und
3) ein relativ hoher Anteil an negativen Zitationen.

Von diesen drei Einwänden ist der zweite am leichtesten zu entkräften. Das Erscheinungsjahr ist für eine publikationszentrierte Cozitationsanalyse nicht relevant. Es vergrößert allerdings die Komplexität der autorgestützten, institutionellen Analyse, wenn Autoren auftauchen, die bereits vor Jahrzehnten oder, wie in der Philosophie nicht selten, bereits seit Jahrhunderten tot sind. Dem dritten Einwand kann man durch Modifikation des Verfahrens begegnen. Mit Hilfe der Zitationskontextanalyse lässt sich die Wertigkeit des jeweiligen Zitats selbst als Informationsquelle erschließen. Da das Verfahren indes mehr Zeit erfordert als das übliche, ist zu

Klaus Fischer

überlegen, ob das Aufwand-Ertrag-Verhältnis gewahrt bleibt. Schließlich belegen auch negative Zitationen die Bedeutung eines Autors oder einer Arbeit. Unwichtiges kann man ignorieren. Schwieriger zu beantworten ist der erste Einwand. Ein hoher Anteil an Monographien bedeutet eine inflationäre Aufblähung von Zitationspaaren ohne symbolische Bedeutung. Monographien haben zuweilen eine sehr komplexe Struktur und man kann nicht erwarten, dass die Kombination einer im ersten und einer im siebten Kapitel genannten Quelle eine implizite Bedeutung hat. Wenn man das Verfahren nicht schematisch anwenden will – in der Hoffnung, dass bedeutungslose Kombinationen am Ende wieder herausfallen, kann man sich darauf beschränken, Zitationspaare nur innerhalb einzelner geschlossener Einheiten von Monographien, also innerhalb von Abschnitten, Kapiteln oder Paragraphen zu bilden. Was der Autor als thematische Untereinheit seines Buches intendierte, wäre im Einzelfall zu entscheiden. Dieses Problem verlangt eine pragmatische Lösung. Die Hypothese, dass die kapitelübergreifenden Kombinationen von Zitaten nur Grundrauschen darstellen, kann man dadurch testen, dass man die Ergebnisse einer Analyse mit reduzierten Daten mit den Ergebnissen einer vollständigen Paarbildungsprozedur vergleicht. Andere Lösungen erscheinen denkbar. Welche von ihnen die besten Ergebnisse erzielt, bleibt zu erkunden.

Anmerkungen

1   Dies war der Titel eines von mehreren Forschungsprojekten, die ab 1985 von Herbert A. Strauss am Zentrum für Antisemitismusforschung der TU Berlin geleitet und von der Stiftung Volkswagenwerk finanziert wurden.
2   Nach dem Fremdwörterduden: „nach der Buchstabenfolge geordnetes Verzeichnis aller einem bestimmten Lebenskreis angehörenden Personen mit Quellenangaben".
3   Damit ist im übrigen bereits der erste gravierende Einwand gegen diese Vorgehensweise genannt: die Lückenhaftigkeit der individuenbezogenen Quellen.
4   Bücher und Überblicksartikel wurden ausgesondert, weil es keinen Sinn macht, für Hunderte von zitierten Arbeiten Tausende von Paarbildungen zu berechnen. Diesen Paarungen entsprechen keine wahrgenommenen Beziehungen innerhalb des kognitiven Systems des Verfassers.
5   Darunter befindet sich auch ein Migrant, nämlich Rudolf Ladenburg, der bereits vor 1933 in die USA ausgewandert ist. Die Differenzierung zwischen Migranten und Emigranten ist im Falle jüdischer Physiker, die nach 1933 vermutlich ohnehin das Land verlassen hätten, kaum möglich. Die Schwierigkeit der Einordnung von Migranten wird in Tabelle 1 sichtbar, in der der genannte Physiker Ladenburg nicht als

Emigrant gezählt wurde. Wir haben darauf verzichtet, die Tabellen jeweils unseren veränderten Interpretationen anzupassen.

6   Es ist wichtig zu sehen, dass die von späteren Wissenschaftshistorikern oder Wissenschaftlern gefällten Urteile davon in positiver oder negativer Richtung abweichen können. Die Bewertung beruht in beiden Fällen auf dem Konsens der Fachgemeinschaft, aber man kann vermuten, dass die späteren Urteile mit dem Wissen der Nachwelt gefällt und somit zuverlässiger als aktuellen Urteile sind. In der Tat kann man zeigen, dass die Wissenschaft in ihrer Zeit oft ungerecht in der Beurteilung derjenigen ist, die in späteren Lehrbüchern als Pioniere herausgestellt werden, die die akzeptierten Konventionen verworfen und neue Wege gegangen sind. Auch zur Aufhellung solcher Verschiebungen kann die Zitations- und Cozitationsanalyse weiterhelfen, indem sie zeigt, wie sich die Zitationsraten im Zeitablauf verändern. Vgl. dazu: J. Vlachy 1985, S. 505–528.

7   Auch bei anerkanntermaßen existierenden Spezialgebieten gibt es im Zeitablauf Veränderungen von Zitationsdichte, Zitationsvolumen und anderer Parameter. Diese Veränderungen scheinen auf eine prognostizierbare Weise mit den kuhnschen paradigmatischen Phasen der Wissenschaftsentwicklung zusammenzuhängen. Dies dürfte eine nicht uninteressante Beobachtung sein, die man für künftige Untersuchungen nutzen könnte. Es lassen sich damit interessante Fragen der Wissenschaftsgeschichte klären, zum Beispiel, wann ein Spezialgebiet (ein Paradigma) in seiner Aufschwungphase war, wann es eher gemächlich dahindümpelte und wann es in einer degenerativen Phase oder einer Krise steckte (vgl. dazu Fischer 1992, S. 51–96).

8   Dies bedeutet, dass die gewählten Stichproben zeitlich zu weit auseinander lagen, um als Basis einer vollständigen Geschichte des Fachs dienen zu können. Die Lehre daraus ist, dass die Feinheit des zitationsanalytischen Rasters an die Dynamik der Disziplinentwicklung anzupassen ist. Phasen langsamer Entwicklung lassen sich auch mit einem grobem Raster einfangen, während Phasen mit großer Dynamik möglicherweise einer lückenlosen Erfassung bedürfen.

9   Einen Überblick dazu findet man in: Fischer 1991, S. 105–136.

Bibliographie

Robert T. Beyer (ed.) (1949) Selected Papers in Foundations of Nuclear Physics, New York: Dover.

Fischer, Klaus (1991) „Wissenschaftsemigration und Molekulargenetik: Soziale und kognitive Interferenzen im Entstehungsprozeß einer neuen Disziplin", in: H. A. Strauss u. a. (Hrsg.), Die Emigration der Wissenschaften nach 1933 – Disziplingeschichtliche Studien, K. G. Saur.

– (1992) „The Social and Cognitive Dynamics of Paradigmatic Change", in: Science in Context 5.

– (1993) Changing Landscapes of Nuclear Physics, Berlin – Heidelberg – New York: Springer.

Kaplan, N. (1965) „The Norms of Citation Behavior: Prolegomena to the Footnote", in: American Documentation 16.

Kessler, M. M. (1963) Bibliographic Coupling between Scientific Papers, in: American Documentation 14.

Maier-Leibnitz, H. (1985) Das Ansehen der deutschen Forschung: Fünfzig Jahre Physik, unveröffentlichtes Ms. vom 29. 5. 1985.

Merton, Robert K. (1979) „Foreword" to: E. Garfield, Citation Indexing – Its Theory and Application in Science, Technology, and Humanities, New York etc.

Small, H. G. (1974) „Multiple Citation Patterns in Scientific Literature: the Circle and Hill Models", in: Information Storage and Retrieval 10.

– (1978) „Cited Documents as Concept Symbols", in: Social Studies of Science, 8.

Stent, Gunther (1969) The Coming of the Golden Age, Garden City.

– (1968) „That Was the Molecular Biology That Was", in: Science, Vol. 160.

Sullivan, Daniel et al., „Co-Citation of Science: An Evaluation", in: Social Studies of Science, 7.

Vlachy, J. (1985) „Citation Histories of Scientific Publications. The Data Sources", in: Scientometrics, Vol. 7.

Weiner, Charles & Elspeth Hart (eds) (1972) Exploring the History of Nuclear Physics, N. Y.

Zunde, P. (1971) „Structural Models of Complex Information Sources", in: Information Storage and Retrieval 7.

3. Fallstudien

Heine Andersen

Political Attitudes and Cognitive Convictions Among Danish Social Researchers

Historically, all social sciences have revealed obvious political and moral engagement, based on basic assumptions about individual, society and their mutual relationship. A recurring topic throughout the history of social science has therefore been the interrelationship between science, ideology and politics. Social science was first institutionalized in the late 19th Century, beginning with a project on scientification (cf. Ross 1991). Following David Hume's "gulf doctrine", W. G. E. Moore's analysis of the naturalistic fallacy, and Max Weber's demand for value freedom, the social sciences wanted to become value free and neutral regarding any political or moral positions, just like the hard sciences. Any footprints left in scientific results and theories from political and moral viewpoints were considered signs of error, which should be eliminated by strict observance of methodological rules for testing and intersubjective control.

In this paper, I will present results from a survey of 788 Danish researchers. This should provide an empirical basis for testing certain hypotheses concerning the relationship between researchers' political attitudes and their cognitive convictions.

Approaches used in earlier studies of ideology in social science – problems and limitations

I have, in fact, been unable to find any previous attempts to study this subject utilizing survey methodology, in spite of over a century of extensive and intensive debate on social scientific knowledge in philosophy, methodology and sociology. Karl Mannheim (1968, p. 150; Merton 1968, p. 550) expressed the common point of view that the social sciences are influenced to a higher degree by ideologies and class interests than are the hard sciences. His idea of a *"Freischwebende Intelligentsia"* was unfortunately not based on any elaborate theory of intellectual class position, or on specific mechanisms that could possibly help detach social science from ideologies and class interests. Neither did he identify internal differences and conflicts in social science disciplines. The same shortage is apparent in Gunnar Myrdal's critical writings, beginning in the early 1930s, on bias in social research caused by the white middle class values of researchers (cf. Myrdal 1944, appendix 2; Myrdal 1970).

In sociology of science, since WW II and through the 1970s, interest in the cognitive content in science has declined, and studies have concentrated almost exclusively on the hard sciences (cf. Zuckerman 1988; Restivo 1994). The current revival of SSK, following in the wake of the Strong Program and constructivism, indicates that attempts were made to demonstrate social influence on knowledge, at macro- and micro-levels, and often connected with tacit or declared relativism. However, – rather surprisingly – social science as a subject of study continued to be excluded.

Another branch was the Marxist critique of ideology from the 1960s and 1970s, where the dominant problem perspective was the role social science played in furthering the capitalist mode of production, and in legitimizing bourgeois power relations. Economic, sociological and political theories were criticized and de-masked as bourgeois and conservative. Oddly enough, the explanation of which mechanisms as a rule caused the fulfillment of these functional imperatives was disregarded. At times it was considered a more or less implicit presupposition that the very function mentioned was the explanation (i. e. a – methodologically incomplete – functional explanation).

The most important type of studies, which I shall draw on in the analysis, is a group of studies of historical formation of social science disciplines in different countries, in their political and institutional context (cf. Wagner 1990; Wagner et al. 1991). Their notable contribution shows how the boundaries, structure and analytical perspectives of social science disciplines, seen as discursive formations in a field of actors, are influenced by their links to major societal projects. Similar to this are Scandinavian studies about "mixed economies" and "negotiated economies", where the role of social scientific expertise, particularly economic, is considered significant (cf. Nielsen & Pedersen 1988).

The framework of the analysis

The data in this analysis concern specific co-variations between researchers' party choice in the 1994 Danish parliamentary election, and a number of disciplinary, cognitive convictions. I will briefly present the core concepts and basic assumptions behind the analysis. I begin with three elementary hypotheses, to be elaborated on further below: 1) on the level of discursive formations, there are hermeneutic connections and affinity between political discourses and disciplinary paradigms; 2) at the individual level, there are connections between researchers' political attitudes and their disciplinary convictions, and; 3) there will be a tendency towards homology between the discourse level and the individual level, as expressed in 1) and 2).

The survey data concern hypothesis 2), whereas 1) and 3) are intended to provide the broader framework.

1) Political discourse and disciplinary paradigms

The paradigm concept and its place in social science has been discussed extensively. I use it as defined by Håkan Törnebohm (1974), to grasp systems of (explicit or implicit) basic assumptions and epistemic ideals in scientific disciplines. A paradigm is a super-individual structure of meaning, which is formed and reproduced in disciplinary socialization, teaching and scientific communication. I distinguish between the following components of paradigms: 1) ideals and beliefs about science, such as epistemic goals, methods and criteria in the production and evaluation of scientific results inside the discipline; 2) world view hypotheses, including basic social ontological assumptions about the part of the world studied inside the discipline, and; 3) ideals concerning the extra-scientific significance of knowledge produced inside the discipline, such as significance for society and culture, for practical use, and for enlightenment.

As mentioned above my utilization of the notion of discourse draws upon studies on the institutional framing of discourse fora, linking social scientific disciplines to political arenas as participants in the reflexive observation and diagnosis of society (Wagner & Wittrock 1991, p. 9; pp. 331–355; Nowotny 1991, p. 23). It is meant to be a more flexible and epistemologically neutral alternative to "ideology". Discourse is an ordered and bounded communication process that is structured by a conceptual structure, by institutional enclosure, and by governance of discourse fora. Political discourse defines and links collective cognitive and normative beliefs and commitments, thereby forming collective goals and orientation of action. Discourse is supposed to be shaped through interaction between social classes and interest groups when these articulate interests in societal projects intended to realize goals, interests, values, or forms of life.

"Hermeneutic connections and affinity" is used to indicate a non-causal type of relationship at the level of meaning, like that between Protestant ethics and the spirit of capitalism in Max Weber's analysis. In order to indicate what my hypothesis does, and does not, imply concerning the old epistemological questions in the sociology of scientific knowledge related to ideology in social science, I shall make the following three claims:

a) An analytical distinction between "is" and "ought", between descriptive and normative sentences, is indispensable; it is not possible to conclude one based on the other. The naturalistic fallacy is a fallacy.

b) However, at the pragmatic level, regarding use of language in the formation of beliefs, decisions and will, there is a mutual influence between descriptive and normative statements. Here we do not talk about relations based on formal logic, but those of a pragmatic nature, where concepts and statements are used in communication. I will give two examples.

The first example is non-controversial, I believe. It draws on the separation of ends and means, as well as Max Weber's *Zweckrationalität*, and does not bring up any particular difficulties. Thus, in political discourse certain arguments, based on social scientific research and concerning instrumental efficiency or a lack thereof in certain means, can provide support to or weaken beliefs in goals and values. Goals, which are difficult or impossible to fulfill, are difficult to believe in.

Another type of connection between descriptive and normative elements can be seen in normative connotations associated with many of the concepts that are intended to be purely descriptive in disciplinary discourse (e. g. rationality, efficiency, utility, growth, equilibrium, norm, function, inequality, class, democracy). This is typically not of a formal logical nature, but in principle can be reconstructed as such by specifying normative components as implicit premises.

c) The institutional embeddedness of political discourse fora, such as access to fora, power relations, coalitions, and channels of communication, can influence disciplinary discourse. One example of great importance to links between these fora and social science is simply vocational orientation through education, because education presumably is the most important channel for extramural communication of social scientific knowledge.

One result of this brief explication of the first hypothesis is that connections between descriptive and normative statements do not necessarily derive from bias, ideology or errors in research (as forms of distorted or erroneous consciousness).

2) Connections between political attitudes and disciplinary convictions

This is the level of analysis which the survey data deal with. Political attitudes are typically defined as individual's patterns of beliefs, values and emotions oriented toward the political system and political issues. In the survey, voting behaviour is used as an indicator of political attitude. "Disciplinary convictions" denotes elements in researcher cognitive universes, which they believe to be valid, fruitful or valuable in some sense. Details are given below.

3) A tendency toward homology between discourse level and individual level

This contains the traditional problem of micro and macro. Throughout the history of ideas and social theory, connections between political ideologies and disciplinary cognitive traditions (e. g. as between liberalism and methodological individualism) are evident and stable, extending over generations. Therefore, it would not be convincing to simply explain these connections as psychological phenomena. On the one hand, individual researchers as a rule internalize existing cognitive bodies and become carriers of paradigms. On the other, they are able to reflect on their paradigms, to innovate and modify, thus producing new elements and connections.

Therefore, homology is not postulated in any deterministic meaning. I suppose, however, that a lack of homology would lead to a state of instability, inconsistency and dissonance, invoking intellectual efforts to re-establish coherence. The data from my survey are not sufficient to test this hypothesis, but are included to build a kind of bridge, a device to explain observable connections between researchers' political attitudes and their disciplinary convictions.

Data

Interviews were conducted from November 1995 until April 1996 of a random sample of 788 Danish researchers, 618 from the social sciences, 83 from computer science, and 87 from the natural sciences and medicine, by interviewers from the Danish Institute for Social Research. The interviews were based on a structured questionnaire. The 618 respondents from social sciences came from all universities, business schools and research institutions in Denmark, and the response rate was 90%. With few exceptions, this analysis includes only those respondents from the social sciences.

Three groups of questions are included:
 1. Researcher party choice in the 1994 general election of the Danish parliament.
 2. Researcher education and academic discipline.
 3. Researcher disciplinary convictions. Researchers were asked several questions regarding their agreement or disagreement with a number of statements, representing elements in disciplinary paradigms. Here I include only two components. One is world view hypotheses, such as selected basic assumptions about the subject matter under study, assumptions about individuals and society. The other is epistemic ideals, of which only three elements are included, indicating degree of commitment to certain supposedly well-known epistemic goals in social science.

The analysis will proceed by utilizing standard, elementary statistical techniques, where disciplinary convictions are dependent variables, party choice is the independent variable, and discipline is a control variable. The reason why discipline is introduced as a control variable is the expectation that cognitive beliefs and convictions are fairly homogeneous and restricted in a group of researchers from the same discipline, allowing for less influence from political attitudes when comparing inside individual disciplines. This terminology should not, however, be mistaken for expressions of causal relations. Statistical correlations shall be interpreted as signs of hermeneutic connections of the kind mentioned above.

Researcher disciplinary affiliation

Three criteria from the data can be used to classify individual researchers according to discipline: education; research discipline, according to researcher self-classification, and; research discipline according to the research profile from each department. Regarding research discipline, since all major institutions for social scientific research were included, the following spectrum of research disciplines/fields is represented: economics, law, sociology, political science, anthropology, business administration and interdisciplinary social research. Obviously, researchers from many educational backgrounds were included. Fifteen percent of Danish social science researchers have an educational background from some discipline other than social science, such as engineering or humanities. Regarding research disciplines according to department profiles, Danish social research – as a result of developments taking place mainly since the 1970s – has been characterized by a large proportion of inter- or multi-disciplinary departments. Nearly half the population is in departments of this type, and accordingly, 44% of all researchers in social science in Denmark classify their own research as interdisciplinary or multidisciplinary.

Furthermore, cross tabulations of researchers using these three variables indicate a rather low degree of correspondence. Only 25% of researchers show a match between all three criteria, 32% between research discipline according to researcher self-classification and department-discipline, and 39% between education and self-classification. These data suggest a rather weak disciplinary structure in Danish social science as a result of change from the traditional university model of specialized basic research, i. e. the model named "mode 1" by Gibson et al. (1994, p. 1–10), towards the new "mode 2", transdisciplinary, ad hoc form of organization.

Methodologically, this raises the problem of which criteria to use in order to classify researchers into disciplines. In the following analysis, determining research discipline according to researcher self-classification has been chosen as we can expect this to provide the strongest indicator of researcher disciplinary identity.

Research discipline and voting preference

To provide an introductory overview of researcher political profiles, Table 1 shows researcher party choices in the 1994 election. Eight parties won seats in Parliament, listed separately in the table, ranked from left to right. Researchers from computer science, the natural sciences and medicine are included in this table.

Table 1:
Researcher party choice at the general election 1994. Compared to all voters

Party	Social sciences	Computer science	Field Natural science/ medicine	All researchers	All voters
Unitary List	6%	8%	0%	6%	3%
Socialist People's Party	24%	20%	13%	23%	6%
Social Democrats	18%	16%	24%	18%	29%
Radical Left	14%	17%	14%	15%	4%
Centre Democrats	2%	0%	5%	2%	2%
Liberal	13%	12%	19%	13%	20%
Conservative	5%	11%	7%	5%	13%
Progress Party	0%	0%	0%	0%	5%
Others	2%	3%	5%	2%	2%
Did not vote	10%	7%	9%	10%	16%
No answer	5%	8%	5%	5%	
N	618	83	86	788	

As can be seen, researchers are much more inclined to support the left wing than voters in general (29% voted for one of the parties left of the Social Democrats, "Unitary list" and "Socialist People's Party", compared to 9% of all voters). This is in accordance with a general trend (also found in other countries) among the better-educated, particularly since 1968, and is strongest among 40–49 years old (in which respect the population of researchers does not differ from other highly-educated voters). One additional party receives much stronger support from researchers than from the electorate at large, namely the small centre "Radical Left", a Danish political party with strong historical ties to social liberal intellectual radicalism (15% of researchers versus 4% of the total electorate). All other parties, especially the right wing, are under-represented in terms of researcher support. Researchers from the social sciences and computer science are more inclined toward left wing parties than those from the natural sciences and medicine.

Whereas the view here is of moderate variance between research fields, differences become dramatically more evident once the social sciences are broken down into individual disciplines, as shown in Table 2. In this table, parties are grouped according to a left-right dimension.[1]

Table 2:
Social science researcher party choice at the general election 1994. Compared to all voters

	Discipline							
	Bus. Adm.	Law	Economics	Pol. science	Sociology	Inter- disc.	Other disc.	All resear.	All voters
Left wing parties	6%	17%	18%	35%	46%	41%	48%	31%	9%
Social Democrats	14%	21%	18%	16%	32%	17%	8%	18%	29%
Centre parties	23%	19%	25%	26%	8%	12%	8%	17%	8%
Right wing parties	40%	31%	25%	7%	3%	9%	10%	17%	39%
Others/did not vote	8%	5%	8%	11%	7%	17%	22%	12%	16%
No answer	10%	8%	6%	5%	5%	3%	4%	5%	
N	87	58	95	33	44	272	29	618	

My guess is that these differences between disciplines roughly correspond with the folklore about social science disciplines in most countries – sociologists are more red, whereas business academics are more conservative. The proportion of left-wing voters in sociology is eight times that of business administration, although even in business administration the proportion voting right barely equals that of the total population.

Comparable survey data from other countries are difficult to find, unfortunately. As a matter of fact, I have only seen surveys from the USA, which show similar differences between disciplines (Hamilton & Hargens 1993, p. 624). Presumably, these tendencies are generalizable, at least in industrialized countries, and thus indicate one possible factor explaining disagreements between members of different social science disciplines.

It is not the purpose of this paper to explain these big differences, but one fundamental and important factor to consider probably is variations in the vocational orientation of the disciplines, and the strength of such orientation (the private business sector, as opposed to those working in public administration; degree of elitist orientation). Also, the type and strength of links to institutionalized societal discourse fora are likely to influence political inclinations within disciplines.

Party choice, discipline and convictions about actors and society

All disciplines contain basic assumptions about individual actors or agents, and about macro-structures in general society. Obviously there are rather persistent differences between disciplines. Individualism and belief in rationality among economists, as opposed to holism and belief in collective institutions among sociologists, are historically well-known contrasting theory positions.

Historical links between these kinds of social ontological assumptions and political, moral ideas are widely recognized. Individualism is linked to liberalism, and collectivism to conservatism or socialism. Belief in rationality and utility as moral values grew from enlightenment and criticism of traditions, while emphasis on norms and social order were linked to values of respect towards traditions, customs, community and the untouchable sacred order.

Obviously, it is open to discussion as to what degree these types of historical links still have influence and vitality in modern disciplinary paradigms and political discourse. As a rule, topics like individualism, collectivism, rationality and norms are discussed as purely methodological or theoretical problems, cleansed of normative significance. So, scientific texts ordinarily do not reveal associations with normative or political attitudes.

The data offer some opportunities for exploring this. Researchers' convictions about social ontological assumptions were detected by the use of two questions, where respondents were asked to take a position on a number of statements, mentioned below. The intent of these statements was to expose common, basic assumptions which can be found in elementary texts, such as introductory social science textbooks. The wording used was common, everyday language, intended to be as free as possible of discipline specific terminology. The formulations of the two questions were:

Question 67
In social science, different basic assumptions about human beings are found. I will now read certain statements, which very briefly represent such perceptions, and I will ask you to state how much you agree or disagree with each. Use a scale from 7 (absolutely agree) to 1 (absolutely disagree).
67a. Human action is primarily based on rational self-interest
67b. Human action can be steered by legislation and formal rules
67c. Human action is primarily based on learned norms and roles
67d. Human action is primarily based on emotions
67e. Human action is primarily based on personal morality

Question 68
In social science, different basic assumptions are also found about how to understand society as a whole. I will now read certain statements which very briefly represent such perceptions, and I ask that you state how much you agree or disagree with each. Use a scale from 7 (absolutely agree) to 1 (absolutely disagree).
68a. Society as a whole can best be understood from properties of individuals
68b. Economic factors are most important for societal development
68c. Politicians steer societal development
68d. Society is integrated by common values and morality
68e. Societal development is determined by class contradictions
68 f. It makes no sense to try to understand society as a whole

The questions thus explicitly asked about *disciplinary basic assumptions in social science*, and the context of the interviews were purely disciplinary. Comparisons between disciplines in most cases exhibited anticipated differences, but they often also demonstrated considerable disagreement.

Very pronounced were differences when researchers were distributed by party choice, cf. Table 3.

Table 3:
Party choice and mean-scores in agreement to eleven statements on human action and society (7: absolutely agree. 1: absolutely disagree)

	Party choice				
	Left wing	Soc. Dem.	Centre	Right wing	All
67a Rational self-interest	3,1	4,2	4,5	4,9	4,0*
67b Legislation and rules	3,5	4,0	3,9	4,5	3,9*
67c Learned norms and roles	5,0	4,9	5,0	4,6	4,9*
67d Emotions	4,2	4,1	4,1	4,1	4,1
67e Personal morality	4,3	4,1	4,1	4,2	4,2
68a From individuals	2,8	3,5	4,0	3,9	3,4*
68b Economy most important	4,0	4,3	4,5	4,7	4,3*
68c Politicians decide	2,6	3,1	3,1	3,3	2,9*
68d Common values and morality	4,8	5,0	5,0	4,8	4,9
68e Class contradictions	4,6	3,8	3,3	2,8	3,8*
68f Makes no sense	2,4	2,4	2,5	2,5	2,4
N	184–88	104–06	100–02	105–07	495–503

*: significant differences between two or more groups (p < 0,5) (ANOVA)
Omitted: no answer/did not vote (party choice)

The most popular assumptions from the entire group of researchers taken together, are the two most prominent in sociology: 67c "learned norms and roles" and 68d "common values and morality". As can be seen, differences conditioned by party choice are significant in 7 of the 11 items. Most pronounced are differences concerning 67a "rational self-interest", 68a "from individuals", and 68e "class contradictions".

The four statements, which seem to be politically neutral, are those about emotions, personal morality, common values and morality, and "makes no sense." Concerning the statement 67c about norms and roles, only right wing voters diverge from other groups, demonstrating less trust in this statement. In the remaining cases, the co-variation between party choice and disciplinary conviction appears as nearly linear, according to the political left-right scale.

I believe these results are in agreement with common intuition. The assumption about rationality and self-interest is historically linked strongly to liberalism and trust in capitalist market economies, and has because of that been very much disputed. Although the assumption about individualism since the days of Max Weber and Joseph Schumpeter (the person who coined the phrase "methodological individualism", explicitly to distinguish this meaning from the normative or political) is presented as a neutral methodological principle, it nevertheless still contains normative connotations, and often has been disputed from hidden political ideological premises (Lukes 1973). In the case of class contradictions, the political loading of course is obvious. The lower right wing support of the assumption about "learned norms and roles" is the only one which is somewhat counter-intuitive, taking the conservative image of functionalist norm sociology and the "over socialized concept of human action" into consideration. Lower right wing support is probably due to resistance against the picture of man as a shapeable product of social environment, which is part of this assumption. These results suggest a conclusion that disagreements between the social sciences on basic social ontological subjects are to some degree conditioned by political attitudes.

Political disagreement and discipline

One could suppose that the demonstrated differences between political groups were mainly due to differences between disciplines, combined with the different political inclinations of the latter, and that disagreements inside disciplines were consequently more politically detached. This would still be important for understanding the background of disagreements between researchers from different disciplines, but in order to explore in greater depth the strength of the co-variation between political attitude and disciplinary conviction, I will utilize a two-way analysis of variance to identify the significance of each variable, political attitude and discipline.[2] For this analysis, I have only selected the three items indicating the strongest political loading: 67a "rational self-interest", 68a "from individuals" and 68e "class contradictions".

In no case has a significant interaction effect been found between party choice and research discipline, which means that a model with only the main effects of the two independent variables, political party and research discipline, is sufficient. Table 4 shows results from these analyses: The means for political groups; the marginal means estimated from a model, including main effects of political party and discipline, and; multiple comparisons between political groups.

Table 4:
Two-way ANOVA analyses with party choice and discipline as independents, model with only main effects. Dependent variables: Agreement in three statements on human action and society. Means, estimated marginal means and multiple comparisons

Dependent variable /party choice	Simple mean	Estimated marginal mean	Multiple pairwise comparisons Significant differences		
			Soc. Dem.	Centre	Right
67a Rational self-interest					
Left	3.1	3.4	.00l	.001	.001
Social Dem.	4.2	4.2		–	.05
Centre	4.5	4.4			–
Right	4.9	4.7			
				R squared: .225	
68a From individuals					
Left	2.8	3.0	.05	.001	.001
Social Dem.	3.5	3.5		–	–
Centre	4.0	3.9			–
Right	3.9	3.7			
				R squared: .134	
68e Class contradictions					
Left	4.6	4.6	.001	.001	.01
Social Dem.	3.8	3.8		–	.001
Centre	3.4	3.4			.01
Right	2.8	2.9			
				R squared: .217	

As can be seen, even when controlled for research discipline, several differences remain between political groups. The distances are somewhat reduced, as can be seen by comparing original means with estimated marginal means, but not very much. Furthermore, these detailed analyses show that particularly those researchers with left wing attitudes are distinguishable from the other groups which have the largest differences between each other. No significant differences between Social Democrats and Centre Parties were observed, and only in one case, concerning "class contradictions", does a significant difference between Centre and Right wing parties come up. So, the conclusion that disagreements on substantial social ontological subjects are to some degree conditioned by political attitudes still can be maintained.

Political party, discipline and epistemic ideals

Unlike beliefs about man and society, ideas concerning the nature and epistemological principles of science do not reveal persistent links to political ideologies. Philosophical traditions important to social science, like empiricism, rationalism, hermeneutics, pragmatics, and language philosophy have occurred in varying styles with different, more or less pronounced political leanings. Exceptions of course are Marxism and critical theory. (Concerning Marxism, however, it is doubtful whether it expresses any single, distinct set of epistemic ideals.) Empiricist science, for example, has been claimed to serve emancipation and enlightenment, as well as radical movements for social reforms and welfare. However, since the critique of positivism over the past decades, this tradition has earned a more conservative reputation. Different branches of hermeneutics have differed concerning adherence to tradition, versus thereof.

The predominant trend in social science during the past few decades, however, has obviously been to ascribe the empirical analytical positions and ideals from the "hard" natural sciences with a stigma of right-wing conservatism, and to associate the "soft" ideals from the humanities and hermeneutics with the left. As far as I know, no exhaustive historical analysis of these connections exists, but this question is addressed in a very polemic fashion in the book *Higher Superstition* (Gross and Levitt 1994). In their "crusade against muddle-headedness", the authors use the phrase "the academic left" to label a rather heterogeneous group of trends, which has one thing in common, that being rejection or criticism of the objectivist, rationalist and universal ideals that dominate modern natural science. They are careful not to equate "academic left" with "political left", but obviously believe there is some overlap. The present data offer an opportunity to verify this assumption.

The survey included a number of questions relevant to this complex theme, but here I will select only one, which deals with epistemic goals – what type of knowledge or insight researchers assign the greatest importance. The wording of the question was:

Question 69
Regarding basic epistemic purposes, different assumptions are also found. How important do you judge the following purposes to be in your own research. (7: very important.1: no importance)
69c. Prediction of future states or events
69e. In-depth understanding of culture and symbols
69j. Critical analyses of society

Only these three items – out of a list of eleven – will be used. Number 69c, "prediction of future states or events", is meant to express inclination to nomothetic ideals, typical in empirical analytical traditions. Agreement regarding 69e, "in-depth understanding of culture and symbols", is taken as an indicator of commitment to some kind of humanist or hermeneutic ideal. Agreement with 69j, "critical analyses of society", is used as an indicator of leaning for the purpose of critical theory in a broad sense, or Marxism. The disciplines of course differ in their assessment of this importance – economics and business administration being most oriented toward natural science ideals, sociology and political science least so. Co-variations between researchers' party choice and their rating of the three purposes are shown in Table 5.

Table 5:
Party choice and mean-scores in rating of importance of 3 epistemic goals (7: very important. 1: no importance)

	Party choice				
	Left wing	Soc. Dem.	Centre	Right wing	All
c. Prediction of future ...	3,9	4,4	4,5	4,7	4,3*
e. In-depth understanding ...	5,0	4,1	4,3	3,5	4,3*
j. Critical analyses ...	5,8	5,1	5,0	4,1	5,1*
N	187–88	107–08	100–03	103–06	498–504

*: significant differences between two or more groups (p < .01) (ANOVA)
Omitted: no answer/did not vote (party choice)

To begin with, the overall ranking of the three purposes should be observed. As it turns out, the one exhibiting the largest support is number 69j, "critical analyses", but the rankings do diverge between political groups. These elements of researcher paradigms display manifest co-variations with political attitudes. Obviously, purpose 69c, "prediction", reveals much less support among researchers with left wing political attitudes than among the other three political groups, who notably do not differ from each other. By contrast 69e, "in-depth understanding of culture and symbols", and 69j, "critical analyses", both receive decreasing support as we move from the left to the right. So there seems to be no doubt that disagreements among researchers in social science, regarding these types of basic ideals about goals in scien-

Table 6:
Two-way ANOVA analyses with party choice and discipline as independents, model with only main effects. Dependent variables: Rating of importance of three cognitive purposes. Means, estimated marginal means and multiple comparisons

Dependent variable /party choice	Simple mean	Estimated marginal mean	Multiple pairwise comparisons Significant differences		
			Soc.Dem.	Centre	Right
Prediction of future ...					
Left	3.9	3.8	–	.05	.01
Social Dem.	4.4	4.2		–	–
Centre	4.5	4.2			–
Right	4.7	4.4			
			R squared: .+97		
In-depth understanding ...					
Left	5.0	4.7	.01	–	.001
Social Dem.	4.1	4.0		–	–
Centre	4.3	4.5			.01
Right	3.5	3.8			
			R squared: .182		
Critical analyses ...					
Left	5.8	5.7	.01	.05	.001
Social Dem.	5.1	5.0		–	.05
Centre	5.0	5.1			.01
Right	4.1	4.5			
			R squared: .191		

tific research, are in fact partially conditioned by political attitudes. Several of these differences persist when research discipline is introduced as a control variable in a two-way analysis of variance, although the picture in one case becomes less clear, cf. Table 6.

The results show that only the group with left wing political attitudes diverges from the other groups concerning the first, nomothetic ideal. As an indicator, this could plausibly be taken to mean there exists a political element in the opposition against the traditional positivist ideal. Concerning the second one, "in-depth understanding of culture and symbols", the left wing also diverges, but regarding rating this ideal, so typical of the "soft" humanities, the co-variation between political attitude and rating in fact seems to take a curvilinear form with the centre group closer to the left wing parties, and Social Democrats closer to the right. A more detailed inspection unveils that, in this case, more variation can be explained by differences between disciplines than by political attitudes, and that interaction effects between discipline and party choice are larger. The greatest differences are found in ratings of the third selected item, "critical analyses of society", where all paired-off comparisons, except that between Social Democrats and Centre parties, demonstrate significant differences.

Discussion

The results demonstrate connections in social science disciplines between researcher basic disciplinary convictions and their political attitudes. The conclusion draws support already from the pronounced differences between disciplines concerning party choice. Further, and more specifically, elements in disciplinary paradigms in the form of basic assumptions about human action and society, and about epistemic ideals, clearly indicate a link with political attitudes. In several cases, these differences continue to persist when research discipline is introduced as a control variable, which means that even the narrower and more restricted cognitive limits of single disciplines still leave room for political disagreements that involve political attitudes. Social scientific and political discourses do overlap and influence each other.

The results deal with researchers' convictions and attitudes. My interpretation, as explained in section 3, is that these connections at the individual level to some degree are caused by corresponding affinities and overlaps at the superindividual level, between disciplinary paradigms and political discourses. It can be the result of socialization or selection, or both. If, and to what degree such a correspondence in fact comes up of course will be influenced by many social and psychological factors and mechanisms. But regarding the topics in this analyses, the tendencies in all cases seem to be in accordance with the interpretation. Several social and methodological norms and devices exist, however, which can function to cover links between social science and political attitudes and thus block for their recognition. Meaning of elements in paradigms can take many varieties, depending context and other things, with diverging ideological leanings. So we should not expect complete correspondence.

In order to prevent misinterpretation, let me add two general statements. First, this conclusion by itself does not imply anything like epistemological relativism or claims of a social constructivist brand (e. g. that social scientific knowledge is nothing but social constructions expressing political power relations). Affinities or connections between certain cognitive convictions and political beliefs or attitudes of course do not imply anything concerning the truth values of the cognitive convictions in question.

Second, neither should this conclusion be taken as a sign of errors or deficiencies in social science. Since results from the double hermeneutic social scientific concepts and beliefs are necessarily embedded in everyday language and life worlds, and since they are necessarily fed back into everyday discourse, we cannot and should not try to avoid these connections. Of course, this is sometimes used as an argument for relativism, such as in the tradition of the late Wittgenstein, but this is not a necessary implication.

Notes

1 "Left Wing" = Unitary List + Socialist People's Party. "Centre" = Radical Left + Centre Democrats. "Right Wing" = Liberals + Conservative.
2 The analyses are carried out in SPSS, version 7.5.1, general linear models, general factorial.

References

Borre, Ole & Jørgen Goul Andersen 1997: *Voting and Political Attitudes in Denmark*. Aarhus: Aarhus University Press.

Gibson, Michael; Camille Limoges, Helga Nowotny, Simon Schwartzman; Peter Scott & Martin Trow 1994: *The New Production of Knowledge*. London: Sage.

Gross, Paul R. & Norman Levitt 1994: *Higher Superstition. The Academic Left and Its Quarrels with Science.* Baltimore: John Hopkins University Press.

Hamilton, Richard F. & Lowell L. Hargens 1993: The Politics of Professors: Self-Identifications 1969-1984. *Social Forces* vol. 71 (3): 603-627.

Hume, David 1990: *A Treatise on Human Nature.* Oxford: Clarendon Press.

Lipset, Seymour Martin 1994: The State of American Sociology. *Sociological Forum,* vol. 9, no. 2 : 199-220.

Lukes, Steven 1973: *Individualism.* Oxford: Basil Blackwell.

Mannheim, Karl 1968: *Ideology and Utopia.* London: Routledge & Kegan Paul.

Merton, Robert K. 1968: Karl Mannheim and the Sociology of Knowledge. In *Social theory and Social Structure.* New York: The Free Press.

Moore, George E. 1971: *Principia Ethica.* Cambridge: Cambridge University Press.

Myrdal, Gunnar 1944: *An American Dilemma: the Negro Problem and Modern Democracy.* New York: Harper & Row.

Myrdal, Gunnar 1970: *Objectivity in Social Research.* London: Gerald Duckworth.

Nielsen, Klaus & Ove K. Pedersen 1988: The Negotiated Economy: Ideal and History. *Scandinavian Political Studies,* vol. 11, no 2: 79-101.

Nowotny, Helga 1991: Knowledge for Certainty: Poverty, Welfare Institutions and the Institutionalization of Social Science. In: Peter Wagner et al. (eds.): *Discourses on Society. The Shaping of The Social Science Disciplines.* Dordrecht: Kluwer Academic Publishers.

Restivo, Sal 1994: The Theory Landscape. I Sheila Jasanoff (ed.): *Handbook of Science and Technology Studies.* Thousand Oaks: Sage.

Ross, Dorothy 1991: *The Origins of American Social Science.* Cambridge: Cambridge University Press.

Törnebohm, Håkan 1974: *Paradigm i vetenskapernas värld och i vetenskapsteorin.* Göteborg: Göteborgs Universitet.

Wagner, Peter 199n0: *Sozialwissenschaften und Staat – Frankreich, Italien, Deutschland 1870-1980.* Frankfurt a. M.: Campus Verlag.

Wagner, Peter; Björn Wittrock & Richard Whitley (eds.) 1991: *Discourses on Society. The Shaping of the Social Science Disciplines.* Dordrecht: Kluwer Academic Publishers.

Wagner, Peter & Björn Wittrock 1991: States, Institutions and Discourses: A Comparative Perspective on the Structuration of the Social Sciences. In: Peter Wagner et al. (eds.): *Discourses on Society. The Shaping of the Social Science Disciplines.* Dordrecht: Kluwer Academic Publishers.

Zuckerman, Harriet 1988: The Sociology of Science. In N. Smelser (ed.): *Handbook of Sociology.* Newbury Park: Sage.

Charles Crothers

Austrian Sociology: A Case Study in the Sociology of the Production of Social Knowledge

In reviews of the 'state of sociology' in particular countries, commentators often seem able to confidently attribute distinctive features to that country's sociological work. Examples are the national commentaries in international collections such as Nedelmann and Sztompka (1993) or Mohan and Wilke (1994). Sometimes, a 'national style' of sociology is claimed: in terms of particular subject-matters which are specialised in, or particular theoretical and/or methodological approaches which are widespreadly adopted in that country. In turn, such claimed characteristics of the national sociological literature are rather too readily attributed to various features of the host society.

On the other hand, it is also clear that the sociology located in any particular country is to a large extent but a constituent part a globalised enterprise operating on a world-system scale, with internationally recognised leaders. Fashions often quickly sweep through the international discipline, but as well there are more enduring internationally shared problematics and collective histories which frame the ongoing sociological research within any particular country. Indeed, it may well be that the pressures of internationalisation have so fundamentally penetrated national boundaries that little boundary-maintenance and coherence remain at a national level, and that, rather, individual sociologists and the units they inhabit may be totally submerged within a common global pool. Clearly, the uniqueness of any national sociological tradition are likely to be relative.

However, such speculation and 'ad hoc' retro-fitting of presumptive evidence is surely not a sufficiently systematic approach to the sociology of knowledge. This paper attempts to empirically delineate the degree to which "Austrian sociology" has reproduced broader patterns of world sociology, as opposed to the extent to which it retains significant national uniqueness. It also seeks to relate this national sociological output to characteristics of Austrian society. This empirical delineation is based on hard evidence provided by *Sociological Abstracts*, which lists almost all of the world sociological periodical literature over the last two and a half decades (see appendix for a methodological account). Although this data-source and the analysis I endeavour to build on it have many limitations, it provides a basis for a preliminary empirical assessment, and a foundation for more detailed further work.

The Social Production of Social Knowledge: a framework

The first task of this article is to sketch out a framework within which the national production of social knowledge can be understood. The sources of international direction and shaping of sociology are much as those which pertain in any science or other scholarly discipline. At any particular period there are particular 'sociological problems' which are at the centre of attention and a particular range of theories and methods which are favoured for tackling these problems. In addition, appropriate infrastructure (e. g. research laboratories, survey research centers) may need to be built up in order for the international standards of scientific work to pertain in that country. All countries participate in word-wide science, although many of the scientists in some smaller or more peripheral countries may play a specialist 'niche' or broadly subordinate role. This international context means that there is often a widespread circulation and migrating of scientists and that international standards for the judgement of scientific work are paramount. Much of the impetus for this internationalism emanates from within science itself, since 'universalism' (cf. Merton) is one of its paramount cultural beliefs. However, there are also some internationally organised interests which press for the maintenance of a global scale of operation: such as international institutions associated such as UNESCO, or many multinational companies who wish to exploit the data-bases yielded by the sciences on a global scale.

Such international forces shaping the social sciences and humanities are also significant. Styles and themes often radiate out from the centres of artistic and humanistic excellence and attention. However, this spread is to a greater extent restrained by the exigencies of particular cultural values and language. Indeed, the contours of particular cultures are the sites from which local and regional cultures can be nurtured and developed. So, the social sciences are more of an intermediate case.

On the other hand, scientific and other cultural work is often pressed into the service of the state, and of the entrepreneurial community, in any particular country. Scientific work is used to underwrite governmental policies and is enlisted in the drive for capitalist profit. Major portions of the scientific estate are expensively embedded in either the nation's higher education institutions or in governmental scientific organisations. Although most states are prepared to support this work with a degree of altruism, they also (and increasingly in this period of an increasingly hegemonic neo-liberal political ideology) expect to reap direct advantages from their investment. Capitalism (or for that matter state-owned enterprises) is very direct in requiring its information needs to be met. The social sciences differ in the extent to which they are supported by states (or capitalists), and in the extent to which they are pressed into state (or entrepreneurial) service. However, they certainly are not immune from the state and business influences which afflict science more generally. The arts and humanities also both benefit and suffer in similar ways from state or commercial attention.

Moreover, characteristic of any country or broader region will provide particular opportunities and constraints for the pursuit of sociology within it. To the extent that a country's natural, cultural and social features are unique, any 'field science' or humanities subject will have a natural research-site to document and investigate which accords it an absolute or relative comparative advantage in terms of the international division-of-labour. It may be that particular locales provide subject-matter which international attention can mine as strategic research sites. There is an important methodological corollary to this point: in examining national differences it is important not to fall too easily into the post-hoc trap of finding differences and then 'reading these differences back' into the environing context: it is better to be able to predict possible effects on knowledge-production which are likely to flow from the characteristics of a country, and then to investigate whether or not there is empirical evidence for these.

Any natural differences (in terms of either absolute and relative advantages) can in turn be reinforced (or reduced) by the multiplier effect of national or local traditions. After all, in any particular country, there will be some leaders amongst those training young researchers. In a small country, with only a handful of training establishments, the influence wielded by a few leaders can be immense.

An important point which is sometimes overlooked is that scholars in a country may be interested in their own country, or may have a wider span of attention, and that overseas scholars may be interested in the country, as well as their own. There may be differences between sociology *about* a country (e. g. Austria) and sociology *from* a country (e. g. written by Austrian sociologists): indeed there are three cells of a four-cell table which are relevant. (These alternative points of view are illustrated in the table 1 below.)

The most general cell can be seen as the 'reference cell' (labelled as cell 1 in the diagram) of international science (e. g. of non-Austrian sociologists not studying Austria). Whether or not international science is regarded as a reference-model by those in the national scientific community is an empirical point to be established. To the extent that it is, what happens within this cell (as it were) will effect what is produced in the national sociology. In any case, the international production can be taken as a general reference point in a study such as this.

It is possible that the international production of sociology on a specific country (cell 2) may be relatively invisible to those practitioners living in the country itself, who are likely to be far more aware of the locally produced literature. Sometimes, too, commentators on national sociologies may overlook the contributions made by locals to wider sociologies. Again, the amount and significance of sociological work falling into these other categories needs to be empirically established.

Table 1:
Types of Sociological Knowledge: insider and outsider combinations

Site of Scientific Attention	Site of Production	
	International	National
International	1 Global Sociology	3 Austrian Sociology on non-Austrian Societies
National	2 International Sociology on Austria	4 Austrian Sociology on Austria

The mix of international compared to national level scales of attention can itself vary under certain social conditions. It has been argued that – internationally – sociology has passed through various stages, and that the degree of national uniqueness compared to globally driven content has changed with each passing era. Many European countries developed their own national tradition of proto-sociological writing, often spinning off from local genres of jurisprudence, social philosophy, political commentary and so forth which then became institutionalised in a national sociological tradition. In turn this has tended to be overtaken by international influences, although the direct influence of international influences will wax and wane.

Lines of Explanation in the Sociology of Social Knowledge Production

We now can move on to a more specified version of this general framework. In considering the likely explanations for the particular development of sociology in any country there are several separate questions which need to be identified and alternative views on each propounded.

There are several characteristics of the literature of any regional or national sociology:
- the content coverage of that sociology (especially in terms of the institutional areas of society which are covered);
- the level at which that sociology is pitched (especially the division of labour between micro, meso and macro-sociologies);
- the form of that sociology (especially the division of labour between theoretical, methodological, empirical and other work);
- the thematic content of that sociology (especially in terms of particular theoretical or methodological approaches which are adopted).

The possibilities of testing these different aspects of national sociological cultures is limited by what is available in the data I am using. My general line of argument is that national sociologies differ in terms of field of specialisation and in terms of how these topics are approached.

It should be possible to develop a 'sociology of knowledge' model about the likely importance different societies and/or cultures might accord to particular social institutions (e. g. the welfare state) and therefore (at least as a null hypothesis) what the differential attention structure of the corresponding national sociologies might be. On the other hand, most nations seem likely to have a similar array of institutions, so at most it would be the relative proportions of sociological attention which might differ. One example might be that the proportion of attention devoted to 'industrial', as opposed to 'rural', sociology might vary with level of economic development. Or perhaps, levels of societal complexity may influence attention structure: whereas in rather less developed societies, attention will be particularly concentrated on the few institutions those types of societies are composed of; the sociology of modern societies is 'stretched' across a wide array of institutions. But, given the mediation of any national sociology's 'attention-structure' by what are socially constructed as 'social problems', it would not be possible to 'read off' attention from objective measures of that social structure. And the chances of predicting the portfolio of 'social problems' confronting particular societies seems a trifle remote, since bringing particular social problems to the attention of wider society takes considerable 'moral' entrepreneurship.

There may well be broader 'approaches' which are reflective of the characteristics of particular types of society. For example, one might expect the sociologies of developing societies to have a 'development' inflection. Rather than the topics of study being notably different, it may rather be the way these topics are 'packaged' and presented.

Another possibility is that any national sociology will represent the characteristics of global sociology at the time at which it was 'founded': the 'Stinchcombian' imprinting thesis (an interesting line of interpretation in this mode is developed by Wagner et al. 1991). But again, any attempt to specify the characteristics one might expect is surely wreathed in complexities.

The well-known 'diffusionist' argument is also readily available. Particular national sociologies will be affected by those national sociologies they are influenced by. But this in turn raises questions about why the characteristics of these source sociologies have arisen, and indeed why it is this national sociology which is allowed (chosen) to be influential. In such 'sociological cultures' one would expect particular sociologists to be prominent. For example, are the several inheritances of the three major Founding Fathers of Sociology spread in a similar pattern across nations?

In sum, I have indicated several dimensions along which national sociologies might differ and some of the possible explanatory factors which might shape variation amongst these dimensions. Each national sociology faces the particularities of its societal situation, and relates to these in terms of its particular selectivity of international sociological traditions and preferred approaches.

Characteristics of Austrian Sociology: the literature

There are certain features of Austria's circumstances which might be expected to influence the sociology it attracts. These include its geopolitical situation, small to moderate size, involvement with (and partial resistance to) an overarching Germanic culture and language, and such remnant features as a residual core of the long-standing Austro-Hungarian empire. Broadly, it might be expected that Austrian sociology would share many of the features of European sociology, while also being pulled towards Eastern European interests, but perhaps with less of an international span of attention than some other countries.

There are several treatments of Sociology in Austria. (This is based particularly on the English-language literature pertaining to Austrian sociology.)

Antecedents of Austrian sociology (cf. Wieser 1983) can be traced back to the cameralists of the seventeenth century. Sociological work was variously involved with the Vienna fin-de-siècle intellectual blooming, with the first Austrian contributions to general sociology of international importance were made prior to and around 1900 by Gumplowicz and Ratzenhofer. Environing intellectual developments included socialism generally and Austro-Marxism in particular, psychoanalysis and Vienna circle philosophy. Max Weber's last professorial post was in Austria (cf. Shpakova 1994). It could be argued (cf. Torrance 1976) that important sociological innovation in Austria was stimulated by the ethnic and social class lines of social fission in the Habsburg empire and the development of these into ideological and political conflicts. Knoll et al. (1981: see also Fleck 1990) try to capture the intellectual diversity by outlining eight sociological trends and/or schools of thought in pre WW 2 Austrian intellectual developments: (1) the Vienna school of marginal utility; (2) the neo-romanticism of Othmar Spann; (3) the Catholic Left; (4) legal sociology and legal positivism; (5) Austrian Marxism; (6) the empirical positivism of the "Vienna Circle"; (7) the impact of psychoanalytic thought on sociological theories of socialisation; and (8) the development of empirical research methods, encouraged jointly by Austrian Marxists and the research institute led by Paul F. Lazarsfeld.

The emigration of many significant Austrian sociologists following the Nazi take-over in 1934 (mostly to the US) collapsed this diverse sociological endeavour which never sufficiently recovered (cf. Neurath 1991, 1995). On the other hand US sociology benefited from the innovations of Lazarsfeld and other Austrian sociologists.

Impetus to the post-war recovery of Sociology was given by Catholic intellectuals led by August Maria Knoll at the University of Vienna in the 1950s (cf. Richter 1990). However, recovery was not only slow, but devastatingly limited since few of those who had fled returned (cf. Fleck 1995). The number of universities with sociology departments increased from two in 1960 to fourteen. Rosenmayr ("Experienced History of Sociology in Austria since 1945", in: Langer 1988) postulates that Austria was too much involved in reconstruction to get involved in broader sociological issues, such as the German positivism controversy.

There have been several Austrian sociology chair-holders. Fleck (1994; Fleck and Nowotny 1993) draws a portrait of a group who were all appointed at much the same time, and who although assiduous in the production of textbooks, failed to establish good working relationships with their senior students. The written record of the effects of this 'cohort' of professors is biased by limited attention. For example, some Austrian sociologists were influenced in their scientific work by Kreutz, who taught at the University of Vienna, Austria, and who founded the Institute for Applied Sociology, Vienna (cf. Pohoryles 1988). However, it is difficult to 'read off' the consequences of Kreutz's approach on the work of others (especially in terms of the topic-areas his approach might have inspired), since his concept of science has been very open, with emphases on international, interdisciplinary and applied research. The scholarly effects of other professors in this generation have not been recorded in print, which then tends to incorrectly overestimate Kreutz's impact.

Wieser (1983) reviews Austrian empirical research over the late 1970s and early 1980s, specifically examining social stratification, social ecology and urban and regional planning, sociology of youth, sociology of old age, sociology of religion, sociology of education, and industrial sociology. Further indication of Austrian specialisation is implied in Münz's report (1981) that a major accomplishment of ÖZS had been the special issues on Arbeitswelt and Medizinsoziologie. For the more recent period, Fleck and Nowotny (1993) comment that "Even though no major theoretical or methodological development has occurred yet that led to an impact beyond its border, a thematic concentration can be found in areas dealing with inequality, unemployment, health, social marginality, ethnic diversity and conflict, migration problems and a variety of other social and health policy issues" (p. 114).

Several commentators (Fleck 1987, based on a survey of the views of 20 Austrian social science research institutions; Haller 1987; Münz 1981) decry the difficulties of social research infrastructure, careers and publishing space in Austrian social science.

In more recent decades a conservatism in Austrian sociology has been noted (1980s) and also an interest in applied sociology (from the 1970s on: cf. Richter 1990). Hochgerner ("Tendencies of Professionalization in the Development of Sociological Occupational Activities outside the University", in: Langer 1988) argues that the development of an applied sociology in Austria had been impeded by the universities' criteria of competency which were geared toward academic sociology. However, since 1966, when Austria first instituted a certificate for applied sociology, sociological research outside the academic centres has grown rapidly, and new occupational fields for sociologists have opened in the economy, the mass media, and the social services. However, Ronald Pohoryles and Paul Kellermann ("On Teaching Sociology in Austria: Divergences and Their Results", also in: Langer 1988) suggest to defuse the force of this argument by positing that sociology's role in Austrian society is minimal because there are few 'sociological' problems haunting the society.

Another ostensibly important institutional actor on the Austrian scene has been the establishment in 1963 of the European Coordination Centre for Research and Documentation in Social Sciences (the Vienna Centre) as a promoter of international comparative research. The Vienna Centre set out to stimulate co-operation between social scientists from Eastern and Western European countries through the promotion and organisation of international comparative research projects in the social sciences (cf. Stamatiou 1988). Although over twenty countries have been involved with this centre, as the immediate host country Austrian sociology is likely to have captured a significant 'spin-off' effect.

In sum, the existing commentary literature suggests that recent Austrian sociology is rather moderate in size and ambitions, which has been mainly limited to considering a range of fairly straightforward and applied concerns. It works in the shadow of a rather more illustrious past, but with little connection to this heritage. However, Austria is well placed to gain from internationalising tendencies within the social sciences, in recent decades.

Characteristics of Austrian Sociology: the empirical data

The data drawn on to illustrate this study comes from Sociofile: for a description of this data-source see appendix. This has a relatively complete coverage of journal articles, together with a more limited coverage of book reviews, and books. Some conference papers are included (only for recent years and only for ISA and ASA conferences). All entries in which 'Austria' appeared in any field of the data-base (e. g. keywords, title, abstract or address of institutional affiliation) were retrieved. Some of these may have quite a trivial involvement with Austria (e. g. Austria may be mentioned as a country someone travelled through, or as the site for a conference with no immediate local relevance).

In order to provide a reference-point the world sociological profile is taken to be the 1995 distribution of journal items (some 18,000 items). This reference-point has the limitations that it is but one time-point (whereas sociology of course keeps changing) and also that it excludes attention to non-journal material.

There are some 1000 items which pertain to Austrian sociology. Most of the items are journal articles (85%). In addition, there are some association papers (especially those given an international ISA conferences), some book abstracts and a few dissertations (again, mainly from the US). Some 40 of the items included were from the Social Policy data-base which accompanies Sociofile. A major limitation of Sociofile is that it does not systematically include book or report literatures: to the extent that national sociologies differ in the importance of these genres, the picture presented here using this data-source will be correspondingly warped (see methodological note).

The pace of publication (as recorded by Sociofile) picks up with subsequent periods. From a handful of publications recorded in the early 1970s, there are some 80 in the late 1970s. Production then doubles in the next half-decade (early 1980s), and during the next two half-decades another 100 each is added on to the production level. In consequence, the distribution of published items comprises some 40% in the 1990s, 30% and 20% in the late and early 1980s respectively, and under 10% for the previous period. Alongside this overall pattern of strong increase there is a corresponding pattern of change in international attention: whereas the early periods are marked by extra-Austrian (especially US) attention, the middle periods showed a pick-up of Austrian production and during the 1990s there was a resurgence of international interest again. Undoubtedly a major factor contributing to the increase of publication has been the founding of ÖZS is the mid-1970s.

The country of authorship is centred on Austria itself (45%), with other contributions from US (23%), the remainder of Europe (especially neighbours immediately to the east: 16%) and Germany (9%). This literature is rather more in English (46.6%) than German (41.8%) – French is the only other language in which there is material which attends to Austria (4.5%). In some contrast, English is hegemonic (86%) in the international literature. In terms of the cells of Table 1 then, Austrian sociology is roughly split between work from insiders and work from outsiders (it is difficult to decompose Austrian produced sociology into that which deals with local and with cosmopolitan concerns).

Countries of publication include Austria (24%), US (23%), UK (22.5%), Germany (16%), and the Netherlands (4.7%). In the international literature a mere 0.4% of journal articles are published in Austria.

Only a few (9%) of Austrian items are coded over 2 fields. (In contrast some 30% of the recent international literature has several codes: this is in part because of changing coding practises by Sociological Abstracts. This points to the need for caution, while also indicating that, at least for Austrian items, the main classification code can be used on its own with more validity.)

Major fields include: theory (and history of sociology) 12%, economics 11%, political 9%, family/socialisation 8%, group interactions 6%, language/art 6%, and societies 5%. The shares of fields accorded attention have changed over time, although in most it is difficult to perceive much definite change. Growing fields include history/theory, policy, social change, societies (a big increase), leisure/sports, group interactions, social control, environmental (another very large increase) and education. Fields with lower profiles in the recent period include cultural, urban (and community) and science.

There are few major differences between the Austrian and international literatures. There appears to be higher concentrations in Austrian sociology on history/present state of the discipline (7.9% : 1.7%), inter-group relations (4.8% : 3.2%), jobs/work (7.3% : 3.3%), politics/power (7.1% : 3.7%). There are also some slight differences between the topic-area concentrations of Austrian (presumably often writing on Austria) and non-Austrian sociologists writing on Austria. Whereas the former emphasise more policy, practise, leisure/sport, opinion/communication, economic and family/socialisation, the latter emphasise more health/medicine, social psychology, cultural sociology, societies and political. There is a small degree of verification of the picture of Austrian sociology sketched by the commentators (as reported above) in the findings of the growing importance of policy topics, or on intergroup relations. However, the specificities identified by commentators seem drowned by a more bland picture of universality.

Two final tables indicate where Austrian-relevant sociology is particularly published and who is involved with writing this material. Much material is concentrated in ÖZS: some one-fifth of all journal work of Austrian relevance is published here. The list of top-appearing authors which can be derived from my Sociofile data-base is only indicative as it does not adequately cover authors who write in teams. There appears to be few prolific authors, with the top contributors listed only some 5 times. (Interestingly, there seems to be an Austrian pattern of a considerable extent of team writing.)

Conclusions

To what extent does the picture painted by the local commentary literature describe the actual features of Austrian sociology? The data certainly show the strong development of Austrian sociology. The locally based developments are offset by an even greater interest by non-Austrian sociologists. Some of the growth of recent interest comes from interests in comparative sociology, with several macro-level topics achieving more prominence as a result of outside interest and the involvement of Austria within comparative international research projects. For the most part, the topic areas pursued on Austria are similar to those across sociology as a whole. However, it is not clear whether these similarities arise from diffusion of world models or rather reproduction on a local scale of similar processes which shape the production of social knowledge. While it is interesting to see some of the uniqueness posited by commentators on the state of sociology emerging in this data, this is offset by the considerably muted sizes of these 'local' effects.

References

Fleck, Christian (1994) "Contemporary Sociology in Austria", in: Mohan, Raj/Arthur Wilke (eds) International Handbook of Contemporary Developments in Sociology, Westport, Conn: Greenwood Press, pp. 7–19.

Fleck, Christian/Helga Nowotny (1993) "A Marginal Discipline in the Making: Austrian Sociology in a European context", in: Nedelmann, Brigitta/Piotr Sztompka (eds) Sociology in Europe: in search of identity, New York: Walter de Gruyter, pp 99–118.

Fleck, Christian (1995) "The Restoration of Austrian Universities after World War 2", Working Papers in Austrian Studies, University of Minnesota working paper 95-3.

Fleck, Christian (1990). "Power as Knowledge. Comments on the Development of Sociology in Austria", in: Österreichische Zeitschrift für Soziologie 15, pp. 50–59.

Fleck, Christian (1990) Rund um Marienthal, Wien.

Fleck, Christian (1987) "Social Scientists Look at Themselves. Results of a Short Questionnaire on Current Emphases and Problems of Social Research", in: Österreichische Zeitschrift für Soziologie 12(3), pp. 28–31.

Haller, Max. (1987) "Empirical Social Research as the Basis for the Social Relevance of Sociology", in: Österreichische Zeitschrift für Soziologie 12(3), pp. 11–16.

Kasler, Dirk (1990) "'German Sociology' or Sociology in German-Speaking Europe", in: Österreichische Zeitschrift für Soziologie 15(1), pp. 5–8.

Knoll, August (1958) "Austria", in: Roueck (ed) Contemporary Sociology, New York, pp. 807–823.

Knoll, Reinhold; Majce, Gerhard; Weiss, Hilde; Wieser, Georg (1981) "The Austrian Contribution to Sociology, from the Turn of the Century to 1938", in: Kölner Zeitschrift für Soziologie und Sozialpsychologie 23 (supplement), pp. 59–101.

Langer, Josef (Ed) (1988). History of Austrian Sociology: Constitution, Development, and European Reference Points, Wien: Verlag für Gesellschaftskritik.

Münz, Rainer (1981) "Five Years of ÖZS: Notes on the Status of Austrian Sociology and Its Communication Media", in: Österreichische Zeitschrift für Soziologie 6(1), pp. 3–7.

Neurath, Paul (1991) "50 Years in Social Research", in: Österreichische Zeitschrift für Soziologie 16(3), pp. 57–70.

Neurath, Paul (1995) "Sixty Years since Marienthal", in: Canadian Journal of Sociology/ Cahiers canadiens de sociologie 20(1), pp. 91–105.

Nowotny, Helga (1983) "Marienthal and after – local historicity and the road to policy relevance", in: Knowledge 5(3), pp. 7–10.

Pohoryles, Ronald J. (1988) "Henrik Kreutz as Academic Teacher", in: Innovation 1(4–5), pp. 399–409.
Richter, Rudolf (1990) "Sociology in Austria after 1945", in: Sociologia 22(6), pp. 698–703.
Rosenmayr, Leopold (ed) (1966) Sociology in Austria: history, present activities and projects, Graz – Köln: Hermann Böhlaus Nachf.
Shpakova, R. P. (1994) "Max Weber in Vienna", in: Sotsiologicheskie Issledovaniya 21(8–9), pp. 151–154.
Stamatiou, Willem (1988) "International Co-Operation in the Social Sciences: The Case of the Vienna Centre", in: International Social Science Journal 40, 4(118), pp. 597–603.
Steiner, Helmut (1996) "In Memoriam: Leo Kofler", in: Soziologie 2, pp. 82–84.
Torrance, John (1976) "The Emergence of Sociology in Austria 1885–1935", in: Archives Européennes de Sociologie 17(2), pp. 185–219.
Wagner, Peter et al. (eds) (1991) Social Sciences and Modern States: national experiences and theoretical cross-roads, Cambridge: Cambridge University Press.
Wieser, Georg (1983) "Sociology in Austria", in: International Review of Modern Sociology 13(1–2), pp. 1–33.

Appendix: Notes on Sociofile as a Source.

This Austrian case-study is part of a larger project which is endeavouring to uncover major aspects of the cognitive structure of Sociology over the last two decades, across the countries of the world. Although the wider study intends to investigate a wider range of questions, those tackled at the present stage are the relatively preliminary ones of:
- What is the size and type of publication output of sociology?
- What topics are addressed?

In the longer run, other topics to be addressed include:
- What concepts are deployed?
- What theoretical approaches are represented?
- What methods are used?
- What sorts of data-sources have been developed?
- Who are the influentials in sociology?
- What overall 'packages' of different types of sociology are there?

The study is based on Sociofile which is the CD-ROM version of Sociological Abstracts (SA). (The data-base also includes Social Planning/Policy and Development Abstracts: SOPODA.) The coverage consists in "abstracts of journal articles entered into the SA database since 1974, and relevant dissertation listings from 1986 onward." Journals fall into two categories: all articles in core sociology journals (n = c240) are included, and then a wider range of journals (n = c940) are selectively covered. Other material included from a more restricted and unsystematically covered range include association papers, book reviews, film reviews, book abstracts and book chapter abstracts. The major strength of Sociofile for this study are its very broad geographical and language coverage. Its time-depth stretches back to c1974.

A major difficulty in using Sociofile is that the data-source is itself undoubtedly shaped by regional/national/language-based cultural and institutional frameworks which affect the data. The very 'meaning' of a journal article is itself variable. There are several possible slips between production and publishing which vary systematically by country:
- differential propensity to publish at all (pressures for 'publish or perish' differ);
- availability of journal publication outlets (one example of this is the cultural pattern where 'departmental house journals' are extensively deployed);
- the propensity to publish articles compared to books (or indeed other outlets including newspapers or magazines, technical reports etc.) may vary considerably;
- the size and 'quality level' of articles may vary considerably.

A major strength of Sociofile is that it has a wide range of fields and the fact that several of these are 'pre-coded':

Title, Author, Author's Institutional Affiliation, Publication Source, Citation characteristics, Publication Year, Index Phrase (this describes an item in terms of an index phrase which covers dependent variable/s, independent variables, research design, and subjects covered) Thesaurus Terms (up to 18 items from the c4000-term Thesaurus are coded), Field Classification (up to 3 field codes are assigned from a list of c 100 categories), Abstract (usually a paragraph length description of the item), Country of Publication, Language, Type of publication (e. g. journal article).

In this study the focus is on the field classification (as an indication of the type of content of the sociological material). Attention is also addressed to:

- author's institutional affiliation (as an indicator of the country in which the study was carried out: institutional affiliation was coded into different types of country),
- publication year (to yield insights into how sociology has changed over time),
- country of publication,
- language,
- type of publication.

Country of publication and language are useful indicators of the likely 'reach' of Austrian material.

	AUSTRIA	
	World	Austrian
	Col %	Col %
"Field of Sociology"		
"Miscellaneous"		5.0%
"Methods"	2.7%	2.3%
"History/Theory"	8.6%	10.2%
"Practise"	.8%	1.9%
"Policy etc.	3.1%	1.8%
"Radical"		.3%
"Social Psychology"	2.5%	2.6%
"Cultural"	3.1%	3.8%
"Networks"	.4%	.1%
"Organisations"	2.8%	
"Social Change"	2.0%	2.4%
"Societies"	6.2%	4.4%
"Mass Behaviour"	1.3%	.2%
"Opinion/Communication"	6.9%	1.9%
"Leisure/Sports"	7.6%	2.5%
"Transport"	.5%	
"Political"	5.3%	8.2%
"Economic"	1.1%	9.3%
"Military"	4.2%	.4%
"Group interactions"	1.5%	5.2%
"Social Stratification"	1.7%	2.7%
"Feminist"	.5%	2.2%
"Rural"	2.4%	1.1%
"Urban"	3.7%	1.2%
"Community"	6.4%	.8%
"Environmental"	2.8%	.9%
"Language/art"	6.9%	4.8%
"Education"	.8%	2.9%
"Religion"	.9%	1.4%
"Social Control"	2.6%	1.9%
"Violence"	.0%	.1%
"Knowledge"	.8%	1.8%
"Science"		1.9%
"Demography/H Biology"	10.0%	2.7%
"Family/socialisation"		6.8%
"Other"		2.7%

Source: sociofile journal article profile, 1995.

Austrian Sociology: A Case Study in the Production of Social Knowledge

	LANGUAGE			
	European	English	Other European	French
	Col %	Col %	Col %	Col %
Miscellaneous	2.7%	7.7%	3.2%	2.4%
Methods	2.7%	2.3%		
History/Theory	11.9%	7.9%	25.8%	2.4%
Practise	4.1%	.2%		
Policy etc	2.2%	1.6%		2.4%
Radical		.7%		
Social Psychology	2.4%	2.8%		4.8%
Cultural	3.6%	4.2%	3.2%	2.4%
Networks		.2%		
Social Change	1.9%	3.0%	3.2%	
Societies	3.6%	4.4%	3.2%	11.9%
Mass Behaviour	.2%	.2%		
Opinion/Communication	2.2%	2.1%		
Leisure/Sports	2.7%	2.6%		2.4%
Political	5.6%	10.5%	3.2%	14.3%
Economic	14.6%	5.4%		4.8%
Military	.5%	.5%		
Group interactions	4.1%	5.4%	12.9%	9.5%
Social Stratification	3.4%	2.1%		2.4%
Feminist	2.4%	1.9%	3.2%	
Rural	.7%	.9%	6.5%	2.4%
Urban	1.2%	.9%	3.2%	2.4%
Community	1.5%	.2%		
Environmental	.2%	1.4%	3.2%	
Language/art	3.6%	6.1%		7.1%
Education	3.9%	2.3%	3.2%	
Religion	1.7%	.2%	3.2%	7.1%
Social Control	2.7%	1.4%		2.4%
Violence		.2%		
Knowledge	1.2%	2.3%		4.8%
Science	1.2%	3.0%		
Demography/H Biology	1.7%	2.3%	9.7%	7.1%
Family/socialisation	5.8%	7.7%	12.9%	4.8%
Health/medicine	2.7%	3.0%		2.4%
Social Problems	.5%	.2%		
Poverty	.2%	.2%		
Other	.2%	1.6%		

Source: 'Austrian' material in Sociofile

283

	PERIOD				
	1970-4	1975-9	1980-4	1985-9	1990-6
	Col %	Col %	Col %	Col %	Col %
"Miscellaneous		1.2%	5.4%	7.0%	4.6%
"Methods		3.7%	3.6%	1.9%	1.9%
"History/Theory	3.0%	4.9%	12.0%	7.8%	13.0%
"Practise		1.2%	3.0%	3.3%	.8%
"Policy etc.		1.2%	2.4%	1.5%	2.2%
"Radical			.6%	.4%	.3%
"Social Psychology	9.1%	4.9%	1.8%	4.1%	.8%
"Cultural		8.5%	4.2%	3.3%	3.2%
"Networks					.3%
"Social Change		1.2%	1.8%	1.9%	3.5%
"Societies		1.2%	1.8%	5.2%	6.2%
"Mass Behaviour					.5%
"Opinion/Communication		4.9%	1.8%	2.2%	1.4%
"Leisure/Sports		1.2%	1.8%	.7%	4.6%
"Political	9.1%	11.0%	7.2%	7.0%	8.9%
"Economic	6.1%	6.1%	14.4%	12.6%	5.7%
"Military		1.2%	.6%		.5%
"Group interactions	3.0%	2.4%	1.8%	6.3%	6.8%
"Social Stratification	6.1%	2.4%	3.6%	2.6%	2.2%
"Feminist	3.0%	3.7%	1.2%	2.2%	2.2%
"Rural	6.1%	1.2%	1.2%	.4%	1.1%
"Urban	6.1%	2.4%	.6%	1.1%	.8%
"Community			2.4%		.8%
"Environmental					2.2%
"Language/art	9.1%	6.1%	7.2%	4.1%	3.5%
"Education		2.4%	1.8%	3.3%	3.2%
"Religion	3.0%	1.2%	1.8%	1.5%	.8%
"Social Control		1.2%	1.2%	2.2%	2.4%
"Violence				.4%	
"Knowledge		3.7%	1.8%	1.1%	2.2%
"Science		6.1%	1.2%	2.6%	1.1%
"Demography/H Biology	15.2%	4.9%	.6%	1.1%	3.2%
"Family/socialisation	15.2%	3.7%	8.4%	4.8%	7.6%
"Health/medicine	6.1%	3.7%	1.2%	5.2%	1.1%
"Social Problems		1.2%	.6%		.3%
"Poverty			.6%	.4%	
"Other		1.2%	.6%	1.9%	.3%

Source: 'Austrian' material in Sociofile

Austrian Sociology: A Case Study in the Production of Social Knowledge

	Location of Author	
	Austrian	Not
	Col %	Col %
Miscellaneous	7.3%	5.6%
Methods	2.8%	2.8%
History/Theory	7.0%	9.8%
Practise	2.8%	1.4%
Policy etc.	3.5%	1.1%
Radical		.6%
Social Psychology	1.7%	3.9%
Cultural	1.7%	5.1%
Networks	.3%	
Social Change	3.5%	2.8%
Societies	2.8%	4.8%
Mass Behaviour		.6%
Opinion/Communication	3.1%	1.1%
Leisure/Sports	4.5%	1.4%
Political	4.5%	10.7%
Economic	12.2%	7.3%
Military	.7%	.3%
Group interactions	4.2%	4.8%
Social Stratification	1.7%	2.5%
Feminist	2.8%	1.7%
Rural	.3%	2.0%
Urban	1.7%	.8%
Community	.7%	.3%
Environmental	.7%	1.1%
Language/art	4.2%	4.2%
Education	4.2%	2.5%
Religion	.7%	1.4%
Social Control	1.4%	2.0%
Violence		.3%
Knowledge	1.0%	2.5%
Science	2.1%	2.5%
Demography/H Biology	3.5%	3.1%
Family/socialisation	9.1%	5.3%
Health/medicine	2.4%	1.4%
Social Problems	.3%	.3%
Other		2.0%

Source: 'Austrian' material in Sociofile

Journal	No. items	% Total
Österreichische Zeitschrift für Soziologie	196	19.1%
Dissertation Abstracts International	37	3.6%
Kölner Zeitschrift für Soziologie und Sozialpsychologie	33	3.2%
Soziologische Revue	30	2.9%
Journal für Sozialforschung	18	1.8%
Innovation	17	1.7%
Journal für Entwicklungspolitik	16	1.6%
Zeitschrift für Soziologie	12	1.2%
Angewandte Sozialforschung	11	1.1%
Soziale Welt	10	1.0%

Source: 'Austrian' material in Sociofile

Authors (includes groups)	No. items
Fleck, Christian.	5
Kellermann, Paul.	5
Pohoryles-Drexel, Sabine; Pohoryles, Ro	5
Cyba, Eva.	4
DeNora, Tia.	4
Haller, Max.	4
Horl, Josef.	4
Norden, Gilbert.	4
Nowotny, Helga.	4
Bacher, Johann.	3
Denz, Hermann.	3
Eisenbach-Stangl, Irmgard.	3
Engelmann, Frederick C.; Schwartz, Mild	3
Gaspar-Ruppert, Walburga.	3
Gehmacher, Ernst.	3
Goldberg, Christine.	3
Heyt, Friso D.	3
Kolland, Franz.	3
Korotin, Ilse.	3
Kuzmics, Helmut.	3
Lepsius, M. Rainer.	3
Mitterauer, Michael.	3
Mozetic, Gerald.	3
Scheer, Lore.	3
Schurz, Grete.	3
Traxler, Franz.	3
Wagner, Ina.	3
Wodak, Ruth.	3

Source: 'Austrian' material in Sociofile

Albert Müller

Grenzziehungen in der Geschichtswissenschaft: Habilitationsverfahren 1900–1950 (am Beispiel der Universität Wien)[1]

Seit einiger Zeit interessiere ich mich für Habilitationen. Aus anderen Forschungszusammenhängen heraus – und eher zufällig – habe ich entdeckt, wie interessant jenes Aktenmaterial ist, das die Habilitationsverfahren dokumentiert. Ich habe begonnen, diese Akten für die Zeit von ca. 1900 bis ca. 1950 systematisch durchzusehen, eine Arbeit, die noch nicht abgeschlossen ist. An dieser Stelle beschäftige ich mich nur mit Wiener Historikern (und einer Historikerin), einer Gruppe des akademischen Bereichs, die noch kaum das spezielle Interesse der Wissenschaftssoziologie bzw. der Wissenschaftsforschung gefunden hat. (Vgl. aber die Arbeiten von Historikern, v. a. Heiss 1988)

Das Habilitationsverfahren bildete seit dem 19. Jahrhundert an den mitteleuropäischen Universitäten die Voraussetzung für die (Privat-)Dozentur, damit die Möglichkeit an einer Universität zu lehren bzw. Professor zu werden. Auch wenn die Wege der Vereinheitlichung rechts- und verwaltungsgeschichtlich kompliziert waren, lösten übergreifende Regelungen die bis dahin unterschiedlichen Praktiken der einzelnen Universitäten sowohl in Deutschland (vgl. u. a. Brenner 1993 sowie immer noch Daude 1896 und Jastrow 1896) als auch in Österreich-Ungarn ab. Während seit dem Ende des 19. Jahrhunderts die Rolle des Privatdozenten immer wieder zum Gegenstand sozialwissenschaftlicher Untersuchungen oder auch universitäts- wie gesellschaftspolitischer Erörterungen gemacht wurde – der bekannteste Text ist zweifellos Max Webers ‚Wissenschaft als Beruf', aber auch Franz Eulenburgs statistische Untersuchung über den akademischen Nachwuchs von 1908 soll erwähnt werden –, fand die systematische Analyse der Akten der Habilitationsverfahren unter Wissenschaftshistoriker/inne/n bisher kaum Interesse.

Das Material

Die von mir eingesehenen Akten[2] umfassen gewöhnlich mehrere Teile, nämlich
a) eine ausführliche Selbstdarstellung des Antragstellers (Lebenslauf, Schriftenverzeichnis, Verzeichnis der geplanten Vorlesungen usf.);
b) die (zum Teil recht ausführlichen) Protokolle der Sitzungen der Kommission, gegliedert nach einzelnen Bereichen (über die persönliche Eignung, den Wert der vorgelegten Schriften, den Probevortrag usf.);
c) mitunter Gutachten über den Antragsteller (die allerdings nicht unbedingt schriftlich vorliegen mussten, sondern auch mündlich vorgetragen werden konnten);
d) mitunter zusammenfassende Berichte der Kommission an die Fakultät.

Aus diesen Aktenbeständen lässt sich eine Reihe von harten Daten über die soziale Herkunft und die Karriere der Antragsteller erheben. Noch interessanter erscheinen aber jene Texte, die die Selbstdarstellung des Probanden, und jene, die den Verlauf des Verfahrens dokumentieren, der sich als ein Prozess des Aushandelns durch das Professorenkollegiums beschreiben lässt.

Grenzziehungen

In der Überschrift dieses Beitrages ist von Grenzziehungen die Rede. Eine Grenze kann man von wenigstens zwei Seiten aus betrachten. Aus einer Perspektive war die Habilitation jene Grenze, die überschritten werden musste, um eine Chance zu bekommen, an der Universität als Wissenschafter arbeiten und lehren zu können. Die Habilitation gewährt die Chance auf Nachfolge (seit den 1870er Jahren allerdings nicht mehr das informelle Nachfolgerecht). Aus der anderen Perspektive – der der Professoren – markierte die Habilitation eine Grenze, die sorgsam überwacht und nötigenfalls heftig verteidigt werden musste. Die Grenze durfte aber nicht geschlossen werden. Zur Verteidigung der Körperschaft (wie der bourdieusche Terminus lautet – vgl. Bourdieu 1988) gehört ja auch – ganz zentral – die Sorge um den Nachwuchs.

In ‚weichen' Wissenschaften wie der Geschichte, deren Wissenschaftsstatus ebenso wie ihr Gegenstandsbereich immer wieder umstritten war und ist, erscheinen Grenzziehungen, die Unterscheidung von Innen und Außen, von Wissenschaft und Nicht-Wissenschaft, von Zugehörigkeit und Nicht-Zugehörigkeit von besonderer Bedeutung, zumal es keine ‚universalistische' Lösung dieses Problems gab. Die Mittel zu dieser Unterscheidung sind allerdings vergleichsweise unsicher und auch limitiert, und nicht nur ‚inner-wissenschaftliche' Kriterien spielen in ihr eine Rolle.

Die Population

Was ich hier vorbringe, beruht auf einem Sample von 55 Habilitationsverfahren, das sind die Habilitationen von Historikern ca. 1900 bis ca.1950 (der Endpunkt ergibt sich vor allem aus technischen Gründen) an der Wiener Universität, deren Akten – erstens – zugänglich waren (zwei Verfahren fehlen, weil die Betroffenen noch leben) und – zweitens – im Archiv aufgefunden werden konnten (drei Verfahren waren nicht auffindbar).

Ich möchte diese Population anhand ausgewählter Merkmale ein wenig beschreiben.

Zunächst sind die Mitglieder dieser Population fast ausschließlich männlich. Wir finden nur eine Frau, Erna Patzelt, die zugleich die erste habilitierte Historikerin Österreichs war.

Der Großteil der Population ist in Wien geboren, der Rest verteilt sich auf zumeist kleinere Orte der deutschsprachigen Länder der Habsburgermonarchie, Orte wie Mödling, Linz, Meran, Innsbruck usf. Nur ganz wenige Mitglieder kommen aus nicht-deutschsprachigen Gebieten z. B. Böhmens oder der Bukowina.

Der Schulbesuch erfolgte zumeist in den Gymnasien Wiens (oder der Provinzstädte), in einzelnen Fällen ländlicher Herkunft in katholischen Stiftsgymnasien.

Die soziale Herkunft kann man *grosso modo* als „bürgerlich" bzw.- „bildungsbürgerlich" bezeichnen; die Väter der Populationsmitglieder sind zumeist Beamte oder Lehrer; nur wenige Väter entsprechen der Kategorie der ‚freien Berufe', ganz wenige dem Besitzbürgertum, ebenso wenig dem bäuerlichen Milieu.

Der gewöhnliche Studienort der Wiener Habilitationswerber ist die Wiener Universität (nur einer studierte in Czernowitz und einer in Innsbruck). Die Studienfächer umfassen neben der Geschichte meist zwei bis drei weitere geisteswissenschaftliche Fächer, die häufigsten sind dabei Germanistik und Kunstgeschichte. Nur ganz wenige haben auch an einer anderen als der philosophischen Fakultät studiert, und zwar Rechtswissenschaften.

Der Besuch des „Instituts für Geschichtsforschung" neben dem Universitätsstudium erschien für die meisten Mitglieder der Population offenbar obligatorisch. Die Nicht-Absolventen des „Instituts" waren unter den Habilitanden die Außenseiter. An diesem – als eine Wiener Besonderheit – räumlich und personell mit der Universität verbundenen, aber autonomen Institut, das 1857 gegründet worden war, wurden vor allem die sog. historischen Hilfswissenschaften (also z. B. Urkundenlehre, Aktenkunde, Paläographie usf.), die lange Zeit für die essentiellen *tricks of the trade* der Geschichtswissenschaft gehalten wurden, gelehrt. Das „Institut" wurde mit einer Staatsprüfung absolviert. Das „Institut" erfreute sich in Wien (und außerhalb) lange größerer Bedeutung und Anerkennung als das normale universitäre Curriculum.

Bis zum Erwerb des Doktorgrades verliefen die Karrieren weitgehend uniform. Danach sind zwei hauptsächliche Karrieremuster feststellbar, die die Habilitanden in „Interne" und „Externe" (wie ich sie nennen möchte) scheidet.

Die „Internen" bleiben immer in der Nähe des Dissertations-„Vaters", sie werden Hilfskräfte, Assistenten oder Bibliothekare an den Seminaren oder am Institut, oder sie arbeiten an einem der Forschungsprojekte, die der Dissertations-„Vater" leitet. Sie werden also von ihren Mentoren von Anfang auf die Schiene der universitären Karriere gesetzt und somit in die Nachfolgeordnung einbezogen.

Die „Externen" beginnen dagegen nach ihrem Studium in einem der Archive der staatlichen, der Landes- oder kommunalen Verwaltungen oder in einer Bibliothek zu arbeiten. Derartige Arbeitsstellen ermöglichten nicht nur den Zugang zu einer Beamtenkarriere, sondern erlaubten oder erforderten Forschungsarbeiten, die in machen Fällen der Universität als habilitationswürdig erscheinen konnten. Einzelne dieser „Externen" schaffen es nach ihrer Habilitation, an die Universität zurückzukehren, anderen – mit der Zeit in ihrem eigenen Umfeld zu Hofräten u. dgl. befördert – wurde öfters auch an der Universität so etwas wie einen Honoratioren-Status zuteil, zum Beispiel durch eine Honorarprofessur. Der durchschnittliche zeitliche Abstand zwischen Promotion und Habilitation ist bei „Externen" signifikant höher als bei „Internen".

Die wenigen „Außenseiter" arbeiten in nicht-akademischen Kontexten, beispielsweise als Lehrer in Gymnasien, oder sie sind – in ganz wenigen Einzelfällen – Privatiers oder Journalisten.

Patron-Klient-Beziehungen

Sehr erfolgreich wurde ein sowohl aus der Sozialanthropologie als auch der Sozialgeschichte (speziell des Feudalismus) vertrautes Muster, das der Patron-Klient-Beziehungen, in die Wissenschaftsgeschichte bzw. -soziologie (siehe nur Felt, Novotny u. Taschwer 1995) übernommen. Kern der Patron-Klient-Beziehung ist ja nicht die Macht-Differenz oder die Status-Ungleichheit zwischen Patron und Klient, sondern das Moment der Reziprozität in dieser Beziehung. Der Klient schuldet dem Patron nicht nur Treue und Dienst, er darf selbst auch gewisse legitime Ansprüche erheben. In der klassischen Formulierung Otto Brunners schuldet der Patron (der Herr) dem Klienten (dem Holden) „Schutz und Schirm", während ihm umgekehrt „Rat und Hilfe" des Klienten zustehen. In den Worten Brunners: „Ist Treu ein Schuldverhältnis, in dem die ganze Person zu Pfand gesetzt wird, so ist Rat nichts anderes als der Einsatz der ganzen Person, durch den die Treuepflicht des Nutzentrachtens und Schadenwendens erfüllt werden muß." (Brunner 1942, S. 301 f.)

So sehr sich diese, aus der Geschichte des Feudalismus stammende Terminologie auch – wenigstens als Metapher – zur Beschreibung des Verhältnisses zwischen Habilitationswerber und dem die Rolle des Mentors übernehmenden Professor eignen mag, muss auf einige wichtige Unterschiede zwischen beiden Sphären hingewiesen werden. Der Klient im sozialen Gebilde Wissenschaft zielt letztlich auf Nachfolge, darauf, an die Stelle des Patrons zu treten, wenn die Zeit dafür gekommen sein wird. Eine derartige Konfiguration wäre im feudalen Verhältnis zwischen Herr und Holde undenkbar.

Die Pflicht des Patrons im Habilitationsverfahren besteht zunächst einmal darin, in der Kommission die Rolle des Referenten, d. h. des (freundlichen) Gutachters zu übernehmen, und das heißt in der Praxis, eine günstige Meinung der Kommission vorzuformulieren.

Die dem Habilitationsverfahren zugrunde liegende soziale Beziehung ist den Beteiligten so selbstverständlich, dass sie in den Akten bzw. Protokollen nur thematisiert wird, wenn sie aus irgend einem Grund nicht „funktioniert" (z. B. wenn ein Patron frühzeitig stirbt oder sich – wider Erwarten – von seiner Rolle zurückzieht).

Sosehr die Ausgangssituation bei der Habilitation dem Patron-Klient-Verhältnis unterliegen mag, wird es im Verfahren selbst an wesentlichen Punkten erweitert und überschritten. Der Habilitationsprätendent ist ja nicht nur auf den Konsens eines Patrons angewiesen. Darüber hinaus bedarf er der Zustimmung einer Reihe von Professoren, aus der die Kommission gebildet wird, und der Zustimmung der Fakultät sowie des Unterrichtsministeriums. Das bloß zweiseitige Muster der Reziprozität erhält hier also systematisch Erweiterungen, die dieses Verhältnis ihrer Semi-Privatheit berauben.

Dass der Professor „seinen" Kandidaten verteidigt, wäre noch Teil seiner Verpflichtung zu „Schutz und Schirm". Da der Professor aber nicht nur im Patron-Klient-Verhältnis steht, sondern auch Teil der (allgemeineren und zugleich exklusiven) Korporation der Professoren ist, deren Verteidigung stets auf dem Spiel steht, hat er zugleich zwei Aufgaben, die Sorge um den Klienten und die Sorge um die Korporation.

Die Sorge um die Korporation verpflichtet die Beteiligten unter anderem dazu, etwaige interne Konflikte zu vermeiden bzw. nicht nach außen dringen zu lassen und auf die Einheitlichkeit der Beschlussfassung und das heißt nach Möglichkeit auf Einstimmigkeit der Beschlüsse zu achten.

Die Dignität und die umfassende Kompetenz der Korporation blieben nur gewahrt, wenn die Korporation als Einheit auftreten konnte. Dieses Prinzip scheint alle weiteren Prinzipien (z. B. interne Hierarchien, interne Konkurrenz) zu beherrschen. Es soll also nicht und darf im Normalfall nicht geschehen, dass Kommissionsmitglieder überstimmt werden.

Bargaining und die Verteidigung der Korporation

Der Patron (oder Mentor) hat also im Habilitationsverfahren mehrere Aufgaben:
Erstens muss er die Reaktion seiner Professorenkollegen in der Kommission und ferner in der Fakultät auf die Übernahme eines Patronats möglichst genau errechnen. Das heißt u. a., er darf ihnen keinen völlig unakzeptablen Kandidaten zumuten.

Zweitens darf sein Verhalten nicht bloß auf die einzelne Situation hin abgestimmt sein, sondern auf die Dauer (Habilitationen sind aus der Sicht regelmäßiger Kommissionsteilnehmer ein iteriertes Spiel – vgl. Axelrod 1988). Die Situation der nächsten und übernächsten Habilitationsverfahren muss genauso einbezogen werden wie die drei, vier oder mehr letzten. Regelmäßige Kommissionsteilnehmer entwickeln so etwas wie ein spezifisches Gedächtnis, auf das sie im Konfliktfall rekurrieren können. Dieser Rahmen verpflichtet dazu, weniger die Taktik des Einzelfalls im Auge zu haben als ein mehrere oder viele Fälle umfassendes Bargaining.

Diese zeitübergreifenden Strategie schließt ein, unter Umständen einem vergleichsweise eher weniger konsensfähigen Kandidaten zuzustimmen, um eine spätere „Rache" eines Kollegen zu vermeiden bzw. um sich des Konsenses für eigene Kandidaten zu versichern. Dies alles schließt aber nicht aus, dass in den Kommissionen Dissens artikuliert werden kann. Bezeichnenderweise wird aber dem in einer Sitzung geäußerten (partialen) Dissens regelmäßig hinzugefügt, dass der Habilitation des Kandidaten grundsätzlich zugestimmt werden wird.

So war es möglich, dass die Kommissionen der Fakultät in fast jedem einzelnen Fall eine einstimmige Entscheidung vorlegen konnte. Erst im größeren Kreis der Fakultät konnte es unter Umständen zu einzelnen Stimmenthaltungen oder Gegenstimmen kommen.

Bezeichnend ist auch die zu beobachtende Prozesshaftigkeit der Meinungsbildung. Dissens kann im kleinen Rahmen, auf unterster Ebene, also in der Kommission, geäußert werden; dies wird dann auch im Protokoll registriert. Auf dem Weg in die Fakultät und von dort ins Ministerium werden Einwände systematisch eliminiert und das Bild vom Kandidaten geglättet.

Albert Müller

Missliebige Kandidaten und Emergency-Strategien

In Übereinstimmung mit dem bisher Gesagten ergibt sich für den Patron eine Reihe von Aufgaben. Die wichtigste und allgemeinste ist – wie schon gesagt – die, das Verhalten, die Reaktion der Professorenkollegen möglichst genau zu errechnen.

Kann die Ablehnung eines Kandidaten vorhergesehen werden, muss dieser davon abgehalten werden, überhaupt einen Antrag auf Habilitation bei der Fakultät zu stellen. Gelänge dies nicht, würden alle Beteiligten das Gesicht verlieren: der Kandidat, der keinen Konsens findet, sein Patron, der seine Verpflichtungen nicht mehr wahrnehmen kann, und die Kommission, weil es ihr nicht gelungen ist, eine konfliktträchtige Situation zu vermeiden.

Sind Einwände oder partiale Einwände gegen einen Kandidaten zu erwarten, müssen diese vorher – durch möglichst genaue Antizipation – entschärft werden. Dem Gutachten kommt hier größte Bedeutung zu. Das Gutachten des Referenten darf in einem solchen Fall den Kandidaten keinesfalls nur loben. Vorhersehbare Einwände und vorhersehbare Kritik – egal wie sie im Einzelfall aussehen mag – müssen nach Möglichkeit in das Gutachten aufgenommen und – nach dem Muster der Abwägung – entschärft werden. Das Gutachten braucht hier selbst auf Sarkasmus gegenüber dem Kandidaten nicht zu verzichten, wenn dies dazu dient, jene Professoren, die geneigt sind, Dissens zu äußern, die Möglichkeit zu geben, das Gesicht zu wahren. Ein Gutachter, der partiale Kritik am Kandidaten äußert, erlaubt es den Kommissionsmitgliedern, eine Differenz zum Kandidaten zu behaupten, ohne ihn vollständig ausschließen zu müssen.

Dem Patron können Fehler unterlaufen: Der schwerste ist gewiss, die Reaktion der Professorenkollegen falsch berechnet zu haben. Dies ist etwa dann geschehen, wenn ein Kandidat von einzelnen Kommissionsmitgliedern für so missliebig erachtet wird, dass ihm die Zustimmung verweigert wird. Für alle Beteiligten ist dies eine peinliche Situation, die akzeptabel zu Ende gebracht werden muss. Die Logik des Verfahrens ließe es natürlich zu, den Kandidaten abzuweisen und ihm die Habilitation zu verweigern. Überraschenderweise geschieht dies in den von mir untersuchten Fällen nicht. Die rekonstruierbare Emergency-Strategie ist in solchen Fällen die, das Verfahren aufzuschieben bzw. zu vertagen (in Einzelfällen auch, um es nie wieder aufzunehmen).

Pierre Bourdieu (1988, S. 153) hat in seiner Untersuchung über den *Homo academicus* darauf hingewiesen, wie sehr die Beachtung der „normalen" Zeit für die Nachfolgeordnung von Bedeutung ist. Im untersuchten Material finden sich viele überraschend eindeutige Belege für die Richtigkeit dieser Hypothese. Ein Professor sagt über einen missliebigen Kandidaten beispielsweise, er sei nicht gegen die Habilitation, aber die Zeit sei noch nicht gekommen, worauf das Verfahren vertagt wird.

Manchmal wird dem missliebigen Kandidaten Zeit gegeben, um noch weitere Untersuchungen zu veröffentlichen, und auf diesem Weg die Kommission davon zu überzeugen, ausreichende wissenschaftliche Qualifikation zu besitzen.

Wesentlich erscheint mir jedoch der Umstand, dass von der Möglichkeit der Ablehnung nicht Gebrauch gemacht wird.

Die Prüfung

Das Habilitationsverfahren kann als Prozess dargestellt werden, in dem nicht nur der Gutachter, sondern alle Kommissionsmitglieder aufgerufen sind, den Kandidaten bzw. seine Eigenschaften einer Prüfung zu unterziehen. Der Prüfungscharakter des Habilitationsverfahrens entspricht seinem Entstehungszusammenhang (im 18. u. 19. Jh.), als es mangels anderer Qualifikationssysteme darum ging, festzustellen, ob eine Person eine Professur überhaupt im gewünschten Umfang ausüben kann.

Mit der Erfordernis der Vorlage einer Habilitationsschrift hat sich der Prüfungscharakter des Habilitationsverfahrens modifiziert. Nicht die richtige Antwort auf die gestellte Frage genügte als Kriterium, sondern die umfassendere und mehrdimensionale Begutachtung des Kandidaten trat in den Vordergrund, auch wenn Reste des Prüfungsmodus bestehen blieben. Das österreichische Habilitationsverfahren gliederte sich (ergänzend geregelt in einem Erlass von 1911) in vier Schritte: Die Prüfung der persönlichen Eignung, die Prüfung der wissenschaftlichen Eignung, das Habilitationskolloquium (hier haben wir die Reste des alten Modus) und der Probevortrag. Das Verfahren prozessiert diese Schritte in der genannten Reihenfolge, und über jeden einzelnen Schritt wird ein Protokoll aufgesetzt und abgestimmt.

Das weitaus interessanteste Kriterium ist das der persönlichen Eignung. In diesem Punkt, dessen Inhalt nicht durch explizite Normen, sondern nur durch die Praktiken der Kommissionen entschieden wurde, ist gewiss der spekulativste Teil des Verfahrens zu sehen und – empirisch gesehen – ist er zugleich jener Teil, in dem am häufigsten Konflikte entstehen konnten. Nie werden einem Kandidaten im 3. und 4. Schritt größere Schwierigkeiten gemacht und in nur wenigen Fällen im zweiten Schritt, der Prüfung der wissenschaftlichen Eignung. Die Frage nach der persönlichen Eignung entscheidet also gleich zu Beginn über das Schicksal des Kandidaten. Somit haben wir es mit einem zentralen Element bei der Reproduktion der Korporation zu tun. Denn persönliche Eignung ist die Grundlage für Zugehörigkeit oder Nichtzugehörigkeit. Wegen seiner offensichtlichen Unschärfe *und* wegen seiner offensichtlichen Bedeutung muss dem Begriff verstärkte Aufmerksamkeit geschenkt werden.

Betrachten wir zunächst den konsensualen Fall, in dem die Professoren „persönliche Eignung" als gegeben ansehen. Hier fasst der Referent zumeist das *curriculum vitae* des Kandidaten in seinem Bericht zusammen und schließt mit dem Antrag auf Zuerkennung der persönlichen Eignung. Oder, noch einfacher, die Sitzung wird mit diesem Antrag eröffnet. Die Selbstauskunft des Kandidaten über Herkunft, Bildung und beruflichen Werdegang genügt in den meisten Fällen der Kommission zum Konsens. (Die Kommissionen sind übrigens gehalten, eventuell Nachteiliges über den Kandidaten in Erfahrung zu bringen.) Meist steckt allerdings „mehr" (als die Selbstauskunft) hinter der Entscheidung der Kommission; oft genug hat der Kandidat bei mehreren Professoren studiert und Prüfungen gemacht, Kandidat und Professor sind seit langem miteinander vertraut. Nur selten aber wird in den Protokollen auf dieses langjährige Naheverhältnis hingewiesen. Im Streitfall kann sowohl auf das *curriculum vitae* (bzw. den Bericht des Referenten) als auch auf zusätzliche Informationen Bezug genommen werden.

Es lohnt sich näher anzusehen, welche Merkmale es sind, die einen Kandidaten in der Frage seiner persönlichen Eignung diskreditieren können.

a) Politische Abweichung

Unter den Historikern der Zwischenkriegszeit herrschte weitgehend ein politischer Konsens, der – unterschiedlich gewichtet – großdeutsche (i. e. deutschnationale) Ideologie, politischen Konservativismus und österreichischen Lokalpatriotismus verband (siehe auch Heinrich von Srbiks „Gesamtdeutsche Geschichtsauffassung"). Einer der Kandidaten, Anton Julius Walter, war nicht nur Redakteur der „Reichspost" (der bedeutenden katholischen und politisch „rechten" Wiener Tageszeitung) und Kulturfunktionär des „Ständestaates", dem die Mehrheit der Historiker-Professoren aus verschiedenen Gründen ablehnend gegenüberstanden, sondern er war auch der Verfasser eines Buches über „Hochschulreform". Damit verstieß er nicht nur gegen die großdeutsche und deutschnationale, sondern auch gegen die konservative Option der Professoren. Das Protokoll vom 23. 10. 1937 vermerkt Folgendes:

> „Persönliches: Hirsch berichtet. Gesuch gehörig belegt. 2 wichtige Nominalfächer.
>
> Kail bespricht die Schrift ‚Hochschule im neuen Staate'. Einige eigentümliche Darstellungen über Universität.
>
> Hirsch: politische Schrift.
>
> Srbik: Die Schrift ist überheblich. (. . .)" (UAW PA Anton Julius Walter)

Auch im folgenden Fall beeinträchtigt die politische Dimension die „persönliche Eignung". Ein Kandidat, der Mitglied des ÖCV war, hatte im Zusammenhang mit Nazi-Krawallen an der Wiener Universität in den späten 20er Jahren vor der Polizei ausgesagt und (offenbar) auf die mögliche Involvierung des Institutsbibliothekars (einer der ganz frühen „alten Kämpfer"), der allerdings die Unterstützung großdeutsch-deutschnationaler Professoren genoss, hingewiesen. Dem Kandidaten wurde nun nicht die „falsche" politische Haltung, sondern „Klatschsucht" zum Vorwurf gemacht.

> „Dopsch: (. . .) ich habe ernste Bedenken gegen die pers. Eignung Klebels. Er hat Eigenschaften, die sehr unangenehm werden können. Unverträglich Tratsche, böswillige Tratsche. Man hat ihn deswegen nirgends genommen, obwohl er sachlich sehr geeignet wäre. In Kärnten, Staatsarchiv, Hofbibliothek, Denkmalamt, Lehrkanzel Strygowsky. (. . .) Macht immer Tratschereien. Vernaderung Heigls (. . .)
>
> Srbik: Ich machte Kl. kein Hehl daraus, daß ich sein Benehmen für unqualifizierbar halte (. . .)
>
> Antrag Dopsch: vertagen." (UAW PA Ernst Klebel)

Albert Müller

Nach 1945 wurde in manchen Fällen auch die Frage der NS-Involvierung als Frage der persönlichen Eignung debattiert. Dies spielte auch eine Rolle in den Verfahren zur Re-Habilitierung von NS-belasteten Kollegen. Bezeichnenderweise waren es aber nicht die Historiker, sondern in die Kommission beigezogene Biologen, Philosophen usf., die Einwände auf dieser Ebene äußerten. Zweifel an der persönlichen Eignung wegen zu starker NS-Belastung führten allerdings niemals zum Scheitern eines Verfahrens, höchstens zu einer Modifikation der *Venia*. Zur Dokumentation sei hier auf einen Fall (von mehreren) näher eingegangen, und zwar auf die Habilitation eines „Externen", eines pensionierten Archivbeamten, Friedrich Walter, der bereits 1920 promoviert hatte und 1954 einen Antrag auf Habilitation stellte. Ursprünglich beantragte er eine *Venia* für „Verfassungs- und Verwaltungsgeschichte Österreichs", ein Fach, für das er zweifellos Experte war.

„Santifaller: verliest sein Gutachten: pro

Lhotsky: wissenschaftl. Leistung hervorragend: pro

Hantsch: geradezu unentbehrlicher Forscher für Verwaltungswesen: pro

Leitmeier: zu Magnesitbuch [‚Die Veitscher Magnesitwerke'): hervorragend pro (Analysen zuvor falsch) polit. Seite (Nat.Soz.) Gesch. d. Stadt Wien. Antisemit. zu stark, daher geradezu Geschichtsfälschungen – für ihn nur, wenn er unentbehrlich ist.

Hantsch: einziger Fachmann auf seinem Spezialgebiet.

Santifaller: braucht ihn im Ifög als Fachmann für Aktenkunde. (Goldinger [eingefügt: zwar wissenschaftlich gut] als Archivmann unverwendbar) aus polit. Gründen für Einschränkung des Faches auf Archiv- und Aktenkunde.

Leitmeier: für diese Form der Venia, für Erlassung des Kolloquiums.

Frage der Bezeichnung der Venia, Debatte:

Benedikt: schätzt W. wissenschaftlich, ist pro in diesem engen Rahmen.

Schmid: schließt sich Bened. an.

Hantsch: Österr. Gesch. mit bes. Berücksicht. d. Archiv- u. Aktenkunde.

Lhotsky: ohne Bedenken.

Antrag Hantsch: Hilfswiss. mit bes. Berücksichtigung der Archiv- u. Aktenkunde." (UAW PA Friedrich Walter)

Ich habe das Protokoll hier *in extenso* zitiert, bezeichnend sind für einen solchen Fall jene kleinen, aber signifikanten Änderungen, die für den Kommissionsbericht vorgenommen wurden:

> „Im Verlaufe der Diskussion, an der sich vor allem die Herren Hantsch, Leitmeier und Lhotsky beteiligen, werden Walters Arbeiten als hervorragende wissenschaftliche Leistung und er selbst geradezu für Oesterreich unentbehrlicher Forscher bezeichnet.
> Mit Rücksicht aber auf einzelne im nazionalsozialistisch-antisemitischen Sinne gehaltene Stellen seiner ‚Geschichte der Stadt Wien', die von einem Kommissionsmitglied geradezu als nicht den Tatsachen entsprechend bezeichnet wurden, glaubt die Kommission von einer Empfehlung für die Verleihung der Venia für Oesterreichische Geschichte absehen zu müssen." (vgl. a. a. O.)

b) Jüdische Herkunft

So wie die politische Abweichung konnte jüdische Herkunft die persönliche Eignung fraglich erscheinen lassen. Die antisemitische Grundtendenz (nicht nur) an der Wiener Universität besonders nach dem Ende der Monarchie ist vielfach belegbar. Auch Max Weber (1919) meinte in diesem Zusammenhang sehr prononciert: „Ist er ein Jude, so sagt man ihm natürlich: laciate ogni speranza". Die Frage ist nun, wie sich Antisemitismus beim Habilitationsverfahren auswirken konnte. Das Verfahren von Friedrich Engel-Janosi soll uns als Beispiel dienen. (Vgl. UAW PA dess.; vgl. ebenso ders. 1974)

Engel-Janosi war ein „Externer", d. h., er war nicht „nur" Historiker, sondern leitete die ererbte Fabrik und arbeitete daneben wissenschaftlich. Neben Geschichte hatte er auch Rechtswissenschaften studiert. Nach Umfang und Qualität seiner Arbeit stand Engel-Janosi seinen „internen" Kollegen allerdings nicht nach. Sein Verfahren sollte sich als kompliziert erweisen.

Zunächst beging Engel-Janosi den offensichtlich schweren Fehler, in sein *curriculum vitae* folgenden Satz aufzunehmen: „Ich bin israelitischer Konfession". Sein Mentor, Alfred Francis Pribram, selbst jüdischer Herkunft sah die Katastrophe und beeilte sich gleich nach Sitzungseröffnung zu sagen: „zu ergänzen: deutscher Nationalität". Es war bereits zu spät.

Albert Müller

Der deutschnationale Wirtschaftshistoriker Alphons Dopsch eröffnete den Angriff auf den Kandidaten; das Protokoll vermerkt:

„Dopsch: besonderer Fall, nicht üblich, daß wer an einem Geschäft beteiligt, zur Habilitation zuzulassen (...), weitere Schwierigkeit, hofft Zeit aufzubringen, um wissenschaftlich zu arbeiten und Vorlesungen zu halten, Luxus gerade, wenn er nicht die akademische Karriere anstrebe, (...)"

Es ist offensichtlich, dass hier ein Gegensatz konstruiert wird zwischen dem Wissenschafter und dem jüdischen Fabrikanten (obwohl dies nicht *expressis verbis* gesagt wird). Die Sitzung verlief in der Folge ungewöhnlich unruhig, denn Dopsch, seiner Sache offenbar sicher, stellte den „Antrag, Gesuch abzuweisen, da der Bedingung des Par. 6 nicht Genüge geleistet ist." Pribram bediente sich der Emergency-Strategie und stellte einen Antrag auf Vertagung, der die Zustimmung allerdings knapp verfehlt. Die persönliche Eignung wird schließlich gegen zwei Stimmen anerkannt, nachdem Engel-Janosi einige Verteidiger gefunden hat (Engel-Janosi stammte immerhin aus einer nobilitierten Familie und war im Ersten Weltkrieg dekoriert worden). Auch wurde die Aggressivität, mit der Dopsch seinen Angriff geführt hatte, offensichtlich nicht akzeptiert. Am nächsten Tag zog Engel-Janosi sein Habilitationsgesuch zurück. Alle Beteiligten hatten verloren. Engel-Janosi wurde vier Jahre später – nach einem neuerlichen Antrag – Privatdozent. Offensichtlich belehrt darüber, worauf es ankommt, vergaß Engel-Janosi im neu abgefassten *curriculum vitae* nicht zu erwähnen: „Ich bin (...) in Wien als Deutscher [sic!] geboren (...)"

Zweifellos paradox erscheint unter den gegebenen Umständen die Habilitation von Gerhart B. Ladner im Jänner 1938 (!) unter Teilnahme einer Kommission, deren Mitglieder dem Nationalsozialismus größtenteils keineswegs skeptisch gegenüberstanden.

c) Weitere Varianten

Aber es gibt noch weitere Möglichkeiten, die persönliche Eignung eines Kandidaten zu bestreiten. Dazu zählt beispielsweise der Vorwurf mangelnder „Sprechtechnik" bei einem Kandidaten, der an einem durch die Teilnahme am Ersten Weltkrieg bedingten Sprachfehler litt. (Vgl. UAW PA Reinhold Lorenz)

Auch Zuständigkeitsfragen werden unter dem Rubrum „persönliche Eignung" diskutiert. Dem erwähnten Engel-Janosi wird von seinen Gegnern nahe gelegt, sich an der staatswissenschaftlichen Fakultät zu habilitieren. Bei Hugo Hantsch wurde gefragt, warum er sich nicht in Innsbruck – statt in Wien – habilitiere. (Vgl. UAW PA) Auch das Thema „warum gerade hier?" enthält eine implizite Zurückweisung eines Kandidaten.

Den meisten Kandidaten wird allerdings die persönliche Eignung ohne große Diskussion zugesprochen.

In der NS-Zeit änderte sich der Modus der Beurteilung: Zwei vom Dekan bestellte Fachgutachter und eine Stellungnahme des Dozentenführers traten an die Stelle von Kommission und Fakultät. An den Fachgutachten änderte sich im Hinblick auf Stil und eruierbare Kriterien kaum etwas. Das Gutachten des Dozentenführers, meist eine sehr kurze, auf einer politischen Beurteilung fußende Klassifikation, ersetzte mehr oder minder das Urteil über die persönliche Eignung. (Vgl. auch Müller 1997) 1938 wurden drei Habilitierte (ein emeritierter Professor, eine Extraordinarius und ein Privat-Dozent) aufgrund „rassischer" Kriterien entlassen und in die Emigration getrieben. Der große Rest unter den habilitierten Nicht-Ordinarien wurde 1939 zu „Dozenten neuer Ordnung" ernannt. Die Gutachten des Dozentenführers lassen sich leicht in zwei Klassen teilen, einmal enthielten die Gutachten die „Empfehlung" zur Ernennung zum Dozent neuer Ordnung, ein anderes Mal die „wärmste Empfehlung".

Für die Frage der wissenschaftlichen Eignung gilt Ähnliches wie für die Frage der persönlichen Eignung: Nur wenigen Bewerbern wird sie bis zu einem maßgeblichen Grad abgesprochen. Die Konformität der Karriere der „Internen" sorgte in den meisten Fällen für die völlige Konventionalität der vorgelegten Arbeiten, die ja oft unter der unmittelbaren Aufsicht der Professoren, die Lehrer und Dienstgeber waren, geschrieben worden waren. Die Sicherung der „Wiener Schule" der Geschichtswissenschaft schien dadurch jedenfalls gewährleistet.

Relativ sanfte Kritik und eine gewisse Abschätzigkeit war in der Kommission offensichtlich erlaubt, wenn es galt, die zu große Enge eines Gebiets oder auch die Langweiligkeit einer Thematik zu etikettieren. Selbst von „Mängeln" konnte gesprochen werden, wenn der Kandidat nicht zum engeren Kreis der eigenen Mannschaft gehörte. Die wissenschaftliche Eignung insgesamt wurde aber auch in solchen Fällen regelmäßig anerkannt, besonders dann, wenn eigene, nahe liegende Interessen nicht berührt waren.

Albert Müller

Über einen externen Bewerber aus Czernowitz heißt es:

„Jurecek: Die Hab. Schrift enthält viel wertvolles Material; sie behandelt zunächst nur die allgemeinen Fragen, mit viel Kritik. Einige kleinere Versehen sind da. J. würde beantragen, Dr. N. zur Habilitation zuzulassen. Dr. N. wird dann voraussichtlich nach Czernowitz gehen, wo er vermutlich bald eine Professur erhalten wird.

Dopsch: die Arbeit ist fleissig, aber nur descriptiv; (. . .) Entspricht nicht vollkommen den Anforderungen, die wir an Wiener Habilitanden stellen. Dies solle auch im Referat auch betont werden. Noch etwas jugendlich als Forscher." (UAW PA Johann Nistor)

Aus den Protokollen ergibt sich aber auch, dass die Vorstellungen von wissenschaftlicher Qualität unter den Professoren nicht einheitlich waren. Manche der Sitzungen wurde dazu benutzt, den Streit darüber auszutragen, in den auch Konkurrenzkämpfe der Professoren einflossen.

Wenn zwei hinsichtlich ihrer Bedeutung konkurrierende Großprofessoren aufeinander trafen, konnte es zu überraschenden Situationen kommen:

„Übersberger: gibt Daten und bespricht Entwicklung und Arbeiten. Sprachkenntnisse befähigen ihn zu Studien, die sonst Deutschen verschlossen.

Srbik: bemängelt, dass keine grosse gedruckte Arbeit vorliegt; Hab. sollten einen Namen haben, wenigstens in bescheidenem Kreis." (UAW PA Alois Hajek)

Die Desavouierung des Schützlings des Konkurrenten wird hier geradezu spielerisch bewerkstelligt.

Die Prüfung der wissenschaftlichen Eignung gerade externer Kandidaten gibt einzelnen Professoren auch eine gute Gelegenheit, sich als Vertreter der „reinen Lehre" darzustellen.

Als sich 1947 der Emigrant Heinrich Benedikt, der bisher erfolgreich außeruniversitär geforscht hatte, um die *venia* bewarb, kam es zu folgender Situation:

„Hantsch referiert.

Müller macht Vorbehalte wegen weitschweifiger Darstellung und Detailmalerei in den Hauptwerken von Benedikt.

Lhotsky bestätigt dies.

Hantsch führt an, daß die Dozentur in diesem Falle eine Anerkennung der wissensch. Tätigkeit des jetzt schon 63-jährigen Habilitanden ist, der ja keine Professur anstrebe. Die wissenschaftliche Bedeutung ist gegeben. Antrag auf Zulassung mit 8 ja bei zwei Stimmenthaltungen." (UAW PA Heinrich Benedikt)

Wie schon betont, werden im dritten (Kolloquium) und vierten (Probevortrag) Stadium keine den Kandidaten gefährdende Einwände mehr erhoben. Das Maximum an Kritik, das vorgebracht wird, ist die Meinung eines Professors über einen Vortragenden, der offenbar nicht „frei" sprach, dieser sollte „weniger lesen". (Vgl. UAW PA Anton Julius Walter)

Zusammenfassend kann behauptet werden: Die „Prüfung", der das Habilitationsverfahren entspricht, ist keineswegs eine simple fachgutachterliche Tätigkeit, die bloß bestimmte wissenschaftliche Leistungen beurteilen würde. Sie bezieht vielmehr die „ganze Person" des Kandidaten mit ein und beschäftigt sich in einem umfassenden Sinn mit dessen Kompatibilität zum existierenden lokalen Wissenschaftssystem. Ganz in Übereinstimmung damit sind die Gutachten und Diskussionen über einen Kandidaten weniger Äußerungen über seine „Vergangenheit", sondern über seine Zukunft. Sie bewerten nicht so sehr, was jemand geleistet hat, sondern was von ihm erwartet werden kann. Somit sind sie nicht bloß Analysen von etwas Gegebenem, sondern Prognosen, oder besser: Extrapolationen in die Zukunft.

Der Streit um die Benennungen

Durch einen seit der Jahrhundertwende zur Gänze wirksam gewordenen Differenzierungsprozess wurde die Geschichtswissenschaft in einzelne Denominationen aufgelöst. Der Habilitand muss sich in seinem Antrag gewöhnlich einer der bestehenden Denominationen zuordnen. Am häufigsten vertreten sind „Allgemeine Geschichte der neueren Zeit" sowie „Geschichte des Mittelalters und historische Hilfswissenschaften". Diese Zuordnung kann unter zwei Umständen zum Konflikt führen. Der erste Fall ist einfach: Jemand prätendiert eine *venia legendi*, die sich auf ein deutlich größeres Gebiet erstreckt, als durch die vorgelegten Arbeiten abgedeckt erscheint. In diesem Fall kann die *venia* durch die Kommission eingeschränkt werden.

Der zweite Fall ist der, dass jemand den Antrag auf eine *venia* stellt, die einerseits mit den Traditionen nicht vereinbar erscheint und/oder andererseits die Interessen der bestehenden Fächer tangiert.

Erna Patzelt, als „Frau" ohnehin schon ein schwieriger Fall, etwa versuchte eine *venia* für „Wirtschafts- und Kulturgeschichte des Mittelalters und der Neuzeit" zu erlangen. Diesem Ansinnen wurde vor allem vom Ordinarius für Kunstgeschichte, der die Kulturgeschichte als sein eigenes Geschäft betrachtete, widersprochen, obwohl die vorliegenden Arbeiten Patzelts einer solchen Benennung durchaus hätten entsprechen können.

> „Strygowski: hat sich schon in der Fakultät gegen die Zusammenziehung von Wirtschafts- und Kulturgeschichte (ausgesprochen) Nichts gegen die Habilitation für Wirtschaftsgeschichte. Kulturgeschichte ein viel zu weit gewähltes Fach.
>
> Pribram: Kulturgeschichte etwas umstritten. Wenn die Dame sich für Gesch. habilitiert, kann niemand verbieten, was sie lesen will.
>
> Dopsch: . . . Es wird niemals ein Übergriff auf Kunstgeschichte eintreten . . ."
> (UAW PA Erna Patzelt)

Hier wurden, trotz der Beteuerungen des Mentors, interne Feldgrenzen überschritten, die Integrität der bestehenden Denominationen verletzt.

Völlig chaotisch gewissermaßen verlief die Diskussion um die *venia legendi* im wohl problematischsten Habilitationsverfahren des Untersuchungszeitraumes. Friedrich Heer legte 1949 eine Arbeit mit dem Titel „Aufgang des Abendlandes. Eine Studie zu den Zusammenhängen zwischen politischer Religiosität, Frömmigkeitsstil und dem Werden Europas im 12. Jahrhundert" vor und beantragte die *venia legendi* „Allgemeine Geschichte des Mittelalters mit besonderer Berücksichtigung der europäischen Kultur- und Geistesgeschichte". Schon mit der Wahl einer solchen Bezeichnung trug Heer möglichen Einwänden der Zunft Rechnung. Der Code „mit besonderer Berücksichtigung" bedeutet immer eine Einschränkung und fungiert als freiwillig übernommene oder aber auch von der Kommission aufgezwungene Geste der Demut und Unterwerfung unter den Kernbereich einer Disziplin.

Das genügte hier allerdings nicht. In einer der ersten der zahlreichen Sitzungen wurde das „Allgemeine" vor „Geschichte" gestrichen. In einer konfliktreich verlaufenden Sitzung wird der Vorschlag „Synthetische Geistesgeschichte des Abendlandes" in Vorschlag gebracht.

Der unkonventionelle Terminus „synthetisch" war doch nicht die beste Lösung, denn in einer weiteren Sitzung erfolgt die Abänderung auf „Geistesgeschichte des Abendlandes". Damit war allerdings erreicht worden, dass Heer von jedem etablierten (Teil-)Fach ausgeschlossen war. „Abendland" statt „Mittelalter" (ein etablierter Bereich) und „Geistesgeschichte" (damals nicht etabliert) statt Kultur- und Geistesgeschichte (Kulturgeschichte in Wien – am Rande – etabliert).

Zugegebenermaßen war Heer ein „sehr schwieriger Fall" (ein Kommissionsmitglied). Als Journalist und Publizist war er klarer „Außenseiter", aber er hatte regulär Geschichte studiert *und* erfolgreich das „Institut" absolviert. Als Katholik erschien er akzeptabel, als „Links-Katholik" (ohne dass diese Bezeichnung 1949 schon üblich gewesen wäre) war er mehr als verdächtig. Als „Intellektueller" stand er sozusagen „naturgemäß" gegen die „Gelehrten" der Universität. Dennoch machte ihn nicht nur die Quantität der vorgelegten Arbeiten, sondern auch deren Qualität, die freilich vom Stigma mangelnden Traditionsbewusstseins behaftet war, so interessant, dass er nicht „kalt" abgewiesen werden konnte. Die Folge dieser prekären Situation war das am längsten dauernde (bezogen auf mein Sample) und mit Skandal-nahen Szenen durchsetzte Habilitationsverfahren. Die „Zunft"-Historiker taten alles, um Heer aus dem disziplinären Bereich Geschichte fern zu halten und ihn der Philosophie zuzuschieben. Allein auch die Philosophen hatten gute Gründe, Heer aus ihrem Bereich fern zu halten.

Dass Heer habilitiert wurde, verdankte er – mehr oder minder – einem sitzungstechnischen Betriebsunfall: Zuerst lehnte die Fakultät seine Habilitierung mehrheitlich ab; dagegen wurde ein Seperatvotum eingebracht, das letztlich fünf Stimmen mehr enthielt als die Ablehnungsmehrheit hatte (Fakultätsmitglieder, die sich zuerst der Stimme enthalten hatten, unterzeichneten das Seperatvotum). Dies erforderte eine weitere Distanzierung der Historiker, sie verlangten (und erhielten dafür die Zustimmung), dass

> „im Vorlesungsverzeichnis als Unterabteilung der Rubrik Geschichte eine solche über ‚Sozial-, Geistes- und Kulturgeschichte' geschaffen werde, in der der künftige Dozent Heer anzukündigen hätte." (UAW PA Friedrich Heer)

Albert Müller

Abschluss

Ich habe es bisher eher vermieden, über die kognitive Dimension der Habilitationen zu sprechen. Die Untersuchung der vorgelegten Habilitationsschriften gehört auch nicht zu meinen Forschungsabsichten. Da ich aber selbst Historiker bin, sind mir die Arbeiten dieses Samples vertraut, sodass ich eine (ganz) grobe Beurteilung vornehmen kann. Der allergrößte Teil der Arbeiten scheint nicht erst mit einem Abstand von mehr als 40–50 Jahren als bedeutungslos, er war es mit großer Sicherheit schon damals. Die Wahl von (im gegebenen Rahmen) innovativen Themen war nicht besonders Erfolg versprechend.

Die Bewahrung der zu akzeptierenden und akzeptierten Tradition war dagegen wesentlich bedeutender. M. a. W.: Die meisten der vorgelegten Arbeiten fügten sich in (meist seit dem 19. Jh.) bestehende Forschungsprogramme ein, ohne diese selbst weiter zu entwickeln. Dies entspricht ganz einem Befund aus einer Reihe autobiographischer (Selbst-)Darstellungen von Historikern: Dort wird weniger die eigene Habilitation thematisiert als – wenigstens mitunter – die Habilitationen von Schülern, die man erfolgreich durchs Verfahren geschleust hat. (Müller 1993)

Die Sicherung der Tradition – in sozialer wie in kognitiver Hinsicht – war der offensichtliche Kern jenes Kooptationsprozesses, der durch ein Habilitationsverfahren festgeschrieben wird. (Ähnlich Brenner 1993)

Aktenbestände zu Habilitationsverfahren anderer – vor allem geistes- und sozialwissenschaftlicher – Fächer legen nahe, dass die hier beschriebenen Elemente des Habilitationsverfahrens nicht nur für die Geschichte, sondern darüber hinaus Gültigkeit haben. Das Ausmaß ihrer Bedeutung werden erst weitere, vergleichende Untersuchung abschätzbar machen.

Anmerkungen

1 Der Text dieses Artikels folgt weitgehend meinem Vortrag bei: Soziologie der Sozialwissenschaften. Österreichische Perspektiven – Internationale Reflexionen, 15./16. 11. 1996, Institut für Höhere Studien, Wien.
2 Personalakten im Universitätsarchiv Wien, im Folgenden abgekürzt: UAW PA.

Literatur

Robert Axelrod, Die Evolution der Kooperation, München 1988.

Peter J. Brenner, Habilitation als Sozialisation, in: Peter J. Brenner (Hg.), Geist, Geld und Wissenschaft. Arbeits- und Darstellungsformen von Literaturwissenschaft, Frankfurt am Main 1993, 318–356.

Pierre Bourdieu, Homo academicus. Frankfurt am Main 1988.

Otto Brunner, Land und Herrschaft, 2. Aufl. 1942.

Paul Daude, Die Rechtsverhältnisse der Privatdozenten. Zusammenstellung der an den Universitäten Deutschlands und Österreichs, sowie an den deutschsprachigen Universitäten der Schweiz erlassenen Bestimmungen 1896.

Friedrich Engel-Janosi, . . . aber ein stolzer Bettler. Erinnerungen aus einer verlorenen Generation, , Graz – Wien – Köln 1974.

Franz Eulenburg, Der akademische Nachwuchs. Eine Untersuchung über die Lage und Aufgaben der Extraordinarien und Privatdozenten, Leipzig – Berlin 1908.

Ulrike Felt, Helga Nowotny u. Klaus Taschwer, Wissenschaftsforschung. Eine Einführung, Frankfurt am Main – New York 1995.

Gernot Heiss u. a. (Hg.), Willfährige Wissenschaft. Die Universität Wien 1939–1945. Wien 1988.

Ignaz Jastrow, Die Stellung des Privatdozenten, Berlin 1896.

Albert Müller, Alte Herren/Alte Meister. Über Ego-Histoire in der österreichischen Geschichtswissenschaft. Eine Quellenkunde, in: Österreichische Zeitschrift für Geschichtswissenschaften 4 (1993), 120–133.

Albert Müller, Dynamische Adaptierung und „Selbstbehauptung". Die Universität Wien in der NS-Zeit, in: Geschichte und Gesellschaft 23 (1997), 592–617.

Peter Schöttler, Die Annales und Österreich in den zwanziger und dreißiger Jahren, in: Österreichische Zeitschrift für Geschichtswissenschaften 4 (1993), 74–99.

Peter Schöttler, Vorwort, in: Lucie Varga, Zeitenwende. Mentalitätshistorische Studien 1936–1939, Frankfurt am Main 1991.

Martin Schmeiser, Akademischer Hasard. Berufsschicksal des Professors und das Schicksal der deutschen Universität 1870–1920. Eine verstehend soziologische Untersuchung, Stuttgart 1994.

Max Weber, Wissenschaft als Beruf, in: ders., Gesammelte Aufsätze zur Wissenschaftslehre, Tübingen 1988, 582–613. (urspr. 1919)

Wolfgang Weber, Priester der Klio. Historisch-sozialwissenschaftliche Studien zur Herkunft und Karriere deutscher Historiker und zur Geschichte der Geschichtswissenschaft 1800–1970, Frankfurt, 2. Aufl. 1987.

Klaus Taschwer

„Rendezvous mit Tier und Mensch"
Wissenschaftssoziologische Anmerkungen zur Geschichte der vergleichenden Verhaltensforschung in Österreich[1]

> „Im Grunde hat Konrad Lorenz nicht mehr, aber auch nicht weniger als die Vermutung ausgesprochen, daß insbesondere das soziale Verhalten des Menschen durch stammesgeschichtliche Anpassung vorgezeichnet sei. (...) Ich halte diese Theorie, und das gebe ich gerne zu, bis heute für eine unabdingbare Arbeitsvoraussetzung für jeden Lehrer, jeden politischen Wissenschaftler, jeden Sozialarbeiter, eigentlich auch jeden Politiker und all die anderen, die in ihrer Arbeit Tag für Tag davon ausgehen müssen und davon ausgehen wollen, daß der Mensch lernfähig und veränderbar ist." *Helmut Zilk*[2]

1. Einleitung

Dieser wissenschaftssoziologische Beitrag über die vergleichende Verhaltensforschung scheint auf den ersten Blick deplatziert: Die Ethologie unter die Sozialwissenschaften einzureihen, ist, wenn schon nicht unangebracht, so zumindest ungewöhnlich. Mit Widerstand von beiden Seiten ist zu rechnen: Die Sozialwissenschaften wollen damit nichts zu tun haben, und die Ethologie sieht sich selbst sehr viel lieber als Naturwissenschaft. Und doch gibt es einige Gründe, die es legitim erscheinen lassen, die vergleichende Verhaltensforschung im Kontext wissenschaftssoziologischer Analysen der Sozialwissenschaften zu einem Thema zu machen. Zum Ersten sind es bestimmte Bereiche der (Human- und Kultur-)Ethologie, die erhebliche thematische Überschneidungen mit traditionell sozialwissenschaftlichen Untersuchungsfeldern aufweisen. Man denke etwa an die Diskussion um die menschliche Scham zwischen Norbert Elias und Hans Peter Duerr, in der von letzterem immer wieder ethologische Forschungsergebnisse für den Beleg einer „schamhaften Natur des Menschen" herangezogen wurden.[3] Zum Zweiten gab es auch im deutschsprachigen Raum

Klaus Taschwer

eine Zeit, in der sich Biologie und Sozialwissenschaften nicht derartig diametral gegenüberstanden, wie sie das heute tun – die Querbeziehungen zwischen einer biologisch fundierten Anthropologie, wie sie von Autoren wie Adolf Portmann oder Arnold Gehlen vertreten wurde, und der Gesellschaftstheorie scheinen nach 1945 aufgrund der belasteten Rolle der Biologie vollständig abgerissen.[4] Zum Dritten sind aber auch die erheblichen methodischen Affinitäten nicht aus dem Auge zu verlieren, die wissenschaftssoziologisch gut dokumentiert sind. (Crist 1996) Zum Vierten bleibt aber die Frage offen, inwieweit die Sozialwissenschaften angesichts fortschreitender menschlicher Eingriffe in die „Natur" und anthropogener Folgereaktionen weiterhin „ohne Natur" auskommen kann – auch und zumal durch neuere Ansätze der Wissenschaftsforschung der Begriff der sozialen Konstruktion alles „Natürliche" ersetzen will, aber nicht kann.[5] (Grundmann und Stehr 1998)

Die Hauptmotivation für diesen Beitrag besteht aber darin, dass die Ethologie und ihre bewegte Geschichte aus vielfältigen Gründen ein reiches und bislang fast vollständig unbearbeitetes Feld für wissenschaftssoziologische bzw. wissenschaftshistorische Untersuchungen abgibt. Tatsächlich war kaum ein anderer Wissenschaftler der österreichischen Nachkriegsgeschichte derartig einflussreich wie der Verhaltensforscher Konrad Lorenz, der auch als einziger Österreicher nach 1945 mit dem Nobelpreis ausgezeichnet wurde. Von dessen weit über seine engere Heimat hinausgehender und bis heute andauernder Öffentlichkeitswirksamkeit zeugte zuletzt auch der Wissenschaftsbeitrag im SPIEGEL-Jubiläumsheft zum 50-jährigen Bestehen des Magazins, wo kein anderer als Lorenz zum Kronzeugen für die (verwerfliche) Wissenschaftsentwicklung im 20. Jahrhundert stilisiert wurde.[6] (Franke 1997)

Die Geschichte und Gegenwart der vergleichenden Verhaltensforschung kann nun unter verschiedenen wissenschaftssoziologischen Perspektiven in den Blick genommen werden: Die spezifische Gruppenstruktur der Ethologen, die symptomatischen Lehrer-Schüler-Verhältnisse könnten durch prosopographische Analysen ebenso analysiert werden wie – unter feministischen Gesichtspunkten – die weit gehende Marginalisierung von Frauen (und paternalistische Erkenntnisse) in der ethologischen Forschung. Die Frage, welche Vorgeschichte die Nobelpreisverleihung an Lorenz, Karl von Frisch und Niko Tinbergen im Jahr 1973 hatte, wäre ein wohl ebenso reiches Feld wie das Ansehen und die Rezeption ethologischer Forschungen in anderen disziplinären Zusammenhängen.[7]

Dieser Beitrag, der erst den Beginn eines größeren Forschungsprojekts markiert und daher bloß mit einigen tentativen Ergebnissen aufwarten kann, wird im Hinblick auf die Geschichte der Ethologie im 20. Jahrhunderts etwas andere Untersuchungsperspektiven herausgreifen, die sich in der Wissenschaftsforschung in den vergangenen Jahren als fruchtbar erwiesen haben und im Besonderen zur Analyse der vergleichenden Verhaltensforschung als angemessen erscheinen.

Zum Inhalt: Im ersten Abschnitt soll versucht werden, die verwickelten Zusammenhänge zwischen der frühen ethologischen Forschung und ihrer oftmals noch vorgelagerten Popularisierung herauszustellen und genauer in den Blick zu nehmen. Dazu wird auf bisher unbekanntes Quellenmaterial rekurriert, das belegt, wie Lorenz bereits seit Mitte der Dreißigerjahren als Vermittler seiner Wissenschaft tätig war und in diesen populärwissenschaftlichen Auftritten jene problematischen Tier-Mensch-Analogien vorbereitet hat, die dann vor allem nach 1938 in Publikationen explizit ausgearbeitet wurden.

Während diese Aspekte der fließenden Grenzen zwischen der „reinen" wissenschaftlichen Forschung und der „unreinen" Popularisierung im Zentrum des ersten Abschnitts stehen, geht es im zweiten Teil um die politischen Inklinationen der vergleichenden Verhaltensforschung und der ideologisch geprägten Ethologie von Konrad Lorenz. Dessen NS-Parteigängerschaft und seine Arbeiten während der Nazi-Zeit werden hier einerseits als erfolgreiche Strategie interpretiert, der bis dahin wenig anerkannten vergleichenden Verhaltensforschung auch auf akademischen bzw. universitärem Boden zu Anerkennung zu verhelfen. Andererseits werden Pierre Bourdieus Analysen der Doppelrhetorik Martin Heideggers (Bourdieu 1988) dafür herangezogen, um bei Konrad Lorenz einen untrennbaren Zusammenhang zwischen „(natur-)wissenschaftlicher Ethologie" und „Politphilosophie" herauszustreichen, der weder vor 1938 noch nach 1945 gekappt war.

Nach 1945 war Lorenz zunächst einmal in Kriegsgefangenschaft und war dann bloß in den Jahren von 1948 bis 1950 in seiner Heimat tätig, ehe er im Jahr 1973 kurz vor dem Erhalt des Nobelpreises von Deutschland nach Österreich zurückkehrte. In der Zwischenzeit hatten allerdings einige seiner Schüler – und dabei insbesondere Otto Koenig – mit großem Erfolg für eine Etablierung der Ethologie zunächst in der breiten Öffentlichkeit und letztendlich auch auf akademischem Boden gesorgt: Koenig gestaltete ab 1956 über mehrere Jahrzehnte hinweg die populäre TV-Sendereihe „Rendezvous mit Tier und Mensch" – die am längsten laufende populärwissenschaftliche Sendung weltweit, in deren Zentrum die Analogiebildung von tierischem und menschlichem Verhalten stand. Am Beispiel der Durchsetzungsgeschichte der Ethologie lässt sich dabei gut die epistemische Bedeutung der Öffentlichkeit für dieses Fach nachzeichnen: Hier lautet die These, dass die vergleichende Verhaltensforschung besonders aktiv in der Öffentlichkeit auftrat und ihr (wissenschaftliches) Wissen auch über die engeren Grenzen der Wissenschaften hinaus verbreiten konnte – ausgestattet mit der Autorität einer schlussendlich sogar nobelpreisgekrönten Naturwissenschaft.

Vor diesem Hintergrund der öffentlichen Kommunikation ethologischer Erkenntnisse gelang es den Ethologen, eine – zumindest in Österreich – beispiellose politische Wirkung zu entfalten: Dazu zählt unter anderem ihre Beteiligung an der Verhinderung des Kernkraftwerks Zwentendorf und später vor allem des Kraftwerks Hainburg 1985, gegen das sogar ein eigenes Konrad-Lorenz-Volksbegehren durchgeführt wurde. Diese ökologischen Interventionen, aber auch die leidigen Beiträge einiger Ethologen zur so genannten „Ausländerproblematik" sind das Abschlussthema dieser wissenschaftssoziologischen Annäherungen an eine öffentlichkeitswirksame Wissenschaft.

2. Die frühe Popularisierung der vergleichenden Verhaltensforschung

> Man lernt eine Menge, wenn man andere belehrt.
> *James Joyce,* Ulysses

Im transdisziplinären Bereich der Wissenschaftsforschung sind die komplexen Beziehungen zwischen Wissenschaft und Öffentlichkeit in den letzten zehn Jahren von einer eher marginalen Fragestellung zu einem wichtigen Forschungsthema geworden. Dabei kam es vor allem zu einigen grundlegenden Neuinterpretationen der Rolle und der Funktionen wissenschaftlicher Transmissionen an die Öffentlichkeit. Sowohl im öffentlichen wie auch im akademischen Diskurs über Wissenschaft schien es bis dahin eine ausgemachte Sache zu sein, dass die Popularisierung wissenschaftlicher Kenntnisse für ein breites Publikum – solange sie nicht zur verachtenswerten Propaganda verkommt – eine, unter einem aufklärerischen Gesichtspunkt betrachtet, hehre Aufgabe sei, der aber im Vergleich zur Forschung selbst nur nebensächliche Bedeutung zukommt. Bei der Popularisierung selbst bzw. dem Vereinfachen von wissenschaftlichen Erkenntnissen laufe man dabei freilich stets Gefahr, wissenschaftliche Wahrheiten zu verzerren. Und schließlich: Was und wie popularisiert wird, läge ausschließlich in den Händen der Wissenschaft.

Diese konventionellen Vorstellungen von einer Trennbarkeit und Hierarchisierung von „rein wissenschaftlichen" und popularisierten Erkenntnissen scheint im Lichte jüngerer wissenschaftshistoriographischer und -soziologischer Studien problematisch.[8] So ist insbesondere zu berücksichtigen, dass das popularisierte Wissen über eine Rückkopplung nicht selten wieder in den Forschungsprozess Eingang findet. Bestimmte, oft noch „unsichere" wissenschaftliche Fakten werden nach und nach „sicherer", je weiter sie – unwidersprochen – verbreitet werden.[9] Das traditionelle Diffusionsmodell hingegen unterschlägt neben dieser erkenntnistheoretischen Bedeutung von Wissenschaftspopularisierung jedoch auch die politisch-legitimatorische Funktion dieses Transmissionsprozesses. Das „Ausstellen" von Wissenschaft hat, so wird in diesen neueren Arbeiten behauptet, demgemäß nicht nur Wirkung auf ihr Publikum, sondern scheint auch von strategischer Bedeutung für die Wissenschaft selbst zu sein. So nämlich kann sie insbesondere auf ihre gesellschaftliche Bedeutsamkeit hinweisen und öffentliche Unterstützung reklamieren.[10] Zudem sichert sich die Wissenschaft – die traditionelle Dichotomie von „wahrer" und „vereinfachter" wissenschaftlicher Erkenntnis konservierend – auch ihre Monopolstellung bei Expertisen in verschiedenen außerwissenschaftlichen Feldern.

Der traditionellen dichotomisierten Sicht der Dinge wäre also das Bild eines Kontinuums entgegenzuhalten, auf dem wissenschaftliche Kommunikation je nach Kontext in ihrem Ausmaß an Popularisierung zu verorten wäre. Das traditionelle Konzept von Popularisierung erscheint dadurch freilich als sehr nützliche politische Strategie der Wissenschaftler. Denn aus dem Anspruch, dass bloß sie im Besitz des wahren, unvereinfachten Wissens seien, würde ihnen in jeder öffentlichen Debatte, in der auch wissenschaftliches Fachwissen gefragt ist, konsequenterweise eine „starke Stimme" bzw. im Extremfall ein Meinungsmonopol zukommen. (Hilgartner 1990)

Behauptet wird in der nachfolgenden Untersuchung, dass die Popularisierung von Anfang an ein konstituierender Bestandteil der vergleichenden Verhaltensforschung war – und zwar auf individualbiographischer Ebene ebenso wie im institutionellen Zusammenhang. Gleichsam als Exemplifizierung der Kritik am geläufigen Diffusionsmodell lässt sich auch hier zeigen, dass die Wissenserzeugung und Wissensvermittlung gerade in diesem Forschungsfeld in einem intrikaten Zusammenhang standen und stehen, bei dem die erfolgreiche Popularisierung zum Teil noch vor der wissenschaftlichen Anerkennung kam. Das traf auch und vor allem auf Konrad Lorenz zu, dessen „populärwissenschaftliche Prägung" bereits sehr früh erfolgte.[11] Über den Werdegang des Wissenschaftlers ist viel geschrieben worden[12] – hier seien zur Orientierung bloß noch einmal die wichtigsten frühen Wegmarken festgehalten. Konrad Lorenz wurde 1903 als zweiter Sohn des angesehenen Orthopäden Adolf Lorenz geboren, verbringt seine Kindheit in Altenberg bei Wien, wo er umgeben von einer Vielzahl verschiedener Tieren erste ethologische Beobachtungen anstellt. Nach seiner Schulzeit im liberalen Schottengymnasium studiert er an der Universität Wien Medizin und schließt das Studium 1928 ab. Von diesem Jahr an bis 1935 ist er Assistent am II. Anatomischen Institut in Wien, studiert nebenbei Zoologie und Psychologie, hat dabei übrigens auch enge Kontakte zum Institut für Psychologie bzw. Karl Bühler und promoviert schließlich 1933 zum Dr. phil. mit einer Arbeit über den Vogelflug.

Ein wichtiger Anstoß dafür, dass Lorenz bereits sehr früh seine Erkenntnisse für eine breitere Öffentlichkeit aufzubereiten begann, erfolgte bereits vor dieser Zeit durch Lorenz' Mentor Oskar Heinroth (1871–1945), mit dem er ab 1930 in einem regen Briefwechsel stand. Bereits in seinem ersten Brief riet ihm der deutsche Gründervater der Ethologie, sich einer weniger gestelzten wissenschaftlichen Schreibweise zu befleißigen. Und im zweiten Brief vom 14. Oktober 1930 meinte Heinroth – den Lorenz schon bald als „seinen Führer"[13] bezeichnen sollte – über dessen zweite, zu dieser Zeit noch unveröffentlichte wissenschaftliche Arbeit:[14]

> „Ihre Dohlen-Arbeit soll natürlich im ‚Journal' erscheinen, und wenn ich meinte, daß Ihre schönen Beobachtungen nicht nur an Dohlen, sondern auch an anderen mehr oder weniger frei gehaltenen Tiere, in Buchform unter die Menge kommen sollten, so dachte ich dabei an eine andere Abfassungsweise. Es steht ja nichts im Wege, daß man eine Sache wissenschaftlich in einer Fachzeitschrift veröffentlicht und sie außerdem nachher in volkstümlicher Art kundgibt." (Heinroth und Lorenz 1988, S. 36)

Lorenz selbst war indes schon ein Jahr vorher die Idee gekommen, „ein volkstümlich gehaltenes Buch über meine Tierbeobachtungen zu schreiben" – das behauptet er zumindest im Antwortbrief an Heinroth. Jedenfalls war er überglücklich, als sein etwas älterer Kollege, der Biologie-Dozent Wilhelm Marinelli, zur bereits erschienenen Dohlenarbeit allem Anschein nach gemeint hatte: „Der Lorenz schreibt einen ausgezeichneten Stil, nämlich den von Heinroth." (Heinroth und Lorenz 1988, S. 41, Brief vom 22. Februar 1931)

Grundsätzlich darf natürlich nicht vergessen werden, dass die Ornithologie und die Tierbeobachtung ganz allgemein – ähnlich wie die Astronomie – seit jeher Forschungsfelder waren, in denen Amateure eine wichtige Rolle spielten und die Trennung zwischen akademischer und laienwissenschaftlicher Forschung nicht allzu stark ausgeprägt war. Hatte sich die von Max Weber beschriebene Professionalisierung der Wissenschaften (Weber [1919] 1986) nach der Jahrhundertwende in den meisten Forschungsbereichen auch nachhaltig auf das Verhältnis zwischen den Experten und den Laien ausgewirkt[15], so blieb die Zoologie und die mit ihr verwandten Bereiche davon relativ unberührt. Das lässt sich unter anderem anhand der Entwicklungen im populärwissenschaftlichen Zeitschriftenwesen nachzeichnen, der in den Zwanzigerjahren von einem signifikanten Rückgang der Titel gekennzeichnet war – mit Ausnahme der Zoologie, wo es zu einem Zuwachs sowohl der Fachzeitschriften wie auch der populären Magazine kam: Im Bereich der Tier- und Pflanzenbeobachtung war wissenschaftliches Laientum weiterhin legitim bzw. konnte „kommerzialisiert" werden, während die anderen Bezirke der Laienpraxis von der Akademie immer stärker zurückgedrängt wurden. (Taschwer 1997, S. 30–34)

Ehe Konrad Lorenz sich schließlich 1937 für das Fach „Zoologie mit besonderer Berücksichtigung der vergleichenden Anatomie und Tierpsychologie" habilitieren kann[16] und noch eher er erste eigene Lehrveranstaltungen an der Universität Wien abhält, wurde er – was bislang nicht bekannt war – im Rahmen der volkstümlichen Hochschulkurse als populärwissenschaftlicher Vortragender tätig.[17] Das belegt ein bislang unveröffentlichter Briefwechsel[18], in dem sich am 15. April 1936 ein gewisser Herr Dr. Adolf Vetter für die Fortführung seines Kurses ausspricht:

> „Im Namen mehrerer Hörer der von Dr. Hans (sic!, K. T.) LORENZ im Rahmen der volkstümlichen Universitätskurse veranstalteten Vortragsreihe über das GESELLSCHAFTS- und FAMILIENLEBEN DER TIERE (Anatom. Institut, 24. Februar bis 30. März), sowie im eigenen Namen gestatte ich mir, Ihnen im Folgenden eine Bitte vorzutragen.

> Zunächst sei Herrn Dr. Lorenz der herzlichste Dank für die vielfache Belehrung ausgesprochen, die er seinen Hörern in so besonders fesselnder Weise vermittelt hat. Herr Dr. Lorenz hat jenen seiner Hörer, die Tierpfleger sind, Kenntnisse von unmittelbar praktischer Bedeutung zugänglich gemacht; andern wieder, die sich mit Psychologie befassen, hat er die Möglichkeit gezeigt, an gewisse Fragen der Menschheitsforschung mit Anwendung der Methoden der Tierseelenforschung heranzugehen, alle aber, die Naturfreunde sind, danken ihm für die Vertiefung ihres Naturverständnisses und damit ihres Naturerlebens. (...)
> Deshalb wird Ihnen, sehr geehrter Herr Professor, der Sie sich der Mühe unterziehen, die volkstümlichen Universitätskurse naturwissenschaftlicher Richtung zu organisieren, hiemit über mehrfachen Wunsch die Bitte unterbreitet, Herrn Dr. Hans Lorenz zu einer WIEDERHOLUNG DER VORTRAGSREIHE im nächsten Studienjahr einladen zu wollen."

Am 21. April 1936 antwortete der damalige Sekretär der volkstümlichen Universitätskurse dem Ansuchen dieses Sektionschefs i. R. und bedankte sich für die „liebenswürdige Anregung". Weiter hieß es: „Ich kann Ihre Ausführungen bezüglich der interessanten und gründlichen Vorträge des Herrn Dr. Hans (sic!) LORENZ nur bestätigen und werde nach Befragung des Dr. LORENZ einen Kurs dieses Wissensgebietes dem Ausschuß in Vorschlag bringen." Am 22. Juni 1936 antwortete dann auch Konrad Lorenz auf die Einladung, im nächsten Wintersemester wieder einen volkstümlichen Universitätskurs abhalten zu dürfen:

> „(...) Ich habe eine grosse Freude über diese Einladung und zwar, wie ich Sie (sic!) versichern kann, nicht nur wegen des Honorars!!
> Als Thema würde ich etwa vorschlagen ‚Die instinktmässigen Grundlagen tierischen und menschlichen Gesellschaftslebens', eventuell unter Weglassung des ‚menschlichen', wenn das ‚moralisch' anstössig sein sollte! Man könnte auch kurzweg den Titel ‚Allgemeine Instinktlehre' wählen, aber das dürfte dem Publikum zu wenig anziehend scheinen. Da Sie, Herr Professor, über mein Forschungsgebiet ja sowieso durchaus orientiert sind, darf ich Ihnen die spezielle Wahl des Titels wohl überlassen!"

Dieser prima vista nebensächliche Briefwechsel stellt ein nicht unbedeutsames Indiz für eine neue Wissenschaftsgeschichte der vergleichenden Verhaltensforschung dar, und zwar in dreifacher Hinsicht: Im Hinblick auf das Verhältnis von „eigentlicher Wissenschaft" und ihrer Popularisierung lässt sich zum Ersten zeigen, dass die „exoterische" Kundmachung bestimmter Erkenntnisse der „esoterischen", akademischen Veröffentlichung keineswegs immer nachgeordnet sein muss, sondern oftmals schon vor dieser passiert:[19] Lorenz hat das oben angesprochene Thema in keiner seiner Publikationen zuvor in dieser Explizitheit behandelt, auch wenn es im Schlussabsatz seiner Dohlen-Arbeit von 1935 – mit deutlicher Bezugnahme auf die damalige Soziologie – bereits sehr deutlich, aber eben nur kurz angesprochen ist:

> Es ist vielmehr meine Überzeugung, daß die Soziologen (...) den Anteil des Instinktmäßigen an allen sozialen Reaktionen des Menschen ganz gewaltig unterschätzt haben. (...) Katz schreibt: ‚In mancher Hinsicht besteht eine überraschende Übereinstimmung im sozialen Verhalten von tierischen und menschlichen Gruppen, so daß man geradezu die Hoffnung hegen darf, die Tierpsychologie einst dazu zu verwenden, um Gesetze aufzufinden, von denen das soziale Verhalten menschlicher Gruppen bestimmt wird.' Diese Hoffnung kann nur dann in Erfüllung gehen, wenn wir den Instinkt als etwas Eigengesetzliches und von dem übrigen psychischen Verhalten fundamental verschiedenes auch dem Menschen zuschreiben und zu erforschen trachten. (Lorenz [1935] 1984, S. 282)

Zum Zweiten lässt sich angesichts dieses Zitats und vor allem: anhand Lorenz' volkstümlichem Kurs an der Universität behaupten, dass das berühmt-berüchtigte „Rendezvous mit Mensch und Tier" und die Grundlagen der später ausgearbeiteten Mensch-Tier-Analogien bereits längst vorhanden waren. Dieses Faktum relativiert schließlich zum Dritten aber auch die These, dass Lorenz' Arbeiten nach 1938 eine mehr oder weniger naive Anbiederung an die Nazis aus Gründen des Karrierevorteils waren – was gewiss auch der Fall war, wie im Folgenden gezeigt wird. Doch Lorenz hat allem Anschein schon Jahre vorher gewusst, dass einige seiner Thesen moralisch bzw. politisch anstößig sein könnten, und er hat also schon vor 1938 zu bestimmten Themen gearbeitet, die nach dem „Anschluss" politisch opportun waren.[20] Was der englische Publizist und Schriftsteller Bruce Chatwin als die „Variationen einer fixen Idee" bezeichnet hat ([1979] 1996), geht also tatsächlich weiter zurück, als man bisher annehmen durfte.

Ein wesentlicher Gesichtspunkt darf freilich im Zusammenhang mit der frühen Popularisierungstätigkeit von Lorenz nicht übersehen werden: Die Ethologie bzw. die vergleichende Tierpsychologie war in den Dreißigerjahren alles andere als ein etabliertes Fach an den Universitäten – und Lorenz hatte auch, wie bereits gezeigt wurde, allem Anschein nach keine

Möglichkeit gehabt, sich für eben dieses neue Fach zu habilitieren. In diesem Sinne kann und muss seine Popularisierungstätigkeit auch als Teil der Institutionalisierungsstrategie der Verhaltensforschung verstanden werden. Diesen Schluss legen jene Kurse nahe, die Konrad Lorenz neben den volkstümlichen Kursen an der Urania – der eher bürgerlichen Volkshochschule der Zwischenkriegszeit – abgehalten hat und die ihre wahre Wirkung erst nach 1945 entfalten sollten. Einer der Hörer dieser Kurse war der junge Otto Koenig (geb. 1914), der spätere Gründer der Forschungsgemeinschaft Wilhelminenberg. Die ersten expliziten Anregungen zur Gründung dieser für die Ethologie in Österreich bahnbrechenden Einrichtung erhielt er anlässlich einer dieser Urania-Veranstaltungen, wie Koenig später bezeugte.[21] Und zwar war das Lorenz' „damals getaner Ausspruch, die Verhaltensforschung hätte so viele Probleme zu lösen, daß ein ganzes Institut damit beschäftigt werden könnte. Worauf ich beschloß, ein solches Institut zu errichten." (Koenig 1974, S. 14)

3. Die Politik der Ethologie: Konrad Lorenz und der Nationalsozialismus

> Ich habe (. . .) gehofft, daß der Nationalsozialismus etwas Gutes bringen wird, nämlich in bezug auf die Hochschätzung der biologischen Vollwertigkeit des Menschen, gegen Domestikation usw. Daß die Leute ‚Mord' meinten, wenn sie ‚Ausmerzen' oder wenn sie ‚Selektion' sagen, das habe ich damals wirklich nicht geglaubt. So naiv, so blöd, so gutgläubig – nennen Sie es, wie Sie wollen – war ich damals. *Konrad Lorenz*[22]

Bevor wir an dieser Stelle auf die Institutionalisierungsgeschichte der Ethologie nach 1945 in Österreich zu sprechen kommen, ist eines der – sowohl wissenschaftspolitisch wie wissenschaftssoziologisch neuralgischen – Schlüsselthemen in der Beschäftigung mit dem Leben und der Person von Konrad Lorenz zu diskutieren, nämlich dessen bereits angedeutete „Doppelnatur": Auf der einen Seite war er als einer der führenden Vertreter der Ethologie derjenige, der als Erster die „Blöcke" genetisch vererbten Verhaltens bei den Wirbeltieren erforscht hat und den wichtigen Begriff der „Prägung" beisteuerte, und schließlich: der einzige österreichische Nobelpreisträger nach 1945. Auf der anderen Seite war da aber auch der reaktionäre Ideologe, der sich den Nationalsozialisten anbiederte und lange nach 1945 ganz ähnliche Thesen vertrat wie in einigen seiner kompromittierenden Aufsätze zwischen 1938 und 1943.

Die Literatur zu Lorenz' Verstrickungen in das System des Nationalsozialismus ist mittlerweile relativ umfangreich – wenngleich auch die materiale Basis dieser Analysen sowie die gezogenen Schlussfolgerungen denkbar unterschiedlich sind.[23] Die Auseinandersetzungen kreisen bislang vor allem um die Frage, ob es sich bei Lorenz' Arbeiten aus der NS-Zeit bloß um naive Anbiederungen an das Regime handelte – wie Lorenz selbst später beteuerte – oder ob mehr dahinter stand. Sollte man zwischen diesen zwei Ausprägungen ein und derselben Person unterscheiden, wie es die etwas skeptischeren unter den Anhängern (u. a. Wuketits 1991) tun? Oder sind diese so genannten politischen Fehltritte zu psychologisieren, wie das ein anderer vorgeschlagen hat? (Bischof 1993) Eine solche Unterscheidung zwischen dem Ethologen und dem Ideologen führt aber bloß zu weiteren Fragen: Lassen sich nicht nur Leben und Werk, sondern auch Wissenschaft und Weltanschauung so einfach trennen?

Hier wird vielmehr behauptet, dass im Falle von Konrad Lorenz nicht nur Popularisierung und Forschung, sondern auch Wissenschaft und Ideologie auf einem Kontinuum angesiedelt sind: Viele seiner Arbeiten und Schlussfolgerungen vor, während und nach dem Nationalsozialismus sind einander zu ähnlich, als dass eine analytische Trennung bzw. Trennbarkeit aufrechterhalten werden könnte. Wie bereits angedeutet, war sich Konrad Lorenz – im Gegensatz zu psychologisierenden Ausdeutungen – bereits sehr früh bewusst, dass seine Arbeiten moralisch anstößig sind. (Ob ihm allerdings aus politischen Gründen die venia legendi für jenes Fach verwehrt wurde, das er eigentlich angestrebt hatte, sei hier dahingestellt.) Lorenz jedenfalls fühlte sich in den Dreißigerjahren in Österreich nur wenig unterstützt, und auch der Zulauf bei den Studierenden hielt sich am Beginn seiner Vorlesungstätigkeit in engen Grenzen: Im gesamten Studienjahr 1939/40 blieb seine Hörerzahl unter fünf.[24] (Schaller 1997, S. 176) So suchte er akademische Kontakte und Förderung im nationalsozialistischen Deutschland, wo er auch vom Genetiker Fritz von Wettstein bei der Deutschen Forschungsgemeinschaft empfohlen wurde. 1937 hielt er einen Vortrag in Berlin, der ihm die folgenreiche Bekanntschaft mit Erich von Holst eintrug. Über dessen Vermittlung kam Lorenz letztendlich zu seiner Professur in Königsberg, die er ab dem 1. Jänner 1941 offiziell antrat – im Übrigen die einzige ordentliche Professur zeit seines Lebens. (Wuketits 1991, S. 72 ff.) Zugleich wurde er zum Direktor des Psychologischen Instituts der Universität Königsberg ernannt[25], und damit hatten Lorenz' langjährige Bemühungen um die Etablierung eines eigenständigen Forschungsbereichs der vergleichenden Verhaltensforschung an der Universität erstmals – wenn auch nur kurzfristigen – Erfolg getragen.

Lorenz hatte dafür freilich auch politische Vorleistungen erbracht bzw. den Fortgang seiner weiteren Karriere jedenfalls nicht behindert: So legte er am 23. April 1938 als Assistent am Anatomischen Institut den Eid auf den Führer ab; am 1. Mai beantragte er die Aufnahme in die NSDAP und am 28. Juni 1938 wurde diesem Antrag stattgegeben (Mitgliedsnummer 6170554). (Kalikow 1980, S. 197) Am 13. September 1939 befürwortete Dr. Arthur Marchet, der Dozentenführer der Gauleitung Wien, das Ansuchen des bisherigen Privatdozenten zum Dozenten neuer Ordnung, zu dem Lorenz am 3. Mai 1940 ernannt wurde.

Mehr als ein Jahr zuvor, im Juli 1938, hatte Lorenz bei seinem Vortrag auf der XVI. Tagung der Deutschen Gesellschaft für Psychologie erstmals auf größerer Bühne zu zeigen versucht, welche wissenschaftliche, aber vor allem auch politische Bedeutung seinem Fach zukam. Wie es später hieß, hat er „auf die möglicherweise sehr große rassenhygienische Wichtigkeit einer genaueren Erforschung dieser Erscheinungen [gemeint sind Instinktausfälle bei Tier und Mensch, K. T.] hingewiesen". Diese Einschätzung entstammt einem Gutachten über die wissenschaftliche Qualifikation von Konrad Lorenz für ein mögliches Extraordinariat für Tierpsychologie, das für ihn an der Universität Wien hätte eingerichtet werden sollen.[26] Und weiter hieß es in diesem Papier: „Auch daß Lorenz stets auf die praktische Nutzanwendung seiner Arbeiten bedacht ist, soll nicht unerwähnt bleiben."[27] Tatsächlich erschien die angesprochene Arbeit von Lorenz unter dem Titel „Über Ausfallserscheinungen im Instinktverhalten von Haustieren und ihre sozialpsychologische Bedeutung" wenige Monate später im Tagungsbericht der Konferenz (Lorenz 1939) – eine der weniger beachteten und doch symptomatischen Schriften von Lorenz in den fünf Jahren zwischen 1938 und 1943.

In diesem Aufsatz sind nahezu sämtliche Themen angesprochen, die Lorenz in den folgenden Jahren bis 1943 – und in kaum camouflierter Form bis zu seinem Tod – wiederholen sollte. Die Strategie seines Aufsatzes bzw. des Auftritts beim Schauspiel der neuen deutschen Psychologie in Bayreuth lief vor allem darauf hinaus, sich zum Ersten um eine Anerkennung der vergleichenden Verhaltensforschung als eigenständiger wissenschaftlicher Disziplin zu bemühen, indem er zum Zweiten die Verwendbarkeit seiner Erkenntnisse für die Ziele des Nationalsozialismus herausstrich. Lorenz begann seinen Vortrag mit einer Kritik an Pawlow und der Reflexlehre, ehe er erste Parallelen zwischen der Domestikation von Haustieren und der Zivilisation des Menschen zog: „Die beiden Vorgänge haben vom Standpunkt des Biologen aus gesehen sehr viel Gemeinsames." (Lorenz 1939, S. 140) Und: beide Vorgänge sind nichts Wünschenswertes. Der behauptete Nachweis dieser Gemeinsamkeiten von Mensch und Tier bleibt allerdings nicht nur in dieser Arbeit aus; vielmehr ist bloß die Rede von der „Ähnlichkeit der biologischen Grundlage", die es „recht glaubhaft" mache, „daß die bis in kleinste Einzelheiten gehende(n) Parallelen im menschlichen und tierischen Verhalten nicht bloß äußere Analogien sind, sondern auf Ursächlichem beruhen" (a. a. O.). Was freilich diese biologische Grundlage sei (außer der postulierten Analogie von Domestikation und zivilisiertem Leben), bleibt hier und in den späteren Schriften weitgehend offen.

Angeleitet ist diese These nicht aus wissenschaftlichen Untersuchungen von Lorenz, sondern entstammt eindeutig den weltanschaulichen Schriften seiner Zeit: Wenn Lorenz in diesem Text den „Menschen der Großstadt" als Inbegriff des entarteten Typus gebraucht – während die bäuerliche Existenz das einzig wahre Leben für den Menschen sei –, schrieb er sich mit diesen Gedanken nahtlos in jenen „konservativ-revolutionären Diskurs"[28] ein, der in Oswald Spenglers Schrift „Der Mensch und die Technik" (1931) in paradigmatischer Form beschworen wird – gleichwohl aber von vielen Wissenschaftlern und Intellektuellen der Zeit (u. a. Sombart, Toennies) vertreten wurde. Den Kern dieses Denkens hat Pierre Bourdieu in seiner Dekonstruktion der politischen Ontologie Heideggers folgendermaßen benannt:

> Das ideologische Ausschlachten der Sehnsucht nach ländlicher Natur und das Unbehagen an der städtischen Kultur und Zivilisation beruht auf der stillschweigenden Gleichsetzung der Rückkehr zur Natur mit der Rückkehr zum Naturrecht, eine Gleichsetzung, die unterschiedlich vollzogen werden kann: in der Restaurierung der an die bäuerliche Welt gebundenen mystifizierten Verhältnisse patriarchalischen oder paternalistischen Typs, aber auch brutaler in der Berufung auf Unterschiede und Triebe, die vorgeblich der Natur (und spezieller der *animalischen* Natur) universell eingeschrieben sind. (Bourdieu 1988, S. 28)

Im Gegensatz zu Spengler, der die Frage nach dem Untergang der Zivilisation mit der „Logik der Zeit" beantwortete, ging es Lorenz in seinem Aufsatz um eine biologische Erklärung des zivilisatorischen Verfalls – was indes auch die Möglichkeit von Gegenmaßnahmen vorsah. So beendete Lorenz seinen Vortrag damit, dass er zunächst skizzierte, wie sich der degenerierte Typus „wie die Zellen eines malignen Tumors" über den Volkskörper verbreite. Die nicht degenerierten Menschen müssten dagegen von ihren angeborenen Wertungen Gebrauch machen, um zur Erhaltung der „rassischen Gesundheit und Kraft" diesen Typus zu eliminieren. Der abschließende Satz ist ein Appell für „die Pflege unserer heiligsten rassischen völkischen und menschlichen Erbgüter". (Lorenz 1939, S. 147)

Im Hinblick auf die Auseinandersetzung mit diesen Aufsätzen von Lorenz zwischen 1938 und 1943 gilt denn auch mutatis mutandum, was Bourdieu über Heideggers Schriften der NS-Zeit formuliert hat: Tatsächlich basiert auch im Fall von Lorenz eine angemessene Analyse „auf einer doppelten Weigerung", die sowohl den Anspruch des biologischen Textes auf seine wissenschaftliche Autonomie und die damit einhergehende Ablehnung jedes Außenbezugs zurückweist als auch die unmittelbare Reduktion des Textes bloß auf die weltanschaulichen Bedingungen seiner Produktion. (Bourdieu 1988, S. 10 f.) Die Trennung von politischer und biologischer Lektüre ist folglich aufzugeben, zumal sich die Arbeiten gerade durch ihre Ambiguität auszeichnen sowie durch die gut versteckten Übergänge zwischen ethologischen Erkenntnissen und ideologischen Behauptungen.

Lorenz' ethologisch-ideologischen Publikationen aus dieser Zeit brachten eine ständige Variation der bereits angesprochenen Themen, zum Teil noch mit einiger Zuspitzung und noch deutlicherer Anpassung an die Nazi-Diktion. So publizierte er in der NS-Zeitschrift *Der Biologe* 1940 einen Text mit dem Titel „Systematik und Entwicklungslehre im Unterricht" (Lorenz 1940a), in dem er ebenfalls um Unterstützung für die Ethologie warb. Zugleich wird behauptet, dass der Unterricht in Evolutionstheorie mit der „wahren Rassentheorie" in Einklang stehe, die davon auszugehen habe, dass die Unveränderlichkeit der Rasse eine Fiktion sei – und zwar deshalb, weil diese Anschauung „zum rassenpolitischen Fatalismus" führen müsse. Stattdessen tue ein rassenpolitischer Optimismus Not:

> Im besonderen hängt gegenwärtig die große Entscheidung wohl von der Frage ab, ob wir bestimmte, durch den Mangel einer natürlichen Auslese entstehende Verfallserscheinungen an Volk und Menschheit rechtzeitig bekämp-

fen lernen oder nicht. Gerade in diesem Rennen um Sein oder Nichtsein sind wir Deutschen allen anderen Kulturvölkern um tausende Schritte voraus. (Lorenz 1940a, S. 29)

Eine nochmalige Zuspitzung findet dieses Argument im Aufsatz „Durch Domestikation verursachte Störung arteigenen Verhaltens" (Lorenz 1940b), der ebenfalls 1940 erschien – die Langfassung seines Vortrags am Psychologenkongress und wohl ebenfalls bereits in der Zeit des „Anschlusses" verfasst worden. Im Anschluss an die – nach 1945 wieder zurückgenommene – Behauptung, dass die durch die Zivilisation erworbenen schlechten Eigenschaften erblich sein könnten, fordert Lorenz dazu auf, solche möglichen mutagenen Faktoren dringend zu untersuchen. Denn wenn es sie gebe, könnten sie durch rassenhygienische Maßnahmen eliminiert werden. Wenn das aber nicht passiere, so warnt er im Schlussabschnitt des Textes über etwaige „Nutzanwendungen" mit unverhohlener Nazi-Diktion, dann sei eine dauernde Überwachung „ethisch Minderwertiger" nötig. An die Stelle der Selektionsfaktoren müssten Maßnahmen der Rassehygiene bzw. die „Ausmerzung" treten.

Dieser Text, wie auch die zuvor genannten und sein zweiter großer Aufsatz mit expliziter NS-Terminologie, „Durch Domestikation verursachte Störungen arteigenen Verhaltens" (Lorenz 1940b), legen mehrere Interpretationen nahe: Erstens hat Lorenz seine ethologischen Erkenntnisse bzw. deren „ideologische Erweiterungen" benützt, um den Nazis „Anregungen" zur Durchführung des rassenpolitischen Programms zu geben. Zweitens hat er sich dadurch eine weitere Institutionalisierung der vergleichenden Verhaltensforschung erhofft – was denn auch in Königsberg geschehen ist. Drittens war es aber wohl nur die explizite Nazi-Terminologie, nicht aber bestimmte andere ideologische Elemente, die auf Lorenz' Opportunismus gegenüber den Nazis zurückzuführen sind. Diese untrennbaren Teile seiner Tier-Mensch-Analogien waren schon vor 1938 vorhanden und blieben es zum Gutteil auch nach 1945. Das, was bei den Nazis selbst explizit als „politische Biologie" firmierte, stellte immerhin begrifflich klar, dass die Grenzlinien zwischen Biologie und Politik, zwischen Wissenschaft und Ideologie diffuser verlaufen, als so manche Ethologen der Nachkriegszeit es wollten, die nach wie vor von einer eindeutigen Trennbarkeit dieser beiden Bereiche ausgehen. Wir werden darauf im letzten Abschnitt zurückkommen.

4. Vergleichende Verhaltensforschung in Österreich nach 1945: Von der Populärwissenschaft zur anerkannten Forschungsdisziplin

> Tier und Mensch bilden eine unlösbar miteinander verbundene stammesgeschichtliche Einheit. Dieses grundsätzliche Forschungsergebnis möchten wir unseren Zusehern möglichst verständlich machen. Wir wissen, daß die Zerstörung ökologischer Systeme für alle Lebewesen katastrophale Folgen bringen muß.
> *Otto Koenig*[29]

Die österreichische Geschichte der vergleichenden Verhaltensforschung nach dem Zweiten Weltkrieg ist ohne Konrad Lorenz zweifellos nicht denkbar; und doch darf nicht vergessen werden, dass Lorenz selbst zwischen 1945 und 1973 nicht einmal drei Jahre seines Schaffens in Österreich verbracht hat. Er kam erst im Februar 1948 aus sowjetischer Kriegsgefangenschaft nach Österreich zurück und verließ das Land bereits wieder 1950, um dann die Leitung der Forschungsstelle für Verhaltensphysiologie in Buldern/Westfalen zu übernehmen. Wie bereits erwähnt, hatte aber Lorenz mit seinen populärwissenschaftlichen Vorträgen schon vor 1938 den Boden dafür bereitet, dass sich die vergleichende Verhaltensforschung institutionalisieren konnte. Das Interessante an diesem Durchsetzungsprozess in Österreich freilich ist, dass er – entgegen traditioneller Vorstellungen über Institutionalisierungen von wissenschaftlichen Fachgebieten – gleichsam von außen nach innen verlief: Was sich auch für andere Disziplinengeschichten nach 1945 zeigen ließ – etwa für das Fach „Zeitgeschichte" (Stifter 1996) –, lässt sich also auch an der Ethologie erhellen: Auch diese Disziplin etablierte sich zuerst an nicht-universitären Institutionen im weiteren Rahmen der Volksbildung, ehe sie in die „Akademie" wanderte und mit zusätzlicher wissenschaftlicher Legitimität ausgestattet wurde.

Die Schlüsselfigur bei diesem Prozess war der bereits genannte Otto Koenig, der ab 1935 im Raum Lange Lacke als Flurhüter arbeitete und als Autodidakt wenig später sein erstes Buch über die Vogelwelt des Sees veröffentlichte – dabei wohl angeregt durch Lorenz' Uraniakurs „Weg zum richtigen Tierbuch". Koenig war es, der 1945 die „Biologische Station Wilhelminenberg" gründete, die zum Transmissionszentrum der vergleichenden Verhaltensforschung in Österreich avancieren sollte. Diese Institutsgründung hätte allerdings auch schon einige Jahre früher vollzogen werden können, wenn das nicht der Krieg verhindert hätte, denn auch schon die Nazis waren allem Anschein nach an einer solchen Institution interessiert: Der Ethnologe Adolf Bernatzik hatte kurz nach dem Einmarsch der Nationalsozialisten mit Erfolg vorgeschlagen, den gesamten Neusiedler See unter Naturschutz zu stellen und hier eine biologische Station zu gründen. Bernatzik schrieb in seinem Buch „Vogelparadies", das 1941 erschien: „Auf Einschreiten des Reichsmarschalls Göring, dem ich Bilder aus den Kolonien am Neusiedler See vorlegen lassen konnte, wurde ein großzügiges Naturschutzgebiet gegründet. Bevor jedoch die viel versprechenden Pläne ihre Verwirklichung finden konnten, brach der Krieg aus." (Zitiert nach Koenig 1983, S. 34)

Koenig, der von Bernatzik als Leiter dieses zu gründenden Forschungsstelle vorgesehen worden war und dessen Pläne die NS-Naturschutzstellen bereits abgesegnet hatten, musste einrücken, wodurch die Pläne kurzfristig zerschlagen wurden. Doch Koenig nutzte auch die Kriegsjahre, um seine Institutspläne weiterzutreiben: Er sammelte Materialien für die Ausstattung einer zu gründenden biologischen Forschungsanstalt und lernte etliche „ornithologisch-ethologisch-tierpsychologisch engagierte Wissenschaftler" (Otto Koenig) kennen wie Oskar Heinroth oder den Wehrmachtsveterinär Bernhard Grzimek.

Koenig kam bereits im Mai 1945 nach Wien zurück und begann umgehend mit der Verwirklichung seiner Institutspläne. Mit dem Wilhelminenberg war bald ein Standort gefunden. Inmitten von Wald, Wiese und Wasser standen acht Reichsarbeitsdienstbaracken, in denen während des Kriegs ein Flakbataillon stationiert war. Dieses Gelände wurde von Koenig und seiner Frau gleichsam okkupiert und nach und nach zum Institut umgewandelt. Die neue „Biologische Station Wilhelminenberg" fand zwar von Anfang an rege Unterstützung durch das Zoologische Institut der Universität Wien, doch die zentrale Rolle bei der Institutionalisierung spielten die Verflechtungen mit der Volkshochschulbewegung.[30] Das geht auch aus einem Aviso von Ernst Fischer hervor, dem kommunistischen Staatssekretär für Volksaufklärung, für Unterricht und Erziehung und für Kultusangelegenheiten. In diesem Schriftstück vom 21. Oktober 1945 hieß es: „In Verbindung mit den Wiener Volkshochschulen und dem Tiergarten Schönbrunn richtet der Biologe und Fachschriftsteller Otto Koenig in Wien 16, Savoyenstraße 1 eine Biologische Station ein." (Faksimile in Koenig 1983, S. 35)

In den folgenden fast zehn Jahren ab dem Oktober 1945 wurden von den „Wilhelminenbergern" an den Wiener Volkshochschulen zahlreiche Kurse und Vorträge über Themen aus der Verhaltensforschung gehalten. Von 1947 bis 1948 gab man kurzfristig sogar eine populärwissenschaftliche Zeitschrift heraus *(Die Umwelt)*. Einen Schritt näher zur akademischen Wissenschaft waren die Verflechtungen der Ethologie mit dem Institut für Wissenschaft und Kunst, das 1946 in Wien gegründet worden war. Dort wurde ab Herbst desselben Jahres auch jene Arbeitsgemeinschaft für Tierpsychologie fortgeführt, die zunächst im engsten Kreis von Studenten rund um Otto Koenig und Gertraud Kühnelt[31] am Wilhelminenberg ins Leben gerufen worden war. Diese Arbeitsgemeinschaft war über viele Jahre hinweg das allgemein zugängliche Gesprächszentrum für Ethologie in Österreich und hat über den außeruniversitären Umweg schließlich auch die innerakademische Etablierung nachhaltig befördert. Unterstützung von universitärer Seite gab es zwar auch – sie kam zunächst und vor allem von den Professoren Wilhelm Marinelli und Ludwig Bertalanffy, die am Institut für Zoologie unterrichteten.[32] Bei Marinelli bestand dabei ebenfalls eine sehr starke Querbeziehung zur Volkshochschulbewegung: Er hatte bereits in den Zwanzigerjahren als Assistent im Volksheim Ottakring gelehrt und wurde 1945 der Erste Vorsitzende des Volksheimvorstandes; außerdem war er der Spiritus Rector des Instituts für Wissenschaft und Kunst.

Nach der Rückkunft von Lorenz im Jahr 1948 und der Wiederverleihung der Venia Legendi (am 13. November h. a.) – diesmal allerdings unter der Fachbestimmung „Zoologie mit besonderer Berücksichtigung der vergleichenden Verhaltensforschung" – avancierte dieser in den knapp drei Jahren danach wieder zum Mittelpunkt der Ethologie in Wien, ohne allerdings wieder eine Universitätsprofessur zu bekommen. Seine ersten Vorlesungen unmittelbar nach seiner Rückkehr hielt er denn auch ab April 1948 am Wilhelminenberg ab, danach war er in der Arbeitsgemeinschaft für Tierpsychologie am IWK leitend tätig. 1949 gründete er unter dem Protektorat der Österreichischen Akademie der Wissenschaften die Station für Vergleichende Verhaltensforschung in Altenberg und wollte so seine Vorkriegsforschungsstelle wieder aufbauen. Als Assistenten übernahm er aus dem Wilhelminenberger Mitarbeiterkreis die Studenten Irenäus Eibl-Eibesfeldt, Ilse Gilles-Prechtl, Heinz Prechtl sowie Wolfgang Schleidt.[33] (Koenig 1983, S. 64) Deren Hoffnung auf eine bezahlte Anstellung erfüllte sich indes nicht, weil Lorenz von der Universität und der Akade-

„Rendezvous mit Tier und Mensch"

mie der Wissenschaften nur geringe Mittel erhielt. Das Ministerium unter Hurdes wies alle Vorschläge zurück, Lorenz in Graz oder Wien eine Professur einzurichten; ab Oktober 1950 hätte er eine – wohl demütigende – Assistentenstelle an der Universität Wien erhalten sollen. Das Ausland indes zeigte mehr Interesse an seinen Arbeiten: Nach einem Besuch des Animal Behaviour Symposions in Cambridge wurde Lorenz eingeladen, eine Stelle in England anzunehmen; ein Konkurrenzangebot kam aus Deutschland, das Lorenz letztendlich annahm.

Nach dem Abgang von Konrad Lorenz nach Buldern bei Münster im Jahr 1950 war es vor allem Wilhelm Kühnelt, der den Brückenkopf der Ethologie zur Universität herstellte. Kühnelt war nach dem Krieg nach Graz berufen worden, kehrte 1953 nach Wien zurück und betreute von diesem Zeitpunkt an ethologisch ausgerichtete Abschlussarbeiten an der Universität. Die wesentlichen Schritte zur Verankerung der vergleichenden Verhaltensforschung in Österreich geschahen aber über die höchst erfolgreiche Popularisierungsarbeit, für die stets auch die neuesten Medien genützt wurden. Hatte Lorenz bereits in den Jahren 1935 bis 1937 einen Film über die Ethologie der Graugans aufgenommen, der 1950 veröffentlicht wurde, so ging man im Kreis rund um Otto Koenig sehr früh daran, das Fernsehen für die Vermittlungsarbeit zu nützen – unter weit gehender Aufgabe der Unterrichtstätigkeit an den Volkshochschulen.

Der offizielle Start der erfolgreichen Fernsehkarriere der Ethologen begann zu Ostern 1956: Otto Koenig hatte „dem damals jungen Lehrer Dr. Herbert (sic!, K. T.) Zilk zugesagt, an seiner ersten Fernseh-Jugendsendung (. . .) teilzunehmen". (Koenig 1974, S. 6) Der spätere Unterrichtsminister und Bürgermeister von Wien war ein Mitschüler von Eibl-Eibesfeldt und Schleidt gewesen und hatte während seines Pädagogik- und Psychologie-Studiums die tierpsychologische Arbeitsgemeinschaft im IWK regelmäßig besucht. In der Folge kam es zu rund zehn bis zwölf Sendungen jährlich, die unter dem Titel „Rendezvous mit Tier und Mensch" standen und die gemäß der Eigendefinition „Einblick in den Bereich der Verhaltensforschung geben und die bunte Vielfalt lebendigen Geschehens widerspiegeln möchte[n]. Zu einem ‚Rendezvous mit Tier und Mensch' kommt es hier durch Stellungnahmen des Ethologen." (Koenig 1974, S. 5)

Bis zum Ende der Achtzigerjahre waren das fast 400 Sendungen mit oftmals mehr als einer Million Zusehern pro Folge. Wie groß die Popularität der Verhaltensforschung bereits in den Sechzigerjahren war, lässt sich auch anhand einer Studie des Gallup-Instituts aus dem Jahr 1964 dokumentieren: Angeblich weit mehr als die Hälfte der erwachsenen Österreicher kannte damals das Wilhelminenberger Institut, 51 Prozent aller Österreicher hatten die Sendung schon gesehen. Über eine Million gab an, grundsätzlich jede Sendung anzuschauen. Spätere Befragungen ergaben einen weiteren Zuschaueranstieg und auch großes Interesse in den Nachbarstaaten. (Koenig 1974, S. 9)

Parallel dazu lief am Wilhelminenberg natürlich auch die – vorwiegend außeruniversitäre und nicht immer akademische – Forschung weiter, und es wurden mehrere dislozierte Abteilungen eingerichtet, eine davon in Oberweiden und die andere in Grünau im Almtal. Am 12. Januar 1967 folgte dann offiziell die Eingliederung in die Akademie der Wissenschaften, die das Institut für Vergleichende Verhaltensforschung übernahm. Über die höchst erfolgreiche Popularisierung erntete die vergleichende Verhaltensforschung letztendlich auch die Anerkennung der akademischen Forschung – und das alles lange noch bevor Konrad Lorenz am 11. Oktober 1973 gemeinsam mit Karl von Frisch und Niko Tinbergen den Nobelpreis für Medizin und Physiologie zuerkannt erhielt. Wenige Monate bevor das geschah, kehrte Konrad Lorenz relativ überstürzt von seinen langjährigen Tätigkeiten in Buldern und Seewiesen zurück nach Österreich; am 20. Juli 1973 wurden ca. 100 Graugänse und 50 Enten vom Institut für Verhaltensphysiologie der Max-Planck-Gesellschaft in Seewiesen nach Grünau im Almtal gebracht: Die Abteilung „Tiersoziologie" des Instituts für Vergleichende Verhaltensforschung der Österreichischen Akademie der Wissenschaften war damit gegründet.

Lorenz war zu diesem Zeitpunkt längst ein im deutschen Sprachraum weithin bekannter Wissenschaftler und Sachbuchautor – dazu hatten vor allem seine nach 1945 zum Teil noch in Österreich verfassten populärwissenschaftlichen Bücher großen Anteil, die hohe Verkaufszahlen erzielten. Lorenz holte damit in gewisser Weise nach, was ihm schon vor 1938 ein Anliegen war: populäre Tierbücher zu schreiben, wie „Er redete mit dem Vieh, den Vögeln und den Fischen" (Lorenz 1949) oder „So kam der Mensch auf den Hund" (Lorenz 1950). Lorenz nahm aber auch einige Themenstellungen auf, die bereits aus der NS-Zeit und vorher schon bekannt waren bzw. einer biologisch motivierten Gesellschaftskritik zuzurechnen sind, wie „Das sogenannte Böse" (Lorenz 1963) und „Die acht Todsünden der zivilisierten Menschheit" (Lorenz 1973a).

Diese wüste Polemik mit faschistoiden Zügen, in der nahezu alle Motive seiner Schriften bis 1943 nur leicht camoufliert wieder auftauchen (vgl.

dazu vor allem Bischof 1993, S. 112 ff.), sollte sich bis zu Lorenz' Todesjahr 1989 fast knapp 400.000 Mal verkaufen. „Das sogenannte Böse" hat allein in der Taschenbuchausgabe, die seit 25 Jahren aufliegt, eine Auflage von mehr als 300.000 Exemplaren erreicht; dazu kommen noch die Lizenzausgaben für Buchklubs. Die beiden im selben Jahr erschienenen Bände „Über tierisches und menschliches Verhalten" (Lorenz 1963b) brachten es auf 115.000 Stück, „Der Abbau des Menschlichen" (Lorenz 1983) bisher auf 140.000 Exemplare.[34]

Konrad Lorenz und die vergleichende Verhaltensforschung entfalteten nach 1973 – d. h. nach der Rückkunft von Lorenz nach Österreich und nach der Verleihung des Nobelpreises an Lorenz im selben Jahr – aber auch zunehmenden realpolitischen Einfluss. Zunächst geschah das vor allem im Bereich Ökologie und Umweltschutz, wo durch die Vermittlungsarbeiten von Otto Koenig und seinen Kollegen der Boden längst bereitet war. Bereits in jenem Jahr, in dem die Volksabstimmung über das Kernkraftwerk Zwentendorf stattfinden sollte, zog Koenig denn auch folgende Zwischenbilanz des ökologischen Engagements der vergleichenden Verhaltensforscher und ihre Vermittlung in den Medien:

> Mit vielen Leuten kamen wir in Konflikt, weil sie an der Technisierung, sogenanntem ‚Fortschritt', an der Produktion von Pestiziden, an Kraftwerksbauten, Atomreaktoren und auch an einschlägiger Werbung interessiert waren. Man protestierte, versuchte zu widerlegen, machte sich lustig über unsere ‚Rückständigkeit' und bemühte sich da und dort, die Sendung zu torpedieren. Heute sind solche Stimmen kaum noch zu vernehmen, denn unsere Voraussagen, Feststellungen und Warnungen haben sich leider nur allzu rasch bewahrheitet. (Koenig 1978, S. 9)

Konrad Lorenz war von Beginn an in der Anti-Atomkraft-Bewegung engagiert und warf auch schon bei den Diskussionen rund um Zwentendorf seine durch den Nobelpreis international bestätigte wissenschaftliche Autorität in die Waagschale der öffentlichen Meinungsbildung. Gleichsam zu einer Kultfigur der Umweltschutzbewegung wurde er als mehr als 80-jähriger durch die Verhinderung des Donaukraftwerks Hainburg in den Jahren 1984 und '85. Die Kämpfer gegen das Kraftwerk hatten – unterstützt durch die *Kronen Zeitung* – Konrad Lorenz zum zentralen Repräsentanten des Widerstands gemacht und gar ein Volksbegehren unter seinem Namen initiiert. Nachdem aufgrund der wasserrechtlichen Bewilligung des Kraftwerkes Anfang Dezember 1984 die Stopfenreuther Au durch 6000 Gegner des Kraftwerksbaus besetzt worden war, um die Abholzung des Waldbestandes zu verhindern, kam es zur Eskalation des Konflikts, der auch einige Verletzte forderte. Schließlich setzten sich die Besetzer durch – angebahnt wurde diese Entscheidung am 12. Jänner 1985 bei einem so genannten Versöhnungsgespräch zwischen dem Bundeskanzler und dem Nobelpreisträger, an dem auch Gesundheitsminister Kurt Steyrer und Bernd Lötsch als Vertreter des „Konrad-Lorenz-Volksbegehrens" teilnehmen. Das im Anschluss daran abgehaltene Konrad-Lorenz-Volksbegehren erhielt 1985 gleichsam als Draufgabe 353.906 Stimmen.

5. Ethologie in der österreichischen Politik: Der Fall Bachmayer

> Wissenschaftler mögen zwar durchaus der Meinung sein, daß sie die Realität besser erkennen, als sie in den auf ‚Popularisierung' verpflichteten Massenmedien dargestellt wird. Aber das kann nur heißen: die eigene Konstruktion mit einer anderen zu vergleichen.
> *Niklas Luhmann*[35]

Im Zuge der Wiener Gemeinderatswahlen im Herbst 1996 schrieb die vergleichende Verhaltensforschung/Abteilung Humanethologie ein weiteres Mal Politik: Der Meinungsforscher Wolfgang Bachmayer, seines Zeichens Spitzenkandidat des Liberalen Forums, wurde mit Aussagen konfrontiert, die er 1992 anlässlich der so genannten Weißensee-Gespräche der FPÖ getätigt hatte. Sinngemäß hatte Bachmayer da behauptet, dass weiße Babys vor andersfarbigen Erwachsenen größere Scheu zeigen als vor Erwachsenen gleicher Hautfarbe, und daraus den Schluss gezogen, dass es so etwas wie anthropologische Gesetzmäßigkeiten gebe, die Politiker kennen und beachten sollten.[36] Die Ersten, die Bachmayer daraufhin einen Rassisten nannten, waren Politiker der Freiheitlichen, die die Weißensee-Gespräche veranstalteten und die über deren Protokolle verfügten. Das Medienecho, das folgte, war groß genug, um den Meinungsforscher ohne eigene Meinung zum Rücktritt zu bewegen. (Vgl. auch Skalnik 1996, Taschwer 1996a)

Bachmayer hat sich bei seinem Auftritt allem Anschein nach an Passagen aus Büchern von Irenäus Eibl-Eibesfeldt erinnert, in denen zur Untermauerung der These von der menschlichen Fremdenscheu immer wieder auf einen Artikel des US-amerikanischen Psychologen Saul Feinman rekurriert wird. (Vgl. u. a. Eibl-Eibesfeldt 1989, S. 120) Feinman hatte 1980 32 „kaukasische" Kinder im Alter zwischen 4 und 24 Monaten daraufhin untersucht, wie sie auf Fremde reagieren – deren Hautfarbe war dabei freilich nur eine von vier Variablen, nach welchen in dieser ansonsten nicht weiter beachteten Studie das Kleinkindverhalten studiert wurde. Die Ergebnisse kurz zusammengefasst: „Generell gab es [bei den Kleinkindern, K. T.] empfänglichere Reaktionen bei kleineren Fremden, bei weißen Fremden, bei geringerer Nähe der Fremden, bei größerer Nähe der Eltern und bei geringerer Bewegung der Fremden." (Feinman 1980, S. 187; meine Übersetzung). Bei Eibl-Eibesfeldt wird dieses vage und nicht ganz unerwartete Ergebnis in seiner kulturkritischen Streitschrift „Wider die Mißtrauensgesellschaft" (Eibl-Eibesfeldt 1994) unter der Kapitelüberschrift „Wir und die anderen" zu einem zentralen Argument für die Fremdenscheu des Kleinkinds. Unter eben diesem Stichwort heißt es da unter anderem:

Zur Entwicklung der Fremdenscheu bedarf es keineswegs schlechter Erfahrungen mit Fremden. Auch Kinder, die nie Böses von Fremden erfahren haben, verhalten sich so, und zwar in allen daraufhin untersuchten Kulturen, offenbar aufgrund stammesgeschichtlicher Programmierung. (. . .) Die Stärke der Fremdenscheu hängt offenbar davon ab, wie ähnlich der Fremde den Bezugspersonen des Kindes ist. Nach Untersuchungen des amerikanischen Psychologen Saul Feinman fürchten sich Kinder von Schwarzafrikanern mehr vor fremden Weißen als vor Fremden der eigenen Rasse. Analog verhält es sich mit der Fremdenscheu weißer Kinder. (Eibl-Eibesfeldt 1994, S. 108 f.)

Abgesehen von der schwarz-weißen Verkehrung des problematischen Untersuchungssettings hat Eibl-Eibesfeldt hier, der sich seit den Achtzigerjahren als „hybrider Akteur"[37] in der Debatte um Migration in Deutschland und Österreich betätigt, eine neu kontextualisierte Tatsache geschaffen, die sich hervorragend in sein Plädoyer wider die multikulturelle Gesellschaft fügt. In einer Reihe von Publikationen, öffentlichen Vorträgen und Medienauftritten nahm der Humanethologe dabei gegen die „Überfremdung" Stellung, und zwar mit dem Grundargument, dass „die menschliche Natur" jeder Einwanderungspolitik enge Grenzen setze. Die oben beschriebene Neigung der Kleinkinder zum „Fremdeln" setze sich auch beim Erwachsenen fort. Fände nun die Immigration in die europäischen Staaten im großen Maßstab und vor allem aus sehr „fremden" Gebieten statt, dann bestünde die Gefahr, dass es zur Segregation der Einwanderer käme. Die „multikulturelle Gesellschaft" liefe also Gefahr, in einzelne, auch räumlich klar getrennte ethnische Gruppen zu zerfallen – denkbar wäre aber auch ein völliger Bevölkerungswandel bzw. die „Überfremdung" der Gesellschaft; in Krisensituationen könnte sich dieses Konfliktpotential gar zu Fremdenhass und Bürgerkriegen auswachsen.

Etwaiger Kritik am Missbrauch seiner Theorien – wenn etwa der ehemalige CDU/CSU-Fraktionsvorsitzende Alfred Dregger mit einer „verantwortlichen Asylpolitik" die „ethnische Überfremdung" und die Ausländerfeindlichkeit verhindern wollte – entgegnet Eibl-Eibesfeldt mit verschiedenen Strategien: In einer davon wehrt er sich gegen mögliche Verkürzungen, auch wenn Dreggers Diagnose inhaltlich so falsch dann auch wieder nicht sei. In Eibl-Eibesfeldts eigenen Worten:

„(...) [D]as ist etwas gerafft ausgedrückt. Aber im Grunde muß man dies schon bedenken und es auch aussprechen dürfen. Und vor allem soll man sich angesichts dessen, was sich überall auf der Welt abspielt (...), nicht so tun, als gäbe es dieses Konfliktpotential nicht – als wäre alles in bester Ordnung, wenn da nicht nur die Volksverführer wären, die die Menschen gegeneinander aufhetzten und ohne die hier in Europa und anderswo Einwanderer und Ansässige einander um den Hals fallen würden." (Ibid., S. 151)

Auf die Frage, ob er denn die Gefahr nicht sähe, dass seine Thesen auch von bestimmten rechtsextremen Kreisen aufgegriffen werden, die auch vor Gewalt nicht zurückschrecken, meinte er 1996 in einem Interview bloß, dass ihm „der Beifall von rechter, das heißt: extrem rechter Seite keineswegs behagt. Aber mehr können Sie nicht machen. Es wäre unverantwortlich, wenn man gewisse Probleme nicht aufzeigen würde." (Eibl-Eibesfeldt 1996) Tatsächlich wurden zu Beginn der Neunzigerjahre einige Texte und Vorträge des Humanethologen in einschlägigen, als rechtsextrem eingeschätzten Publikationsorganen nachgedruckt[38], so etwa auch Auszüge aus „Der Mensch – das riskierte Wesen" unter der Überschrift „Zu viel des Guten" nicht ganz zufällig in der einschlägigen Zeitschrift SIEG. Es ist dies jener Abschnitt, in dem sich Eibl-Eibesfeldt auf bedenkliche Weise gegen „Übertreibungen der Nächstenliebe" vor allem in Migrationsfragen ausspricht – ein Text, der mit etlichen, als rassistisch zu qualifizierenden Passagen durchsetzt ist, wie kritische Lektüren ohne große Mühe nachweisen können. (Vgl. Wolf 1997, S. 53–57)

Eibl-Eibesfeldts Argumentationen in Sachen Migrationspolitik können dabei zurecht als *self fulfilling prophecies* bezeichnet worden (Seifert 1996): Sie dienen jenen, die mit noch restriktiveren Einwanderungsgesetzen Politik machen wollen und die zugleich ein feindliches Klima zwischen verschiedenen ethnischen Bevölkerungsgruppen schüren. Die behauptete Fremdenangst legitimiert die Ausgrenzung von Fremden, und die Theorie bestätigt sich in einer durch die Theorie angeleiteten Praxis. Eibl-Eibesfeldt tritt mit solchen Aussagen – ähnlich wie Lorenz zu seiner Zeit – als politisch parteiischer Akteur auf, ohne sich freilich als solcher zu deklarieren. Im Gegenteil: Selbst und gerade in seinen ideologiegesättigten Schriften zur Zukunft der Gesellschaft zieht er sich immer wieder explizit auf die Position des wertfreien Natur-(!)Wissenschaftlers zurück, der als solcher jede Infragestellung naturwissenschaftlicher Objektivität zurückweisen kann und muss:

> (...) Ziel [der naturwissenschaftlichen Forschung, K. T.] ist es, einen Datensatz zu erarbeiten, der es erlaubt, die Hypothesen des Forschers auf ihre Tragfähigkeit zu prüfen mit der Bereitschaft, diese zu verwerfen. Genau das unterscheidet die Hypothese des Naturwissenschaftlers von der Ideologie. Den Ideologen – Anhänger einer Ideologie – kennzeichnet der völlige Mangel an Bereitschaft, seine Ansichten zu revidieren. Er will sie bestenfalls bestätigt wissen und sucht selektiv nach allem, was in sein Gedankengebäude paßt und somit seine Ansichten bekräftigt. Es handelt sich um eine grundsätzlich unterschiedliche Geisteshaltung. (Eibl-Eibesfeldt 1991, S. 146)

Mit diesem Argument – der Trennbarkeit von populärer Ideologie und der reinen Wissenschaft – legitimiert bzw. camoufliert Eibl-Eibesfeldt seine politischen Interventionen als wissenschaftlich begründet. Vor Ideologen – und zumal relativistischen, die jene Trennung in Frage stellen – wird explizit gewarnt:

> Da sie wissen, daß wir uns gerne von einer ideologischen Betrachtungsweise dieser Welt distanzieren, versuchen sie unsere Position zu relativieren, mit der Behauptung, auch hinter jeder Forschung stecke Ideologie, es gäbe gar keine ideologiefreie Forschung. Aber diese Behauptung hält einer Prüfung nicht stand. (Eibl-Eibesfeldt 1991, S. 148).

Was also mithin zur Debatte steht, ist nicht nur eine politische Auseinandersetzung um Positionen in der Migrationsdebatte und ihre Argumente, sondern es geht vielmehr auch um einen erkenntnistheoretischen Grundlagenstreit zwischen dem so genannten „Relativismus der Ideologen" und der vermeintlichen „Objektivität des Naturwissenschaftlers". Hier jedenfalls wurde zu zeigen versucht, dass die Behauptung, dass die vergleichende Verhaltensforschung – im Gegensatz zu ihren eigenen erkenntnistheoretischen Grundannahmen – von Anfang an und nicht nur zur Zeit des Nationalsozialismus ein Paradefall für die verschwimmenden Grenzen von Ideologie und Wissenschaft war und ist, sehr wohl einer Prüfung standhält.

Anmerkungen

1 Besonderer Dank für kritische Anmerkungen geht an Christian Fleck, Oliver Hochadel und Nico Stehr.
2 In: Koenig 1983, S. 57.
3 Elias war im Übrigen auch einer der wenigen Soziologen, die sich – auch in Auseinandersetzung mit den Thesen von Konrad Lorenz – um eine explizite, soziologisch begründete Grenzziehung zwischen Soziologie und Biologie bemühten. (Elias 1970, S. 115 ff. und 199 f. sowie Elias 1986)
4 Von eher metaphorischen oder konzeptuellen Übernahmen – etwa der Theorien des Biologen Humberto Maturana durch Niklas Luhmann – sei hier einmal abgesehen. (Vgl. dazu unter anderem die Beiträge in Maasen et al. 1995)
5 Allenthalben ist zu bemerken, dass gerade unter den enttäuschten politischen Linken nach 1968, die von der Veränderbarkeit der Gesellschaft träumte, in den letzten Jahren eine gewisse Kehrtwende zu beobachten ist – wenn auch nicht unbedingt im deutschsprachigen Raum, sondern in Ländern mit einer etwas weniger belasteten Geschichte wie Italien. Ich denke in diesem Zusammenhang u. a. an Bemerkungen des Historikers Carlo Ginzburg, die der ehemalige Linksaktivist der Lotta Continua, Adriano Sofri, folgendermaßen paraphrasierte: „Vor langer Zeit hatte ich mir vorgenommen, von einem politischen Gesichtspunkt aus experimentell die Inexistenz der menschlichen Natur zu beweisen; fünfundzwanzig Jahre später sehe ich mich eine exakt entgegengesetzte Theorie vertreten." (Sofri 1998, S. 35)
6 Der pessimistische Rückblick auf „unerfüllte Heilsversprechungen in Wissenschaft und Technik" begann – nach einem kurzen Absatz – mit folgender Passage: „Im September 1988, wenige Monate vor seinem Tod, zog der Verhaltensforscher Konrad Lorenz, damals 85, in einem SPIEGEL-Gespräch Bilanz: ‚Wir sind mit den Erbanlagen eines Spätsteinzeitmenschen geschlagen, aber wir müssen uns damit abfinden.' Seinen Forschungsarbeiten mit Graugänsen (Anser anser) und anderem Getier hatte Lorenz tiefe Einsichten in die Natur des Homo sapiens abgewonnen – er hielt ihn für einen hochbegabten, aber gefährlich haltlosen Emporkömmling, dem die eigenen Talente jederzeit zum Verhängnis werden könnten. ‚Seit der Mensch den Faustkeil erfunden hat', meinte Lorenz, ‚balanciert er auf des Messers Schneide, zwischen einer gloriosen Zukunft und dem Absturz in die Hölle. Aus der Amöbe hat er sich emporentwickelt, aber schon im nächsten Jahr kann er im Atommüll enden.'" (Franke 1997, S. 322)
7 Bei den wissenschaftssoziologischen Arbeiten zur Nobelpreis-Verleihung denke ich an jene von Elizabeth Crawford. Zur Fragestellung der Rezeption gibt es im

"Rendezvous mit Tier und Mensch"

Hinblick auf die Evolutionäre Erkenntnistheorie immerhin eine – allerdings am Kuhn'schen Paradigmenbegriff ausgerichtete – soziologische Dissertation. (Delpos 1994)
8   Dazu zählen unter anderem Shinn und Whitley 1985, Cloître und Shinn 1986, Hilgartner 1990, Felt und Nowotny 1993 (Hg.) sowie Cooter und Pumfrey 1994.
9   Der polnische Mediziner und frühe Wissenschaftsforscher Ludwik Fleck hat diese Aspekte von Popularisierung auf der Mikroebene bereits vor mehr als fünfzig Jahren folgendermaßen auf den Punkt gebracht: „Wie immer man auch einen bestimmten Fall beschreiben mag, stets ist Beschreibung Vereinfachung, mit apodiktischen und anschaulichen Elementen durchtränkt: durch jede Mitteilung, ja durch jede Benennung wird ein Wissen exoterischer, populärer. (. . .) So ein Wissen – ein erschöpfendes Fachwissen – ist vollkommen unanschaulich und für jeden praktischen Fall unzweckmäßig. (. . .) Gewißheit, Einfachheit, Anschaulichkeit entstehen erst im populären Wissen; den Glauben an sie als Ideal des Wissens holt sich der Fachmann von dort. Darin liegt die allgemeine erkenntnistheoretische Bedeutung populärer Wissenschaft." (Fleck [1935] 1980, S. 151 f.). Eine wichtige Funktion der Öffentlichkeitsarbeit von Lorenz war in diesem Zusammenhang die Pragmatisierung seines Wissens, und da er sie selbst machte, hat er natürlich ein erhebliches Maß an Kontrolle, wie das genau abläuft. Ich danke Nico Stehr für diesen Hinweis.
10   Für diesen Zusammenhang siehe auch Taschwer 1996a – als Beispiel für die Geschichte der Anthropologie in Wien zwischen 1935 und 1939.
11   Ob sie freilich bereits mit sechs Jahren passierte, als Lorenz eine populäre Darstellung des Darwinismus von Wilhelm Bölsche – dessen Hauptwerk „Vom Bazillus zum Affenmenschen" Hitler mit dem Gedanken der Evolution vertraut machte – verschlang, sei hier dahingestellt. (Vgl. Nisbett 1976, S. 21, Chatwin [1979] 1996, S. 175)
12   Zu den einschlägigen Darstellungen von Leben und Werk des Ethologen zählen unter anderem: Bischof 1993, Festetics 1983, Koenig 1983, Nisbett 1976, Schaller 1997 und Wuketits 1991.
13   Das war in einem Brief von Lorenz an Heinroth vom 18. August 1932 – ein Brief der später zu Debatten über Lorenz' politisches Sympathisieren mit dem Nationalsozialismus Anlass geben sollte. Ein eindeutiger Zusammenhang ließ sich bislang freilich nicht erhärten; die Doppeldeutigkeit bleibt allerdings. (Vgl. Koenig 1983, S. 44 ff.)
14   Beiträge zur Ethologie sozialer Corviden, in: Journal für Ornithologie Nr. 79/1931, S. 67–127; eine Arbeit, über die es im Gutachten zur wissenschaftliche Qualifikation des späteren Habilitationswerbers im Jahr 1936 hieß: „Die Ergebnisse beziehen sich *auf die allgemeine Soziologie,* die Wirkung der Triebhandlungen oder Instinkte bei Vergesellschaftungen von Vögeln bei der Begattung und auf das Instinktproblem." (Personalakt von Konrad Zacharias Lorenz im Archiv der Universität Wien, Blatt Nr. 37; Hervorhebung von mir, K. T.)
16   Wie Lorenz später in einem Brief aus dem Jahr 1939 an das Dekanat der philosophischen Fakultät der Universität Wien festhielt, war der Wortlaut seines ursprünglichen Habilitationsgesuches von der Kommission ohne sein Zutun abge-

Klaus Taschwer

geändert worden – „um die weltanschaulichen Ablehnung des damaligen Unterrichtsministeriums gegen das Forschungsgebiet des Gesuchstellers zu umgehen", wie er später behauptete. Lorenz selbst hätte die Bezeichnung „vergleichende Verhaltensforschung und Tierpsychologie" präferiert. (Personalakt von Konrad Zacharias Lorenz im Archiv der Universität Wien, Blatt Nr. 75)

17 Die volkstümlichen Hochschulkurse, die 1895 ins Leben gerufen wurden, waren die universitäre Vorläuferinstitution der Volkshochschulbewegung und genossen breite Unterstützung bei den Universitätslehrern. Nach 1918 flaute dieses Interesse aufgrund einer neuen Remunerationsregelung für Universitätsdozenten und den kommunalen Ausbau der Volkshochschulen allerdings wieder ab. (Vgl. Altenhuber 1995 bzw. Taschwer 1998, Kap. 5 und Kap. 10)

18 Alle Briefe aus dem Ordner 31 der Bestände zu den volkstümlichen Universitätskursen bzw. -vorträgen (VUV) im Archiv der Universität Wien.

19 Von Robert Merton gibt es dazu den passenden Ausdruck der „oral publication"; das Außergewöhnliche bei Lorenz war allerdings, dass diese mündliche Publikation nicht innerhalb der „Akademie" erfolgte. Ich danke Christian Fleck und Nico Stehr für diesen Hinweis.

20 Der Widerstand gegen seine Arbeit bis 1938 bezog sich zu einem Gutteil wohl auch auf den antiklerikalen Geist von Lorenz' Schriften: Seine Tierpsychologie war ja auch eine Kampfansage an das katholische Denken, da sie den Tieren eine „Seele" zubilligte.

21 Unter den Zuhörern dieses Kurses, der zum Thema „Weg zum richtigen Tierbuch" stattfand, befand sich neben dem Autodidakten Koenig unter anderem übrigens auch der Philosoph und Wiener-Kreis-Denker Viktor Kraft. (Koenig 1983, S. 190)

22 Lorenz in einem Fernsehinterview mit Franz Kreuzer im Jahr 1981. Zitiert nach Lorenz/Kreuzer 1981, S. 96 f.

23 Zu diesen Arbeiten zählen insbesondere jene von Frank Hartmann (1991 und 1994), Theodora Kalikow (1980); nicht nur, aber auch auf diesen Aspekt seiner Arbeit stellen unter anderem die Darstellungen von Bruce Chatwin ([1979] 1996), Kerstin Berminge (1988), Franz Wuketits (1991) und Norbert Bischof (1993) ab.

24 Bis dahin hatte er über folgende Themen gelesen: „Tierisches Verhalten als Gegenstand vergleichender Forschung" (Sommersemester 1937), „Taxis und Instinkthandlung" (Wintersemester 1937/38), „Biologie für Psychologen" (Sommersemester 1938), „Allgemeine vergleichende Verhaltenslehre" (Wintersemester 1938/39).

25 Brief des Reichsministers für Wissenschaft, Erziehung und Volksbildung vom 25. Februar 1941. (Personalakt von Konrad Zacharias Lorenz im Archiv der Universität Wien, Blatt Nr. 94)

26 Aufgrund der Posteneinsparungen war 1938 im Fach Zoologie nur mehr ein Ordinariat besetzt (gegenüber zwei Ordinariaten und fünf Extraordinariaten 1925). In einer Beratung, die am 14. Dezember 1938 unter der Leitung des Dekans stattfand, wurde daher die Nachbesetzung des Ordinariats für physiologische Zoologie gefordert und außerdem die Einsetzung von drei zusätzlichen a. o. Professuren, die jeweils ad personam hätten vergeben werden sollen: Ein Extraordinariat für Tierpsychologie war für Konrad Lorenz vorgesehen, ein Extraordinariat für

theoretische Biologie für Ludwig (von) Bertalanffy und eines für vergleichend-anatomische und systematische Zoologie für Wilhelm (von) Marinelli. Die beiden zuletzt genannten blieben tatsächlich in Wien und halfen nach 1945 bei der (zunächst außerakademischen) Institutionalisierung der vergleichenden Verhaltensforschung in Österreich. (Personalakt von Konrad Zacharias Lorenz im Archiv der Universität Wien, Blatt Nr. 168 ff.)

27 Personalakt von Konrad Zacharias Lorenz im Archiv der Universität Wien, Blatt Nr. 175.

28 Der Ausdruck stammt von Pierre Bourdieu und bezieht sich auf die revolutionäre Rhetorik – und zum Teil auch auf umstürzlerische politische Absichten – einer „an sich" reaktionären Ideologie.

29 In: Koenig 1974, S. 5.

30 Koenig selbst besuchte zwar nach 1945 eifrig alle möglichen Lehrveranstaltungen an der Universität. Dem Sohn des einflussreichen Volksbildners Otto Koenig scheint aber durch die gestrenge väterliche Erziehung ein gerüttelt Maß an antiakademischen Ressentiments vermittelt worden zu sein. (Vgl. die Darstellungen in „Otto Koenig 70 Jahre" 1984)

31 Gertraud Kühnelt war die Frau des damals noch in Kriegsgefangenschaft befindlichen Professors Wilhelm Kühnelt; sie war außerdem die letzte „Wiener" Dissertantin von Lorenz vor dessen Berufung nach Königsberg und hatte 1939 mit einer Arbeit über Zauneidechsen promoviert.

32 Vgl. als mögliche Begründung für dieses Engagement auch Fn. 26.

33 Diese Generation der Lorenz-Schüler verfasste auch die ersten Nachkriegsdissertationen aus dem Bereich der vergleichenden Verhaltensforschung: Schleidt dissertierte 1951 über Rötelmäuse, Eibl-Eibesfeldt 1949 über Erdkröten, Ilse Gilles-Prechtl 1949 über Hausspatzen und andere Nesthocker. (Wilhelm Kühnelt in Koenig 1983, S. 137)

34 Im Vergleich zu den ethologischen Bestsellern nehmen sich Verkaufszahlen der soziologischen und sozialphilosophischen Bestseller nach 1945 eher bescheiden aus. Nur zum Vergleich: Die überlegen führenden Spitzenreiter in der vor genau 25 Jahren gegründeten Reihe Suhrkamp Taschenbuch Wissenschaft sind die beiden Bände „Über den Prozeß der Zivilisation" von Norbert Elias (erstmals erschienen 1996) mit jeweils rund 120.000 verkauften Exemplaren. (Taschwer 1994)

35 In: Luhmann 1996, S. 20.

36 Seiner Stellungnahme war ein Referat des Koenig-Mitarbeiters Erlung Kohl vorausgegangen; für einen genaueren Hergang der Ereignisse siehe Skalnik 1996.

37 Dieser Begriff bezieht sich nicht auf die Selbsteinschätzung Eibl-Eibesfeldt, der sich als „reiner Naturwissenschaftler" versteht, sondern auf Eibl-Eibesfeldts Auftritte und Wortmeldungen in einem explizit politischen Kontext.

38 Neben dem angeführten Text in der Zeitschrift SIEG (Nr. 4/1991, S. 19–22), dem sich ein Briefwechsel zwischen dem Autor und dem Herausgeber Walter Ochensberger anschloss, in dem sich Eibl-Eibesfeldt gegen die tendenziöse Illustration des Essays einsetzte, waren dies unter anderem zwei nachgedruckte Beiträge in der österreichischen Zeitschrift AULA und einer in der deutschen Zeitschrift MUT. (Vgl. dazu auch Seifert 1996)

Klaus Taschwer

Literatur

H. Altenhuber, Universitäre Volksbildung in Österreich 1895–1937 (Wien: ÖBV, 1995).

K. Berminge, En Vetenskapsteoretisk analys av Konrad Lorenz forskarutveckling jämförd med Niko Tinbergens, Unveröffentlichte Dissertation an der Universität Göteborg, 1988.

N. Bischof, „Gescheiter als all die Laffen". Ein Psychogramm von Konrad Lorenz (München: Piper, 1993).

P. Bourdieu, Die politische Ontologie Martin Heideggers (Frankfurt/Main: Suhrkamp, 1988).

M. Cloître und T. Shinn, Enclavement et diffusion du savoir, in: Information sur les Sciences Sociales, 25. Jg., 1/1986, S. 161–187.

B. Chatwin, Variationen einer fixen Idee, in: Ders., Der Traum des Ruhelosen (München/Wien: C. Hanser, 1996 [orig. 1979]), S. 174–183.

R. Cooter und St. Pumfrey, Separate Spheres and Public Places: Reflections on the History of Science Popularization and Science in Popular Culture, in: History of Science, 32. Jg., 3/1994, S. 237–267.

E. Crist, Naturalists' Portrayals of Animal Life: Engaging the Verstehen Approach, in: Social Studies of Science, 26. Jg., 6/1996, S. 799–838.

M. Delpos, Paradigmenwechsel in den Wissenschaften – Am Beispiel der Evolutionären Erkenntnistheorie (LORENZscher Ausrichtung). Unveröffentlichte Dissertation an der Universität Wien, 1994.

I. Eibl-Eibesfeldt, Human Ethology (New York: Aldine de Gruyter, 1989).

I. Eibl-Eibesfeldt, Der Mensch – das riskierte Wesen. Zur Naturgeschichte menschlicher Unvernunft (München: Piper, 1991).

I. Eibl-Eibesfeldt, Wider die Mißtrauensgesellschaft. Streitschrift für eine bessere Zukunft (München: Piper, 1994).

I. Eibl-Eibesfeldt, „Wenn Immigration, dann Assimilation". Interview mit K. Taschwer, in: Falter 41/1996, S. 26–27.

N. Elias, Was ist Soziologie? (München: Juventa, 1970).

N. Elias, Über die Natur, in: Merkur 40. Jg./1986, S. 469–481.

S. Feinman, Infant Response to Race, Size, Proximity, and Movement of Strangers, in: Infant Behaviour and Development, 3. Jg./1980, S. 187–204.

A. Festetics, Konrad Lorenz – Aus der Welt des großen Naturforschers (München: Piper, 1983).

L. Fleck, Entstehung und Entwicklung einer wissenschaftlichen Tatsache. Einführung in die Lehre vom Denkstil und Denkkollektiv (Frankfurt/Main: Suhrkamp, 1980 [orig. 1935]).

K. Franke, Zauberlehrlinge mit Tunnelblick. Unerfüllte Heilsversprechungen in Wissenschaft und Technik, in: Der Spiegel, Sonderausgabe 1947–1997/1997, S. 322–331.

R. Grundmann und N. Stehr, Sozialwissenschaften ohne Natur?, unveröffentlichtes Manuskript, 1998.

F. Hartmann, Amnesia Oecologica. Konrad Lorenz und seine rassenpolitische Aufgabe, in: G. Gamm und G. Kimmerle (Hg.): Wissenschaft und Gesellschaft (Tübingen: edition diskord, 1991), S. 90–107.

F. Hartmann: Denker Denken Geschichte. Erkundungen zu Philosophie und Nationalsozialismus (Wien: Passagen Verlag, 1994).

F. Hartmann, Wider Natur, in: Ders. 1994, S. 167–185.

O. Heinroth und K. Lorenz: Wozu aber hat das Vieh diesen Schnabel? Briefe aus der frühen Verhaltensforschung 1930–1940. Herausgegeben von O. Koenig (München: Piper, 1988).

St. Hilgartner, The Dominant View of Popularisation: Conceptual Problems, Political Uses, in: Social Studies of Science, 20. Jg., 4/1990, S. 519–539.

Th. J. Kalikow, Die ethologische Theorie von Konrad Lorenz: Erklärung und Ideologie, 1938 bis 1943, in: H. Mehrtens und St. Richter (Hg.), Naturwissenschaft, Technik und NS-Ideologie. Beiträge zur Wissenschaftsgeschichte des Dritten Reiches (Frankfurt/Main: Suhrkamp, 1980), S. 189–214.

O. Koenig, Rendezvous mit Tier und Mensch. Forschungsgemeinschaft Wilhelminenberg (Wien/München/Zürich: Verlag Fritz Molden, 1974).

O. Koenig, Wissenschaft und Volksbildung. Möglichkeiten und Methoden der Popularisierung (Wien/München: Jugend & Volk, 1978).

O. Koenig (Hg.), Verhaltensforschung in Österreich. Konrad Lorenz 80 Jahre (Wien: Ueberreuter, 1983).

O. Koenig 70 Jahre. Kulturwissenschaftliche Beiträge zur Verhaltensforschung/Matreier Gespräche (Wien: Ueberreuter, 1984).

K. Lorenz, Der Kumpan in der Umwelt des Vogels, in: Ders. 1984, S. 115–282.

K. Lorenz, Über Ausfallserscheinungen im Instinktverhalten von Haustieren und ihre sozialpsychologische Bedeutung, in: O. Klemm (Hg.), Charakter und Erziehung: 16. Kongress der Deutschen Psychologie in Bayreuth (Leipzig: Teubner 1939), S. 139–147.

K. Lorenz, Systematik und Entwicklungslehre im Unterricht, in: Der Biologe, 9. Jg., 1–2/1940a, S. 24–36.

K. Lorenz, Durch Domestikation verursachte Störungen arteigenen Verhaltens, in: Zeitschrift für angewandte Psychologie und Charakter, Nr. 59/1940b, S. 1–81.

K. Lorenz, Die angeborenen Formen möglicher Erfahrung. Zeitschrift für Tierpsychologie, 5. Jg./1943, S. 235–409.

K. Lorenz, Er redete mit dem Vieh, den Vögeln und den Fischen (Wien: Borotha-Schoeler, 1949).

Klaus Taschwer

K. Lorenz, So kam der Mensch auf den Hund (Wien: Borotha-Schoeler, 1950).

K. Lorenz, Das sogenannte Böse. Zur Naturgeschichte der Aggression (Wien: Borotha-Schoeler, 1963).

K. Lorenz, Die acht Todsünden der zivilisierten Menschheit (München: Piper, 1973a).

K. Lorenz, Die Rückseite des Spiegels (München: Piper, 1973b).

K. Lorenz, Über tierisches und menschliches Verhalten. Aus dem Werdegang der Verhaltenslehre. Gesammelte Abhandlungen. 2 Bände (München: Piper, 1984).

K. Lorenz und F. Kreuzer, Leben ist Lernen. Von Immanuel Kant zu Konrad Lorenz. Ein Gespräch über das Lebenswerk des Nobelpreisträgers (München: Piper, 1981).

N. Luhmann, Die Realität der Massenmedien (Wiesbaden: Westdeutscher Verlag, 1996).

S. Maasen, E. Mendelsohn und P. Weingart (Hg.), Biology as Society, Society as Biology: Metaphors, Sociology of the Sciences Yearbook (Dordrecht: Kluver, 1995).

A. Nisbett, Konrad Lorenz (London: J. M. Dent & Sons, 1976).

F. Schaller, Konrad Lorenz, in: H. Grössing und G. Heindl (Hg.): Heimat großer Söhne ... Exemplarische Leistungen österreichischer Naturforscher, Techniker und Mediziner (Frankfurt/Main et al.: Peter Lang, 1997), S. 169–186.

F. Seifert, Das Argument der menschlichen Natur in der Einwanderungsdebatte veranschaulicht am Beispiel Irenäus Eibl-Eibesfeldt. Für einen neuen Umgang mit Doppelnaturen, in: Österreichische Zeitschrift für Politikwissenschaft, 25. Jg., 2/1996, S. 193–206.

T. Shinn und R. Whitley (Hg.), Expository Science: Forms and Functions of Popularization. Sociology of the Sciences Yearbook (Dordrecht: Kluver, 1985).

Ch. Skalnik, Im Reich der Tier-Menschen, in: profil 42/1996, S. 80–85.

A. Sofri, Der Knoten und der Nagel (Frankfurt/Main: Eichborn, 1998).

Ch. Stifter, Aspekte der Demokratiezentriertheit moderner Erwachsenenbildung am Beispiel der Popularisierung von Wissenschaft, in: G. Bisowsky und Ch. Stifter (Hg.) (Hg.), Wissen für alle. Beiträge zum Stellenwert von Bildung in der Demokratie (Wien: edition vhs, 1996), S. 110–136.

K. Taschwer, Wie Norbert Elias trotzdem zu einem soziologischen Klassiker wurde, in: Amsterdams Sociologisch Tijdschrift, 20. Jg., 3/1994, S. 43–69.

K. Taschwer, „Anthropologie ins Volk". Zur Ausstellungspolitik einer anwendbaren Wissenschaft bis 1945, in: Herbert Posch, Gottfried Fliedl, Alexandra Mayerhofer, Clemens Mosch und Irene Nawrocka (Hg.): Politik der Präsentation. Museum und Ausstellung in Österreich 1918–1945 (Wien: Turia + Kant, 1996a), S. 238–260.

K. Taschwer, Alle Rassen im Schrank? In: Falter 41/1996b, S. 26–27.

K. Taschwer, Das Wissen für alle. Annäherungen an das populärwissenschaftliche Zeitschriftenwesen um 1900, in: Relation, 4. Jg., 2/1997, S. 17–50.

K. Taschwer, Wissenschaft für alle. „Volksuniversitäten" als Vermittlungsorte zwischen Wissenschaft und Öffentlichkeit in Wien um 1900. Unveröffentlichte Dissertation an der Universität Wien, 1998.

M. Weber, Wissenschaft als Beruf, in: Ders., Gesammelte Aufsätze zur Wissenschaftslehre. (Tübingen: Mohr, 1986), S. 582–613.

A. Wolf (Hg.), Neue Grenzen. Rassismus am Ende des 20. Jahrhunderts (Wien: Sonderzahl, 1997).

F. M. Wuketits, Konrad Lorenz. Leben und Werk eines großen Naturforschers (München: Piper, 1991).

Verzeichnis der Autorinnen und Autoren

Heine Andersen,
Department of Sociology, University of Copenhagen, 22 Linnégade,
DK-1361 Copenhagen K, e-mail: heine.andersen@sociology.ku.dk

Professor Charles Crothers,
Deptartment of Sociology, University of Natal, King George V Avenue,
Durban 4001, Natal, South Africa: e-mail: CROTHERS@MTB.und.ac.za

Dr. Hans-Joachim Dahms,
Institut für Wissenschaftsgeschichte, Universität Göttingen,
Humboldtallee 11, D-37073 Göttingen

Prof. Dr. Klaus Fischer,
FB I Philosophie/Wissenschaftstheorie, Universität Trier, D-5486 Trier,
e-mail: fischer@uni-trier.de

a.o. Univ. Prof. Dr. Ulrike Felt,
Institut für Wissenschaftstheorie und Wissenschaftsforschung, Universität
Wien, Sensengasse 8/10, A-1090 Wien, e-mail: ulrike.felt@univie.ac.at

Univ. Doz. Dr. Christian Fleck,
Institut für Soziologie, Universität Graz, Universitätsstrasse 15,
A-8010 Graz, e-mail: christian.fleck@kfunigraz.ac.at

Dr. Albert Müller,
Institut für Zeitgeschichte, Universität Wien, Spitalgasse 2-4,
A-1090 Wien e-mail: Albert.Mueller@univie.ac.at

Dr. Karl H. Müller,
Abteilungen Politikwissenschaft und Soziologie, Institut für Höhere Studien, Wien, Stumpergasse 56, A 1060 Wien, e-mail: mueller@ihs.ac.at

Mag. Klaus Taschwer,
Institut für Wissenschaftstheorie und Wissenschaftsforschung,
Universität Wien, Sensengasse 8/10, A 1090 Wien,
e-mail: a6111gae@vm.univie.ac.at

Einführungsliteratur zur Soziologie

Rüdiger Jacob
Wissenschaftliches Arbeiten
Eine praxisorientierte Einführung für Studierende der Sozial- und Wirtschaftswissenschaften
1997. 146 S. wv studium, Bd. 176.
Br. DM 22,80
ISBN 3-531-22176-0
Voraussetzung für ein erfolgreiches wissenschaftliches Studium ist das souveräne Beherrschen der Techniken wissenschaftlichen Arbeitens. Dazu zählen nebem dem Umgang mit wissenschaftlicher Literatur, der Archivierung gelesenen Materials und der Erstellung von Manuskripten und wissenschaftlicher Abhandlungen auch Präsentationstechniken und die Moderation von Arbeitsgruppen. Allerdings existiert zu all diesen genannten Aspekten bisher keine kompakte Einführung für Studienanfänger und Studierende im Grundstudium. Die Lücke soll mit diesem Band geschlossen werden.

Werner Fuchs-Heinritz, Rüdiger Lautmann, Ottheim Rammstedt (Hrsg.)
Lexikon zur Soziologie
3., völlig neubearb. und erw. Aufl. 1994.
763 S. Br. DM 78,00
ISBN 3-531-11417-4
Das Lexikon zur Soziologie ist das umfassendste Nachschlagewerk für die sozialwissenschaftliche Fachsprache. Es bietet aktuelle, zuverlässige Erklärungen von Begriffen aus der Soziologie sowie aus Sozialphilosophie, Politikwissenschaft und Politischer Ökonomie, Sozialpsychologie, Psychoanalyse und allgemeiner Psychologie, Anthropologie und Verhaltensforschung, Wissenschaftstheorie und Statistik.

Jürgen Friedrichs
Methoden empirischer Sozialforschung
14. Aufl. 1990. 430 S. wv studium, Bd. 28.
Br. DM 26,80
ISBN 3-531-22028-4
Dieses Buch ist eine Einführung in Methodologie, Methoden und Praxis der empirischen Sozialforschung. Die Methoden werden ausführlich dargestellt und an zahlreichen Beispielen aus der Forschung erläutert. Damit leitet das Buch nicht nur zur kritischen Lektüre vorhandener Untersuchungen, sondern ebenso zu eigener Forschung an.

Änderungen vorbehalten. Stand: Februar 2000.

WESTDEUTSCHER VERLAG
Abraham-Lincoln-Str. 46 · D - 65189 Wiesbaden
Fax: 06 11. 78 78 - 400 · www.westdeutschervlg.de

Österreichische Zeitschrift für Soziologie
Vierteljahresschrift der Österreichischen Gesellschaft für Soziologie

25. Jahrgang, Sonderband 5, März 2000

Westdeutscher Verlag GmbH, Abraham-Lincoln-Straße 46, D-65189 Wiesbaden

Geschäftsführer: Dr. Hans-Dieter Haenel   www.westdeutschervlg.de
Verlagsleitung: Dr. Heinz Weinheimer
Gesamtleitung Produktion: Reinhard van den Hövel
Gesamtleitung Vertrieb: Heinz Detering

Herausgeber: Vorstand der Österreichischen Gesellschaft für Soziologie: Josef Gunz, Sabine Blaschke, Max Preglau, Franz Wagner, Gerald Angermann-Mozetic, Franz Gschwandtner, Petra Murauer, Renate Gerstl

Redaktion: Andreas Balog, Gerda Bohmann, Eva Cyba, Hermann Denz, Jörg Flecker, Ulrike Froschauer, Manfred Gabriel, Walburga Gáspár-Ruppert, Peter Gasser-Steiner, Evelyn Gröbl-Steinbach, Wolfgang Holzinger, Herwig Palme, Liselotte Wilk

Redaktionssprecher: Manfred Gabriel (Universität Salzburg, Institut für Kultursoziologie, Rudolfskai 42, A-5020 Salzburg)

Heftredakteur: Ulrike Froschauer

Redaktionelle Zuschriften bitte nur an die Redaktion senden. Unverlangt eingesandte Rezensionsexemplare können nicht zurückgeschickt werden.

Leserservice: Tatjana Hellwig, Telefon (0611) 7878-151; Telefax (0611) 7878-423;
E-mail: wv.service@bertelsmann.de
Abonnentenverwaltung: Ulla Müller, Telefon (05241) 801965; Telefax (05241) 80 60-3 80
Marketing: Ronald Schmidt-Serrière, Telefon (0611) 7878-280; Telefax (0611) 7878-439;
E-mail: Ronald.Schmidt-Serriere@bertelsmann.de
Anzeigenleitung: Thomas Werner, Telefon (0611) 7878-138; Telefax (0611) 7878-430;
E-mail: Thomas.Werner@bertelsmann.de
Anzeigendisposition: Alexa Michopoulos M. A., Telefon (0611) 7878-149;
Telefax (0611) 7878-443; E-mail: Alexa.Michopoulos@bertelsmann.de
Es gilt die Anzeigenpreisliste vom 1. Januar 1998.
Produktion/Layout: Christine Huth, Telefon (0611) 78 78-176; Telefax (0611) 78 78-4 68

Bezugsbedingungen: Jährlich erscheinen 4 Hefte.
Jahresabonnement 2000: DM 72,– / öS 526,– / sFr 65,50,–, für Studenten gegen Studienbescheinigung DM 56,– / öS 409,– / sFr 50,50. Einzelheft DM 27,– / öS 197,– / sFr 25,–, jeweils inkl. MwSt. (Versandkosten Inland DM 12,– / öS 88,– / sFr 11,50).
Alle Bezugspreise und Versandkosten unterliegen der Preisbindung. Abbestellungen müssen spätestens 3 Monate vor Ende des Kalenderjahres schriftlich beim Verlag erfolgen.

© 1999 Westdeutscher Verlag GmbH, Opladen/Wiesbaden
Der Westdeutsche Verlag ist ein Unternehmen der Fachverlagsgruppe BertelsmannSpringer.
Alle Rechte vorbehalten. Kein Teil dieser Zeitschrift darf ohne schriftliche Genehmigung des Verlages vervielfältigt oder verbreitet werden. Unter dieses Vorbehalt fällt insbesondere die gewerbliche Vervielfältigung per Kopie, die Aufnahme in elektronischen Datenbanken und die Vervielfältigung auf CD-ROM und allen anderen elektronischen Datenträgern.

Satz: Laudenbach, Sigmundsgasse 14, A-1070 Wien
Druck und buchbinderische Verarbeitung: Rosch-Buch, Scheßlitz
Gedruckt auf säurefreiem und chlorfrei gebleichtem Papier.
Printed in Germany
ISSN 1011-0070

Die Drucklegung wurde gefördert durch Bundesministerium für Wissenschaft und Verkehr, Magistrat der Stadt Wien, Steiermärkische Landesregierung

GPSR Compliance
The European Union's (EU) General Product Safety Regulation (GPSR) is a set of rules that requires consumer products to be safe and our obligations to ensure this.

If you have any concerns about our products, you can contact us on

ProductSafety@springernature.com

In case Publisher is established outside the EU, the EU authorized representative is:

Springer Nature Customer Service Center GmbH
Europaplatz 3
69115 Heidelberg, Germany

www.ingramcontent.com/pod-product-compliance
Lightning Source LLC
LaVergne TN
LVHW010253260326
834688LV00044B/1263